1,000,000 Books

are available to read at

Forgotten Books

www.ForgottenBooks.com

Read online
Download PDF
Purchase in print

ISBN 978-1-334-98262-0
PIBN 10595048

This book is a reproduction of an important historical work. Forgotten Books uses state-of-the-art technology to digitally reconstruct the work, preserving the original format whilst repairing imperfections present in the aged copy. In rare cases, an imperfection in the original, such as a blemish or missing page, may be replicated in our edition. We do, however, repair the vast majority of imperfections successfully; any imperfections that remain are intentionally left to preserve the state of such historical works.

Forgotten Books is a registered trademark of FB &c Ltd.
Copyright © 2018 FB &c Ltd.
FB &c Ltd, Dalton House, 60 Windsor Avenue, London, SW19 2RR.
Company number 08720141. Registered in England and Wales.

For support please visit www.forgottenbooks.com

1 MONTH OF
FREE
READING

at
www.ForgottenBooks.com

By purchasing this book you are eligible for one month membership to ForgottenBooks.com, giving you unlimited access to our entire collection of over 1,000,000 titles via our web site and mobile apps.

To claim your free month visit:
www.forgottenbooks.com/free595048

* Offer is valid for 45 days from date of purchase. Terms and conditions apply.

English
Français
Deutsche
Italiano
Español
Português

www.forgottenbooks.com

Mythology Photography **Fiction**
Fishing Christianity **Art** Cooking
Essays Buddhism Freemasonry
Medicine **Biology** Music **Ancient Egypt** Evolution Carpentry Physics
Dance Geology **Mathematics** Fitness
Shakespeare **Folklore** Yoga Marketing
Confidence Immortality Biographies
Poetry **Psychology** Witchcraft
Electronics Chemistry History **Law**
Accounting **Philosophy** Anthropology
Alchemy Drama Quantum Mechanics
Atheism Sexual Health **Ancient History**
Entrepreneurship Languages Sport
Paleontology Needlework Islam
Metaphysics Investment Archaeology
Parenting Statistics Criminology
Motivational

DE
EUGÈNE SCRIBE

DE L'ACADÉMIE FRANÇAISE

III

—

— COMÉDIES —

III

LE PUFF — ADRIENNE LECOUVREUR
LES CONTES DE LA REINE DE NAVARRE — BATAILLE DE DAMES

PARIS
MICHEL LÉVY FRÈRES, LIBRAIRES-ÉDITEURS
RUE VIVIENNE, 2 BIS

L'Auteur et les Éditeurs se réservent tous droits de traduction et de reproduction

LE PUFF

ou

MENSONGE ET VÉRITÉ

COMÉDIE EN CINQ ACTES ET EN PROSE

Théâtre-Français. — 22 janvier 1848

PERSONNAGES

M. LE COMTE DE MARIGNAN, homme de lettres et homme d'État.
CÉSAR DESGAUDETS, homme d'affaires.
CORINNE DESGAUDETS, sa fille, de la Société des Hommes de lettres.

ALBERT D'ANGREMONT, officier de l'armée d'Afrique.
MAXENCE DE LA ROCHE-BERNARD, gentilhomme.
ANTONIA, sa sœur et sa pupille.
BOUVARD, libraire.

La scène est à Paris.

ACTE PREMIER

La boutique de Bouvard, quai Malaquais. A droite du spectateur une table ronde couverte d'un tapis, sur laquelle sont des journaux et des brochures. A gauche, un comptoir. Porte sur la rue à droite ; porte à gauche donnant sur les appartements de Bouvard.

SCÈNE PREMIÈRE.

DESGAUDETS, soutenu par ALBERT, entrant par la porte à droite ; BOUVARD, sortant, au bruit, de la porte de côté, à gauche.

BOUVARD.

Quel est ce bruit ?

ALBERT, à Desgaudets.

Appuyez-vous sur moi, Monsieur, et entrez vous reposer un instant dans cette boutique... (Apercevant Bouvard qui entre.) Si Monsieur, qui m'en paraît le maître, veut bien nous en accorder la permission ?

BOUVARD.

Avec plaisir, Messieurs. Qu'est-ce ? qu'y a-t-il ?

DESGAUDETS.

Rien, rien; plus de peur que de mal!... Un omnibus m'avait renversé à la descente de la rue des Saints-Pères ; et sans ce brave jeune homme qui a détourné les chevaux...

ALBERT.

N'êtes-vous pas blessé, Monsieur?

DESGAUDETS, s'asseyant sur une chaise, à gauche, près du comptoir.

C'est à vous plutôt qu'il faudrait adresser cette demande.

ALBERT.

Nullement ! moi, officier de cavalerie, j'ai l'habitude des chevaux.

DESGAUDETS, à Bouvard.

Veuillez seulement avoir la bonté de me faire donner un verre d'eau fraîche?

BOUVARD.

Très-volontiers. Si pour se reposer et se remettre, ces Messieurs veulent lire les journaux... ils sont à peu près tous sur cette table. (Il sort.)

SCENE II.

DESGAUDETS ALBERT

ALBERT.

Des journaux! merci... je n'y crois plus ! à ceux de cette ville du moins!

DESGAUDETS, toujours assis.

Il y a donc bien longtemps, Monsieur, que vous habitez la capitale?

ALBERT.

Depuis avant-hier. Arrivant de l'Algérie, j'avais besoin de me loger, de m'équiper, de m'habiller. J'ai parcouru les journaux, les premiers... les plus grands, à la dernière feuille..

DESGAUDETS

Celle qui souvent contient le plus de vérités !

ALBERT.

Alors, jugez des autres ! pas une seule annonce, pas une seule promesse qui ne m'ait trompé.

DESGAUDETS.

Dame ! si vous consultez les annonces!

ALBERT.

Et à qui voulez-vous qu'un étranger s'adresse ? Bien plus, je lis, mais à un autre endroit du journal, qu'il y a un spectacle admirable, un ouvrage sublime que tout Paris voudra voir; que la foule qui s'y entasse chaque soir brise les barrières et nécessite l'intervention de la garde municipale... Je me hâte, Monsieur, j'achève à peine mon dîner... J'arrive! personne à la porte... personne dans la salle!... Et pourtant je l'avais lu, c'était imprimé et signé!

DESGAUDETS.

Cela vous étonne... (Au domestique qui lui apporte un verre d'eau.) Je vous remercie... (Se levant.) Veuillez maintenant m'avertir... quand passera un omnibus... un omnibus qui n'aille pas trop vite. (Se retournant vers Albert.) Cela vous étonne, mon jeune ami, mais c'est connu, c'est-adopté. Chacun sait, excepté vous, que dans cette grande ville si populeuse et si commerçante, il ne se vend pas, il ne se débite pas un seul mot de vérité! que le mensonge, au contraire, s'y confectionne, hautement, par privilége et brevet d'invention, sans garantie du gouvernement, et qu'enfin il n'y a maintenant de vrai que le puff et la réclame.

ALBERT.

Je vous avoue, que moi, qui arrive d'Afrique, je ne connais pas même ces noms-là!

DESGAUDETS.

Le puff ou peuff, comme disent nos voisins d'outre-mer, importation anglaise qui suffirait à elle seule, si on en doutait, pour attester l'entente cordiale! Le puff! nécessité si grande que le mot lui-même, devenu français, a forcément acquis ses lettres de grande naturalisation; le puff est l'art de semer et de faire éclore, à son profit, la chose qui n'est pas! C'est le mensonge passé à l'état de spéculation, mis à la portée de tout le monde, et circulant librement, pour les besoins de la société et de l'industrie! Toutes les vanteries, jongleries, sensibleries de nos poètes, de nos orateurs et de nos hommes d'État, autant de puffs! La femme à la mode, qui a la migraine pour qu'on lui donne des diamants, c'est un puff! Le poète, délivrant des brevets de grands hommes à tout le monde, pour que tout le monde lui en décerne, c'est un puff! Et les dames patronnesses, et les chemins de fer, et les promesses d'actions... des puffs! Et les caresses qu'on fait aux électeurs, et les engagements du député, avant, et ses discours après! Et l'industriel qui dit : Prenez mon ours! le marchand qui parle de ses cachemires, le ministre qui parle de sa démission, des puffs! encore des puffs!... Sans compter le puff de bienfaisance, le puff du désintéressement, le puff du patriotisme et le puff de la dévotion... car le puff est à l'usage de tous les états, de tous les rangs, de toutes les classes, en reconnaissant cependant, car il faut être juste, que les avocats, les journalistes et les médecins en font la consommation la plus habituelle et la plus forte!

ALBERT.
Mais s'il en est ainsi, Monsieur, c'est indigne, c'est horrible !

DESGAUDETS.
Eh! mon Dieu non... c'est sans danger... tout le monde le sait !

ALBERT.
Eh! qui trompe-t-on ?

DESGAUDETS.
Personne! c'est une convention tacite, un échange franc de mensonges, dont personne n'est dupe et dont tout le monde se sert.

ALBERT.
A ce compte, Monsieur, la vérité serait donc maintenant bannie de tous les rapports sociaux?

DESGAUDETS.
A peu près! et je ne sais pas trop si c'est un mal!

ALBERT.
Vous osez soutenir un système pareil.

DESGAUDETS.
Fruit de l'expérience... j'approuve le philosophe qui disait : « J'aurais la main pleine de vérités que je ne l'ouvrirais pas ! » Il avait bien raison, à quoi servent-elles ? qui est-ce qui en veut ? qui est-ce qui les aime ? personne !... au contraire ! on en a peur, et ce que je puis vous affirmer, c'est que de nos jours, il est plus facile de réussir par le mensonge que par la vérité ! celle-ci ne mène à rien et l'autre conduit à tout !

« Les exemples fameux ne me manqueraient pas! »

ALBERT.
Les exemples, quels qu'ils soient, ne sauraient me faire changer de sentiments! Dussé-je vous paraître absurde ou ridicule, je vous avouerai, Monsieur, que la loyauté me paraît le premier des devoirs ; que tromper ou mentir, n'importe dans quel but, me semble indigne d'un galant homme, et je jure pour ma part...

DESGAUDETS.
De dire la vérité?
ALBERT.
Toujours et partout!
DESGAUDETS.
C'est une manière comme une autre de se faire remarquer! A qui ai-je l'honneur de parler... vous ne pouvez me refuser le plaisir de connaître mon sauveur!
ALBERT.
Un pauvre capitaine de cavalerie, à qui cinq ans de campagnes en Afrique et cinq blessures ont fait obtenir...
DESGAUDETS.
La croix d'honneur!
ALBERT.
Non, Monsieur.
DESGAUDETS.
Un grade supérieur...
ALBERT.
Non, Monsieur, mais un congé de quelques mois dont j'ai profité pour venir à Paris.
DESGAUDETS.
Votre nom de grâce?
ALBERT.
Albert d'Angremont.
DESGAUDETS.
J'ai connu, à Metz, un d'Angremont, un camarade d'enfance, vieux et infirme... que j'ai perdu l'année dernière...
ALBERT.
C'était mon oncle, Monsieur! un second père!
DESGAUDETS.
Il n'avait, pour subsister, qu'une petite pension qui lui était envoyée chaque mois... par une main inconnue que je crois deviner aujourd'hui... (A Albert qui fait un signe négatif.) Prenez garde?... vous juriez tout à l'heure de dire toujours la vérité.
ALBERT, souriant.
Je ne crois pas qu'on y soit obligé dans ce cas-là.
DESGAUDETS.
C'est convenir déjà qu'il y a des exceptions, et mieux encore... que cette main généreuse était la vôtre; cela ajoute encore à l'estime que j'avais conçue pour vous; car du premier coup d'œil... vous m'avez plu... je vous ai aimé... vrai!... mal-

gré mon système, vous pouvez m'en croire!... et vous venez à Paris, c'est tout simple, pour solliciter quelque avancement, quelque faveur.

ALBERT.

Non, Monsieur, mais demander justice!

DESGAUDETS, secouant la tête.

Hum! hum!

ALBERT.

Est-ce donc impossible à obtenir?

DESGAUDETS.

Si vous avez le temps d'attendre...

ALBERT.

Ce n'est pas pour moi! mais pour la veuve de mon général! le général de Saint-Avold, sous lequel j'ai servi et que j'ai vu tuer sous mes yeux! le seul ami que j'aie connu au monde!... le seul!...

DESGAUDETS.

Jusqu'ici! mais non pas maintenant!...

ALBERT, lui serrant la main

Ah! Monsieur!...

DESGAUDETS.

Vous disiez donc que votre général...

ALBERT.

Le plus brave officier! le plus honnête homme... ne pensant qu'à son pays et à ses soldats! jamais à lui! mort sans fortune, laissant une veuve et trois enfants!... Je demande un supplément à la modique pension qui leur donne à peine de quoi vivre. Depuis hier je me suis présenté à toutes les portes... j'ai raconté à tout le monde les faits tels que je viens de vous les dire... tels qu'ils sont... en un mot!

DESGAUDETS.

Tels qu'ils sont! c'est peut-être un tort! si vous aviez orné ou embelli la chose... j'ai vu des actions si simples devenir héroïques... en y aidant un peu.

ALBERT.

La vérité, en pareil cas, ne parle-t-elle pas assez haut?

DESGAUDETS.

Certainement!... mais vous n'avez encore rien obtenu?

ALBERT.

Non, Monsieur!

DESGAUDETS.
C'est ce que je voulais dire... enfin je verrai... j'ai peu de crédit... encore moins de fortune ! mais j'ai quelques connaissances assez haut placées, et grâce à elles, il me sera peut-être possible...
ALBERT, vivement.
De faire triompher la vérité.
DESGAUDETS.
Qui sait ! le hasard !... Je suis, Monsieur, un philosophe qui marche avec son siècle... C'est vous dire que je biaise parfois pour arriver... mais j'arrive, en prenant le monde comme il est, et des amis quand j'en trouve !... (Tirant une carte de sa poche et la lui donnant.) Voici mon nom et mon adresse, heureux, quand je vous dois la vie, de pouvoir quelque jour reconnaître le service que vous m'avez rendu.

SCÈNE III.
LES PRÉCÉDENTS, BOUVARD.

BOUVARD, sortant de la porte à gauche.
Voilà, Monsieur, voilà, je crois, l'omnibus qui passe.
DESGAUDETS.
Je vous suis obligé et je retourne chez moi, où ma fille et ma pupille seront sans doute inquiètes. (Cherchant autour de lui.) Qu'ai-je fait de ma canne et de mon chapeau?... (Albert les lui donne.)
BOUVARD, près de la porte à droite, et regardant dans la rue.
Monsieur, je vous conseille de vous hâter.
DESGAUDETS.
Bah ! je vois tout avec calme et sang-froid.
BOUVARD.
Tout ! Eh bien ! vous pouvez voir d'ici l'omnibus... qui est déjà loin.
DESGAUDETS.
Vraiment! Ce n'est pas un mal !... Autant marcher, quand on vient d'éprouver une secousse... et puis il n'y a pas de petites économies... c'est toujours trente centimes d'épargnés... (A Albert.) Adieu, mon jeune ami... (A Bouvard.) Adieu, Monsieur.
BOUVARD.
Napoléon Bouvard, libraire-éditeur...
DESGAUDETS.
En vous remerciant de votre généreuse hospitalité...

SCÈNE IV.

BOUVARD, ALBERT.

BOUVARD, le reconduisant.

Vous êtes trop bon... il n'y a pas de quoi!... Si je puis vous offrir mes services pour quelques nouvelles publications... souscriptions...

DESGAUDETS, en sortant.

Non, je vous remercie.

BOUVARD.

Ce monsieur que vous avez sauvé me fait l'effet d'un Harpagon, il pouvait bien m'acheter quelques nouveautés... mes dernières, dont l'édition est encore intacte, et quand il m'aurait étrenné...

ALBERT.

C'est un philosophe !

BOUVARD.

Dont la philosophie consiste à ne pas payer.

ALBERT.

C'est celle de bien du monde... (S'adressant à Bouvard.) C'est donc à monsieur Bouvard en personne que j'ai l'honneur de parler?...

BOUVARD.

Moi-même! Napoléon Bouvard, libraire-éditeur.

ALBERT.

Je venais chez vous, lorsque j'ai rencontré ce monsieur. Je vous suis adressé par une digne et excellente femme, la veuve du général de Saint-Avold, avec qui vous avez eu déjà quelques relations !

BOUVARD.

C'est vrai ! je lui ai acheté des livres, des manuscrits, provenant de la succession de son mari.

ALBERT.

Ouvrages de stratégie ou de mathématiques.

BOUVARD.

Non, des Mémoires de lui !

ALBERT.

J'ignorais qu'il en eût écrit.

BOUVARD.

Mémoires du plus vif intérêt sur diverses expéditions en Algérie, détails inédits et véridiques, documents précieux pour l'his-

ACTE I, SCÈNE IV.

toire. On m'en demandait six cents francs... Vous comprenez que dans le commerce cela ne les valait pas, il s'en faut. Mais une veuve!... une mère de famille... et puis la gloire nationale... les derniers débris de notre vieille armée... cela m'a attendri... j'en ai donné cent écus.

ALBERT, avec indignation.

En vérité!...

BOUVARD.

Je les ai donnés... avec attendrissement! et comptant... quoique mon habitude soit de ne jamais payer un manuscrit.

ALBERT, souriant avec ironie.

Eh mais! vous êtes dans le genre du monsieur de tout à l'heure!... la même philosophie!

BOUVARD.

La philosophie du commerce!

ALBERT, lui présentant un manuscrit

Et moi, Monsieur, qui, recommandé par madame de Saint-Avold, venais vous proposer un recueil de vers...

BOUVARD.

Je n'achète pas de vers; on y a même renoncé dans la librairie.

ALBERT.

C'est flatteur pour les poètes!

BOUVARD.

Il y en a tant! tous les premiers... on ne sait comment les classer. Il y a tel nom cependant... (Lisant la première feuille du manuscrit.) Et le vôtre, Monsieur... Albert d'Angremont.

ALBERT, secouant la tête.

C'est bien obscur...

BOUVARD.

Il y a un *de!* c'est quelque chose pour moi qui n'imprime que les ouvrages des gens titrés! Je suis le libraire du faubourg Saint-Germain, l'éditeur des grandes dames, princesses, duchesses ou baronnes; des comtes, marquis et vicomtes, dont les noms et les chiffres étincellent sur la devanture de ma boutique... qui se trouve ainsi comme armoriée... c'est honorable... c'est flatteur...

ALBERT.

Est-ce aussi productif?

BOUVARD.

Certainement! D'abord, comme je vous l'ai dit, Monsieur, je

ne paie jamais. (S'inclinant d'un air gracieux.) Ce sont là les conditions que je vous proposerais. Le noble auteur se charge des frais d'impression, ce qui est un peu plus considérable... En revanche, j'écris à tous les journaux, ce que je ferai pour vous, si vous le désirez : La librairie Bouvard vient d'acquérir, moyennant cinquante ou cent mille francs... c'est à votre choix... le délicieux recueil de poésies de M. Albert d'Angremont... si impatiemment attendues.

ALBERT, cherchant à se modérer et s'efforçant de sourire.

Je comprends, Monsieur... c'est un puff!

BOUVARD.

Comme vous dites!

ALBERT, à part.

Est-ce que mon vieux monsieur aurait raison?...

BOUVARD.

Nous avons de plus, à l'usage de la littérature blasonnée et millionnaire, les ouvrages satinés, coloriés, illustrés, par nos premiers graveurs... c'est coûteux, mais c'est beau.

ALBERT.

Et vous en vendez?

BOUVARD.

Distinguons : on m'en prend... dans la société du poëte... dans sa famille... souvent l'auteur lui-même... quand il veut avoir une seconde édition... ce qui arrive presque toujours dans mon illustre clientelle... la gloire revient cher! mais quand on est riche... quel plus bel usage peut-on faire de sa fortune?

ALBERT.

Je ne suis pas riche, Monsieur.

BOUVARD, lui rendant froidement son manuscrit.

Ah! vous n'êtes pas... c'est différent... il faut attendre que la gloire vienne d'elle-même et toute seule... c'est plus long... surtout quand il s'agit de vers... Ah! si vous écriviez bourgeoisement... en prose... ne vous récriez pas? il y a des gens de qualité qui en usent et très-bien, sans déroger! et un petit roman... en douze ou quinze volumes!...

ALBERT.

J'en avais commencé un, non pas si formidable... en Afrique, au bivouac et au milieu des coups de fusil; rien que pour tuer le temps!

BOUVARD.

Aujourd'hui précisément, les idées sont tournées du côté de

l'Algérie, et si vous voulez que nous en causions... pardon ! (Écoutant.) J'ai cru entendre une voiture... (Allant regarder du côté de la rue.) Celle de M. le comte de Marignan. Daignez vous asseoir... je suis à vous dans l'instant.

ALBERT.

C'est trop juste... ne vous dérangez pas... d'autant que M. le comte de Marignan me paraît un personnage...

BOUVARD.

Vous ne le connaissez pas ?

ALBERT.

Je suis le seul sans doute !

BOUVARD.

Homme d'État ! et homme de lettres ! immensément riche ! quoique jeune encore, membre de deux académies ! de plus on lui promet une ambassade par dessus le marché !

ALBERT, s'asseyant à la table à droite.

Vous êtes son ami ?

BOUVARD.

Je m'en vante !... autrefois son secrétaire et aujourd'hui son éditeur.

ALBERT.

Aux conditions dont vous parlez...

BOUVARD.

Jamais d'autres ! je tiens à mes principes... (S'élançant au devant du comte qui entre en ce moment.

SCÈNE V.

BOUVARD, M. DE MARIGNAN, entrant par la porte vitrée qui donne sur la rue, ALBERT, assis à droite près d'une table et prenant un livre.

BOUVARD, saluant à plusieurs reprises.

Ah ! monsieur le comte ! quel honneur pour moi, pour mes magasins... je dirai en allongeant le vers !...
La visite d'un grand homme est un bienfait des dieux !

LE COMTE.

En allant au conseil d'État... je viens vous demander des épreuves ; y en a-t-il ?

BOUVARD.

On me les avait promises pour ce matin. (Criant à la cantonade.) Courez vite chez l'imprimeur ; les épreuves de M. de Marignan... (Revenant.) Quoi, vous daignerez les corriger vous-même...

LE COMTE.

Pendant la séance du conseil... c'est mon usage! cela occupe... c'est commode!

BOUVARD.

Et c'est charmant d'être conseiller d'État en service ordinaire. Quinze mille francs de traitement.

ALBERT, à part.

Pour corriger des épreuves!

LE COMTE.

Je n'ai pas d'ailleurs de temps à perdre... après le succès de mon premier volume, il faut que demain le second paraisse... car l'élection a lieu après demain!

BOUVARD.

Vous y tenez donc toujours?

LE COMTE.

Certainement!

BOUVARD.

Vous! grand seigneur! membre déjà de deux académies! vous qui brillez aux Beaux-Arts, comme aux Sciences morales et politiques... qu'avez-vous besoin de l'Académie Française? à votre place, je la laisserais à de pauvres diables d'hommes de lettres, qui n'en ont pas d'autre!

LE COMTE.

Non pas! il n'y a que celle-là qui compte!

BOUVARD.

C'est si vieux!

LE COMTE.

Raison de plus! en fait de noblesse, je n'estime que les anciennes... du reste, toutes les chances sont pour moi.

BOUVARD.

Sans contredit!... lancé comme vous l'êtes! c'est pour cela que si j'osais vous donner un conseil... je ne ferais pas paraître ce second volume.

LE COMTE.

Ne le trouvez-vous donc pas bon?

BOUVARD.

Excellent... ravissant... j'en suis dans l'extase.

LE COMTE.

Vous semble-t-il par hasard inférieur au premier?

BOUVARD.

Bien au dessus... Mais ce premier volume lui-même qui est

admirable, je ne l'aurais peut-être pas fait paraître... Risquer un ouvrage quand on se présente à l'Académie! c'est téméraire ! Les grands seigneurs, tels que vous, n'en font pas! c'est plus prudent! Ils se gardent bien de donner des armes à la critique.., Ils ne lui offrent rien... qu'eux-mêmes! Je suis monsieur le duc, monsieur le marquis, monsieur le prince un tel! ce qui est vrai!... Que répondre à cela? rien! La critique ne sait où se prendre!... Tandis que vous, même avec un chef-d'œuvre... car c'est un chef-d'œuvre!

LE COMTE.

Je le sais bien ! et tes observations ne manquent pas de justesse... Mais rassure-toi... dans le salon de la belle Corinne, où se font toutes les élections académiques... la majorité m'est acquise... d'emblée, grâce à elle !

BOUVARD.

Je le crois bien !... et dans le dernier numéro de la Revue où elle écrit... il y a un article en notre faveur, où j'ai reconnu sa main... Un article où comme historien elle vous met bien au dessus de David Hume... et de Robertson... Je veux vous le montrer !

LE COMTE.

Eh! mon Dieu! je l'ai lu... je le connais comme si je... (Avec impatience.) Mais ces épreuves...

BOUVARD, criant à la cantonade.

Les épreuves de M. le comte... Je vois ce que c'est!... les garçons imprimeurs se sont amusés à les lire...

LE COMTE.

Flatteur !

BOUVARD, à demi-voix.

Monsieur le comte n'a pas oublié ses promesses ?

LE COMTE.

Des promesses de chemin de fer !... Tu en auras. J'en ai parlé à Maxence de La Roche-Bernard qui est, ainsi que moi, à la tête de la nouvelle ligne...

BOUVARD.

J'accepte... mais ce n'est pas cela.

LE COMTE.

Ah! une invitation pour mon bal... tu la recevras ! nous hâtons la chose... Il faut que je sois marié avant mon ambassade. Je suis riche, j'en conviens... mais richesse oblige...

BOUVARD.
Obligé à quoi?
LE COMTE.
A l'augmenter! Et ne fût-ce que pour mes frais de représentation, comme ambassadeur, il me faut pour moi une riche héritière, et pour mon salon une jolie femme, et bientôt tu assisteras à mon mariage, je te le promets.
BOUVARD.
C'est trop d'honneur, et j'accepte... Mais ce n'est pas cela...
LE COMTE.
Eh! qu'est-ce donc encore?
BOUVARD.
C'est moi qui vous ai fourni, pour votre histoire de l'Algérie, le manuscrit du général de Saint-Avold... ce manuscrit si rare... si authentique...
LE COMTE.
Dont je t'ai payé l'authenticité vingt mille francs!
ALBERT, à part.
Qu'entends-je?
BOUVARD.
Et qui vous aura valu gloire et réputation, sans compter deux académies... Que dis-je? trois, devant lesquelles vous vous serez présenté toujours le même ouvrage à la main!...
LE COMTE, avec impatience.
Eh bien?...
BOUVARD.
Eh bien... est-ce trop exiger que de demander une petite participation à tant d'honneurs, ce que vous m'avez promis... vous savez bien... là... Cela fait si bien dans un comptoir, et puis dans votre intérêt à vous-même : « *Bouvard, éditeur des Œu-* « *vres de Marignan, vient d'être decoré...* » Cela fait parler de l'ouvrage...
LE COMTE.
C'est juste.
BOUVARD.
Ouvrage dont l'illustration contagieuse procure de la gloire à tout le monde, même au libraire.
LE COMTE.
Nous verrons!...
ALBERT, se levant.
Ah! c'en est trop...

ACTE I, SCÈNE VI.

LE COMTE, *se retournant.*

Qu'est-ce?

BOUVARD.

Un de mes clients... (Apercevant un commis qui entre.) Ah! enfin!... les épreuves de M. le comte, ce n'est pas sans peine!

LE COMTE, *les parcourant.*

Tout n'est pas là... il manque les dernières feuilles...

BOUVARD, *qui vient de parler au commis.*

Elles seront tirées dans un quart-d'heure... et j'aurai l'honneur de vous les porter moi-même au conseil d'État... Vous donnerez l'ordre qu'on me laisse entrer... Bouvard... éditeur des *OEuvres de M. de Marignan!*

LE COMTE.

C'est convenu.

BOUVARD.

Et vous n'oublierez pas...

LE COMTE.

Nous penserons à tout!

BOUVARD, *reconduisant le comte qui sort par le fond.*

Ce sera beau... ce sera grand... ce sera sublime comme tout ce que vous faites, et l'on dira de vous, comme dans *Sémiramis* :

« Il a laissé tomber, de son char de victoire
« Au front de son libraire, un rayon de sa gloire! »

SCÈNE VI.

BOUVARD, ALBERT.

BOUVARD, *redescendant le théâtre.*

J'aime à citer... cela vous donne un vernis de littérature qui sied bien... même à un libraire. (S'adressant à Albert.) Pardon, Monsieur, de vous avoir fait attendre... Je n'étais pas non plus fâché de vous montrer... en quelle estime et sur quel pied je suis placé auprès des plus grands personnages! Revenons à vous... et à votre roman écrit en Algérie... au bivouac... et au milieu des coups de fusil.

ALBERT.

C'est inutile, Monsieur... j'y renonce!

BOUVARD.

Et pourquoi donc? quand vous venez d'entendre...

ALBERT.

Ce que c'était que la gloire... et comment on en faisait...

BOUVARD.

Ça n'est pas plus difficile que cela!

ALBERT, à part.

Ah! mon vieux monsieur avait raison!... Adieu.

BOUVARD.

Où allez-vous donc?

ALBERT.

Prendre l'air... et tâcher d'oublier!... Quoi! voilà les grands hommes que l'on proclame, que l'on encense? et dont vos journaux, échos complaisants ou soldés, répètent chaque jour les noms... en criant : Prosternez-vous!... Quoi! nous vivons dans un pays où, avec de l'argent et de l'impudence, on peut avoir de l'honneur et dire hardiment : Il est à moi!... je l'ai payé! Quoi! partout fausseté et mensonge...

BOUVARD.

Eh! de grâce, à qui en avez-vous?

ALBERT.

A qui? à vous d'abord, qui ne craignez pas de donner cent écus à une pauvre veuve, pour un manuscrit de son mari, que vous vendez vingt mille francs!

BOUVARD.

C'est la chance du commerce!

ALBERT.

A vous, qui pour avoir édité les ouvrages d'un grand seigneur, pour n'être jamais sorti de votre boutique, quai Malaquais, pour avoir remué ou ficelé des ballots de livres... aspirez à la croix d'honneur...

BOUVARD.

Je la demande... seulement.

ALBERT, avec indignation.

C'est déjà trop d'oser la demander! J'ai cinq blessures, Monsieur, et je ne la demande pas... j'attends!

BOUVARD.

Eh bien!... vous verrez, Monsieur... vous verrez! je ne vous dis que cela.

ALBERT.

Adieu!... (Il se précipite vers la porte de la rue et rencontre Maxence de La Roche-Bernard qui entre en ce moment.)

SCÈNE VII.

BOUVARD, MAXENCE, ALBERT.

MAXENCE, l'arrêtant.

Eh! Dieu me pardonne!... Albert d'Angremont

ALBERT.

Maxence!... (Ils se jettent dans les bras l'un de l'autre.)

BOUVARD.

Tiens!... ils se connaissent!...

MAXENCE.

Toi de retour!... Qu'es-tu devenu depuis cinq ans?

ALBERT.

Je n'ai pas quitté l'Afrique.

MAXENCE.

Je n'ai pas quitté Paris. (A Bouvard.) Tous deux élèves de Saint-Cyr, nous sommes sortis ensemble de l'École.

ALBERT.

Et nous devions ensemble faire nos premières campagnes...

MAXENCE.

C'est vrai! mais dès que j'ai eu essayé, de la vie parisienne et des divinités de l'Opéra, j'ai renoncé à la gloire militaire... j'aime trop mes aises, et j'ai dit adieu à la patrie de Jugurtha et d'Abd-el-Kader.

ALBERT.

Où tu commençais bien cependant... et où il y avait pour toi de l'honneur à acquérir!

MAXENCE.

Je ne dis pas non!... mais il y faisait trop chaud!... tandis qu'ici...

BOUVARD.

Monsieur le vicomte de la Roche-Bernard a raison! quand on est comme lui gentilhomme, quand on a une haute naissance... et une immense fortune...

MAXENCE, avec impatience.

C'est bien!

BOUVARD.

Quand on peut, comme capitaliste... régner à la Bourse!... commander à la hausse et à la baisse...

ALBERT.

Ah! tu joues à la Bourse...

MAXENCE.

Il faut bien s'occuper!... (Vivement.) Et toi, es-tu toujours amoureux?

ALBERT.

Toujours!

MAXENCE.

Comme il y a cinq ans?

ALBERT.

Plus encore!...

BOUVARD, à demi-voix, en riant.

Je ne m'étonne plus alors s'il ne voit pas juste... et si sa tête...

MAXENCE, à Bouvard.

Amour ardent... véritable et discret... car il n'a jamais voulu, même à moi... me confier le nom de sa passion... (A Albert.) Mais tu ne partais que pour acquérir gloire et fortune... pour revenir digne d'*elle!* as-tu réussi?

ALBERT.

Eh! mon Dieu, non! celle que j'aime, par malheur, est belle... jeune... riche... d'une illustre famille.

MAXENCE.

Tant mieux. Tu ne pouvais mieux choisir.

ALBERT.

Et moi... malgré le *de* (Montrant Bouvard.) que Monsieur a découvert à mon nom, je suis fils d'un pauvre et honnête avocat de province, qui m'a laissé cent louis de rentes en terres, plus, ma paie de capitaine! voilà mon revenu! et tant que mon sort ne changera pas, comment me présenter?... comment oser me déclarer?

MAXENCE.

Tu t'effraies d'un rien. Je t'atteste d'abord, moi, gentilhomme, que dans la société actuelle... Il n'y a plus ni rang... ni naissance... égalité complète.

BOUVARD.

Tous les Français sont égaux.

ALBERT.

Je le sais!... devant la loi.

MAXENCE.

Non, devant la fortune! Sois riche, tous les obstacles disparaîtront! sois riche... on t'accordera les plus beaux partis de la France... il s'agit donc seulement de t'enrichir.

ACTE I, SCÈNE VIII.

ALBERT.

Et comment?

MAXENCE.

Je te le dirai si tu veux!

BOUVARD.

En un jour, en une heure, cela dépend de M. le vicomte!

ALBERT.

En vérité!

MAXENCE.

A propos de cela, Bouvard... voici ce qu'on m'a demandé pour vous... deux promesses de chemin de fer.

BOUVARD.

Que deux! j'en espérais dix!... car c'est de l'or en barres.

MAXENCE.

Je n'en ai pas davantage. Je n'en ai plus, je venais le dire à M. de Marignan; on m'avait assuré, à son hôtel, que je le trouverais encore ici.

BOUVARD.

Il nous quitte pour le conseil d'État où je dois même lui remettre le reste de ses épreuves.

MAXENCE.

Eh bien! vous lui direz en même temps que je vais, de ce pas, porter les derniers coups; voir notre homme, notre grand capitaliste!...

BOUVARD.

Celui dont le nom, disait-il, doit faire réussir l'affaire.

MAXENCE.

Précisément...

BOUVARD.

J'y cours!... Quel dommage!... rien que deux actions! Il n'y aurait pas moyen... d'en avoir une demi-douzaine de plus.

MAXENCE, avec impatience.

Impossible!... je vous dis qu'on se les arrache.

BOUVARD.

C'est bien fait pour cela! (Il sort.)

SCÈNE VIII.

ALBERT, MAXENCE.

ALBERT.

Ma foi, je m'estime heureux de t'avoir rencontré ici au passage... car tu me parais si occupé...

MAXENCE.

C'est vrai, j'ai tant d'affaires...

ALBERT, souriant.

Un gentilhomme devenir homme d'affaires! (Voyant Maxence qui tire un carnet de sa poche.) troquer l'épée de ses aïeux contre le carnet de l'agent de change!

MAXENCE, écrivant sur un carnet.

Me rendre bientôt au ministère pour notre adjudication de demain... passer, dès que j'aurai la réponse de Marignan, chez un riche capitaliste qu'il nous est important de gagner... de là, courir chez mon notaire pour la vente d'une terre qui nous appartient en commun à moi et à ma sœur.

ALBERT, avec émotion.

Mademoiselle Antonia!...

MAXENCE.

Et tu ne me parles pas d'elle? il y a cinq ans cependant, au château de Jumièges, chez ma grand'tante où je t'avais présenté... vous dessiniez ensemble.... vous faisiez de la musique. Ces dames te trouvaient fort aimable, ma grand'tante surtout!... et plus d'une fois Antonia m'a demandé, de sa part, des nouvelles de mon ami Albert.

ALBERT, avec joie.

En vérité!

MAXENCE.

Il n'arrivait pas un bulletin de l'armée d'Afrique qui ne fût lu à l'instant... par ma grand'tante...

ALBERT, d'un air pénible.

Ah! c'était madame de Jumièges...

MAXENCE.

C'est-à-dire, comme elle n'y voyait plus... c'était Antonia qui lisait... et ma tante d'écouter avec un intérêt...

ALBERT.

Dont je suis bien reconnaissant... Elle habite toujours en son château?...

MAXENCE.

Eh! mon Dieu, non! cette pauvre tante... nous l'avons perdue... il y a un an.

ALBERT.

O ciel!... je l'ignorais...

MAXENCE.

C'est sa terre que je viens de vendre, et ma sœur est maintenant à Paris... C'est moi, son seul parent, qui suis devenu son tuteur... (Riant.) Oui vraiment! tuteur d'une jeune fille qui souvent me gronde et me fait de la morale !... c'est gênant !... aussi j'ai hâte de la marier, ce qui ne sera pas difficile ! mais vu sa fortune... je suis obligé de lui chercher quelqu'un de riche... de très-riche... sans cela chacun me jetterait la pierre !

ALBERT, vivement.

Mon ami, tu me parlais tout à l'heure. (S'arrêtant.) C'est-à-dire... tu as eu la bonté, à moi, ton ancien camarade... ton ami d'enfance... de me proposer...

MAXENCE.

Mon aide... mon secours... je te suis tout dévoué... tu le sais !... et déjà si tu l'avais voulu... mais tu m'as toujours semblé si désintéressé... si artiste...

ALBERT.

Que veux-tu ?... le bonheur pour moi n'était pas là... et maintenant il me semble que si pour trouver la richesse il fallait me jeter dans un précipice... je n'hésiterais pas.

MAXENCE, avec chaleur.

Je comprends cela !

ALBERT.

Faire fortune promptement ou mourir... voilà ce qu'il me faut.

MAXENCE, de même.

C'est comme moi !

ALBERT.

Que dis-tu ?

MAXENCE, se reprenant.

Je dis que c'est bien... c'est ainsi qu'on arrive... Écoute-moi ! Il est question d'une nouvelle ligne de chemin de fer... en laquelle moi et quelques capitalistes nous avons espoir ! j'ignore si nous serons préférés, car il y a plusieurs compagnies rivales... mais avant même l'adjudication, qui a lieu demain, on se dispute les actions ou plutôt les promesses d'actions.

ALBERT.

Je ne comprends pas.

MAXENCE.

C'est inutile. Qu'il te suffise de savoir que si nous l'emportons, ces actions... les nôtres... auront triplé leur valeur primitive.

ALBERT.

Et si vous ne l'emportez pas?

MAXENCE.

Rien de fait! chacun reprend son argent... nous aurons manqué à gagner.

ALBERT.

Ainsi rien à perdre... rien à risquer...

MAXENCE.

Qu'un immense bénéfice en cas de succès!... et ces actions... elles sont dans mes mains... je puis t'en donner.

ALBERT.

Quelle bonté! mais tu disais là tout à l'heure... que tu n'en avais plus?

MAXENCE.

Il le faut bien... seul moyen de les faire monter... et d'en élever le prix!

ALBERT.

Mais c'est un mensonge!

MAXENCE.

D'où sors-tu donc?

ALBERT.

Du bivouac!... et il me semble que la délicatesse...

MAXENCE, avec ironie.

Hein!... tu n'as donc jamais été à la Bourse!... Ce que tu appelles mensonge et tromperie... c'est l'habileté, c'est le génie financier! c'est par là qu'on a des hôtels, que dis-je? des palais. Par là on acquiert estime et considération; par là on obtient des titres, des cordons, des... sois tranquille, tu peux accepter... tu ne risques rien que d'être salué et honoré!

ALBERT.

Je t'avoue... qu'une telle manière de faire fortune... me répugnait un peu,... mais puisque tu la trouves permise et loyale, toi, gentilhomme, j'accepte! qu'ai-je à faire?

MAXENCE.

Rien! qu'à prendre cent... deux cents actions... à ton gré et à en payer d'avance la moitié comme qui dirait... cent mille francs... à peu près.

ALBERT.

Très-volontiers. Le seul embarras, c'est que cent louis de rente en terres... ne se vendent pas du jour au lendemain... et ces cent mille francs... tu seras obligé, mon cher ami, de me les avancer.

MAXENCE, à part.

Diable!...

ALBERT.

Pour toi, millionnaire, une pareille somme n'est rien, je le sais... aussi je viens sans façon et sans scrupule, faire ce nouvel appel à ton amitié...

MAXENCE, avec embarras.

Une telle confiance!... j'en suis heureux... je te le jure...

ALBERT, avec franchise.

Je l'ai pensé... car moi... à ta place... (Le regardant.) Eh! mais qu'as-tu donc? d'où vient ce trouble... ma demande serait-elle indiscrète?... je la retire! si je l'ai hasardée... (Avec émotion,) c'est qu'il me semblait... que de bonnes terres... au soleil, en pleine Beauce... étaient des cautions suffisantes pour un camarade d'enfance... pour un ami... (Avec indignation,) Sans compter mon honneur... à moi!...

MAXENCE, vivement.

Ah! n'achève pas! plutôt te dire la vérité tout entière que de te laisser une pareille pensée... ces cent mille francs que tu me demandes et qu'il y a cinq ans j'aurais été heureux, non pas de te prêter, mais de te donner... je ne les ai pas!

ALBERT.

Toi!

MAXENCE.

Silence! nul encore ne le sait! mais cette spéculation que j'entreprends avec tant d'ardeur est mon seul espoir de salut. Il s'agit pour moi, non pas de faire, mais de refaire ma position! Si je réussis, on ne se sera douté de rien; j'échappe à la ruine, à la misère!

ALBERT.

Tu en serais là... toi, avec ta fortune...

MAXENCE.

Eh! mon Dieu! cela va si vite en cinq ans, à Paris, quand on est jeune et inoccupé!... l'oisiveté est si coûteuse! c'est un si grand luxe!... Pendant que tu faisais ton métier de soldat, moi je promenais en calèche mon ennui et mon cigare... tu te battais, je dépensais! tu versais ton sang, moi, mon or! et pour qui, grands dieux! que de folles nuits! que de jours plus insensés! que d'orgies! que de désordres! et quand on s'adresse, pour réparer une première brèche, au lansquenet ou à la spéculation, qui l'agrandissent encore...

ALBERT.

Tu as joué...

MAXENCE.

Comme tout le monde! ce n'est pas là le mal...

ALBERT.

Et tu as perdu ?

MAXENCE.

C'est là ma faute!... je la réparerai! en attendant, les terres, les châteaux que je tenais de mes ancêtres, j'ai tout engagé... en secret! et ce qui me reste... je le dois; mais jusqu'à présent, l'éclat de mon nom, la certitude de mes richesses... ont éloigné tous les soupçons... il est aisé, à un homme comme il faut, d'obtenir un grand crédit.

ALBERT.

C'est-à-dire de tromper.

MAXENCE.

Non... que je réussisse et tout sera payé, et je t'élèverai avec moi jusqu'à cette fortune...

ALBERT.

A laquelle je renonce! elle coûte trop cher! si je l'ai désirée un instant... c'était dans un but que je reconnais maintenant impossible à atteindre! parlons seulement de toi! tu as donc beaucoup de créanciers ?

MAXENCE.

Mais oui... ce n'est pas le nombre qui m'inquiète... les petits, ceux qui ont besoin se taisent et attendent... mais les grands... les riches... un surtout!... un homme du grand monde qui, pour une centaine de mille francs, me tient dans sa dépendance, qui, seul maître de ma position, peut la relever et me perdre! et pour m'en délivrer, à qui m'adresser? à ma sœur? impossible! elle est mineure; et d'ailleurs, son inflexible subrogé-tuteur, M. César Desgaudets...

ALBERT, vivement.

Desgaudets, dis-tu?

MAXENCE.

Le plus avare des millionnaires.

ALBERT, se fouillant.

Il me semble bien sur la carte de tout à l'heure.

MAXENCE.

Honnête homme du reste !... et ma sœur, que je ne pouvais garder avec moi, se trouve à merveille chez ce vieux et respectable capitaliste... près de sa fille Corinne Desgaudets, un bas-bleu, une dixième Muse !...

ALBERT, regardant la carte.

C'est bien cela... croirais-tu, mon ami, que ce matin, j'ai presque sauvé la vie à ce M. César Desgaudets.

MAXENCE.

En vérité !

ALBERT.

Et, dis-moi, si je lui demandais un service...

MAXENCE.

Il te le refuserait. Il est si ladre, si avare, qu'il n'a pas d'état de maison, pas de voiture... il va à pied.

ALBERT.

Je le sais bien !

MAXENCE.

Il a, au fond de la Chaussée-d'Antin, un hôtel superbe qu'il laisse périr faute de réparations ! Il se complaît au milieu des ruines, et il y a du danger, pour les visiteurs, à franchir son escalier.

ALBERT.

Bah ! quand on a gravi les remparts de Constantine... je me risque...

MAXENCE.

A tenter l'assaut ?

ALBERT.

Oui, mon ami !

MAXENCE.

Attends, attends... nous irons ensemble ! j'ai justement, ce matin, à parler d'affaires à M. Desgaudets... non pour mon compte, mais pour celui de la compagnie ; et toi ?...

ALBERT.

Moi, je vais lui demander cent mille francs !

MAXENCE, d'un air effrayé.

Cent mille francs !... pour toi ?

ALBERT.

Non, pour un ami !

MAXENCE.

Comment ?

par sa position politique et ses soixante mille livres de rentes, se trouve le seul qui ait touché son cœur... »

ANTONIA, à part.

Il est étonnant que mon frère n'ait pas parlé d'abord de ce projet d'union à M. Desgaudets, mon subrogé-tuteur... (haut.) Corinne, ton père est-il rentré ?

CORINNE, répondant sans lever la tête.

Pas encore ! Qu'est-ce que tu fais donc là ?

ANTONIA, avec embarras et cachant sa lettre.

Moi... je brode.

CORINNE, avec dédain.

Ah ! de la broderie !... comme c'est infime !

ANTONIA.

Et toi ?

CORINNE.

Moi ! j'écris mes Mémoires.

ANTONIA.

Tu ne fais que cela ! et souvent dix ou trois heures par jour !

CORINNE.

Cela me semble un devoir ! quiconque a un peu marqué dans son siècle se doit à lui-même, et à ses contemporains, de léguer à l'avenir ce qu'il a vu, entendu, et surtout ce qu'il a senti.

ANTONIA.

Cela me paraît bien du temps perdu.

CORINNE.

Qu'oses-tu dire ? les Mémoires secrets sont ce qu'il y a de plus précieux en littérature, et l'on ne saurait trop en composer ; c'est comme qui dirait le daguerréotype de la pensée ! si tous les personnages célèbres avaient écrit à leurs !... la vérité historique nous serait bien mieux connue.

ANTONIA.

Tu crois ?

CORINNE.

C'est si intéressant de voir les grands hommes en...

ANTONIA.

Les grands hommes soit... mais les femmes !...

CORINNE.

Les femmes aussi !... il y a un certain plaisir à se survivre, à livrer son portrait aux regards avides et curieux de nos petits neveux, et à poser encore dans la postérité !

ALBERT, lui tendant la main

Ne le devines-tu pas?

MAXENCE, se jetant dans ses bras.

Ah! Albert!

ALBERT.

Viens...

MAXENCE.

Quoi! tu aurais l'audace d'affronter, pour moi, ce cœur dur, cet Arabe!...

ALBERT, riant.

Les Arabes!... j'y suis fait, tu le sais bien! Ce sera une razzia!... Viens! viens! te dis-je! (Il l'entraîne. — Ils sortent par la porte de la rue à droite.)

ACTE II

Un appartement dans l'hôtel de Desgaudets. Porte au fond, deux portes latérales.

SCENE PREMIÈRE.

ANTONIA, à droite du spectateur, près d'un métier à broder, ne brodant pas, et regardant une lettre qu'elle tient à la main; CORINNE, à gauche, devant une table et écrivant.

ANTONIA, lisant.

« Attends-moi ce matin, ma chère sœur : nous avons à causer
« mariage, il se présente un parti qui me convient fort et doit
« te plaire... un ami à moi! » (S'interrompant avec joie.) Est-il possible! (Continuant.) « Un grand seigneur! » (A part, avec tristesse) O ciel! (Continuant.) « Qui, à tous ses titres politiques et littéraires,
« joint celui de comte! » (A part.) Qui donc, mon Dieu? Serait-ce monsieur de Marignan... si assidu depuis quelque temps... Oh! non!... (Elle garde le silence et demeure pensive.)

CORINNE, de l'autre côté, à droite, écrivant.

« Mémoires secrets d'une jeune dame pour servir à l'Histoire
« de France du xixe siècle, chapitre xv. Corinne Desgaudets
« commence à réfléchir et à comprendre la nécessité d'un éta-
« blissement. Coup d'œil rapide jeté autour d'elle!... De tous les
« hommes de lettres qui l'environnent, le comte de Marignan,

« par sa position politique et ses soixante mille livres de rentes,
« se trouve le seul qui ait touché son cœur... »

ANTONIA, à part.

Il est étonnant que mon frère n'ait pas parlé d'abord de ce projet d'union à M. Desgaudets, mon subrogé-tuteur... (Haut.) Corinne, ton père est-il rentré?

CORINNE, répondant sans lever la tête.

Pas encore! Qu'est-ce que tu fais donc là?

ANTONIA, avec embarras et cachant sa lettre.

Moi... je brode.

CORINNE, avec dédain.

Ah! de la broderie!... comme c'est femme!

ANTONIA.

Et toi?

CORINNE.

Moi! j'écris mes Mémoires.

ANTONIA.

Tu ne fais que cela! et souvent deux ou trois heures par jour!

CORINNE.

Cela me semble un devoir! quiconque a un peu marqué dans son siècle se doit à lui-même, et à ses contemporains, de léguer à l'avenir ce qu'il a vu, entendu, et surtout ce qu'il a senti.

ANTONIA.

Cela me paraît bien du temps perdu.

CORINNE.

Qu'oses-tu dire? les Mémoires secrets sont ce qu'il y a de plus précieux en littérature, et l'on ne saurait trop en composer! c'est comme qui dirait le daguerréotype de la pensée! et si tous les personnages célèbres avaient écrit les leurs!... la vérité historique nous serait bien mieux connue!

ANTONIA.

Tu crois?

CORINNE.

C'est si intéressant de voir les grands hommes en déshabillé...

ANTONIA.

Les grands hommes soit... mais les femmes!...

CORINNE.

Les femmes aussi!... il y a un certain plaisir à se survivre! à livrer son portrait aux regards avides et curieux de nos petits neveux, et à poser encore dans la postérité!

ANTONIA.

Tu trouves? cela me semble déjà si fatigant de poser, comme tu le fais, dans le monde actuel.

CORINNE.

Une fatigue! dis donc un plaisir! Toi, tu ne chéris que la retraite, tu crains qu'on ne parle de toi, tu voudrais toujours te cacher.

ANTONIA.

Et toi te montrer!

CORINNE.

C'est vrai!... ah! si j'avais ton nom et ta naissance, si j'étais surtout presque libre de mes actions, j'irais partout... on ne verrait que moi!...

ANTONIA.

Eh! mais cela commence déjà!

CORINNE.

Autant que je le peux!... mais avec un père qui ne veut pas me conduire dans le monde, qui ne veut pas recevoir, qui craint la moindre dépense... comment donner des bals, des soirées, des raouts... tout ce qui vous met en évidence? je ne peux me permettre ici que des plaisirs littéraires.

ANTONIA.

C'est moins cher!

CORINNE.

Des réunions savantes, des lectures poétiques...

ANTONIA.

Cela ne coûte que des verres d'eau sucrée.

CORINNE.

Et des éloges, chacun en reçoit...

ANTONIA.

Ou en apporte! et ne crains-tu pas, toi, femme, que cela ne prête un peu au ridicule?

CORINNE.

Oui, autrefois... du temps de Molière on se moquait des femmes... beaux-esprits... elles n'étaient alors que savantes; mais de nos jours .. ennuyées d'entendre rire à leur dépens, elles se sont faites journalistes; depuis ce moment les hommes de lettres ne rient plus!... ils ont peur!

ANTONIA.

En vérité!

CORINNE.

Eh oui! car ils se prosternent tous devant la puissance du feuilleton. Grâce à cette revue européenne et toute-puissante, dans laquelle je daigne écrire, tu peux les voir ici... dans mon salon... c'est à qui me fera la cour... et m'environnera d'hommages!... tels ou tels qui estiment fort peu mes vers, en composent à ma louange qui ne sont pas meilleurs! ou font éclater, pour moi, dans leur prose, un enthousiasme que je leur rends... dans la mienne! Nous composons ensemble les anecdotes piquantes, les reparties spirituelles, que nous nous attribuons mutuellement; à tout propos, dans mes récits, j'ai soin de placer leur nom, à charge de revanche; c'est ainsi qu'on devient une puissance, un centre, un astre, autour duquel gravitent d'autres étoiles, planètes ignorées dont M. Leverrier lui-même ne pourrait dire le nom, et qui aspirent toutes à s'en faire un; or, c'est dans mon salon que s'élaborent les renommées littéraires, que se préparent les élections académiques! gloire et profit à mes amis, malheur à ceux qui n'en sont pas! nous élevons les uns, nous empêchons les autres d'arriver; pour les premiers, mon journal est un piédestal, pour les autres, une barrière... c'est connu! et grâce à ce double système, je tiens chacun dans ma dépendance par la crainte et par l'espoir! (A un domestique qui entre portant un paquet de brochures.) Qu'est-ce?... ah! des gazettes, des revues, des brochures... (Prenant le paquet des mains du domestique qui sort et en offrant à Antonia.) En veux-tu?

ANTONIA.

Non, vraiment! (D'un air d'effroi.) Comment! tu vas lire tout cela?

CORINNE.

Certainement! il faut voir si l'on dit de moi du bien ou du mal, afin de rendre avec impartialité l'un et l'autre!

ANTONIA.

Mais c'est un travail!

CORINNE.

Plus encore! Beaumarchais a dit : « La vie de l'homme de lettres est un combat! »

ANTONIA.

La femme de lettres est donc obligée d'être une Jeanne d'Arc!

CORINNE.

A peu de chose près!

ANTONIA.

C'est terrible!

CORINNE.

Non pas que plusieurs ne s'en dispensent! mais moi! (Jetant les yeux sur un journal qu'elle a ouvert.) *Nouvelles extérieures. Afrique française...* peu m'importe?

ANTONIA, se rapprochant d'elle.

Cela peut être intéressant!

CORINNE.

Toi, qui n'y tenais pas? (Lisant.) « *Le ministre a reçu aujour-*
« *d'hui des dépêches du maréchal, apportées par M. Albert*
« *d'Angremont, capitaine aux chasseurs d'Afrique.* »

ANTONIA, à part.

O ciel! il est à Paris!

CORINNE, se retournant.

Qu'est-ce donc?

ANTONIA.

Rien!

CORINNE, la regardant.

Ce trouble... cette émotion... il est évident que tu as quelque chose...

ANTONIA, cherchant à sourire.

Moi!...

CORINNE.

Je dois m'y connaître!... on n'a pas écrit une demi-douzaine de romans, sans avoir quelques notions... en théorie du moins! et je n'ai jamais vu un article de journal produire sur toi un pareil effet... voyons? qui peut, dans ces trois lignes, t'intéresser aussi vivement? est-ce le maréchal ou le ministre? (La regardant.) Non? serait-ce par hasard le jeune capitaine? (Voyant Antonia qui tressaille.) Ah! tu le connais?...

ANTONIA, cherchant à se remettre.

Je ne vois pas pourquoi je te le cacherais.

CORINNE.

Tu me le cachais cependant! (Vivement.) Voyons! Dis-moi tout! je n'ai rien pour aujourd'hui, aucune anecdote! Cela fera un chapitre pour mes mémoires... chapitre XVI, confidence d'Antonia, ma meilleure amie.

ANTONIA.

Mais pas du tout... je ne te dirai rien, je n'ai rien à dire, ni à toi... ni... à la postérité... que cela ne regarde pas!

CORINNE.

Si tu ne parles pas... j'arrangerai moi-même l'aventure... je la composerai... Il vaut mieux que tu me donnes les vrais détails.

ANTONIA.

Il n'y en a pas ! un pauvre jeune homme... sans fortune.. mais plein d'honneur et de loyauté... un ami de mon frère... que ma tante aimait beaucoup !

CORINNE.

C'est épidémique... un mal de famille !

ANTONIA.

Il y a du reste cinq ans qu'il est absent.

CORINNE.

Raison de plus pour penser l'un à l'autre... à ton âge surtout !

ANTONIA.

Lui ! jamais un mot... jamais un regard n'a pu me faire supposer qu'il s'occupât de moi.

CORINNE.

Je ne parle pas de lui... mais de toi !

ANTONIA.

Moi !... de pareilles idées ne me sont même pas permises... mon frère, de qui je dépends, a d'autres projets.

CORINNE.

Des projets de mariage... et tu ne m'en parles pas ?

ANTONIA.

C'était si peu intéressant... Je ne tiens ni aux dignités... ni aux grands seigneurs...

CORINNE.

C'en est donc un ?

ANTONIA.

Eh oui !... un homme titré... un comte !...

CORINNE, vivement.

Comtesse ! tu serais comtesse... es-tu heureuse ! c'est là le rêve de ma vie !

ANTONIA.

Toi ! la fille des arts et de la poésie... toi ! un artiste, une Muse !...

CORINNE.

Quand les Muses sont comtesses ou marquises, cela n'en vaut que mieux. Moi, je n'aime que les distinctions, les titres, la haute société. Dans tous mes écrits, je ne parle jamais que de duchesses... que de princesses, mes amies intimes... que je n'ai jamais vues ! C'est une si belle chose qu'un grand nom... et s'il faut te l'avouer, la seule idée qui empoisonne mes succès, le désespoir et le malheur de ma vie, c'est de m'appeler Corinne Desgaudets.

ANTONIA.

Allons donc !

CORINNE.

Desgaudets !... Crois-tu que la gloire puisse jamais adopter ce nom-là ?

ANTONIA.

Pourquoi pas ?

CORINNE.

Desgaudets !

ANTONIA.

Eh bien ! pourquoi ne changes-tu pas ce nom contre celui d'un mari ?...

CORINNE.

Je ne demande pas mieux

ANTONIA.

Ton père est si riche... et il a pour toi tant d'affection...

CORINNE.

Bien moins que pour sa caisse ! Certainement nous vivons dans un siècle où il y a encore des amants de la gloire, mais mon père annonce hautement qu'il ne me donnera pas de dot, cela ne les encourage pas ! Aussi les seuls partis qui se présentent pour moi ne sont que des littérateurs purs et simples... des gens qui écrivent...

ANTONIA.

Eh bien !...

CORINNE.

Fi donc !... je n'estime que ceux qui font de la littérature, en grands seigneurs... dans leurs loisirs... quand ils ont le temps, et qui, grâce au ciel, ne l'ont jamais ?... quelque personnage haut placé, quelque illustration politique qui arrivera un jour au ministère et qui fera de l'histoire pendant que j'en écrirai !... Vois donc quel avantage pour mes Mémoires !

ANTONIA.

Eh bien ! il faut te prononcer auprès de ton père !

CORINNE.

C'est bien mon dessein... et à la première occasion...

ANTONIA.

Elle ne tardera pas, car c'est lui ! (Les deux jeunes filles se tiennent à l'écart.)

SCÈNE II.

ANTONIA, CORINNE, DESGAUDETS.

DESGAUDETS, à part, entrant en rêvant,

Il ne faut jamais différer l'exécution des bonnes affaires, et j'ai voulu, avant de rentrer, prendre des renseignements positifs sur le neveu de mon ami d'Angremont. C'est décidément un excellent jeune homme que mon nouvel ami... Des talents, du cœur, de la franchise... trop peut-être, il se formera !... De plus un petit patrimoine réel et assuré... cent louis de rentes en terres... et non pas en actions. Voilà une réunion de qualités bien rares par le temps qui court... et le plan que j'ai formé, pour lui, me sourit... (Apercevant Antonia qui vient à lui.) Ah ! pardon, ma chère Antonia, je ne vous voyais pas...

ANTONIA.

Je voudrais vous consulter, Monsieur, sur une lettre que mon frère vient de m'envoyer...

DESGAUDETS.

Plus tard, ma chère pupille... si vous voulez bien le permettre... j'ai d'abord à traiter avec ma fille une question importante !...

ANTONIA.

Et elle aussi !...

CORINNE, qui s'est assise devant la table

Oui, mon père...

DESGAUDETS.

Cela se rencontre à merveille! (Il reconduit Antonia jusqu'à la porte à droite. Pendant ce temps, Corinne, qui s'est assise près de la table à gauche, écrit sur le livre de ses Mémoires.)

CORINNE, écrivant.

« Chapitre XVII, entrevue de Corinne avec son père. Élo-
« quence et caractère qu'elle déploie. Convaincu par la force de
« ses arguments, M. Desgaudets est obligé de céder et de la ma-
« rier à celui qu'elle aime! »

SCENE III.

DESGAUDETS, CORINNE.

DESGAUDETS, qui vient de reconduire Antonia, s'approche de Corinne qui écrit toujours.

Je te dérange !... tu composes.

CORINNE, se levant.

Non, mon père... quelques mots... qui plus tard serviront de jalons dans ma vie.

DESGAUDETS.

Tu as donc bien peur de rien en perdre?

CORINNE.

Je n'en ai déjà que trop perdu, et de mes plus beaux jours, j'ose le dire...

DESGAUDETS.

Comment cela? Je n'ai jamais contrarié en rien tes idées ni tes goûts. Certes, j'aurais mieux aimé que tu eusses une aiguille, qu'une plume à la main! cela me faisait peine de voir souvent ton doigt et surtout ta robe tachés d'encre... mais c'était ta fantaisie... m'y suis-je opposé? non. J'aurais mieux aimé ne recevoir chez moi que de bonnes gens, d'honnêtes gens, et mon salon est le rendez-vous de tous les orgueils, de tous les ressentiments littéraires... tous amis qui se détestent; tempéraments poétiques et bilieux, que le succès d'autrui rend malades, que l'envie dévore, et qui volontiers deviendraient borgnes, pour rendre un rival, aveugle. Voilà comme ils entendent les lumières... C'est là ton entourage et ta cour... Cela te convient? y trouverais-je à redire? non! car avant tout j'ai voulu que tu fusses heureuse! et le bonheur, selon toi... c'est la liberté!

CORINNE.

Non, mon père!

DESGAUDETS.

Tu me l'as dit cent fois.

CORINNE.

Non, mon père!

DESGAUDETS.

Je l'ai lu dans tous tes vers!

CORINNE.

Ce n'est pas une raison. Il y a d'autres bonheurs encore, et c'est à ce sujet que j'ai désiré avoir, avec vous, un entretien sérieux!

DESGAUDETS.

Je t'écoute!

CORINNE.

J'ai vingt-deux ans, mon père!

DESGAUDETS.

Tu crois?

ACTE II, SCÈNE III.

CORINNE.

Je l'écrivais encore hier dans mes Mémoires!

DESGAUDETS.

Si tout y est de la même exactitude!...

CORINNE, avec aigreur.

Je vous répète, mon père, que j'ai vingt-deux ans.

DESGAUDETS.

Soit! je le veux bien!... convenons-en... voilà tout. C'est convenu!

CORINNE, avec force.

Je les ai!

DESGAUDETS, de même.

Oui, certes!

CORINNE.

Et vous ne songez pas à me marier?

DESGAUDETS.

Si vraiment. Mais tu refuses tous les partis.

CORINNE.

Il ne s'en présente point de convenable!

DESGAUDETS.

C'est ta faute!

CORINNE.

C'est la vôtre! Pourquoi dites-vous, partout, que vous ne me donnerez pas de dot!

DESGAUDETS.

Parce que telle est mon intention! A quoi sert d'avoir dans sa famille une merveille, une muse, une Sapho... s'il me faut prosaïquement donner cent mille écus à un gendre, pour qu'il consente à prendre mon illustre fille. Il aurait donc son talent, son immense talent pour rien et par dessus le marché. Est-ce juste? Est-ce que, poétiquement parlant, cette idée seule ne t'indigne pas?

CORINNE.

Ce qui m'indigne, mon père, ce sont les prétextes que je vous vois prendre pour vous cacher à vous-mêmes la vérité! Ce qui m'indigne, mon père, c'est cette soif de fortune qui vous porte à thésauriser sans cesse!

DESGAUDETS.

Moi!

CORINNE.

Oui, possesseur de plusieurs millions, il vous est plus doux de contempler votre or, que de voir le bonheur de votre fille, et si jusqu'ici le respect m'a fermé la bouche, ne croyez pas que depuis longtemps je n'ai pas souffert de votre... de votre...

DESGAUDETS, voyant qu'elle s'arrête.

Achève... et dis comme tout le monde... de mon avarice, n'est-ce pas? J'espérais, avec toi, du moins, ne pas être obligé de me justifier; mais puisque tu m'y forces, apprends donc un secret que tous ignorent... que toi seule connaîtras, et que je te défie de révéler... ce sera ta punition!

CORINNE, interdite.

Que voulez-vous dire?

DESGAUDETS.

Assieds-toi là. Nous étions deux frères, Alexandre et César Desgaudets. Nous avions, jeunes encore, un fort joli patrimoine, cinq ou six mille livres de rentes. Moi, garçon, je trouvais que c'était assez. Alexandre, mon frère aîné, n'était pas de cet avis. Il était ambitieux; il pensait qu'on ne pouvait jamais arriver ni trop vite ni trop haut; qu'il fallait pour exister, une fortune de prince. Tu vois qu'il avait devancé son siècle, et qu'il était digne de vivre dans celui-ci. Il m'embrassa et partit pour Chandernagor ou Calcutta, que sais-je? pour faire sauter la compagnie des Indes et devenir rajah, pour le moins; la vérité est que je n'entendis plus parler de lui. Quant à moi, qui aimais le repos, le bien-être, le confortable, je menai la vie de garçon et de rentier la plus heureuse, m'accordant, jusque dans leurs dernières limites, toutes les jouissances que peuvent donner six mille livres de rentes! il y en a beaucoup, même, pour un sage! Ce fut là mon bon temps! Par malheur, l'amour vint tout gâter. J'épousai une femme sans fortune... et bientôt nos charges augmentèrent, car nous eûmes d'abord une fille, Corinne Desgaudets, ici présente, puis d'autres enfants que j'ai perdus... puis ta pauvre mère toujours souffrante et malade. Il y a de cela plus de vingt-huit ans. (Voyant Corinne qui fait un geste, et s'interrompant.) Non, vingt-deux!... c'est convenu! Depuis ce temps, je m'habituai à économiser, non pour moi, mais pour vous; ce bien-être intérieur, ce confortable que j'aimais tant, j'y renonçai, avec peine, je l'avoue; mais je me disais: J'en serai récompensé par l'estime du monde et de mes amis. Erreur!... garçon, l'on m'accueillait; père de famille, chacun me ferma sa porte!

CORINNE.
Ah! c'est indigne!
DESGAUDETS.
D'accord! mais le monde est ainsi fait. C'est depuis ce jour-là, mon enfant, que je suis devenu philosophe! philosophe pratique du plus haut étage... et dans ma mansarde, oubliant et oublié, bien des années s'écoulèrent ainsi : lorsqu'un matin, des journaux allemands annoncent qu'Alexandre Desgaudets, qui avait fait une fortune immense, vient de mourir au fond de la Hongrie, laissant un héritage de trois millions... Les journaux de Paris le répètent, et chacun se dit : Mais j'ai connu autrefois César Desgaudets, son frère... quel bon vivant! quel aimable jeune homme! et quel cœur dévoué... quel excellent père de famille! — C'était mon ami intime. — Et à moi aussi! — Savez-vous ce qu'il est devenu? — Non vraiment. — Ni moi! — Ni moi! — Je parais, en ce moment, descendant de ma mansarde! ceux qui ne me regardaient plus me reconnaissent. Les poignées de mains, les invitations, les dîners m'accablent de tous côtés... J'avais retrouvé mon confortable et tous mes amis d'autrefois!... que dis-je? cent fois plus encore! Comme dans toutes les restaurations, ils avaient germé et pullulé pendant l'interrègne. Et le crédit que l'on m'accordait déjà, et le salut fraternel des grands capitalistes!... et le sourire des jolies femmes!... je me laissai faire. J'acceptais toutes les amitiés sans me laisser éblouir, et tous les dîners sans me laisser enivrer... je t'ai dit que j'étais devenu philosophe. Et abandonnant pour quelques mois ma nouvelle cour, je me rendis en Hongrie, pour liquider l'héritage de mon frère Alexandre.
CORINNE.
Les trois millions...
DESGAUDETS.
Oui, mon enfant; mais, hélas...
CORINNE.
Il n'avait pas trois millions?
DESGAUDETS.
Si vraiment... à peu près. Mais en payant les legs particuliers, qui étaient considérables, les dettes, qui l'étaient encore plus, et surtout les droits de succession dus au gouvernement autrichien, car il en coûte très-cher pour mourir en Autriche, je vis bientôt, moi qui me connais en affaires, qu'il ne resterait à peu près rien au légataire universel.

CORINNE.

Rien ! grand Dieu !

DESGAUDETS

Que cet hôtel à Paris... petit hôtel charmant... que mon frère avait fait acheter, de loin, dans l'intention d'y finir ses jours; mais qu'il n'avait jamais habité, et qui, à peine achevé, demandait des réparations... de grosses réparations!...

CORINNE.

C'est vrai !

DESGAUDETS.

Ce qui eût absorbé mes six mille livres de rentes. Le vendre dans ce quartier éloigné, et dans l'état où il est, ajoutait peu à ma fortune, trahissait à tous les yeux ma véritable position, et me livrait, de nouveau, aux dédains ou à l'indifférence de l'amitié. Je regardai autour de moi, et je me dis : Dans ce siècle, où la vérité est passée de mode et où personne n'en fait usage, pourquoi m'en servirais-je? qui m'oblige à la dire? s'ils veulent absolument que je sois héritier de trois millions, je ne suis pas forcé de les éclairer, encore moins de leur raconter mes affaires de famille. Aussi à mon retour, je gardai un silence absolu. Je m'installai dans cet hôtel, où je repris le train de vie que je menais dans ma mansarde. Je ne changeai rien à mes anciennes habitudes d'économie, qu'aujourd'hui ils appellent tous de l'avarice

CORINNE.

O ciel !

DESGAUDETS.

A commencer par ma fille! mais, qu'en est-il résulté? moi économe... on daignait à peine me regarder... moi avare, chacun me salue. Quand j'avais une vertu, on s'éloignait de moi... je me suis doté d'un vice... et partout l'on m'honore!...
(Il se lève.)

CORINNE, se levant aussi.

Eh ! qu'y gagnez-vous, de grâce ?

DESGAUDETS.

Ce que j'y gagne !... c'est qu'en ce siècle, où il y a si peu d'amis, j'en rencontre à chaque pas! c'est qu'on me choie, c'est qu'on me caresse, c'est qu'on m'invite! pas une fête, pas une soirée où je n'assiste! je vais partout et ne reçois jamais... c'est tout simple... je suis avare!!! ce que j'y gagne ! c'est que, fréquentant les gens du grand monde, je puis, sans qu'on s'en étonne, me priver de toilettes élégantes, de chevaux, d'équipages, de cadeaux au jour de l'an, et d'étrennes aux petits enfants. Je puis refuser les billets de loterie des dames, leurs billets de concerts, et leurs listes de souscriptions... Je suis avare!!! grâce à ce titre protecteur et aux priviléges qui en dépendent, j'ai déjà, vivant bien et ne dépensant rien, presque doublé mon petit capital, pour toi ingrate, pour toi seule!

CORINNE.

Ah! mon père!...

DESGAUDETS.

Mais de là aux millions que tu espérais il y a loin encore! voilà pourquoi je cherchais et cherche toujours un gendre raisonnable! voilà pourquoi je publie partout que je ne donne pas de dot... c'est un puff comme un autre, excepté qu'il est vrai, car moi je ne veux tromper personne! et cependant cette fortune qu'on me suppose peut devenir un jour réelle... en partie du moins!

CORINNE, avec joie.

Que dites-vous?

DESGAUDETS.

Écoute-moi, mon enfant; de nos jours, il faut être riche, pour faire fortune. Or, me croyant riche, chacun vient me proposer les moyens de le devenir plus encore! c'est à qui m'offrira d'excellentes affaires, d'immenses bénéfices, dont je ne prends que ce que mes capitaux me permettent d'accepter, et ma modération passe auprès des uns pour l'avarice qui craint de perdre, auprès des autres, pour l'opulence rassasiée qui dédaigne de gagner. Dans ce moment encore, deux ou trois Compagnies rivales se disputent le crédit et l'appui de mon nom... et maintenant que tu connais la prétendue avarice de ton père!... silence, car si on savait qu'elle est usurpée et que j'ai osé prendre un défaut que je n'avais pas...

CORINNE.

Le monde serait sans pitié!

SCÈNE IV.

Les précédents, UN DOMESTIQUE, puis MAXENCE, et ALBERT.

LE DOMESTIQUE, annonçant.

M. le vicomte de La Roche-Bernard.

DESGAUDETS.

Qu'il soit le bienvenu!

LE DOMESTIQUE.

Et M. le capitaine Albert d'Angremont.

CORINNE, à part.

La passion d'Antonia... (Haut.) Quelle rencontre!...

DESGAUDETS.

Tu le connais?

CORINNE.

Non, mais je suis enchantée de le voir.

DESGAUDETS.

Et moi aussi!... (Lui montrant Albert qui paraît en ce moment avec Maxence.) Comment le trouves-tu?

CORINNE.

Très-bien!...

DESGAUDETS.

Tant mieux!

CORINNE, à part.

Très-bien... pour un Africain!... ce sera pour mes Mémoires une page originale. Un portrait chaud et coloré où l'on sentira le soleil d'Afrique! (Pendant ce temps, Maxence et Albert, qui sont descendus au bord du théâtre, saluent Desgaudets et sa fille.)

ALBERT.

Je n'ai pas perdu de temps, Monsieur; pour profiter de la permission que vous m'aviez donnée... et venant pour mon plaisir, j'ai rencontré mon ami Maxence!

MAXENCE.

Qui venait pour affaires.- Vous savez, Monsieur, que le comte de Marignan, moi et plusieurs riches capitalistes, nous sollicitons une nouvelle ligne de chemin de fer, et dans le cas où nous l'obtiendrions, nous voulons vous prier d'accepter la présidence du conseil d'administration

DESGAUDETS.

Il faudrait pour cela être actionnaire, et je ne le suis pas!

MAXENCE.

Eh bien! jetez là dedans, comme moi, quatre ou cinq cent mille francs! c'est facile!

DESGAUDETS.

Parlez pour vous, monsieur le vicomte, dont la fortune est brillante et assurée... mais moi, c'est différent!

MAXENCE.

Allons donc!... vous qui êtes trois ou quatre fois millionnaire !

DESGAUDETS.

C'est ce qui vous trompe!... je suis bien loin... mais très-loin d'être aussi riche qu'on le croit.

MAXENCE, bas, à Albert.

Le vieil avare !

DESGAUDETS.

Et chacun, je vous le jure, s'abuse à ce sujet... vous tout le premier !

MAXENCE.

Vous voulez rire! mais nous tenons tellement à vous avoir à la tête du conseil d'administration, que je viens, au nom de nos actionnaires et au mien, vous prier de vouloir bien accepter, en cas de succès, une promesse de cinquante actions gratuites et rémunératoires, comme on dit! (Voyant Desgaudets qui veut parler.) Je comtpe tellement sur vous, que j'ai presque promis votre consentement.

DESGAUDETS.

J'aurais mauvaise grâce à vous faire manquer à votre parole, et dès que vous le voulez tous...

MAXENCE.

A la bonne heure!... j'ai là les coupons! je n'ai qu'à les signer... Pendant ce temps, mon ami Albert... aurait, je crois, à vous parler.

DESGAUDETS, riant.

Et moi aussi. (Bas, à Corinne.) Laisse-nous.

CORINNE.

Pourquoi cela ?

DESGAUDETS.

Je te le dirai plus tard. Laisse-nous !

CORINNE.

C'est singulier !

MAXENCE.

Veuillez en même temps, Mademoiselle, dire à ma sœur Antonia que je l'attends.

CORINNE.

Oui, Monsieur... (A part.) Je vais la prévenir que le jeune capitaine est ici. Surprise... reconnaissance...

DESGAUDETS, avec impatience.

Eh bien! Corinne...

CORINNE.

Je m'en vais, mon père, je m'en vais... (Elle sort.)

SCÈNE V.

DESGAUDETS, ALBERT, MAXENCE, à la table à gauche et écrivant.

DESGAUDETS.

Eh bien! mon jeune ami!

ALBERT.

Eh bien! Monsieur, vous m'avez montré ce matin une telle bienveillance... que je ne crains pas de m'adresser à vous... pour un service...

DESGAUDETS.

Un service! vous m'avez donné l'exemple!... et si cela dépend de moi...

ALBERT.

J'ai quelques terres dans la Beauce...

DESGAUDETS.

Je le sais!... je suis allé aux informations.

ALBERT.

On a dû vous dire alors que mon patrimoine valait à peu près cent mille francs!

DESGAUDETS.

Pour le moins!...

ALBERT.

Prêtez-les-moi?

DESGAUDETS.

A vous!

ALBERT.

J'aurais pu m'adresser à un notaire... mais il me faut cette somme, aujourd'hui, à l'instant. Voilà pourquoi je vous la demande?

DESGAUDETS.

Je croyais vous avoir dit ce matin, qu'en fait d'affaires, il fallait se défier de tout le monde.

ALBERT.

Cet argent n'est pas pour moi!

DESGAUDETS.

Raison de plus... se ruiner pour son compte, passe encore! mais pour un autre, c'est absurde!

ALBERT.

Quand c'est pour un ami...

DESGAUDETS, haussant les épaules.

Un ami!... allons donc...

ALBERT.

Qu'osez-vous dire?

DESGAUDETS, montrant Maxence.

Interrogez M. le vicomte?..... Il vous dira comme moi ce que c'est, dans ce temps-ci, qu'un ami qui demande de l'argent.

ALBERT.

Quand c'est un homme de naissance... un gentilhomme...

DESGAUDETS, effrayé.

Un gentilhomme, dites-vous? des gentilshommes, de nos jours!

ALBERT.

Oui, Monsieur!

DESGAUDETS.

C'est donc la bourse ou la vie qu'on vous demande?

ALBERT.

Par exemple!

MAXENCE, avec colère.

Comment?

ALBERT.

Celui-là, Monsieur, est un vrai gentilhomme; enfin, un honnête homme!

DESGAUDETS.

Ah! c'est différent! voilà maintenant les gens de qualité!

ALBERT.

Et si je vous le nommais...

DESGAUDETS.

Qui donc?

ALBERT, s'arrêtant sur un geste de Maxence.

Mais cela m'est défendu!

DESGAUDETS, avec ironie.

Ah! je comprends! par égard pour sa noble famille!

MAXENCE, lui remettant les actions.

Monsieur...

DESGAUDETS, prenant les actions qu'il serre dans sa poche et s'adressant à Albert.

Monsieur, on a dû vous dire que j'étais avare !... la vérité est que je tiens à bien placer mon argent, et tout en refusant l'affaire dont vous me parlez, je veux vous en proposer une autre où nous serons associés.

ALBERT.

Que dites-vous ?

DESGAUDETS.

Vous venez de voir ma fille ! ma fille unique... Je vous l'offre en mariage.

MAXENCE, étonné.

Ah ! bah ! vous, Monsieur ?...

DESGAUDETS.

Moi !...

ALBERT, de même.

A moi, Monsieur !

DESGAUDETS, vivement

Permettez, permettez... je ne lui donne pas de dot... je me hâte de vous en prévenir. Je ferai quelque chose cependant... de mon vivant, et après moi elle aura... autant que vous, pour le moins

MAXENCE.

Je le crois bien... et c'est superbe !... Vous êtes, mon cher Desgaudets, d'une originalité... vous méritiez d'être Anglais !

DESGAUDETS, à Albert.

Eh bien ! qu'en dites-vous ?

ALBERT, avec émotion.

Vous me voyez... si surpris... si étourdi d'une générosité pareille, que je ne sais comment vous témoigner ma reconnaissance, je ne le puis que par ma franchise... par ma loyauté même, qui me défend, Monsieur, d'accepter l'honneur que vous voulez me faire !

MAXENCE.

Y penses-tu ?

DESGAUDETS.

Comment cela ?

ALBERT.

Pour me rendre digne d'un si noble procédé, il faudrait promettre à mademoiselle votre fille un dévouement absolu... un amour enfin... que je n'ai pas... et que j'éprouve pour une autre !

MAXENCE.

Allons donc !

DESGAUDETS.

Vous êtes amoureux ?

ALBERT.

Sans qu'aucun espoir me soit permis, ni possible ! mais donner sa foi, quand le cœur et la pensée sont ailleurs, cela ne me semble pas d'un honnête homme... Je m'en rapporte à vous-même, Monsieur... qu'en pensez-vous ?

DESGAUDETS.

Que vous êtes un absurde et digne jeune homme ! votre refus même me prouve que j'avais bien choisi mon gendre.

ALBERT

Vous ne m'en voulez pas ?

DESGAUDETS.

C'est à moi de vous demander excuse, car d'avance, et persuadé que vous accepteriez, j'avais vu, chemin faisant, quelques amis, entre autres, Duperron, un chef de bureau au ministère...

ALBERT.

Et pourquoi ?

DESGAUDETS.

Les apostilles ne coûtent rien à nous autres avares ! je vous avais recommandé.. comme on recommande un gendre... avec chaleur ! et si vous m'en croyez, ne les détrompez pas, du moins pendant quelques jours...

ALBERT, étonné.

Comment, Monsieur ?

SCÈNE VI.

Les précédents, ANTONIA, entrant vivement et avec émotion par la porte du fond.

ANTONIA, à Maxence.

On m'a dit, mon frère, que vous étiez ici.

ALBERT, à part.

Antonia !...

ANTONIA, à part.

M. Albert !... (Ils se saluent. A Desgaudets.) Et voici M. le comte de Marignan qui vient d'entrer dans votre cabinet où il vous attend, m'a-t-il dit, pour une importante affaire !...

DESGAUDETS.

Je vais le recevoir. (A Albert) Vous, mon jeune ami, passez au plus tôt chez notre chef de bureau, il est bon que vous causiez avec lui !

ALBERT.

Pourrais-je lui parler de madame de Saint-Avold... de la veuve de mon général?

DESGAUDETS.

Certainement, moi de mon côté je vais en toucher quelques mots à M. de Marignan, qui est plus puissant que moi, car il est lié intimement avec le secrétaire général.

ALBERT.

Ah ! vous voulez m'accabler, Monsieur.

DESGAUDETS.

Non ! mais vous prouver que je n'ai pas de rancune... adieu!
(Il sort par la porte à droite

SCÈNE VII

ANTONIA, ALBERT, MAXENCE.

MAXENCE, courant vivement à Albert.

An çà ! maintenant qu'il n'est plus là... expliquons-nous? ce que tu viens de faire et de dire a-t-il le sens commun?

ANTONIA.

Qu'est-ce donc?

MAXENCE.

Je m'en rapporte à ma sœur elle-même ! qui est de bon conseil. Ce vieil avare... ce grippe-sou millionnaire, Desgaudets, en un mot, dans un moment non lucide, dans un accès de fièvre au cerveau, lui propose à lui, officier sans fortune, sa fille en mariage!

ANTONIA.

Est-il possible!

MAXENCE.

Tu es comme moi, tu n'en peux revenir! le fait te semble fabuleux, et voilà qui l'est plus encore... Albert refuse...

ANTONIA.

vous, Monsieur !...

ALBERT, avec trouble.

Oui, Mademoiselle... chacun a ses idées... je ne tiens pas aux richesses... qu'en aurais-je fait?

ACTE II, SCÈNE VII.

MAXENCE.

Il fallait toujours accepter... sinon pour toi... du moins pour tes amis... en revanche, nous t'aurions guéri de ta passion!...

ANTONIA, avec curiosité.

Une passion...

MAXENCE.

Autre absurdité! à laquelle il sacrifie un avenir superbe!

ANTONIA.

Et sans doute... monsieur Albert est payé de retour?

ALBERT, vivement.

Non, Mademoiselle... et je n'ai jamais pensé que ce fût possible.

MAXENCE.

Quelque bégueule!... quelque prude... quelque dévote...

ANTONIA.

Vous la connaissez donc... mon frère?

MAXENCE.

Pas du tout... il n'a jamais voulu me la nommer... ce qui est déjà mauvais signe. Lorsque j'aimais quelqu'un qui en valait la peine... tout le monde le savait... dans ces cas-là... il faut de la franchise... (Passant à la table à gauche reprendre ses papiers et son portefeuille.) et il en aura peut-être plus avec toi.

ANTONIA, s'approchant d'Albert qui vient de se jeter dans un fauteuil à droite.

Si ma bonne vieille tante était là... vous lui diriez tout, j'en suis sûre!

ALBERT.

Peut-être!

ANTONIA, s'asseyant près de lui.

Eh bien, Monsieur, ne puis-je la remplacer... et si mes conseils... si mon amitié... déjà ancienne... a sur vous encore quelque pouvoir...

MAXENCE, d'un ton brusque.

Eh oui!... dis à ma sœur... ce qui en est... elle ne te trahira pas... nomme-lui la personne pour qui tu te meurs d'amour?

ANTONIA.

Oui, Monsieur, parlez... quelle est-elle?

ALBERT, après un instant d'hésitation et à voix basse.

Vous!

ANTONIA, se levant vivement.

O ciel!

MAXENCE, se retournant de la table à droite.

Eh bien! la connais-tu?

ANTONIA, vivement.

Non!... il refuse. Il n'a voulu rien dire!

MAXENCE.

Tant pis pour lui!

ANTONIA, avec émotion.

Mais nous retenons ici monsieur Albert... qui est attendu chez un chef de bureau... il y va de ses intérêts.

ALBERT, vivement.

Ah! qu'importe?

ANTONIA.

Non vraiment!... il ne faut pas les négliger...

MAXENCE.

Certainement.

ANTONIA, timidement.

Demain, monsieur Albert... et si mon frère le permet...

MAXENCE.

Comment donc?

ANTONIA.

J'aurai à vous parler.

ALBERT, avec émotion.

Est-il possible!

MAXENCE, riant.

Pour lui dire ce que tu penses de sa conduite.

ANTONIA, avec bonté.

Oui, mon frère... (A Albert qu'elle regarde avec tendresse.) Adieu, monsieur Albert... (Lui tendant de loin la main.) A demain!

ALBERT, la regardant avec expression et espoir.

A demain!... (Il sort en faisant un geste de bonheur.)

SCÈNE VIII.

ANTONIA, MAXENCE.

MAXENCE, gaiement.

Ah! nous voilà seuls, parlons raison!... cela m'arrive rarement... mais quand une fois j'y suis... (A demi-voix.) Tu as reçu ma lettre?

ANTONIA, sortant de sa rêverie.

C'est vrai!... je n'y pensais plus.

ACTE II, SCÈNE VIII.

MAXENCE, gaiement.

Pour toi qui me sermonnes sans cesse et qui es toujours pour les partis raisonnables... je ne pouvais mieux choisir! (En confidence.) Il est ici!

ANTONIA, étonnée.

Comment?

MAXENCE.

Certain de mon aveu, il vient, (Montrant l'appartement à gauche du spectateur.) demander celui de ton subrogé-tuteur, puis le tien!

ANTONIA, vivement.

Quoi!... M. de Marignan!

MAXENCE, déclamant.

C'est toi qui l'as nommé! (Avec chaleur.) Jeunesse, fortune, réputation... il jouit d'une estime universelle!...

ANTONIA, froidement.

Universelle!... oui. Les hommes de lettres l'admirent comme un profond politique, et les hommes d'État le reconnaissent pour un grand littérateur; dans le monde, je l'ai toujours trouvé froid, sec et poli, occupé d'une seule chose, de l'effet qu'il produisait, et d'une seule personne...

MAXENCE.

De toi!

ANTONIA, souriant.

Non, de lui, pour qui il professe une préférence marquée et un amour exclusif! Du reste, sa présence ne me cause aucune peine, ni son absence aucun regret; son mérite me laisse l'usage de toute ma raison et me permet de vous dire, mon frère, que ce n'est pas là l'époux que je choisirais!

MAXENCE, riant d'un air embarrassé.

Ah!... ah!... de sorte que tu ne partages pas mon enthousiasme?

ANTONIA.

Nullement.

MAXENCE, de même.

Et que s'il vient, tout à l'heure, pour savoir ta réponse...

ANTONIA.

Vous le prierez de ne pas me la demander.

MAXENCE, de même.

Comme tu voudras... Après tout, les inclinations sont libres... et quant à mes engagements envers lui... des hypothèques, des lettres de change et autres titres exigibles, ne t'effraie pas!...

n'en sera ni plus ni moins!... si je réussis un jour... tout sera payé... c'est aisé! si je ne réussis pas ce sera bien plus facile encore; la liquidation ne sera pas longue...

ANTONIA, l'observant avec inquiétude.

Que voulez-vous dire?

MAXENCE, avec une gaieté forcée.

Vois-tu, ma chère sœur, je ne connais l'existence que d'une seule manière, somptueuse et opulente, c'est-à-dire heureuse et considérée; mais quand on n'a pas quatre-vingt à cent mille francs à dépenser par an, on est bien près du ridicule, et c'est ce que je ne supporterai jamais. Il faut bien vivre, ou ne plus s'en mêler... c'est mon système!

ANTONIA

Vous ne parlez pas sérieusement... car enfin vous êtes un galant homme, un homme d'honneur!

MAXENCE, gaiement.

Eh bien! je le prouve!... et si je me tue...

ANTONIA, à part.

O ciel!... (Avec émotion.) En se tuant, mon frère, on ne paie pas ses dettes; on prouve seulement qu'on n'a ni l'énergie, ni le courage de les acquitter!

MAXENCE, avec dépit

Antonia!

ANTONIA, vivement.

Je sais que beaucoup de jeunes gens professent votre système ils le trouvent facile, commode et héroïque!... moi, qui ne m'y connais pas, je trouve tout uniment que c'est lâche!... (Voyant Maxence qui fait un geste de colère.) Oui, Maxence, je ne suis qu'une femme, mais pour sauver votre honneur, le nôtre, pour conserver notre nom pur et intact, rien ne me coûterait, je serais prête à tous les sacrifices!... et vous qui êtes un homme... qui êtes jeune, qui avez des talents, de l'esprit, de l'éducation, vous n'auriez pas la force de travailler pour refaire votre fortune, pour reconquérir l'estime et la considération... (Avec indignation.) Ah! non, non, ne me dites pas cela, mon frère!

MAXENCE, avec impatience.

Travailler!... travailler!... certainement c'est très-beau!... en théorie!... mais pour regagner sa fortune, autrement que par un coup de dés, il faut du temps! et mes créanciers ne m'en laisseront pas!

ANTONIA, avec émotion.

Eh bien! ne devez-vous pas demain, du moins vous me l'avez dit, recevoir chez notre notaire le prix de la terre de Jumièges qui a été vendue plus d'un million, et qui nous appartient en commun?

MAXENCE, avec embarras.

Oui, sans doute... mais grâce aux emprunts et aux hypothèques, ma part est entièrement absorbée!

ANTONIA.

La mienne ne l'est pas!... prenez-la, mon frère, et le reste de mes biens! s'il le faut!... payez M. de Marignan, payez tous vos créanciers, et vivez? (Avec force.) Vivez... ne fût-ce que pour faire oublier votre vie passée!

MAXENCE.

C'est impossible! c'est absurde!... tu ne peux. tu ne dois disposer de rien.

ANTONIA.

Si je le veux cependant!

MAXENCE.

Les lois s'y opposent! et moi avant tout, moi ton tuteur!... Passe pour ruiner ses créanciers, mais sa sœur!... Décidément mon moyen vaut mieux et j'y reviens.

ANTONIA.

N'est-il donc point d'autres ressources?

MAXENCE.

Aucune.

ANTONIA.

Des amis?

MAXENCE.

Des amis!... m'en préserve le ciel! c'est un ami qui me tient en son pouvoir! c'est un ami qui, dès demain, dès aujourd'hui, s'il le veut, peut, dans sa vengeance disposer de ma liberté!

ANTONIA.

M. de Marignan... ô ciel!

MAXENCE, riant avec ironie.

Oui! oui! des huissiers, des recors! à moi! un vicomte, un gentilhomme! Souffrir que dans le beau monde on me raille, et que plus encore... on me plaigne!... Non, non, je ne leur donnerai pas ce plaisir, j'y suis parbleu! bien résolu.

ANTONIA, avec effroi.

Grand Dieu!

SCÈNE IX.

CORINNE, sortant de l'appartement à droite ; **ANTONIA, MAXENCE.**

MAXENCE, gaiement.

Eh! la charmante Corinne!... (Haut, à Antonia) Tu es donc la maîtresse de refuser ou d'accepter la main de M. de Marignan...

CORINNE.

Comment! sa main?

MAXENCE, de même.

Cela te regarde! et quelle que soit ta décision, je me charge de la lui annoncer.

ANTONIA, effrayée.

Mon frère!...

MAXENCE.

Et pour le reste, que cela ne t'inquiète pas! car vrai!... cela n'en vaut pas la peine! (Il sort par la porte à gauche.)

ANTONIA, hors d'elle-même.

Et c'est moi qui serais cause!

CORINNE, lui prenant la main

De quoi donc?

ANTONIA, dégageant sa main.

Laisse-moi!

CORINNE.

Que veux-tu faire?

ANTONIA.

Accepter! (Elle s'élance dans l'appartement à gauche, sur les pas de son frère, et disparait.)

SCÈNE X.

CORINNE, seule, poussant un cri.

Accepter! M. de Marignan qui veut l'épouser... Je n'en puis revenir encore! (Montrant Antonia qui vient de disparaître.) Et elle aussi qui veut devenir comtesse! c'est indigne... car enfin elle ne l'aime pas, elle en aime un autre, elle en est convenue tantôt avec moi!... et sacrifier à l'ambition l'amour et l'amitié... Ce ne sera pas... Je suis là, je m'y opposerai... Je la donnerai, malgré elle, à celui qu'elle aime! (Allant à la table à droite, et posant la main sur ses Mémoires.) « Chapitre XVIII. Comment Corinne finit par unir « Albert et Antonia. (Prenant le cahier à la main et s'avançant au bord du

« théâtre.) Et comment elle se vengea du perfide comte... en
« l'épousant! » (Elle sort par la porte à droite, en emportant le manuscrit.)

ACTE III

Même décor.

SCÈNE PREMIÈRE.

DESGAUDETS, sortant de la porte à gauche; ALBERT, entrant par le fond.

DESGAUDETS.
Vous, mon jeune ami... chez moi... et de si bon matin!
ALBERT, regardant autour de lui.
Je n'ai pas pu dormir de la nuit.
DESGAUDETS.
Et pourquoi donc, s'il vous plait?
ALBERT.
Un espoir... un rêve... auquel je ne peux croire, et dont je n'oserais parler à personne au monde... et puis... une chose qui vous contrariera sans doute, et que je me hâte de vous apprendre, pour que vous ne m'en vouliez pas. Depuis hier, je rencontre une foule de gens qui me tendent la main et m'accablent de prévenances : « J'espère que la fortune ne vous fera pas oublier « vos amis, » me disent-ils, et ils me complimentent en me saluant du nom de votre gendre! J'ai beau répondre que l'on me flatte d'un honneur qui n'est pas, ils prennent ma franchise pour de la discrétion, et semblent refuser de me croire!
DESGAUDETS.
Le peu de mots, que j'ai dit hier à mon ami le chef de bureau, aura sans doute causé cette erreur, qui vous prouvera l'excellence de mon système... à savoir : que tel petit mensonge innocent aura souvent rapporté beaucoup plus qu'une grosse vérité... Et si vous en doutez encore, je vous avouerai que l'on m'a prévenu ce matin, et en confidence, que mon gendre le capitaine allait être nommé chef d'escadron!
ALBERT.
Moi!
DESGAUDETS.
Avancement mérité!

ALBERT.

Qui cependant n'est accordé qu'à votre gendre, quand depuis longtemps il aurait dû l'être, à moi, à ma conduite, à mes blessures!... Et une telle injustice.

DESGAUDETS.

N'allez-vous pas vous en fâcher, et réclamer?

ALBERT.

Oui, sans doute!

DESGAUDETS.

Eh! acceptez toujours?... n'importe à quel titre!

ALBERT.

Et si l'on m'accuse un jour de n'avoir obtenu ce grade que par l'intrigue et la faveur.

DESGAUDETS, haussant les épaules.

Une pareille calomnie!...

ALBERT.

Eh! mon Dieu... il s'en répand souvent de si absurdes... Votre ami le chef de bureau, que j'ai rencontré et qui est très-discret, car il ne m'a pas parlé de moi, m'a appris que la femme de mon pauvre général, madame de Saint-Avold, allait voir sa pension augmentée, à la sollicitation d'un grand seigneur; et, en effet, vous m'aviez promis, hier, de faire recommander par M. de Marignan, une pétition...

DESGAUDETS.

Qu'il a apostillée de sa main, et que j'ai portée moi-même à son ami, le secrétaire général.

ALBERT.

Eh bien! Monsieur, on a ajouté avec un sourire malin : « Il paraît que ce grand seigneur protège madame de Saint-Avold d'une manière toute particulière et qu'il lui porte même, en secret, l'intérêt le plus vif... — Ce n'est pas, me suis-je écrié; qui a pu vous dire une pareille imposture? — Le premier commis, qui le tenait du secrétaire général lui-même!... » Vous comprenez qu'à l'instant j'ai couru dans les bureaux...

DESGAUDETS, effrayé.

Ah! mon Dieu!

ALBERT.

Chez le premier commis... chez le secrétaire général, rétablissant les faits et la vérité... leur disant que madame de Saint-Avold avait cinquante-cinq ans... leur prouvant que M. de Marignan ne la connaissait même pas et ne l'avait jamais vue.

DESGAUDETS.
Vous avez fait ce coup-là ?
ALBERT.
Oui, Monsieur... j'ai justifié cette pauvre femme ?
DESGAUDETS.
Et vous lui avez ôté sa pension ?
ALBERT.
Moi !... comment cela ?
DESGAUDETS.
M. de Marignan, qui tient à se faire des amis, apostille toutes les pétitions qu'on lui présente sans les lire, c'est connu au ministère, et pour donner à celle-là un caractère distinctif, un cachet particulier qui attirât sur elle l'attention et l'intérêt... j'avais glissé à l'oreille du secrétaire général quelques mots... accompagnés d'un sourire... de ces mots qu'on peut interpréter et amplifier... à volonté !

ALBERT, avec colère.
Mais vous avez donc la manie... la rage des... amplifications.

DESGAUDETS, froidement.
C'est mon système ! le seul pour arriver. Aussi, vous le voyez... j'avais réussi... tandis que vous ! Je ne m'étonne plus maintenant de cette lettre à laquelle je ne comprenais rien... (Lui donnant une lettre.) Vous pouvez l'expliquer !

ALBERT, la regardant d'un air troublé.
C'est de madame de Saint-Avold... et elle vous est adressée !... (Lisant) « Monsieur, j'apprends par un employé du ministère, et « je ne sais comment vous en remercier, que vous aviez, sans « me connaître, parlé en ma faveur. On allait m'accorder le « supplément de pension que vous aviez demandé pour moi, « lorsque quelqu'un... (je ne puis encore le croire) M. Albert « d'Angremont, que mon mari a comblé de bontés, est venu « détruire l'effet de vos soins. Je ne sais ce qu'il a pu dire « contre nous, dans les bureaux, mais toute la bonne volonté « qu'on nous témoignait s'est évanouie, et devant un procédé aussi « indigne... devant une ingratitude pareille... » (N'achevant pas la lettre.) Ah ! c'est à confondre !... c'est moi qu'on accuse... et c'est vous qu'on remercie...

DESGAUDETS.
Vous le voyez ?
ALBERT.
Moi qui chéris la mémoire du général... Moi qui défendais

l'honneur de sa veuve..... courons du moins la détromper!...

DESGAUDETS, le retenant.

Attendez donc! j'ai une invitation à vous transmettre de la part de M. de Marignan et de la mienne.

ALBERT.

A moi!...

DESGAUDETS.

Comme ami de Maxence et de sa famille, vous êtes prié d'assister au contrat qui se signe aujourd'hui chez moi... ainsi qu'au dîner et à la soirée que nous donne chez lui M. de Marignan.

ALBERT.

Un contrat ce matin... un dîner ce soir... et pourquoi donc?

DESGAUDETS.

Pour le mariage d'Antonia, ma pupille!

ALBERT.

O ciel! et avec qui?

DESGAUDETS.

Avec M. de Marignan... c'est décidé depuis hier soir... et je suis encore à me demander comment elle y a consenti!.. (Regardant Albert qui chancelle et s'appuie sur un fauteuil.) Eh bien! qu'avez-vous donc?

ALBERT.

Rien, Monsieur... je vous jure.

DESGAUDETS.

Mais si, vraiment!

SCÈNE II.

LES PRÉCÉDENTS, CORINNE, sortant de l'appartement à droite, tenant à la main le cahier de ses Mémoires qu'elle lit.

DESGAUDETS, l'apercevant et courant à elle.

Notre jeune officier qui se trouve mal .. (Corinne jette son cahier sur le guéridon à droite.) pendant que nous causions tranquillement du mariage d'Antonia.

CORINNE, regardant Albert qui vient de se jeter dans un fauteuil à gauche, près de la table, appuyant sa tête dans ses mains

Je crois bien!... il l'aime... il l'adore...

DESGAUDETS.

C'était là sa passion... pauvre jeune homme.

CORINNE, qui s'est approchée d'Albert.

Monsieur, Monsieur, qu'avez-vous?

ALBERT, se retournant vers elle.

Merci! merci! ce n'est rien!...

CORINNE, vivement.

Non, cela ne se passera pas ainsi... car on vous aime, j'en suis sûre!

ALBERT, se levant vivement.

Que dites-vous?

DESGAUDETS, à part.

Le voilà revenu!

CORINNE.

Elle me l'avait avoué... à moi-même! et bien plus, ce comte de Marignan qu'elle épouse... elle ne peut le souffrir

ALBERT, avec joie

Est-il possible!

DESGAUDETS.

Et pourquoi alors?...

CORINNE, avec chaleur.

C'est un mystère inexplicable... que j'expliquerai. Une péripétie, un roman, une intrigue!... Je suis chez moi, dans mon centre... et dussé-je me compromettre...

DESGAUDETS, cherchant à la modérer.

Ma fille!

CORINNE.

Voilà comme je suis!

ALBERT, à Corinne.

O cœur trop généreux!... loin de m'en vouloir du bonheur que j'ai refusé et me connaissant à peine, vous m'offrez l'amitié d'une sœur?... Ah! quoiqu'en dise M. votre père, il y a encore des âmes nobles et désintéressées!

CORINNE, avec exaltation.

Oui! parmi nous seulement! dans les arts et dans la poésie!... O sainte amitié! inspire-moi! donne-moi les moyens de punir ce traître... ce Marignan... que je déteste autant que je l'aimais!

DESGAUDETS, étonné.

Toi! (A part.) O sainte amitié... je te comprends maintenant!

CORINNE, de même.

Oui, mon père, oui! je me croyais tellement sûre d'être comtesse! depuis six mois il m'accablait de déclarations en vers que j'ai reçues... que j'ai lues!

DESGAUDETS.

Que tu as lues?

####### CORINNE.
Toutes.
####### DESGAUDETS, avec compassion.
Ma pauvre fille ! comment aussi vas-tu croire à des vers?... Toi qui en fais! ne sais-tu pas que la divine poésie est l'ennemie née de la vérité... c'est le puff... descendu de l'Olympe!
####### CORINNE.
Pourquoi alors me tromper? pourquoi me faire la cour?
####### DESGAUDETS.
Ce n'est pas à toi qu'il la faisait! mais à tes articles dont il a peur! aux immortels, tes amis, dont il a besoin et qu'il trouve réunis dans ton salon!
####### CORINNE.
S'il en est ainsi, ma vengeance ne se fera pas attendre, et déjà, dans la revue qui parait ce matin, j'ai déchiré avec délices et impartialité cette réputation qu'il nous doit! Mais ce n'est rien encore, j'empêcherai son mariage.
####### DESGAUDETS, secouant la tête.
Prends garde... prends garde!... Il est bien haut placé.
####### CORINNE.
Ce sont ceux-là qui ont le plus peur... de tomber! que je sache seulement par quelle ruse il a fasciné et séduit Antonia...
####### DESGAUDETS.
La voici!... cela me regarde!

SCÈNE III.

ALBERT, qui pendant la dernière moitié de la scène précédente s'est jeté dans un fauteuil à gauche, en proie à ses réflexions; ANTONIA, sortant de la porte du fond; CORINNE, DESGAUDETS, à l'écart.

####### ANTONIA, qui est entrée en rêvant, aperçoit Albert qui se lève à sa vue.
Monsieur Albert!... vous ici!
####### ALBERT.
Vous m'aviez dit hier : Venez.
####### ANTONIA.
C'est vrai!... mais j'étais loin alors de penser... (Apercevant Desgaudets qui s'avance.) Ah!... monsieur Desgaudets...
####### DESGAUDETS.
Dont la présence ne doit pas vous effrayer, mon enfant. Je suis de droit votre défenseur, parlez! il en est temps encore! et s'il est vrai que ce mariage ait lieu contre votre gré...

ANTONIA.

Non, Monsieur, j'y ai consenti de moi-même, j'ai accepté pour mari M. de Marignan...

DESGAUDETS.

On prétend cependant que ce n'est peut-être pas lui que vous auriez choisi...

ANTONIA.

C'est possible !

DESGAUDETS.

On ajoute même que vous l'aimez très-peu

ANTONIA, baissant les yeux avec embarras.

Monsieur...

CORINNE, qui s'est avancée.

Oui, oui... elle me l'a dit!

ANTONIA, d'un air suppliant.

Corinne !...

CORINNE.

C'est bien... c'est comme moi !

ANTONIA.

N'importe; il a reçu ma promesse, je la tiendrai.

DESGAUDETS.

Permettez, mon enfant! dès que ce n'est pas pour lui, ni pour votre agrément que vous l'épousez, je dois en conclure que c'est dans l'intérêt d'un autre... c'est évident!

ANTONIA, avec embarras.

Monsieur...

DESGAUDETS.

Je suis comme vous! je ne dis pas tout ce que je sais, et volontiers j'aime mieux me taire que parler, mais j'observe et devine souvent! votre frère, par exemple!...

ANTONIA, vivement.

Qu'osez-vous dire?

DESGAUDETS.

Cette opulence factice qui abuse tous les yeux n'a pu tromper les miens !... Ses biens sont engagés... ne craignez rien, je parle devant des amis! Il doit beaucoup, entre autres à M. de Marignan... peut-être lui doit-il même plus encore que je ne crois... Vous tressaillez!

ANTONIA.

Moi !... Monsieur !...

DESGAUDETS, qui lui a pris la main.

Je l'ai vu !

ANTONIA, avec émotion.

Eh bien... quand il serait vrai... quand je serais décidée à tout... pour sauver l'avenir ou les jours de mon frère...

DESGAUDETS, secouant la tête.

Ses jours !... ses jours !... écoutez-moi ! j'ai connu bien des jeunes gens à la mode, des lions, des beaux, qui n'avaient d'autre mérite qu'un riche patrimoine... je ne parle pas de votre frère !... ces dissipateurs philosophes menaient joyeuse vie, en s'écriant : « Courte et bonne, après moi la fin du monde !... Je « mangerai ma fortune... et puis je me tuerai... » (Froidement.) Ils la mangeaient et ne se tuaient pas !

ANTONIA, à part.

O ciel !

DESGAUDETS.

Au contraire ! philosophes d'une autre école... ils vivaient... ils se résignaient à vivre... aux dépens des autres. (Vivement) Je ne dis pas cela pour votre frère, mais c'étaient les oncles, les grands parents, les mères surtout, les mères et les sœurs qu'ils exploitaient de préférence ; le puff de famille ! « Il y va de mon hon- « neur et de ma vie... si demain... si dans une heure, je n'ai « pas quinze, vingt mille francs, » plus ou moins, selon la sensibilité des parents... « Vous ne me verrez plus... j'ai là mes « pistolets... ils sont chargés... » (A demi-voix et froidement, à Antonia.) Ils ne le sont jamais, mais on l'ignore, on s'émeut, on tremble... et l'on se sacrifie !... c'est ce que nous appelons le puff du désespoir !... Adieu, mon enfant, je vous laisse y réfléchir, moi je vais à la Bourse ! (Il sort.)

SCÈNE IV.

ALBERT, ANTONIA, CORINNE.

ANTONIA, à part.

S'il était vrai !... une telle indignité...

CORINNE, s'approchant d'elle.

Eh bien !... tu as entendu mon père...

ANTONIA, vivement.

Non, ce n'est pas possible !... tout me l'atteste, et d'ailleurs, je me suis engagée de moi-même, j'ai donné librement ma parole à M. de Marignan... et à moins qu'il ne me la rende...

CORINNE.

Quoi!... si la rupture venait de lui...

ALBERT, vivement et voyant le geste affirmatif d'Antonia.

Je n'en demande pas davantage.

ANTONIA, effrayée.

O ciel!... que voulez-vous faire ?

ALBERT.

Ce soir vous serez libre ou je ne serai pas témoin de votre mariage... car sa vie ou la mienne...

ANTONIA, hors d'elle-même.

Et moi je vous défends un éclat qui nous perdrait. Il faut que sans se brouiller avec mon frère, M. de Marignan renonce de lui-même...

CORINNE.

A ce mariage?

ALBERT.

C'est impossible!

CORINNE.

Et pourquoi donc?... il s'agit de chercher... de trouver, c'est de l'imagination... cela me regarde...

ALBERT, vivement.

Et vous espérez inventer...

CORINNE.

Certainement!

ALBERT.

Un moyen neuf.

CORINNE.

Non pas! le neuf est dangereux... mais avec du commun on est toujours sûr de réussir! et si je connais M. de Marignan, de toutes tes vertus, celle en qui il a le plus de confiance, c'est ta dot... et si l'on pouvait lui inspirer le moindre doute sur cette vertu-là...

ALBERT.

Est-ce que cela se peut!

ANTONIA.

Avec lui qui est si adroit...

CORINNE.

Sans cela, où serait le mérite?... mais sois bien persuadée que si tu avais, j'ignore comment, le bonheur de perdre tout ou partie du million qui rehausse tes charmes... les idées de M. de Marignan se trouveraient soudain modifiées... ou changées;

c'est de tous les temps... c'est le dénoûment des *Femmes savantes,* cela me va à moi... femme de lettres!

ANTONIA.

Par malheur, M. de Marignan n'est pas un Trissotin.

CORINNE.

Extérieurement, non. La forme change! Les trissotins de nos jours ont plus de savoir faire, plus de tenue, plus d'importance... ils sont éligibles, ou mieux encore!... mais c'est la même famille... cela ne nous regarde pas... je ne songe qu'à mon plan... laissez-moi tous deux!... (A Albert.) D'ailleurs... je vous verrai ce soir... à ce dîner... (A Antonia.) où il est invité.

ALBERT.

Et que je refuse.

CORINNE.

Non, vraiment...

ANTONIA.

Elle a raison... Je vous prie, Monsieur, de ne rien faire... qui puisse donner à penser ou attirer l'attention...

CORINNE, à demi-voix.

Oui, oui... et puis elle désire que vous y veniez, vous le voyez bien.

ALBERT, vivement.

Ah! s'il est vrai!

CORINNE, lui montrant Antonia qui baisse les yeux.

C'est sûr... partez!

ALBERT.

Et la veuve de mon général... Ah! vous me feriez tout oublier...

CORINNE, saluant de la main Antonia qui sort par la porte à gauche et Albert qui sort par le fond.

Adieu! adieu!...

SCÈNE V.

CORINNE, s'asseyant devant la table à droite avec agitation.

Que de choses! que d'événements!... c'est à peine si je pourrai y suffire... (Écrivant.) « Chapitre XIX. » (S'arrêtant.) C'est égal... c'est du mouvement, de l'intrigue, de la vengeance... quel bonheur!... « Chapitre XIX... » où en étais-je? (Écrivant.) Et mon libraire, qui vient ce matin... et ma toilette de ce soir... Je veux être belle.. je veux qu'ils m'admirent tous... car ce perfide... ce n'est pas assez de le torturer de toutes les manières... il faut encore qu'il me regrette... (Elle écrit rapidement et avec émotion.)

SCÈNE VI.

CORINNE, à la table à droite écrivant, M. LE COMTE DE MARIGNAN, entrant rapidement par la porte du fond.

LE COMTE, pâle et un numéro de revue à la main.

Ah! je saurai ce que cela signifie...

CORINNE, l'apercevant et à part.

C'est lui! (Posant sa plume et se retournant vers M. de Marignan d'un air gracieux.) Ne me trompé-je pas? est-ce bien vous, monsieur le comte, et de si bonne heure?

LE COMTE, avec agitation.

Oui. Madame... oui, c'est moi qui, indigné, froissé et le cœur ulcéré, viens vous demander s'il faut croire encore à l'amitié... ou si elle n'est qu'un vain mot et une amère déception.

CORINNE, se levant.

Je vous adresserai la même demande, monsieur le comte.

LE COMTE.

A moi?...

CORINNE.

A vous qui, depuis six mois, prodiguez, soit en prose, soit en vers, les protestations de l'amitié... la plus tendre... pour ne pas dire plus... à une jeune fille confiante, à un cœur aimant, à une imagination exaltée, facile à égarer... qui, s'enflammant au feu des arts et du génie... a pu se tromper de flambeau... et lorsque dans le sentier nouveau qui s'ouvre sous ses pas... elle compte... elle a le droit de compter sur le bras... (je ne dis pas sur la main d'un guide et d'un ami), elle apprend qu'il s'enchaîne à une autre... sans consulter, sans même prévenir celle dont il a décoloré l'existence... Après un pareil procédé, à qui se fier, monsieur le comte, et à quoi peut-on croire encore... si ce n'est à l'athéisme du cœur et au néant de tous les sentiments.

LE COMTE.

Eh! Madame... il s'agit bien de cet étalage de sensibilité... quand, sans attendre, sans permettre même... qu'on s'explique et qu'on se justifie... on laisse attaquer et déchirer ceux qu'on devrait défendre.

CORINNE.

Que voulez-vous dire?

LE COMTE.

Que je reçois à l'instant un numéro de cette revue, à laquelle vous travaillez, cette revue si répandue et si redoutable, où vous exercez la plus haute influence... et comment oserait-on y insérer contre moi un article pareil à celui-ci... si vous ne l'aviez toléré ou peut-être vous-même commandé...

CORINNE.

Vous vous trompez, Monsieur...

LE COMTE, vivement.

Est-il vrai?

CORINNE, froidement.

Je l'ai composé moi-même ?

LE COMTE.

Quoi... ces railleries amères... ces outrages jetés non-seulement sur mon ouvrage... mais sur moi-même... sur mon caractère...

CORINNE.

Que voulez-vous? je vous aimais tant.

LE COMTE.

M'attaquer dans mes talents politiques et littéraires... changer pour moi la trompette de la renommée en celle du charlatan, me peindre comme faux, avide... intéressé... faisant de la gloire métier et marchandise.

CORINNE.

Je vous aimais tant!

LE COMTE, avec impatience.

Mais tous ceux qui ne m'aiment pas vont répéter ces injures, et comment les ferez-vous accorder avec les éloges dont hier encore vous m'accabliez, dans le même journal... grâce, esprit, sensibilité! noblesse d'âme... sublime caractère...

CORINNE.

Eh! savais-je moi-même ce que je disais... je vous aimais tant!

LE COMTE, avec colère.

Eh! Madame...

CORINNE.

Et puis nos pensées de la veille... sont-elles toujours celles du lendemain... Vous-même, Monsieur... n'abandonnez-vous pas aujourd'hui l'idole que vous encensiez hier!

LE COMTE.

Je ne l'outrage pas du moins; je ne la renverse pas de l'autel pour la fouler aux pieds; et mon adoration, pour elle, que dis-

ACTE III, SCÈNE VI.

je, mon fanatisme, survit à tout autre sentiment!... car l'amour passe, mais le talent reste!... Le génie est impérissable!... il est impérissable, le génie!... (A part.) Et la flatter encore!... moi qui exècre les bas-bleus... moi qui les ai toujours détestés! (Haut.) Écoutez-moi. Corinne!...

CORINNE, qui s'est assise à droite.

Vous allez me tromper...

LE COMTE.

Non. Vous connaîtrez l'erreur qui m'a égaré! et moi aussi je vous aimée... vous, la fille des arts et de la poésie; mais croyant que cette âme pure, céleste, éthérée, ne tenait point aux choses d'ici-bas... mon amour était un culte, une religion, je vous adorais comme on adore la Divinité, la muse chaste et sainte, que j'aurais cru offenser par des transports humains... et persuadé que vous ne vouliez être aimée qu'ainsi...

CORINNE, se levant.

Eh! qui vous l'a dit, Monsieur?

LE COMTE.

Ah! si je l'avais su! si j'avais soupçonné que cette âme divine ne dédaignait pas une ardeur terrestre...

CORINNE, vivement.

Vraiment?

LE COMTE.

Nous étions nés l'un pour l'autre! tout semblait nous réunir, mêmes goûts... même âge... (Se reprenant) Je veux dire : mêmes sentiments... même fortune... (Se troublant.) Et il est trop tard!

CORINNE.

Pourquoi donc?

LE COMTE.

Des engagements sacrés... avec un ami!

CORINNE.

Mais ces engagements... quels sont-ils, expliquez-vous?

LE COMTE, avec embarras.

Pour mon malheur, je ne le puis!

CORINNE.

Qui vous en empêche?... parlez, répondez!...

UN DOMESTIQUE, annonçant.

Monsieur Bouvard!

LE COMTE, vivement.

Mon libraire!... qui me demande!

LE DOMESTIQUE.

Non, c'est à Mademoiselle qu'il désire parler.

LE COMTE, vivement

Raison de plus! ce bon Bouvard... que je ne le prive pas de l'honneur qu'il attend.

CORINNE, avec un dépit concentré.

Ah! il vous tarde dejà... de me quitter.

LE COMTE, vivement.

Non!... non... je reste... j'attends votre père... pour ce fatal contrat... pour ce bonheur auquel je me résigne, tout en espérant encore quelques obstacles.

CORINNE, avec amertume.

Qui ne vous manqueront pas, monsieur le comte.

LE COMTE, levant les yeux avec mélancolie et sensibilité.

Plût au ciel!... mais tout semble m'abandonner, et je vous le demande à vous-même, que me restera-t-il maintenant?

CORINNE.

Moi, Monsieur, moi, dis-je... et ma plume!... ah! vous ne connaissez pas celle qui vous aimait tant! elle peut vous détester, monsieur le comte, elle peut vous haïr. . mais vous abandonner!... jamais!... (Elle sort par la porte à gauche.)

SCÈNE VII.

LE COMTE, seul.

« C'est Vénus tout entière à sa proie attachée. »

J'avais espéré la désarmer, et je vois que flatter ou adorer ces femmes-là, est, pour un homme de lettres, un système de dupe. Il y aurait plus de profit à faire comme tout le monde... à les détester franchement et sur-le-champ; car si vous cessez un instant de les aduler, si vous les blessez dans leurs vanités, dans leurs prétentions... dans leurs amours... l'Olympe se change en enfer et la muse qui était votre alliée vous déclare la guerre! bien plus, elle vous fait des ennemis mortels de tous ses adorateurs, de tous ses amants... c'est à n'en plus finir!... Il est évident que ce salon, ce cénacle académique où se tiennent les élections préparatoires, va voter en masse contre moi... et c'est demain l'élection!... et la revue de mademoiselle Corinne Desgaudets ne perdra pas une occasion de saper, de renverser ma réputation littéraire et politique; les mieux établies tiennent à si peu de chose ! et chaque jour... (S'approchant de la table) Que vois-je ! mon nom ! sur ce cahier... encore un article contre moi... (Lisant) « *Mémoires secrets, Chapitre* XIX. *Désespoir et vengeance de Corinne. Moyens de rompre le mariage du comte ! qui ne tient qu'à la fortune d'Antonia. Voir si l'on ne pourrait pas, comme dans les* Femmes Savantes, *lui persuader qu'elle est ruinée...* » (S'interrompant.) En vérité !... « *S'entendre avec le frère et la sœur qui n'osent rompre ouvertement, mais qui désirent cette rupture... et alors...* » On en est resté là... n'importe ? cette fois du moins, les *Mémoires secrets* auront appris quelque chose !... Ah ! l'on trame ici des complots... me voilà prévenu ! et c'est à moi, à mon tour par quelque contre-mine, quelque contre-puff... (Voyant s'ouvrir la porte à gauche.) C'est Antonia... quelle agitation... quel trouble... dans ses traits... est-ce la scène qui commence... Attention !

SCÈNE VIII.

ANTONIA, LE COMTE.

ANTONIA,
Ah ! c'est vous, monsieur le comte... je suis d'une inquiétude...

LE COMTE,
Et pourquoi donc, Mademoiselle ?

ANTONIA.
Avez-vous vu mon frère, ce matin ?

LE COMTE.
Je n'ai pas eu cet honneur.

ANTONIA.
Monsieur Bouvard votre libraire et celui de Corinne... vient de nous dire... qu'il l'avait rencontré..., il y a quelques heures... place Vendôme, au moment où il sortait de chez notre notaire... il avait l'air si préoccupé..., si agité... qu'à peine a-t-il vu et entendu M. Bouvard, qui l'avait abordé et qui lui parlait... il était pâle, disait-il, les traits en désordre...

LE COMTE.
En vérité !

ANTONIA.
Et ce n'est rien encore... je reçois tout à l'heure seulement une lettre qu'il m'avait écrite avant de sortir de chez lui... un billet à peine lisible. . où il me prévient qu'il ne pourra venir ce matin... m'embrasser comme il me l'avait promis... qu'il est

possible même... qu'il ne soit pas libre... pour la signature du contrat... et qu'alors... il ne faudrait pas l'attendre!

LE COMTE, à part.

Décidément... le complot est là...

ANTONIA.

Voilà ce qui m'inquiète, Monsieur! voilà pourquoi je m'adresse à vous? savez-vous ce que cela signifie... vous doutez-vous de ce qui peut retenir Maxence?...

LE COMTE.

Moi, Mademoiselle!...

ANTONIA.

On vient... serait-ce lui?... non, mon subrogé-tuteur!

SCÈNE IX.

Les précédents, DESGAUDETS, entrant par le fond, pâle et en désordre.

ANTONIA.

Ah! mon Dieu... comme il est pâle!

LE COMTE, à part.

Est-ce que le vieil avare en serait aussi? le père de Corinne... c'est tout simple!

DESGAUDETS, troublé.

Je suis heureux, ma chère Antonia, de vous trouver avec Monsieur le comte... et de vous trouver seuls...

ANTONIA.

Et pourquoi donc?... d'où vient ce trouble... et qu'avez-vous?

DESGAUDETS.

Moi! je n'ai rien!

ANTONIA.

Un mot seulement!... ce que je vous disais ce matin... mon frère?

DESGAUDETS, faisant le geste de porter un pistolet à son front.

Lui! allons donc!... soyez tranquille!

ANTONIA, respirant.

Ah! je respire!

DESGAUDETS, à part.

C'est bien autre chose, et le difficile est de la préparer... peu à peu... et avec adresse.

LE COMTE, qui n'a pas cessé de le regarder.

Il cherche... ses mots... c'est évident! (Froidement.) Voyons-le venir!

DESGAUDETS, souriant avec embarras

Je suis passé tantôt à la Bourse... où les passions s'agitent! Le volcan est en ébullition, et c'est beau comme l'Enfer du Dante. Toutes les combinaisons sont déjouées... celle d'abord, monsieur le comte, pour laquelle vous m'aviez fait offrir des promesses d'actions... qui deviennent nulles !

LE COMTE.

Je le savais depuis ce matin... impossible de soumissionner à ce taux-là... ce n'est plus de l'audace... c'est de la folie...

DESGAUDETS, de même.

C'est ce qu'il paraît...

LE COMTE.

Aussi toutes les Compagnies se retirent d'un commun accord, c'est convenu... et faute de soumissionnaires... il faudra bien qu'on abaisse le prix.

DESGAUDETS.

Il est évident que c'était le parti le plus sage... mais il y a des gens... si téméraires ! j'en connais un... entre autres... un imprudent... une tête folle!.. désespéré de renoncer à cette affaire... où il voyait une fortune assurée... car même aux conditions imposées... il trouvait la spéculation magnifique... il m'avait même prié, comme dans la première combinaison, d'accepter une cinquantaine d'actions gratuites.

ANTONIA, avec impatience.

Enfin..

DESGAUDETS.

Enfin... c'était un coup de dés... et il est joueur !

ANTONIA.

O ciel !

DESGAUDETS.

Et avec quelques capitalistes... peu connus mais aussi téméraires que lui... il a couru soumissionner hardiment en son nom!...

LE COMTE, avec ironie.

Eh bien... ils se ruineront... voilà tout !

DESGAUDETS.

Certainement! mais avant de soumissionner... il faut déposer un cautionnement...

LE COMTE.

De plusieurs millions... payables sur-le-champ!

DESGAUDETS.

C'était, pour sa part, cinq ou six cent mille francs comptants, qu'il n'avait pas... mais l'insensé... le malheureux... venait de les recevoir chez son notaire...

LE COMTE, à part.

Je commence à comprendre...

DESGAUDETS.

C'était en partie la dot de sa sœur !

LE COMTE, à part.

Nous y voici !

ANTONIA, à Desgaudets.

Achevez !

DESGAUDETS.

Se croyant certain du succès... il a versé cette somme...

LE COMTE, de même.

A merveille !...

ANTONIA, vivement et avec effroi.

Eh bien... est-ce qu'une autre que sa sœur à le droit de se plaindre ou de réclamer...

DESGAUDETS.

Non, sans doute !

ANTONIA, avec chaleur.

Alors qu'importe ?

DESGAUDETS, vivement.

Il importe... que ces valeurs qu'on devait s'arracher sont déjà descendues au dessous du cours, que l'opération est manquée, et que le cautionnement ou plutôt la dot de sa sœur est perdue.

ANTONIA, avec joie.

N'est-ce que cela ?

LE COMTE, à part.

De mieux en mieux !

ANTONIA, vivement à Desgaudets.

S'il en est ainsi, je ne sais rien, je n'ai rien appris... que tout reste entre nous.

DESGAUDETS.

Comment ?

ANTONIA.

C'est à moi, c'est mon bien .. et si je le donne à mon frère...

DESGAUDETS.

Un pareil sacrifice !

ANTONIA.

J'y gagne encore!...

DESGAUDETS, la pressant dans ses bras.

Ah! ma chère enfant!

LE COMTE, à part, les regardant dans les bras l'un de l'autre.

Bien joué!

SCÈNE X.

LES PRÉCÉDENTS, CORINNE ET ALBERT, entrant par la porte du fond, puis BOUVARD, derrière eux.

CORINNE, bas, à Albert qui lui donne la main.

Allons! n'allez-vous pas vous effrayer... parce que le notaire est là. Rassurez-vous? cela ne prouve rien encore.

DESGAUDETS, à sa fille.

Qu'est-ce donc?

CORINNE.

Monsieur le notaire.

DESGAUDETS, vivement et comme se rappelant.

C'est vrai!

LE COMTE.

Le notaire!... (A part.) A mon tour!

DESGAUDETS.

C'est l'heure où nous l'avions prié de venir, mais en ce moment...

CORINNE ET ALBERT, avec joie.

O ciel!

DESGAUDETS, regardant Antonia et le comte.

Je pense... que sa présence serait inutile.

LE COMTE.

Et pourquoi donc?... veuillez, mon cher Bouvard, le prier d'entrer!

DESGAUDETS.

Comment?

ANTONIA, d'un air gracieux.

C'est juste! pour lui faire nos excuses de l'avoir dérangé. (S'approchant du comte.) Je comprends, monsieur le comte, qu'après un tel désastre... il est impossible de donner suite à nos projets d'union...

CORINNE, à Albert.

Que dit-elle?...

ANTONIA.

Et l'honneur même me fait un devoir de vous rendre votre parole.

ALBERT, bas, à Corinne.

O bonheur!... (Pendant les phrases précédentes Bouvard est rentré avec le notaire.)

LE COMTE, passant au milieu du théâtre.

Messieurs, un événement imprévu, un malheur de famille, dont les détails seraient superflus et sur lequel je garde le silence; un malheur, dis-je, vient de frapper ma belle et noble fiancée... j'apprends par M. Desgaudets, le subrogé-tuteur, que sa pupille vient de perdre une partie de sa fortune...

CORINNE, bas, à son père, avec joie.

Ruinée!... bravo; Antonia vous avait raconté mon plan...

DESGAUDETS, de même.

Mais du tout...

CORINNE, de même.

Alors, c'est donc de vous-même!

DESGAUDETS, étonné.

Quoi donc?

CORINNE, avec approbation et lui faisant signe de se taire.

C'est bien! c'est très-bien!

LE COMTE, qui a toujours observé du coin de l'œil, le père et la fille, se dit à part.

Ils s'entendaient! (A voix haute et avec noblesse.) Messieurs... je demande qu'aujourd'hui, à l'instant même, on signe le contrat.

TOUS.

Est-il possible! (Pendant ce temps des domestiques ont apporté la table, au milieu du théâtre et derrière les acteurs.)

LE COMTE, se retournant vers le notaire et lui montrant la table.

Monsieur le notaire, mettez-vous là de grâce! il me tarde de prouver à ceux qui pourraient mal me juger (Regardant Corinne.) que, pour moi, les richesses ne sont rien et que la foi jurée est tout.

BOUVARD, criant.

C'est admirable!... c'est du dernier beau! (A Corinne.) N'est-ce pas... chez cet homme-là... toutes les grandes pensées viennent du cœur!

CORINNE, à part.

C'est à confondre!

BOUVARD.

Demain tout Paris le saura!

ALBERT.

Ah! pour moi plus d'espoir!... (Regardant le comte.) Mais... c'est bien... c'est le trait d'un galant homme... (A Desgaudets.) Et vous, Monsieur, qui ne croyez à rien...

DESGAUDETS, à demi-voix.

Je n'y crois pas encore quoique j'aie vu et entendu... et je ne sais pourquoi... j'ai idée qu'il ne signera pas.

ALBERT, montrant à Desgaudets le comte qui vient de signer et qui présente la plume à Antonia.

Tenez... qu'en dites-vous?...

DESGAUDETS, avec impatience

Je dis... je dis... (Regardant sa fille et le comte.) que je n'y puis rien comprendre, mais que nous sommes tous ici, sous l'empire d'un puff immense, mais certain!... un puff...

CORINNE.

Par devant notaire! (Antonia qui a pris la plume en tremblant hésite un instant, puis signe. En ce moment Corinne, à moitié suffoquée, tombe dans un fauteuil; Albert cache sa tête dans ses mains, le comte se frotte les siennes; Desgaudets les observe tous avec défiance; Bouvard lève les mains au ciel en signe d'admiration. — La toile tombe.)

ACTE IV

Un riche salon dans l'hôtel du comte de Marignan, porte au fond, deux portes latérales, deux canapés, l'un à droite près de la cheminée, l'autre à gauche près d'une table.

SCÈNE PREMIÈRE.

LE COMTE, assis sur le canapé à gauche, **BOUVARD,** debout près de lui.

BOUVARD.

Oui, monsieur le comte, l'effet en est prodigieux, sympathique! J'en suis moi-même encore ému, attendri... Je l'ai raconté partout les larmes aux yeux!... aussi c'est un succès d'intérêt, un succès de femmes!

LE COMTE.

En vérité!

BOUVARD.

On ne parle dans tous les salons... dans tous les boudoirs, que de votre action si belle et si touchante... de votre désintéressement héroïque, d'autant plus étonnant que le siècle n'en a pas l'habitude... et l'on se passionne de nos jours pour tout ce qui est bizarre et extraordinaire!

LE COMTE, se levant.

Dis plutôt tout naturel... Je n'ai pris conseil que de mon âme... J'ai obéi... à la voix de la conscience... à l'élan de mon cœur!

BOUVARD.

Ah! monsieur le comte!

LE COMTE, à demi-voix, et changeant de ton.

Il faudra cependant veiller à ce que la presse en murmure quelques mots... des initiales d'abord... On attribue à monsieur le comte trois étoiles... et puis demain... le nom en toutes lettres... indiscrétion contre laquelle nous réclamerons.

BOUVARD, souriant.

Soyez tranquille... Est-ce que je n'étais pas là. C'est déjà fait.

LE COMTE, vivement.

Tu as été modéré, au moins.

BOUVARD.

La modération du libraire-éditeur qui soigne son poëte... un petit article plein de sentiment... on va m'en apporter une épreuve que je vous soumettrai. Mademoiselle Desgaudets a ses journaux... nous aurons les nôtres... et elle aura beau faire, vous serez ambassadeur... vous serez de l'Académie.

LE COMTE.

Tu penses donc que j'y ai quelques droits?...

BOUVARD.

Vous en avez même au prix Monthyon... car on est pour vous au paroxysme de l'enthousiasme... Nous ne trouverons jamais de moment plus favorable... pour la vente, aussi je viens de lancer notre second volume...

LE COMTE.

Quoi, vraiment!

BOUVARD.

Je l'ai lancé! et je vous en apporte un exemplaire sur vélin, avec des gravures, des vignettes, etc. Nous imprimons demain que vingt mille exemplaires ont été enlevés dans la journée, et j'annonce la seconde édition pour après-demain... elle est prête!

LE COMTE.

Très-bien!

BOUVARD.

C'est notre tome III, dont il faudrait s'occuper maintenant.

LE COMTE.

J'y songerai... Quel dommage que ce général de Saint-Avold n'ait laissé que deux volumes de Mémoires...

BOUVARD.

S'arrêter à ce combat de la Maboura, si pathétique... si intéressant!

LE COMTE.

Tu es bien sûr qu'il n'y avait pas un troisième volume?

BOUVARD.

Parbleu! Je l'aurais vendu à M. le comte comme les deux premiers... vingt mille francs!... cela en valait la peine!... Enfin je verrai... Je vous chercherai d'autres Mémoires secrets et inédits... il y en a partout... (A demi-voix) Monsieur le comte ne veut pas de ceux de mademoiselle Corinne Desgaudets... elle me propose de les acheter. Mémoires posthumes, à la condition d'inventer quelques moyens pour qu'ils paraissent, malgré elle, de son vivant!

LE COMTE.

Corinne!... Eh! non vraiment... c'est déjà trop de l'avoir aujourd'hui à dîner.

BOUVARD.

Elle vient chez vous?

LE COMTE.

Il le faut bien!... J'ai son père qui est le subrogé-tuteur de ma prétendue, et c'est si gênant d'avoir pour témoins de son bonheur... des amis qui n'en sont pas.

UN DOMESTIQUE, annonçant.

Monsieur et mademoiselle Desgaudets!

SCÈNE II.

Les précédents, CORINNE et DESGAUDETS, tenant une liasse de papiers sous son bras.

LE COMTE.

Eh! les voici, ces chers amis!... Je pensais à eux! Les premiers au rendez-vous!... (A Bouvard, qui veut s'éloigner.) Vous nous restez, Bouvard, j'ai compté sur vous!

BOUVARD, s'inclinant.

Trop d'honneur, monsieur le comte!

DESGAUDETS.

Nous venons, comme tout le monde, vous apporter le juste tribut de notre admiration. Vous êtes le héros du jour.

BOUVARD, bas, au comte.

Quand je vous le disais!

CORINNE, à part.

Non, je ne pourrai jamais me faire à l'idée que ce soit là un héros... réel et effectif... A moins qu'il ne se soit jeté dans l'héroïsme, exprès pour me faire enrager.

DESGAUDETS.

Tu sais, ma fille, qu'avant l'arrivée de nos amis, j'ai à causer avec monsieur le comte?

CORINNE.

Je vous laisse, mon père. Je vais au petit salon attendre ces dames.

BOUVARD.

Si Mademoiselle veut bien me permettre de l'accompagner... (Lui offrant la main.) nous parlerons des Mémoires posthumes! (Il sort avec Corinne par une des portes à droite.)

SCÈNE III.

LE COMTE, DESGAUDETS.

LE COMTE, à part, regardant Desgaudets en riant.

Je devine son embarras et le but de l'entretien qu'il me demande... Le voilà obligé de m'avouer sa ruse... (D'un ton grave.) et j'ai ma scène d'indignation... elle est faite!

DESGAUDETS, s'approchant du comte après un instant de silence.

Vous pensez bien, monsieur le comte, que dans cette triste circonstance, nous avons des arrangements préliminaires et indispensables à prendre ensemble. M. Maxence de la Roche-Bernard ne viendra pas dîner.

LE COMTE, faisant signe à Desgaudets de s'asseoir sur le canapé à droite et s'y plaçant à côté de lui.

En vérité!

DESGAUDETS.

Ce qu'il a de mieux à faire... est de quitter Paris à l'instant... et de s'éloigner...

LE COMTE, souriant.

Pourquoi donc?... A cause de ses créanciers ou de ses pertes à la Bourse... Il sait depuis longtemps ce que c'est...

DESGAUDETS.

Oui, sans doute... perdre ce qu'on a... passe encore... Mais la fortune d'une sœur... d'une sœur qui vous aime...

LE COMTE, à part.

Est-ce qu'il va recommencer, et continuer la plaisanterie...

DESGAUDETS.

Enfin, n'en parlons plus!

LE COMTE.

Franchement, c'est ce que nous avons de mieux à faire.

DESGAUDETS.

Comme vous dites! et abordons le sujet. Vous comprenez qu'il ne peut plus conserver la tutelle après avoir compromis et dissipé les deniers de sa pupille.

LE COMTE, à part.

Encore...

DESGAUDETS.

Il y aurait même lieu à poursuivre... Mais Antonia veut qu'on lui donne quittance de tout.

LE COMTE, avec impatience.

Eh! Monsieur...

DESGAUDETS.

Qu'avez-vous donc?

LE COMTE, se modérant.

Rien!

DESGAUDETS.

C'est à moi, alors... à moi, son subrogé-tuteur, à m'entendre avec vous à ce sujet... comme aussi, et vu l'absence du frère... à vous rendre ses comptes de tutelle. J'ai pris chez son notaire... tous les papiers... y relatifs que vous examinerez à loisir...

LE COMTE, essayant de sourire.

Très-bien... très-bien... monsieur Desgaudets... mais parlons sérieusement.

DESGAUDETS.

Il me serait difficile d'y mettre plus de sérieux! vous le verrez par les pièces à l'appui où tout se trouve... (Lui remettant les papiers.) Sauf les six cent mille francs... provenant de la vente de Jumièges...

LE COMTE.

Hein... que dites-vous?

DESGAUDETS.

Mais ils sont représentés par le reçu de Maxence de La Roche-Bernard... le tuteur.

LE COMTE, parcourant les papiers.

Est-il possible!...

DESGAUDETS.

Et l'acquit du Trésor constatant le versement... à la Caisse des consignations...

LE COMTE, parcourant toujours les papiers.

O ciel!... mais cette signature...

DESGAUDETS.

De ladite somme de six cent mille francs.

LE COMTE, poussant un cri et tremblant de rage.

Comment?... Ah çà!... c'est donc vrai?...

DESGAUDETS, vivement.

En doutiez-vous, par hasard?

LE COMTE, se reprenant vivement.

Moi! non, Monsieur... non! je n'en ai jamais douté...

DESGAUDETS.

Eh bien! alors, qui peut vous surprendre?

LE COMTE, feuilletant les papiers dans le plus grand trouble.

Mais ce frère... ce tuteur... ces papiers... plus je vois... plus j'examine...

DESGAUDETS.

Et plus vous vous indignez!

LE COMTE, regardant la quittance et poussant un second cri.

Six cent mille francs!... savez-vous, Monsieur, que c'est une horreur...

DESGAUDETS.

Et qui en doute?... nous sommes tous de votre avis... malheureusement c'est la vérité.

LE COMTE, à part, avec agitation.

La vérité... et j'ai pu m'y laisser prendre... c'est une ruse... c'est un piége infâme!...

DESGAUDETS, l'examinant.

Qu'avez-vous donc?

LE COMTE, regardant Desgaudets, et cherchant à se remettre.

Moi! rien... rien... Monsieur... mais vous concevez, (Montrant les papiers.) le trouble... le saisissement... et comme vous disiez si bien... l'indignation d'un honnête homme!

DESGAUDETS, à part, et secouant la tête en le regardant.

Je suis pour ce que j'en ai dit. C'est un puff inexplicable, mais c'en est un!...

SCÈNE IV.

Les précédents, BOUVARD, entrant par le fond.

BOUVARD.

Monsieur Desgaudets... monsieur Desgaudets...

DESGAUDETS, avec impatience.

Qu'y a-t-il?

BOUVARD.

Je revenais de l'imprimerie chercher pour monsieur le comte une épreuve de journal qui n'arrivait pas... Une voiture s'est arrêtée à la porte de l'hôtel au moment où j'allais frapper... un homme enveloppé d'un manteau m'aperçoit et baisse la glace... c'était M. le vicomte de La Roche-Bernard.

DESGAUDETS.

Vous en êtes sûr?

BOUVARD.

Lui-même!

DESGAUDETS.

Que voulait-il?

BOUVARD.

Vous parler un instant... son avenir en dépendait, à ce qu'il m'a dit.

DESGAUDETS, à part.

Serait-ce par hasard quelque scène de drame... moi, d'abord, je n'y crois pas! et si c'est de l'argent qu'il veut m'emprunter... grâce au ciel, je n'en ai point! et puis n'oublions pas que je suis avare... Je cours près de lui et je reviens. (Il sort.)

SCÈNE V.

LE COMTE, qui s'est jeté sur le canapé à gauche, BOUVARD.

BOUVARD, tenant à la main un journal et debout derrière le canapé où le comte est assis.

Voici notre article... dont, je pense, vous serez content... d'ailleurs ce n'est qu'une épreuve et vous verrez vous-même ce que l'enthousiasme... aurait pu... oublier! (Voyant le comte absorbé dans ses réflexions.) Eh mais! monsieur le comte ne m'écoute pas...

LE COMTE, portant la main à son front.

Pardon, mon cher Bouvard, je suis sous le coup d'une nouvelle...

BOUVARD.

Fâcheuse !

LE COMTE, avec un soupir

Oui, certes !

BOUVARD.

Que cette lecture adoucira peut-être ! (Lisant avec emphase au comte qui est assis sur le canapé et qui, livré à ses réflexions, ne l'écoute pas.) « On attri-
« bue dans le grand monde à un homme de lettres distingué,
« à un grand seigneur, le trait de désintéressement à la fois le
« plus délicat et le plus sublime ! »

LE COMTE, à part.

Six cent mille francs que j'espérais toucher et qui m'échappent...

BOUVARD, de même.

« Au moment du contrat... il apprend que celle qu'il aime
« est ruinée... »

LE COMTE, à part.

Comment aussi se douter que cela fût vrai...

BOUVARD, de même.

« N'écoutant que la voix de l'amour et de l'honneur... il
« signe... »

LE COMTE, à part

Après tout... un tel engagement est nul... de toute nullité.

BOUVARD.

« Il signe sans hésitation et sans regret un nom que nous ne
« voulons pas trahir... mais que les arts et la gloire signalent
« depuis longtemps à l'admiration... et à l'estime publique... »

LE COMTE, avec impatience, et se levant.

Ma foi, on dira ce qu'on voudra, peu m'importe !

BOUVARD, toujours avec emphase et à voix haute.

« Je m'arrête... car chacun a déjà deviné M. le comte de M.
« trois étoiles... (Baissant la voix.) dont le dernier ouvrage vient de
« paraître... chez Napoléon Bouvard, libraire-éditeur, quai Ma-
« laquais, n° 36. » (Au comte qui marche avec agitation.) Je crois que ce
n'est pas mal... et qu'il y a là tout ce qu'il faut pour rendre le
voile de l'anonyme aussi transparent que possible...

LE COMTE, avec agitation.

Très-bien !... très-bien !... je vous remercie, mon cher Bouvard, quoique j'aie à peine entendu... préoccupé comme je le suis dans ce moment.

BOUVARD.

Il s'agit donc d'un événement...

LE COMTE.

Terrible...

BOUVARD.

Qui n'est peut-être pas vrai... (Pliant l'épreuve du journal.) on dit et on imprime tous les jours tant de choses...

LE COMTE.

Ce n'est que trop certain... (A demi-voix.) Apprends que le vicomte Maxence de La Roche-Bernard est ruiné.

BOUVARD.

Eh bien!... vous le saviez.

LE COMTE.

Lui... cela va sans dire, je n'en ai jamais douté... et peu m'importe! Mais sa sœur...

BOUVARD.

Eh bien!...

LE COMTE, à demi-voix, et prenant avec force le bras de Bouvard.

Il lui enlève six cent mille francs!

BOUVARD.

Eh bien!... c'est connu! (Montrant le papier qu'il tient à la main.) c'est là dans l'article!

LE COMTE, qui tient encore à la main la liasse de papiers.

Eh! non! C'est là... réellement! vois plutôt! six cent mille francs... que je perds...

BOUVARD.

Sans regret!... je l'ai dit!... c'est là le beau... le sublime!

LE COMTE.

Eh non!... non... c'est là l'indignité... parce qu'on m'a trompé, vois-tu bien, indignement trompé...

BOUVARD, vivement.

Trompé!... Elle ne les a pas perdus... elle les possède encore...

LE COMTE, avec impatience.

Eh non!

BOUVARD.

Eh bien! alors l'article subsiste.

LE COMTE, retenant Bouvard, qui fait un pas pour sortir.

Non pas! garde-toi bien de l'envoyer!

BOUVARD.

Et pourquoi?

LE COMTE.

Plus tard... je te le dirai... (Se promenant.) Car dans le trouble où je suis... je ne sais encore quel parti prendre... non pas que je ne me regarde comme dégagé... j'ai été abusé... il y a eu erreur! je ne suis plus obligé à rien... j'ai le droit de rompre.

BOUVARD.

Rompre ce mariage!

LE COMTE.

Eh oui, sans doute!... mais comment? après l'éclat produit par cette maudite générosité... j'avais bien besoin d'être magnanime... voilà comme je suis, je me laisse toujours emporter par le premier mouvement... et maintenant, comment revenir avec convenance?... d'autant que je n'ai rien à dire contre cette jeune fille... Mais sa famille... mais son frère... dont la conduite est indigne!... (Se mettant à la table et écrivant.) Ma foi! on dira ce qu'on voudra... l'honneur avant tout... il n'est jamais permis de transiger avec lui... (Écrivant.) C'est cela... quelques phrases à effet... car la lettre doit être lue...

SCÈNE VI.

LE COMTE, à la table à gauche, BOUVARD, au milieu du théâtre, CORINNE, sortant de la porte à droite.

CORINNE, se tournant du côté de la cantonade.

Des femmes qui ne parlent que modes et toilettes... et qui trouvent cela amusant... On se sent humiliée pour son sexe. (Apercevant le comte.) Ah! monsieur le comte qui écrit.

BOUVARD, à demi-voix.

Silence!... ne le dérangeons pas... il était tout à l'heure dans un trouble... dans une agitation... Mais le voilà plus calme, maintenant que sa résolution est prise...

CORINNE.

Quelle résolution?

BOUVARD.

Il est décidé à rompre son mariage.

CORINNE.

Avec Antonia...

BOUVARD.

Précisément!... il compose dans ce moment la lettre de rupture.

CORINNE, poussant un cri de joie.

Ah! (Courant près du comte.) Ce que je viens d'apprendre, Monsieur, est-il possible?

LE COMTE.

J'écris à M. de La Roche-Bernard.

CORINNE.

Mais alors... ce que vous me disiez... ce matin, était donc vrai?...

LE COMTE, avec sentiment.

Vous n'avez jamais voulu me croire... je n'ai rien à vous répondre ! mais on verra un jour peut-être de quel côté était l'affection sincère et véritable... non pas que je m'abuse sur les dangers de ma résolution et sur les railleries auxquelles je m'expose... *Fais ce que dois, advienne que pourra*... et dût-on m'accuser de manquer à mes serments...

CORINNE.

Ce ne sera pas Antonia, je vous le jure!... au contraire... elle vous défendra... et moi aussi. Elle vous remerciera et vous devra son bonheur.

LE COMTE.

Que dites-vous?

CORINNE.

Qu'elle en aime un autre !

LE COMTE

Vous en êtes certaine?...

CORINNE.

Je vous le jure...

LE COMTE, s'élançant vers elle.

Ah ! Corinne !... Corinne !... vous me sauvez la vie... vous êtes ma protectrice... mon ange gardien...

CORINNE.

Une telle joie... cet air de contentement... mais je vous ai donc méconnu...

LE COMTE.

Ah ! vous n'êtes pas la seule... (A part.) Elle en aime un autre... Quel bonheur!... ce moyen-là vaut bien mieux que le premier... qui n'était pas sans danger... (Courant à la table et déchirant une lettre qu'il vient d'écrire, et en commençant une autre.) « Mademoiselle... »

CORINNE.
Que faites-vous?...
LE COMTE.
Elle avait une inclination... et vous ne me l'avez pas dit!... Ah! cruelle amie!... que de tourments vous nous auriez épargnés à tous...
CORINNE.
Mais décidément... c'est donc la vérité?
LE COMTE, levant les yeux au ciel.
Elle en doute encore!... (Écrivant avec agitation) « Mademoiselle... « je vous ai prouvé, ainsi qu'à M. votre frère... que les plus « grands sacrifices ne me coûtaient rien. »
BOUVARD.
C'est vrai!
LE COMTE.
« Il n'en est qu'un seul dont je me sens incapable, c'est celui « de votre bonheur, et s'il est vrai, comme on me l'atteste, que « votre cœur ait parlé pour un autre... »
BOUVARD, près du comte et essuyant une larme.
C'est admirable!... et l'article peut rester... Il n'y a que quelques mots à changer.
CORINNE, à part, avec joie.
Enfin!... donc nous l'emportons! (Apercevant Albert qui paraît à la porte.) Ah! Albert!

SCÈNE VII.

LE COMTE, à la table à gauche; BOUVARD, près de lui; ALBERT, CORINNE.

CORINNE, allant à lui.
Venez, venez donc vite!... Tout va à merveille.
ALBERT, avec émotion.
Je le crois bien!... M. votre père... M. Desgaudets... je viens de chez lui et l'on m'a assuré que je le trouverais ici...
BOUVARD.
Il nous a quittés il y a une demi-heure.
ALBERT.
Où est-il? le savez-vous?
CORINNE.
Et que lui voulez-vous, mon Dieu! avec cet air agité?

ALBERT.

Il faut que je lui parle... de la part de Maxence... qui de son côté s'est mis aussi à sa poursuite.

BOUVARD.

Rassurez-vous, il l'a vu.

ALBERT.

En êtes-vous bien sûr?

BOUVARD.

Ils sont sortis ensemble... en voiture !

ALBERT.

A la bonne heure... je respire... ma mission est finie.

CORINNE.

Vous venez donc de voir ce pauvre Maxence ?

ALBERT.

Lui pauvre !... ah bien oui !... ce n'est plus cela !

CORINNE.

Que dites-vous ? (Le comte, qui était devant la table, interrompt sa lettre, et toujours assis sur le canapé, il écoute.)

ALBERT.

Un peu avant la sortie de la Bourse... il paraît que, dans la coulisse et parmi les joueurs, un bruit a tout à coup circulé ; on a prétendu que M. Desgaudets, le riche Desgaudets...

CORINNE.

Mon père !

ALBERT.

Qui jamais n'avait voulu se mêler d'affaires de ce genre... était à la tête de la nouvelle ligne de chemin de fer... que le comité d'administration, c'était lui, que Maxence n'était que son prête-nom... que Desgaudets, qui avait gardé une masse énorme d'actions... achetait les autres au dessous du pair pour les accaparer toutes... A cette nouvelle, les actions qui tombaient à qui mieux mieux se sont relevées comme par enchantement. Des affaires énormes se sont faites à la fin de la bourse, rue Vivienne et sur le boulevard. Maxence qui, dans le premier moment avait perdu la tête et voulait se brûler la cervelle, s'est vu tout à coup entouré et accablé d'agioteurs, d'agents de change, de courtiers marrons, même des femmes... des grandes dames... c'était à qui lui demanderait des actions.

CORINNE, avec joie.

Et il en a donné ?...

ALBERT.

C'est ce que j'aurais fait à sa place!... mais lui... a tout a coup relevé la tête et reprenant courage, s'est écrié avec audace : Des actions!... je n'en ai plus!... on ne peut en avoir, M. Desgaudets les a presque toutes! Il les a gardées pour lui et pour son gendre, M. Albert, que voici... J'ai voulu me récrier et réclamer. Tais-toi, m'a-t-il murmuré à voix basse, tais-toi, tu me sauves. Alors, c'est moi que les demandeurs ont entouré, moi, complice involontaire de ce mensonge, ils m'ont poursuivi... ils m'ont supplié, même à genoux, de leur céder... de leur accorder de ces actions... que je n'avais pas. Vous jugez si j'ai résisté... si j'ai été inflexible! Dix pour cent, me criait-on, vingt pour cent au dessus du cours... et moi je répétais : Je n'en ai pas, Messieurs, je n'en ai pas, pendant que Maxence, m'entraînant en dehors de la foule... me disait à l'oreille : Notre fortune est assurée à ma sœur et à moi.

LE COMTE, à part.

O ciel!

ALBERT.

Cours pres de M. Desgaudets, dis-lui que je lui donne cent mille écus des actions que je lui ai remises ce matin, mais qu'à moi... ou à tout autre, n'importe, il ne les vende pas à moins, tout le succès de l'opération est là. Je l'ai quitté... j'ai couru... et me voilà... heureux de vous annoncer ces bonnes nouvelles... heureux de vous apprendre que Maxence a retrouvé le repos et l'honneur, et que, grâce au ciel, Antonia est plus riche que jamais.

LE COMTE, bas, à Bouvard, après avoir déchiré la lettre.

Va porter ton article.

BOUVARD, étonné et à voix basse.

Comment... tel qu'il est?

LE COMTE.

Eh! oui, te dis-je, va et reviens... (Bouvard sort par le fond.)

CORINNE, bas, à Albert avec joie.

Et moi, Albert, et moi j'ai de bien meilleures nouvelles encore à vous faire connaître...

ALBERT.

Lesquelles?...

SCÈNE VIII.

Les précédents, UN DOMESTIQUE, sortant de la porte à gauche.

LE DOMESTIQUE, annonçant.

M. Maxence de LaRoche-Bernard, et mademoiselle sa sœur attendent monsieur le comte dans son cabinet.

LE COMTE.

Je vais les rejoindre.

CORINNE, voulant le retenir.

Mais, Monsieur...

LE COMTE.

Mes meilleurs amis!...

CORINNE.

Eh quoi!...

LE COMTE.

Ma fiancée!...

CORINNE.

Ah!...

LE COMTE, à voix haute, à Albert et à Corinne

Pardon! je cours les recevoir. (Il sort.)

CORINNE, poussant un cri, et s'appuyant contre le canapé à gauche.

Ah!

SCÈNE IX.

ALBERT, CORINNE.

ALBERT, allant à elle.

Qu'avez-vous donc?

CORINNE, avec agitation.

J'étais encore sa dupe!... encore une comédie qu'il jouait... mais pourquoi? dans quelle intention? ah! j'aurai le mot de cette énigme...

ALBERT.

Mais répondez-moi donc!... vous me disiez tout à l'heure...

CORINNE.

Que tout était sauvé!... et maintenant...

ALBERT.

Eh bien?

CORINNE.

Tout est perdu!... par vous... par votre faute... ou du moins par votre arrivée.

ALBERT.

Qu'ai-je donc fait?

CORINNE.

Ce que vous êtes venu... nous annoncer... ce que vous venez de nous dire.

ALBERT.

La vérité tout entière.

CORINNE.

Justement, c'est elle qui a tout compromis!... c'est elle qui nous perd!

ALBERT.

C'est trop fort! et à moins que vous ne partagiez le système et les opinions de M. votre père!...

CORINNE.

M. de Marignan... allait rendre à Maxence sa parole... il écrivait... pour rompre son mariage... la lettre était écrite!... et il l'a déchirée... (je ne le quittais pas des yeux) au moment où, dans votre joie... vous vous êtes écrié qu'Antonia était plus riche que jamais... donc, s'il renonçait à elle... c'était à cause de cette fortune perdue...

ALBERT.

Vous le calomniez!

CORINNE.

C'est impossible!

ALBERT.

C'est ce matin, quand on lui a annoncé qu'elle était ruinée... qu'il a demandé lui-même, qu'il a exigé ce mariage.

CORINNE, confondue.

C'est vrai!... (Avec colère.) Eh bien! non, cela ne doit pas l'être... parce qu'entre lui et la vérité... toute alliance est impossible!

ALBERT.

Mais alors... comment expliquez-vous?

CORINNE.

Je n'explique rien... il est comme ses ouvrages, comme son mérite. C'est à n'y rien comprendre... mais j'y arriverai cependant. C'est une gageure, c'est un défi... et entre nous deux désormais...

ALBERT.

C'est une guerre...

CORINNE.

Non... un mariage à mort!

SCÈNE X.

LE COMTE, MAXENCE et ANTONIA, sortant de la porte à gauche; ALBERT, CORINNE, au milieu du théâtre; BOUVARD, entrant par le fond. Derrière lui quelques invités qui arrivent, tandis que plusieurs dames sortent de la porte à droite.

MAXENCE, gaiement pendant que le comte va saluer tous ses invités.

Bravo! voici tout le monde réuni, c'est l'heure du dîner! Un beau moment... quand le dîner est bon... et M. de Marignan est connaisseur! De nos jours... les grands hommes sont gourmands, et ils font bien... on a si peu de temps à vivre... le génie surtout!

ALBERT, à part.

Quelle gaieté! quelle insouciance! qui reconnaîtrait là l'homme qui, ce matin, voulait se tuer...

MAXENCE.

Ah! te voilà, mon cher Albert! Desgaudets, que j'ai rencontré avant toi, et avec qui j'ai fait route, m'a appris ta nomination... chef d'escadron, c'est officiel, oui, Mesdames. (Bas à Albert en riant.) Il m'a aussi raconté tes scrupules... et la colère de madame de Saint-Avold contre toi!... Eh bien! t'es-tu justifié auprès de la veuve de ton vieux général?

ALBERT.

Oui, sans doute! elle pense, comme moi, que de la misère et de l'honneur valent mieux qu'une pension, achetée au prix de sa réputation...

MAXENCE.

Rassure-toi! nous penserons à elle! nous lui ferons avoir des actions!... c'est un cadeau... car dans ce moment n'en a pas qui veut... moi d'abord je n'en ai plus... (Bas à Albert.) Et cette fois... c'est la vérité... vraie.

ALBERT.

Tu n'en as pas gardé?

MAXENCE.

On ne m'y reprendra plus!

BOUVARD, bas au comte.

L'article paraîtra dans le journal de ce soir.

LE COMTE, de même

Très-bien. (Haut.) Pardon, Mesdames, de vous faire dîner aussi tard, nous n'attendons plus que M. Desgaudets, notre subrogétuteur, et mon ami intime, le secrétaire général... qui tous deux m'ont promis de venir et qui, je l'espère, ne me feront pas faillite.

MAXENCE, riant.

Vous avez déjà cinquante pour cent d'assuré, car voici M. Desgaudets.

SCÈNE XI.

LES PRÉCÉDENTS, DESGAUDETS; Corinne et Antonia sont assises sur un canapé à gauche du spectateur près de la table; Albert debout derrière elles et pensif; à droite, BOUVARD, LE COMTE, puis MAXENCE, les autres conviés, hommes et femmes, forment, assis et debout, plusieurs groupes dans le salon.

LE COMTE.

Arrivez donc, mon cher monsieur Desgaudets.

DESGAUDETS.

Pardon de m'être fait attendre. Je suis venu à pied... comme toujours pour raison de santé.

MAXENCE.

A pied! quand il pleut à verse!

DESGAUDETS.

Je n'ai pas trouvé de voiture.

LE COMTE, bas à Bouvard.

Ou plutôt il n'a pas voulu en prendre... il est si avare!

BOUVARD.

Et pourtant... il a aujourd'hui, dit-on, fait des gains énormes. (Desgaudets s'est approché du canapé où sont assises Corinne et Antonia. Pendant ce temps, Maxence, le comte et Bouvard, debout sur le devant du théâtre, forment un groupe et causent à demi-voix.)

MAXENCE.

Je le crois bien! je l'ai vu devant moi, tout à l'heure, réaliser cent mille écus de bénéfice.

LE COMTE.

Ah bah!

BOUVARD, à Maxence, d'un air joyeux.

Avec vos actions! aussi je viens d'en acheter!

MAXENCE, lui donnant une poignée de main.

Vrai! Brave jeune homme! (Ils remontent le théâtre en causant à voix basse.)

ANTONIA, à gauche, assise sur le canapé, et causant avec Corinne.

Il m'avait acceptée quand j'étais ruinée, et maintenant que la fortune m'est revenue, comment, aux yeux du monde, sans déshonneur rompre ce mariage?... Ah! je suis bien malheureuse!...

CORINNE.

Moi, je ne suis que furieuse! (Ouvrant le livre qui est sur la table à gauche.) Que vois-je? le second volume du grand ouvrage de M. de Marignan!

LA COMTESSE, assise sur le canapé à droite près d'une autre dame.

Cet admirable ouvrage!

LA MARQUISE.

Vous le connaissez, Madame?

LA COMTESSE.

Mon Dieu non! et vous?

LA MARQUISE.

Ni moi non plus!

LA COMTESSE.

C'est étonnant, tout le monde en parle!

LA MARQUISE.

Et je n'ai pas encore rencontré une seule personne qui l'ait lu!

DESGAUDETS, debout derrière le canapé à droite et s'adressant aux deux dames qui viennent de parler.

C'est qu'il est plus facile d'en parler que de le...

BOUVARD, avec enthousiasme.

Histoire pittoresque de l'Algérie et de sa conquête!... Second volume, plus intéressant encore, s'il est possible... plus dramatique que le premier!... j'espère bien que M. Desgaudets m'en prendra un exemplaire... dix francs le volume... il sera demain à votre hôtel...

DESGAUDETS.

Diable!... diable!... dix francs!... permettez! c'est trop cher pour moi!

BOUVARD, s'adressant aux deux dames assises sur le canapé à droite.

Il y a seulement pour neuf francs de vignettes et de gravures.

DESGAUDETS.

Je ne dis pas non!... (A demi-voix.) C'est le reste qui est trop cher.

MAXENCE, qui pendant ce temps s'est promené dans le salon et revenant près du comte.

Eh bien! et votre secrétaire général?

LE COMTE.

J'ai dit que l'on servît aussitôt que sa voiture entrerait dans la cour... mais il n'est pas encore arrivé.

MAXENCE.

Mon appétit l'est depuis longtemps!

DESGAUDETS.

C'est comme le mien! Si pour nous le faire oublier, M. de Marignan daignait nous lire... quelques pages... quelques passages... du nouveau chef-d'œuvre...

TOUT LE MONDE, se levant.

Ah!.. oui, monsieur le comte.

LE COMTE.

Y pensez-vous, devant une si charmante assemblée... un ouvrage sérieux... un livre d'histoire... c'est trop...

LA COMTESSE.

Pourquoi donc? madame Scarron racontait une anecdote...

DESGAUDETS.

Quand le rôti manquait.

CORINNE.

Mais quand il s'agit d'un secrétaire général...

LA MARQUISE.

C'est bien autre chose!

LA COMTESSE.

Et pour le remplacer...

CORINNE.

Il n'y a rien de trop grave!

LE COMTE.

Devant un pareil argument, je me rends. (Il prend le livre, et chacun se rasseoit ou se range autour de lui, comme pour une lecture d'apparat.) Je vous lirai donc quelques pages qui terminent ce volume...

BOUVARD, faisant l'empressé.

Un verre d'eau sucrée !

LE COMTE, avec impatience.

Eh non! pas avant dîner.

BOUVARD.

C'est juste!... (Regardant au fond.) Mais toutes les portes sont ouvertes. (Criant.) Fermez donc les portes, la voix se perd!

LE COMTE, de même.

C'est inutile...

CORINNE.

Pour vous... mais non pas pour nous, qui ne voulons rien perdre.

TOUT LE MONDE.

Chut!...

LE COMTE.

Le récit d'une expédition dans l'Atlas, et d'un combat livré par le général Saint-Avold.

ALBERT, qui jusque-là est resté plongé dans ses réflexions, lève la tête à ce mot, et dit à part.

Mon général... qu'est-ce que c'est?

DESGAUDETS

Cela doit être pittoresque!

LE COMTE, lisant.

« Cerné de tous les côtés par dix à douze mille Arabes et sans
« espoir possible d'être secouru, le général avait passé une nuit
« horrible. Il ne lui restait plus que deux seuls escadrons de
« tout son régiment (troisième dragons).

BOUVARD.

C'est palpitant d'intérêt!

LE COMTE.

« La lune s'élevant au dessus des noirs rochers, réflétait ses
« rayons sur les cimes de l'Atlas, lesquelles, se déroulant comme
« un blanc et immense linceul, semblaient, pour frapper l'ima-
« gination de nos vieux soldats, leur rappeler au milieu de
« l'Afrique, les plaines glacées de la Russie! »

BOUVARD.

Comme c'est écrit! comme c'est académique! quel style!

CORINNE.

Pour de l'histoire.

BOUVARD.

Et ce n'est que de l'histoire!

MAXENCE.

Ce n'est que de la prose!

BOUVARD.

Mais quelle prose!

DESGAUDETS.

On dirait des vers!

CORINNE.

Il y en a!

DESGAUDETS.

Bah!

CORINNE.
Il ne lui restait plus que deux seuls escadrons,
De tout son régiment, troisième de dragons!
BOUVARD.
C'est vrai!... cela lui a échappé!
MAXENCE.
C'est plus fort que lui.
CORINNE.
« Même quand l'oiseau marche, on sent qu'il a des ailes! »
BOUVARD.
Mais comme la pensée s'élève... comme elle s'élance et se précipite impétueuse...
DESGAUDETS.
On dirait d'une charge de cavalerie!
CORINNE.
Troisième de dragons! c'est admirable!!!
TOUT LE MONDE.
C'est délicieux!... délicieux! ravissant!
LE COMTE, s'inclinant.
Trop de bontés... trop d'indulgence...
TOUS.
Achevez, de grâce?...
LE COMTE.
« Le général aperçut alors toute la tribu des Beni-Ballaboud. »
ALBERT, à part et écoutant.
C'est s'ingulier!
LE COMTE.
« Campée au bord d'un torrent qui se précipite dans la vallée et devient la Mahoura...
ALBERT, qui jusque-là a écouté avec des marques d'impatience, quitte la table à gauche sur laquelle il s'appuyait et fait quelques pas vers le comte.
Ah! c'est trop fort!
CORINNE, qui a observé Albert, se lève du canapé.
Qu'avez-vous donc?

SCÈNE XII.

Les précédents, UN DOMESTIQUE, paraissant à la porte du fond.

LE DOMESTIQUE, annonçant.
Monsieur le secrétaire général!... (S'avançant et s'adressant à M. de Marignan.) Monsieur le comte est servi!

LE COMTE.

Messieurs, la main aux dames...

TOUT LE MONDE.

Ah!...

LE COMTE.

Nous achèverons le chapitre après le dîner.

BOUVARD.

Quel dommage!

DESGAUDETS, à part.

Non pas!

ALBERT, pendant que tous les convives sortent par la porte à droite, s'est approché du comte et lui dit à voix basse.

Monsieur le comte, il faut absolument que je vous parle.

LE COMTE, souriant.

A moi!

ALBERT.

A vous!

LE COMTE, de même.

Très-volontiers... mais en sortant de table...

ALBERT, à demi-voix.

Soit, dans ce salon.

LE COMTE, de même.

Dans ce salon. (Il court rejoindre Antonia, à qui il donne la main et sort avec elle par la porte à droite; Corinne et Albert restent en scène.)

ALBERT.

Ah! maintenant, je l'atteste, ce mariage ne se fera pas. (Se dirigeant vers la porte du fond.) En attendant...

CORINNE, courant à lui.

Qu'est-ce à dire?

ALBERT.

Je m'en vais!... Je ne resterai pas à dîner... ici, chez lui!...

CORINNE.

Un pareil esclandre!... Je m'y oppose!... Ainsi, votre main... votre main... je le veux... ou sinon... (Albert lui offre la main.) Que lui avez-vous dit... là, tout à l'heure?

ALBERT.

Moi! rien, je vous jure...

CORINNE.

Vous aussi!... qui vous essayez à mentir... Voyez-vous déjà l'influence de ce salon..; Mais ce secret... je le saurai!..

ALBERT, entraînant Corinne vers la salle à manger à droite.

Il n'y en a pas!

CORINNE.

Il y en a... il doit y en avoir! Je le saurai!

ALBERT, de même.

Il n'y en a pas !

CORINNE.

Je l'inventerais plutôt. (Tous les deux entrent en causant dans la salle à manger.)

ACTE V

Même decor qu'au quatrième acte.

SCÈNE PREMIÈRE.

CORINNE, ALBERT.

ALBERT, entrant vivement.

Quel diner! J'ai cru qu'il ne finirait pas!... Et quelle conversation!... Que de mensonges! de vanteries !

CORINNE.

Éloges désintéressés, donnés par l'amitié.

ALBERT.

Et par ceux qui dînent chez lui!... Et ce monsieur de Marignan, qui, à force de s'entendre dire qu'il était un grand homme... a fini par se le persuader!

CORINNE.

Comment donc!... Il attaquerait en calomnie quiconque oserait maintenant soutenir le contraire!

ALBERT.

Patience!... cela aura un terme... et nous verrons!

CORINNE.

Raison de plus pour ne pas paraître sombre et préoccupé... comme vous... tout à l'heure, à ce dîner!

ALBERT.

Je ne vous ferai pas le même reproche!... J'admirais votre grâce, vos saillies, votre gaieté!

CORINNE.

C'est un moyen! Cela permet d'observer sans que l'on s'en

doute... Vous ne vouliez rien dire! il fallait deviner!... J'ai tout vu... votre physionomie taciturne, l'air intrigué du comte ; et en sortant de table, vous lui avez dit à voix basse : Je vais vous attendre au salon. Je l'ai entendu... J'étais derrière vous!... C'est pourquoi... me voici. Maintenant, Monsieur, qu'est-ce que cela signifie?

ALBERT.

Vous le saurez plus tard.

CORINNE.

C'est une provocation... c'est un duel!

ALBERT.

Eh non! une simple explication!

CORINNE.

Vous avez promis devant moi à Antonia... de ne rien risquer qui puisse la compromettre, vous avez juré que son nom ne serait même pas prononcé, entre vous et M. de Marignan.

ALBERT.

J'ai tenu ce serment, et je le tiendrai encore... Mais il se présente, grâce au ciel, une circonstance... une occasion qui n'a aucun rapport avec Antonia, ni avec mon amour, et rien ne peut m'empêcher de la saisir.

CORINNE.

Cette occasion, quelle est-elle?... ne puis-je la connaître?

ALBERT.

C'est inutile... c'est une question qui ne peut être discutée par des femmes... mais il ne sera pas dit... que je me laisserai enlever celle que j'aime sans la disputer... moi qui porte une épée... Non, non, tant que je serai vivant, il ne l'épousera pas!... J'y suis résolu... Sans cela, comprendriez-vous que j'assistasse tranquillement à son triomphe... et à cette fête...

CORINNE.

Vous voyez donc bien, Monsieur, que vous voulez vous battre avec M. de Marignan.

ALBERT.

Oui.

CORINNE.

Et pour Antonia?

ALBERT.

Non... pas pour elle!... mais pour une autre cause... pour celle de l'honneur et de la vérité.

CORINNE.

Je ne vous comprends pas, Monsieur.

ALBERT.

Je vous ai dit que cela n'était pas nécessaire. Mais cette explication aura lieu.

CORINNE.

Et moi, je m'y oppose ; non-seulement pour vous, mais pour M. de Marignan. Je ne veux pas qu'il soit tué !... Ce n'est pas ainsi qu'il doit être puni... ce serait trop tôt fait. Je lui réserve une expiation... plus longue, et qui m'est toute personnelle. (Vivement.) Ainsi, confiez-moi tout !... à moi, votre alliée... votre amie.

ALBERT.

Non, non, cela ne regarde que moi... le voici ! de grâce, laissez-nous !... Je ne veux pas qu'il nous voie ensemble.

CORINNE.

Soit. (A part.) Mais si je n'y vois pas, j'entendrai ! (Elle entre dans le cabinet à gauche.)

SCÈNE II.

ALBERT, M. DE MARIGNAN.

LE COMTE, sortant de l'appartement à droite et parlant à la cantonade.

Bien, mon cher Maxence... faites les honneurs pour moi. (Se retournant vers Albert.) Ils sont tous dans le petit salon à prendre le café, et me voici, Monsieur, prêt à vous entendre.

ALBERT.

Monsieur... j'ai eu pour ami... et pour protecteur dans ma carrière militaire, M. le général de Saint-Avold, qui a été pour moi un père plutôt qu'un chef. Je dois le peu que je suis à ses conseils; je dois la vie à son courage. Plus tard, et c'est là ce qui me lie à lui par une éternelle reconnaissance, il m'a confié ses plus secrètes pensées. Les qualités distinctives de son caractère, étaient l'horreur de la vanterie et du mensonge, son amour pour son pays et surtout le culte qu'il professait pour l'honneur. Il n'eût pas souffert que l'on portât au sien la plus légère atteinte ! et il eût versé jusqu'à la dernière goutte de son sang pour le conserver pur et intact. Aujourd'hui qu'il n'est plus, c'est un soin qu'il nous a légué, à nous qui fûmes ses soldats, à moi qui fus son ami, et je viens vous demander compte de la manière dont vous parlez de lui... dans le peu de lignes que j'ai entendues.

LE COMTE, souriant.

Me chercher querelle! à moi, son panégyriste, à moi qui le comble d'éloges, comment aurais-je pu l'offenser?

ALBERT.

C'est offenser un bon et loyal militaire que de lui attribuer des exploits qu'il n'a jamais faits, des actions fabuleuses, qui peuvent provoquer des démentis, attirer des insultes à sa mémoire, et jeter en un mot un ridicule ineffaçable sur son nom.

LE COMTE.

Je ne vois pas, Monsieur, en quoi cela me regarde.

ALBERT.

Je vais m'expliquer. Je n'ai jamais quitté le général. Je suis arrivé en Afrique, avec lui, avec la division qu'il commandait, et jusqu'au jour où il est mort entre mes bras, je l'ai suivi dans toutes ses expéditions, dans tous ses combats. Or, dans le passage, dans les quelques lignes que vous nous avez lues avant dîner, j'ai admiré comme tout le monde les ornements et l'éclat du style.

LE COMTE.

Vous êtes bien bon!

ALBERT.

Je ne m'y connais pas!... mais pour les faits... c'est différent.

LE COMTE, souriant.

Si ce n'est que cela!

ALBERT.

Comment, si ce n'est que cela!... je n'ai entendu que quelques mots à peine, et il n'y en a pas un seul qui ne soit une fausseté évidente.

LE COMTE.

Permettez, Monsieur!

ALBERT.

Jamais mon général n'a livré de bataille dans l'Atlas... et pour une bonne raison... nous n'y avons jamais mis les pieds, et nous avons toujours opéré à cent lieues de là...

LE COMTE.

Monsieur...

ALBERT.

Jamais nous n'avons eu de combats ou de relations avec la tribu des Beni-Ballaboud, dont aucun de nos soldats n'a aperçu les tentes, et jamais enfin nul fait d'armes n'a illustré les bords de la Mahoura... non pas que ce nom me soit inconnu, je ne sais pas où je l'ai vu, mais à coup sûr ce n'est pas en Afrique, car cette rivière-là n'existe pas, et je vous défie de l'y trouver.

LE COMTE

Vous croyez cela, Monsieur?

ALBERT.

J'en suis sûr... voyez plutôt sur la carte. Et quand on écrit, quand on imprime, quand on publie sciemment de pareilles faussetés...

LE COMTE, avec colère.

Une telle expression...

ALBERT.

Est la seule qui convienne. Si mon général était vivant, il s'écrierait : Vous avez menti!... Je prends sa place et suis à vos ordres.

LE COMTE, fièrement.

Et je serais aux vôtres, si votre général avait pu tenir un pareil langage... mais il s'en serait bien gardé. Vous étiez en Afrique, Monsieur, je n'en doute pas, mais le général de Saint-Avold y était aussi, et entre vos deux assertions, quelque contradictoires qu'elles soient, vous me permettrez de donner la préférence à la sienne.

ALBERT.

Que voulez-vous dire?

LE COMTE.

Que notre devoir, à nous autres historiens, est bien grave. C'est comme un sacerdoce, celui de la vérité, que nous sommes chargés de transmettre à nos derniers neveux. Alors, Monsieur, l'historien qui se respecte ne marche qu'appuyé sur des preuves irrécusables, sur des documents authentiques, c'est ce que j'ai fait.

ALBERT.

Vous, Monsieur!

LE COMTE, allant à la table à gauche.

J'ai là les Mémoires mêmes du général Saint-Avold, trouvés dans ses papiers après sa mort... et je suis heureux de vous prouver avec quelle fidélité consciencieuse j'ai rempli, envers mon pays et la postérité, mes devoirs d'historien!... (Frappant sur le manuscrit qu'il vient de prendre.) Les voici, ces Mémoires du vieux soldat... ces Mémoires pensés au milieu de la bataille et écrits sur l'affût d'un canon... car ils sentent encore l'odeur de la poudre et du cigarre !... Lisez, Monsieur, lisez !

ALBERT, jetant les yeux sur le manuscrit.

O ciel!...

LE COMTE.

Connaissez-vous cette écriture?

ALBERT.

Si je la connais !

LE COMTE, d'un air triomphant.

Vous voyez donc bien !

ALBERT.

C'est la mienne !...

LE COMTE, stupéfait,

La vôtre !

ALBERT.

Eh oui !... c'est mon roman.

LE COMTE, attéré.

Un roman !

ALBERT.

Composé par moi en Afrique !... et que je croyais perdu pour jamais, car je ne me rappelais plus un mot de mon chef-d'œuvre ! Et au fait !... depuis cinq ans.

LE COMTE.

Que dites-vous?

ALBERT.

J'avais eu le bonheur de l'oublier, et c'est vous qui me le rendez... (Parcourant le manuscrit) Oui, vraiment... c'est bien cela... un roman historique... roman à la Walter Scott... où je fais jouer un rôle important à mon général... et à moi.

LE COMTE.

Quoi!... Monsieur... c'est de vous !...

ALBERT, feuilletant toujours le manuscrit.

Hélas! oui! c'était même si mauvais que le général, à qui je l'avais donné à lire... m'avait répondu avec un juron : « Occupe-toi de ta théorie et ne pense plus à ces niaiseries-là... ou sinon... » Ce qui est cause... que je n'ai pas même pensé à lui redemander mon manuscrit resté entre ses mains. Voilà comment, après sa mort, on l'aura trouvé dans ses papiers.

LE COMTE, dans le plus grand trouble.

Permettez, Monsieur, permettez... rappelez bien tous vos souvenirs... êtes-vous sûr...

ALBERT, feuilletant toujours.

Parbleu!... voilà tous mes personnages... tous mes noms qui me reviennent... l'aide-de-camp, Hector de Maugiron, c'était moi... la jeune fille qu'il adore... et qu'il espère épouser au retour... c'est... (Hésitant.) une personne, dont il est inutile de vous parler... et quant à la puissante tribu des Beni-Ballaboud... c'est bien cela!... une tribu de mon invention... et la Mahoura... ah! je savais bien que ce nom-là ne m'était pas inconnu... tenez, Monsieur, tenez, voyez-vous écrit en marge : *faute de mieux.* Il me fallait dans le moment une rivière... et n'en ayant pas sous la main... j'ai inventé celle-là... quitte à la changer plus tard contre une véritable!

LE COMTE, à part.

O ciel!

ALBERT.

Et c'est là ce que vous imprimez comme de l'histoire! c'est là ce qui vous vaut les éloges de la presse et l'admiration publique.

LE COMTE.

Est-ce ma faute, Monsieur, si victime moi-même d'une erreur... chèrement payée...

ALBERT.

Je le sais!... Aussi je n'accuse plus votre bonne foi; mais ni vous, ni moi, Monsieur, n'avons le droit d'attribuer au général des absurdités dont je suis seul coupable et responsable. A chacun ses œuvres! et pour la mémoire comme pour l'honneur de M. de Saint-Avold, il faut que la vérité soit connue.

LE COMTE.

Quoi, Monsieur... publier qu'un livre d'histoire est un roman.

ALBERT.

Ce ne sera pas le premier.

LE COMTE.

Un livre admiré, cité, vanté et adopté par l'Université.

ALBERT.

Jusqu'à demain, Monsieur, je garderai le silence. D'ici là, avisez vous-même aux moyens de faire cet aveu, sinon je m'en chargerai!

LE COMTE.

Mais songez donc aux suites...

ALBERT.

Elles sont toutes simples. C'est une erreur!... vous vous empressez de la reconnaître je ne vois pas quels inconvénients...

LE COMTE.

Vous ne les voyez pas ?...

SCÈNE III.

ALBERT, LE COMTE, MAXENCE, BOUVARD, sortant de la porte du fond.

MAXENCE, au comte.

Et vous restez là, mon cher, vous ne venez pas au petit salon entendre ce qu'on dit de vous !

BOUVARD.

Deux membres de l'Académie des sciences viennent d'arriver et ils ne tarissent pas d'éloges sur votre second volume qu'ils ont déjà lu.

MAXENCE.

Comme tout Paris !

BOUVARD.

Comme tout le monde !

LE COMTE, bas, à Albert d'un air suppliant.

Vous l'entendez, Monsieur !...

MAXENCE.

Monsieur de Pongibault, le professeur de sphère céleste et de géographie, s'extasie sur la vérité des détails topographiques.

ALBERT, avec colère.

En vérité !... un professeur !...

LE COMTE, d'un air suppliant.

Monsieur !...

BOUVARD.

Il trouve surtout le caractère et les usages des tribus arabes décrits avec une lucidité... une profondeur...

MAXENCE.

Surtout la tribu des... comment dites-vous ?...

BOUVARD.

Des Beni-Ballabond...

MAXENCE.

Justement... c'est, dit-il, le tableau le plus pittoresque et le plus fidèle ! mieux que personne il peut en juger. Il y a été...

ALBERT, avec indignation.

Il y a été !... voilà qui est trop fort !

BOUVARD, froidement.

Avec une mission du gouvernement... (Avec chaleur.) Et j'oubliais de vous dire que votre ami le secrétaire général, a été tellement touché du fait d'armes de la Mahoura qu'il ne connaissait pas...

ALBERT, à part.

Je crois bien!

BOUVARD.

Qu'il m'a demandé un exemplaire pour le faire lire au ministre, enfin, et c'est l'avis unanime, votre élection est assurée, vous devez arriver demain à l'Académie ou pour le moins au prix Gobert.

ALBERT.

Comment?

BOUVARD, à Albert.

Dix mille livres de rentes destinées au morceau de l'Histoire de France le mieux fait et le plus véridique... (Montrant le comte.) Il y a des droits, l'Algérie est la France. (Au comte qui modère avec peine sa colère.) Oui, Monsieur, votre modestie a beau s'indigner, vous y avez des droits.

SCÈNE IV.

Les précédents, DESGAUDETS, une tasse de café à la main.

DESGAUDETS.

Eh bien... eh bien, monsieur le comte, on vous demande, on vous désire... pour achever le fait d'armes de la Mahoura.

LE COMTE.

Moi! impossible... L'émotion... la chaleur!... je ne pourrais lire!...

BOUVARD.

Je m'en chargerai! moi l'éditeur...

LE COMTE, à demi-voix.

Non!... il faut que je vous parle... (Lui serrant la main.) Il le faut!

BOUVARD.

Je vous suis! (A part.) Qu'a donc le grand homme et d'où lui vient cette physionomie.

LE COMTE.

Daignez, mon cher Maxence... m'excuser auprès de ces dames... Un mal de gorge subit...

MAXENCE.

Très-bien.

LE COMTE, à part.

A tout prix il faut sortir de là, ou je suis perdu. (A Bouvard qu'il entraîne vers la porte du fond.) Venez, Monsieur, venez !

MAXENCE, se retournant et apercevant Desgaudets, qui, assis sur le canapé, à droite, prend lentement sa tasse de café.

Eh mais !... je vous ai entendu dire chez vous, que vous n'aimiez pas le café !

DESGAUDETS.

Erreur !... je l'aime beaucoup... chez les autres ! (Maxence entre en riant dans l'appartement à droite.)

SCÈNE V.

ALBERT, qui s'est jeté sur le canapé, à gauche ; DESGAUDETS, assis, à droite, sur l'autre canapé.

DESGAUDETS, achevant sa tasse de café

Quand il est bon... et celui-ci est du vrai moka. (S'étendant sur le canapé.) Eh !... eh !... je ne déteste pas non plus les bons canapés... ni le confortable que j'espère bien me donner désormais... en secret.

ALBERT, se levant et se promenant avec colère.

Ah ! c'est à n'en pas revenir !

DESGAUDETS.

Qu'avez-vous donc, mon cher ?

ALBERT, hors de lui.

Ce que j'ai !... ce que j'ai... (S'arrêtant devant Desgaudets.) Vous aviez raison, Monsieur ; des charlatans, des compères et des dupes, voilà la société actuelle.

DESGAUDETS, souriant.

Tant mieux !

ALBERT, avec indignation.

Comment, tant mieux !

DESGAUDETS.

Eh ! mon Dieu, oui ! c'est de l'excès même du mal que sortira le bien !

ALBERT.

Et quel bien peut sortir d'un pareil gouffre tel que celui-ci ?

DESGAUDETS.

Je vais vous l'apprendre ; quand tout le monde sera bien persuadé, comme vous paraissez l'être en ce moment, que la plupart de nos grands hommes, y compris leur gloire et leurs préfaces, sont des mensonges vivants et impudents plus ou moins bien décorés ou reliés ; quand tout le monde, dis-je, sera bien convaincu comme vous, que dans la composition de presque toutes les renommées qui fabriquent, il n'entre pas un seul mot de vrai, la société finira, grâce au ciel, par devenir tellement incrédule, que pour lui faire accroire qu'on a du mérite, on sera réellement obligé d'en avoir... et c'est ainsi que l'école du mensonge sera devenue l'école de la vérité.

ALBERT, avec impatience.

Ce que vous espérez là, Monsieur, est toute une révolution... Mais en attendant.

DESGAUDETS, souriant.

Dans toutes les révolutions, il faut savoir attendre ! D'ici là le puff victorieux continuera à triompher !

ALBERT.

Et si je vous disais, Monsieur, avec quelle insolence, avec quelle audace !... Si vous saviez seulement...

DESGAUDETS.

Je sais tout. Corinne, ma fille, qui a entendu votre conversation, vient de me raconter au salon l'anecdote dans tous ses détails.

ALBERT.

Et vous parlez de cela tranquillement et cela ne vous indigne pas?

DESGAUDETS.

Il faudrait passer sa vie à s'indigner? et la vie est si courte ! Je vous avouerai même avec franchise (car il est convenu qu'elle existe entre nous), que loin d'en être furieux, j'en ai été ravi.

ALBERT.

Vous osez en convenir !

DESGAUDETS.

J'en ai été enchanté !

ALBERT.

Et pourquoi, s'il vous plaît ?

DESGAUDETS.

Pour vous ! oui, mon jeune ami, quoique vous ayez refusé d'être mon gendre, je me regarde toujours comme votre beau-père... ou mieux encore, comme votre ami... et je vous suis de loin dans le monde... avec tout l'intérêt que l'on porte... à un pauvre voyageur seul et égaré dans un pays inconnu.

ALBERT.

Je vous remercie, Monsieur... mais en quoi cette aventure peut-elle vous réjouir pour moi?

DESGAUDETS.

Voici comment. Quand on connaît par hasard la vérité... il y a deux manières de s'en servir, l'une...

ALBERT, avec force.

C'est de la dire!...

DESGAUDETS.

Et l'autre... de la taire. La seconde est presque toujours la plus utile. Essayez-en, je vous le conseille.

ALBERT.

Moi! me taire!... moi, transiger avec ma conscience!

DESGAUDETS.

Je ne dis pas cela, mais à un soldat qui s'est bravement défendu, il est permis de capituler... et il est des capitulations de conscience si difficiles à ne pas accepter... que vous-même, peut-être...

ALBERT, avec chaleur.

Jamais, Monsieur, jamais! moi, le défenseur et l'ami de la vérité, je défie le monde entier de me faire jamais céder... ou fléchir...

DESGAUDETS.

Il ne faut pas dire cela! le chapitre des considérations est si étendu... et tenez en voici déjà une qui arrive!

SCÈNE VI.

LES PRÉCÉDENTS, BOUVARD, entrant par la porte du fond.

BOUVARD, à part.

Me charger... moi!... d'une pareille négociation... assoupir l'affaire... à tout prix!

DESGAUDETS.

Qu'avez-vous donc, monsieur Bouvard... vous m'avez l'air...

BOUVARD.

De quoi donc?

DESGAUDETS.

D'un diplomate...

BOUVARD, cherchant à sourire.

Dans l'embarras, qui compte sur vous et sur votre crédit près de M. Albert d'Angremont...

DESGAUDETS.

Eh! pourquoi donc?...

BOUVARD.

Mon Dieu! tout le monde peut se tromper, même les libraires... mais quand j'ai des torts... j'en conviens et je reconnais qu'hier... j'ai manqué ma fortune. Ce volume de poésies que vous me proposiez... c'est à qui m'en parlera!... tout à l'heure encore... au salon... ce gros monsieur en noir... dont je ne sais pas le nom. « Vous ne connaissez pas les poésies du « jeune d'Angremont... c'est superbe! c'est sublime! » (A Albert en souriant.) Vous les aurez lues sans doute à quelques amis...

ALBERT.

A personne!

BOUVARD, se récriant.

Encore mieux! quand un ouvrage se produit ainsi par lui-même!... aussi... je n'y mets pas d'amour-propre. Je viens vous le demander. Il me le faut.

ALBERT.

Les vers, me disiez-vous, ne se vendent plus.

BOUVARD.

Je vendrai ceux-là... et la preuve c'est que je vous les achète. Faites vous-même votre prix et à l'instant... comptant...

DESGAUDETS.

Prenez garde, monsieur Bouvard, je vais croire que ce n'est pas vous qui payez.

BOUVARD.

Eh bien... c'est vrai! pourquoi ne pas aborder franchement la question. M. le comte m'a tout dit... Ce qu'on vous demande, c'est de ne rien changer à l'état des choses. De ne point troubler le public dans son admiration pour un homme de génie, pour un grand homme!

ALBERT.

Moi complice d'une imposture...

BOUVARD, vivement.

Indépendante de votre volonté!

DESGAUDETS.

Au fait, si M. de Marignan est un grand homme...

BOUVARD.

Ce n'est pas votre faute.

DESGAUDETS.

Ni la sienne...

ALBERT.

Pour la famille de mon général, pour sa veuve, pour sa mémoire que je respecte et que j'honore, je ne dois point laisser s'accréditer de pareilles impostures. Je dois déclarer faux et apocryphe... un ouvrage...

BOUVARD.

Qui est passé à l'état de chef-d'œuvre! et quand nous sommes... riches, glorieux, considérés...

ALBERT.

Et voilà justement ce qu'il faut flétrir. Voilà les idoles qu'il faut renverser du piédestal. Oui, dans ce siècle de fourberie et de mensonge, dans ce temps où chacun se déguise, j'arracherai les masques... rien ne m'arrêtera! rien ne m'empêchera de crier la vérité... dussé-je, avec Boileau :

> Faire dire aux roseaux par un nouvel organe :
> Midas, le roi Midas a des oreilles...

BOUVARD, criant avec force.

Et moi, Monsieur, moi, que vous ruinez!

ALBERT.

Vous!

BOUVARD.

Moi qui ai vendu à M. le comte ces Mémoires comme authentiques, moyennant vingt mille francs que je serai obligé de lui rendre. Vous voyez bien que ce serait impossible... nous y perdrions tous... et je suis chargé de prendre avec vous tous les arrangements que vous désirerez... et qui vous conviendront... (A voix basse.) Oui, Monsieur... on consentira aux plus grands sacrifices.

ALBERT, avec force.

Assez, Monsieur!... (Avec ironie et regardant Desgaudets.) Encore un usage de nos jours, n'est-ce pas? Vouloir m'acheter... à prix d'argent... (Se retournant vers Bouvard.) Vous vous trompez, Monsieur, je suis soldat... je ne me vends pas!... Adieu!... (Il fait quelques pas pour sortir.)

SCÈNE VII.

LES PRÉCÉDENTS, CORINNE, entrant par le fond.

CORINNE, arrêtant Albert qui va sortir.

Où allez-vous?

ALBERT.
Je sors de cette maison.

CORINNE.
Non pas! je quitte le noble comte que j'ai laissé plus mort que vif!...

BOUVARD.
Lui...

CORINNE.
Quand il a compris que j'étais au fait de tout, il est resté comme frappé de la foudre!... sentant bien qu'il n'avait à attendre de moi ni grâce, ni merci, et calculant déjà les suites de cette terrible et piquante aventure ; délicieux épisode pour mes Mémoires, et matière incessante de feuilletons plus mordants les uns que les autres. Il a compris toute l'imminence du danger, et vaincu sans combattre, il a de lui-même proposé la paix, me laissant maîtresse des conditions, que je viens régler avec vous, mon allié.

ALBERT.
Avec moi!

CORINNE.
Article premier. Vous garderez le silence?

ALBERT.
Non!

CORINNE.
Comment, non?...

BOUVARD.
Il veut parler... et publier la vérité!

CORINNE, d'un air étonné.
La vérité!... à quoi bon?

DESGAUDETS.
C'est ce que je ne cesse de lui dire.

CORINNE.
C'est évident!... (A Albert, à demi-voix.) Vous ne savez donc pas que je l'emporte, que mon triomphe commence, que je suis comtesse de Marignan, et qu'Antonia est à vous?

ALBERT.
O ciel...

CORINNE.
Devenue libre, elle vous offre sa fortune et sa main.

ALBERT.
Que dites-vous?

CORINNE.
Son frère y consent!
DESGAUDETS.
Et moi aussi, comme subrogé-tuteur.
CORINNE.
Et pour cela vous n'avez qu'un mot à dire... ou plutôt à ne pas dire... on ne vous demande que de vous taire.
DESGAUDETS, souriant.
Et c'est là le cas ou jamais de capituler...
ALBERT.
Non... non... fût-ce au prix de mon bonheur, je ne vendrai pas ma conscience. Je resterai fidèle à l'honneur... et à la vérité!...
CORINNE, lui montrant Antonia qui sort de la porte à droite.
Plus qu'à votre amour... plus qu'à Antonia!
ALBERT.
Antonia!... Ah! ne prononcez pas ce nom-là!

SCÈNE VIII.

Les précédents, ANTONIA.

ANTONIA, à Corinne et à Albert.
Ah! comme vous étiez tous les deux injustes à son égard... ce bon M. de Marignan... tant de générosité unie à tant de talents! j'en suis dans l'admiration!
DESGAUDETS.
Et elle aussi!
ANTONIA.
Il en sera récompensé!... Il l'est déjà... et de la manière la plus glorieuse et la plus digne de lui.
DESGAUDETS ET BOUVARD.
Comment cela?
ANTONIA.
N'entendez-vous pas dans l'autre salon... ces félicitations... ces cris de joie... Imaginez-vous que le secrétaire général.. celui auprès duquel j'étais placée à table... et qui s'était absenté après le dîner... vient de revenir.
TOUS.
Eh bien!

ANTONIA.

Ah! quelle douce satisfaction! quel triomphe pour le génie!

CORINNE, DESGAUDETS ET BOUVARD.

Achevez donc!

ANTONIA.

Le gouvernement, qui, autant que j'ai pu le comprendre, a lu le second volume de M. de Marignan, a été tellement attendri et touché du beau fait d'armes de la Mahoura..

TOUS.

O ciel!

ANTONIA.

Qu'il est question de proposer pour la veuve et les enfants du général une pension de six mille francs.

ALBERT.

Est-il possible!

ANTONIA.

Et l'on dit qu'on va lui élever, à la Ferté-sous-Jouarre, sa patrie... un monument... (Montrant le salon à droite.) Tenez... tenez... les acclamations redoublent... Qu'est-ce donc? (Elle se rapproche du salon, et y rentre un instant.)

CORINNE, à Albert.

Eh bien! résisterez-vous encore?

DESGAUDETS.

Voulez-vous, par une obstination chevaleresque et absurde, ruiner la veuve et la famille de votre général?

BOUVARD.

Vous opposer aux honneurs... qu'on lui destine?

DESGAUDETS.

Et qu'après tout, il mérite.

CORINNE ET BOUVARD.

Qu'il mérite!

ALBERT, hésitant.

J'en conviens... mais enfin... un mensonge...

CORINNE.

Qui rend tout le monde heureux!

ALBERT, de même.

Est toujours un mensonge.

DESGAUDETS.

Non pas! ce n'est pas mentir que garder le silence!

ALBERT, résistant à peine.

Je ne dis pas...

DESGAUDETS.

Ah!...

ALBERT

C'est vrai!...

CORINNE, DESGAUDETS ET BOUVARD, ensemble et lui mettant la main sur la bouche.

Alors, taisez-vous... taisez-vous... c'est tout ce qu'on vous demande...

ALBERT.

Soit! mais la morale... la morale de tout cela... car il faut qu'il y en ait une...

CORINNE.

Attendez donc, Monsieur, attendez donc!

SCÈNE IX.

Les précédents, LE COMTE, entrant amené par ANTONIA, et par MAXENCE, et suivi de tous les convives.

ANTONIA, entrant.

Le voici!... le voici!...

TOUT LE MONDE, dans la coulisse.

Gloire au talent!...

ANTONIA.

Nous l'amenons, malgré lui, pour recevoir vos remercîments et vos bénédictions...

BOUVARD ET LES CONVIVES, élevant la main.

Honneur au génie!

LA COMTESSE.

Non, monsieur le comte, vous ne pouvez vous soustraire à votre triomphe!...

LE COMTE, remerciant.

Messieurs... Mesdames.. (S'adressant froidement à Desgaudets qu'il salue.) Monsieur Desgaudets...

DESGAUDETS.

Monsieur le comte... (Ils parlent bas.)

CORINNE, bas à Albert.

Vous vouliez de la morale?

ALBERT, de même.

Eh! oui sans doute, je voudrais une punition quelconque à tant de fausseté.

CORINNE, lui montrant le comte qui cause avec Desgaudets.

Rassurez-vous !... la voici.

LE COMTE, à demi-voix à Desgaudets.

Oui, Monsieur, demain je vous demanderai la permission de me présenter chez vous pour solliciter un bonheur...

CORINNE.

Qu'il n'a que trop mérité...

DESGAUDETS, à haute voix.

Permettez, Monsieur !... je ne donne pas de dot !...

MAXENCE, riant.

Connu

MAXENCE, bas à Corinne.

Mais moi je compte plus que jamais sur les Mémoires de madame la comtesse.

CORINNE.

Le premier volume est fini. (Bas à Antonia.) « Chapitre xx : Mariage de Corinne et d'Antonia ! générosité du noble comte. »

ANTONIA.

Ah ! ce chapitre-là du moins est vrai.

DESGAUDETS, bas à Corinne.

Comme tout le reste ! (à voix haute.)

Et voilà justement comme on écrit l'histoire !

FIN DU PUFF.

ADRIENNE LECOUVREUR

COMÉDIE-DRAME EN CINQ ACTES EN PROSE

En société avec M. E. Legouvé

Théâtre-Français. — 14 avril 1849

PERSONNAGES

ADRIENNE LECOUVREUR, de la Comédie française.
MAURICE, comte de Saxe.
LE PRINCE DE BOUILLON.
LA PRINCESSE, sa femme.
L'ABBÉ DE CHAZEUIL.
ATHÉNAIS, duchesse d'Aumont.
MICHONNET, régisseur de la Comédie française.
LA MARQUISE.
LA BARONNE.

MADEMOISELLE JOUVENOT, sociétaire de la Comédie française.
MADEMOISELLE DANGEVILLE, sociétaire de la Comédie française.
M. QUINAULT, sociétaire de la Comédie française.
M. POISSON.
SEIGNEURS ET DAMES DE LA COUR, ACTEURS ET ACTRICES DE LA COMÉDIE FRANÇAISE.

La scène se passe à Paris, au mois de mars 1730.

ACTE PREMIER

Un boudoir élégant chez la princesse de Bouillon. Une toilette à gauche, une table à droite et une console du même côté, au fond du théâtre.

SCÈNE PREMIÈRE.

L'ABBE, appuyé sur la toilette, LA PRINCESSE, assise en face de la toilette, sur un canapé.

LA PRINCESSE, achevant de se coiffer.

Quoi, l'abbé, pas une historiette... pas le moindre petit scandale?...

L'ABBÉ.

Hélas! non!

LA PRINCESSE.

Votre état est perdu! Vous devez, d'obligation, savoir toutes les nouvelles... C'est pour cela que les dames vous reçoivent le matin à leur toilette... Donnez-moi la boîte à mouches... Voyons, cherchez bien... je vois, à votre air mystérieux, que vous savez plus que vous ne dites...

L'ABBÉ

Des nouvelles insignifiantes... certainement! Vous apprendrais-je que mademoiselle Lecouvreur et mademoiselle Duclos doivent ce soir jouer ensemble dans *Bajazet,* et qu'il y aura une foule immense?...

LA PRINCESSE.

Après?... Un instant, l'abbé... Placeriez-vous cette mouche à à la joue... ou à l'angle de l'œil gauche?...

L'ABBÉ, passant derrière le canapé.

Si madame la princesse ne m'en veut pas de ma franchise, j'aurai le courage de lui dire... que je me prononce ouvertement contre le système des mouches.

LA PRINCESSE.

C'est toute une révolution que vous tentez là ... et, avec votre air timide et béat... je ne vous aurais jamais cru un lévite si audacieux.

L'ABBÉ.

Timide... timide... avec vous seule.

LA PRINCESSE.

Ah bah!... Eh bien! vous disiez donc?... Votre autre nouvelle?...

L'ABBÉ.

Que la représentation de ce soir est d'autant plus piquante que mademoiselle Lecouvreur et la Duclos sont en rivalité déclarée. Adrienne Lecouvreur a pour elle le public tout entier, tandis que la Duclos est ouvertement protégée par certains grands seigneurs, et même par certaines grandes dames, entre autres par la princesse de Bouillon!

LA PRINCESSE, se mettant du rouge.

Par moi?

L'ABBÉ.

Ce dont chacun s'étonne. Et l'on commence même, dans le grand monde, à en rire

LA PRINCESSE, avec hauteur.

Et pourquoi, s'il vous plaît?

L'ABBÉ, avec embarras.

Pour des motifs que je ne puis ni ne dois vous dire... parce que ma délicatesse et mes scrupules...

LA PRINCESSE.

Des scrupules... à vous, l'abbé !... Et vous disiez qu'il n'y avait rien de nouveau ?... (Se levant.) Achevez donc !... Aussi bien, ma toilette est terminée... et je n'ai plus que dix minutes à vous donner...

L'ABBÉ.

Eh bien ! Madame... puisqu'il faut vous le dire, vous, petite-fille de Sobiesky, et proche parente de notre reine, vous avez pour rivale mademoiselle Duclos, de la Comédie française

LA PRINCESSE.

En Vérité !

L'ABBÉ.

C'est la nouvelle du jour... Tout le monde la connaît, excepté vous, et comme cela peut vous donner un ridicule... je me suis décidé, malgré l'amitié que me porte M. le prince de Bouillon, votre mari, à vous avouer...

LA PRINCESSE.

Que le prince lui a donné une voiture et des diamants!

L'ABBÉ.

C'est vrai !

LA PRINCESSE.

Et une petite maison...

L'ABBÉ.

C'est vrai !

LA PRINCESSE.

Hors les boulevards de Paris, à la Grange-Batelière.

L'ABBÉ, étonné.

Quoi ! princesse, vous savez ?...

LA PRINCESSE.

Bien avant vous, bien avant tout le monde !... Écoutez-moi, mon gentil abbé, le tout pour votre instruction. M. de Bouillon, mon mari, quoique prince et grand seigneur, est un savant : il adore les arts, et surtout les sciences. Il s'y était adonné sous le dernier règne.

L'ABBÉ.

Par goût ?...

LA PRINCESSE.

Non ! pour faire sa cour au régent, dont il s'efforçait de devenir la copie exacte et fidèle; il s'est appliqué, comme lui, à la chimie, il a, comme lui, un laboratoire dans ses appartements, que sais-je ? Il souffle et il cuit toute la journée ; il est en cor-

respondance réglée avec Voltaire, dont il se dit l'élève. Ce n'es.
plus le bourgeois gentilhomme, c'est le gentilhomme bourgeois
qui prend un maître de philosophie... toujours pour ressembler
au régent... Et vous comprenez que, voulant pousser l'imitation
aussi loin que possible, il n'avait garde d'oublier la galanterie
de son héros... Ce qui ne me contrariait pas excessivement...
Une femme a toujours plus de temps à elle... quand son mari
est occupé... et pour que le mien, même infidèle, restât dans ma
dépendance, j'ai pardonné à la Duclos, qui ne fait rien que par
mes ordres, et me tient au fait de tout. Ma protection est à ce
prix, et vous voyez que je tiens parole!

L'ABBÉ.

C'est admirable! Mais, qu'y gagnez-vous, princesse?

LA PRINCESSE.

Ce que j'y gagne?... C'est que mon mari, craignant d'être découvert, tremble devant la petite-fille de Sobiesky dès qu'elle a
un soupçon... et j'en ai quand je veux... Ce que j'y gagne? c'est
qu'autrefois il était très-avare, et que maintenant il ne me refuse rien! Commencez-vous à comprendre?...

L'ABBÉ.

Oui, oui... c'est une infidélité d'une haute portée et d'un grand
rapport!

LA PRINCESSE.

Le monde peut donc me plaindre et gémir de ma position, je
m'y résigne, et si vous n'avez, cher abbé, rien autre chose à
m'apprendre...

L'ABBÉ, timidement.

Si, Madame! une nouvelle...

LA PRINCESSE, souriant.

Encore une!

L'ABBÉ, de même.

Qui me regarde personnellement... et celle-là, je crois être
sûr que vous ne vous en doutez pas... C'est que... c'est que...

LA PRINCESSE, gaiement.

C'est que vous m'aimez!

L'ABBÉ.

Vous le saviez!... Est-il possible!... Et vous ne m'en disiez
rien!

LA PRINCESSE.

Je n'étais pas obligée de vous l'annoncer...

L'ABBÉ, avec chaleur.

Eh bien! oui... C'est pour vous que je me suis fait l'ami intime de votre mari! Pour vous, je suis de toutes ses parties! Pour vous, je vais à l'Opéra et chez la Duclos! Pour vous, je vais à l'Académie des sciences! Pour vous, enfin, j'écoute M. de Bouillon, dans ses dissertations sur la chimie, qui ne manquent jamais de m'endormir!

LA PRINCESSE.

Pauvre abbé!

L'ABBÉ.

C'est mon meilleur moment!... je ne l'entends plus... et je rêve à vous!... Mais, convenez-en vous-même, un tel dévouement mérite quelque indemnité, quelque récompense...

LA PRINCESSE, souriant.

Oui, l'on vous a souvent donné, à vous autres abbés de boudoir, pour moins que cela! Mais, dussiez-vous crier à l'ingratitude, je ne peux rien pour vous en ce moment.

L'ABBÉ, vivement.

Ah! je ne vous demande pas une passion égale à la mienne! c'est impossible!... Car ce que j'éprouve pour vous, c'est une adoration, c'est un culte!

LA PRINCESSE.

Je comprends, l'abbé, et vous demandez pour les frais du... Impossible, vous dis-je... mais, silence, on vient... C'est mon mari et madame la duchesse d'Aumont... N'avez-vous pas aussi quêté de ce côté-là?...

L'ABBÉ.

La place était prise...

LA PRINCESSE.

C'est jouer de malheur... (A part.) Ce pauvre abbé arrive toujours trop tard.

SCÈNE II.

La princesse va au devant d'Athénaïs, à qui le prince donnait la main, et les acteurs, en redescendant le théâtre, sont dans l'ordre suivant : ATHÉNAÏS, LA PRINCESSE, LE PRINCE, L'ABBÉ.

LA PRINCESSE, à Athénaïs.

C'est vous, ma toute belle, quelle bonne fortune! Qui vous amène de si bon matin?

LE PRINCE.
Un service que madame la duchesse veut vous demander.
LA PRINCESSE.
Un plaisir de plus. Et comment avez-vous rencontré mon mari, que moi je n'ai pas aperçu depuis avant-hier?...
ATHÉNAÏS,
Chez le cardinal de Fleury, mon oncle!
LE PRINCE.
Oui, vraiment!... le grand ministre qui nous gouverne, et que j'ai connu quand il était évêque de Fréjus, est membre, comme moi, de l'Académie des sciences... c'est aussi un savant, et, comme tel, je lui avais dédié mon nouveau traité de chimie... ce livre qui a étonné M. de Voltaire lui-même!... Jamais, m'a-t-il dit, il n'avait lu d'ouvrage écrit comme celui-là! Ce sont ses propres paroles, et je le crois de bonne foi!
LA PRINCESSE.
Moi aussi... mais le cardinal premier ministre...
LE PRINCE.
Nous y voici. (A un valet qui entre portant un petit coffret.) Bien! posez là ce coffret. (Le valet pose le coffret sur la table à droite et sort.) Le cardinal, qui, comme homme d'État et comme chimiste, connaît mes talents, m'avait prié de passer à son hôtel, pour me confier une mission honorable... et terrible...
TOUS.
Qu'est-ce donc?
LE PRINCE.
L'analyse scientifique et judiciaire... des matières renfermées dans ce coffret... poudre dite de *succession,* inventée sous le grand roi à l'usage des familles trop nombreuses, et dont la nièce du chevalier d'Effiat est accusée, comme son oncle, d'avoir voulu se servir...
LA PRINCESSE, faisant un pas vers le coffret.
En vérité!
ATHÉNAÏS, de même, et gaiement.
Ah! voyons.
LE PRINCE, la retenant.
Gardez-vous-en bien!... si ce que l'on dit est vrai, rien qu'une pincée de cette poudre dans une paire de gants ou dans une fleur, suffit pour produire d'abord un étourdissement vague, puis une exaltation au cerveau... et enfin un délire étrange... qui

conduit à la mort... c'est, du reste, ce qui sera démontré, car j'analyserai, j'expérimenterai et je ferai mon rapport...
LA PRINCESSE.
Très-bien! mais cette analyse scientifique m'apprendra-t-elle, Monsieur, ce que vous êtes devenu hier toute la journée?...
LE PRINCE, bas, à l'abbé.
Une scène de jalousie affreuse...
L'ABBÉ, de même.
Qui se prépare...
LE PRINCE, de même.
Sois tranquille... (Haut, à la princesse.) Ce que je faisais, Madame?... je surveillais moi-même une surprise... que je vous réservais pour aujourd'hui. (Il lui présente un écrin.)
LA PRINCESSE, vivement.
Qu'est-ce donc?...
LE PRINCE, à l'abbé, à voix basse.
Voilà comme on s'y prend! cela les étourdit, les éblouit, les empêche de voir...
LA PRINCESSE, qui vient d'ouvrir l'écrin.
Des diamants superbes!...
LE PRINCE, tenant toujours l'abbé.
Et quant à l'analyse de cette poudre diabolique... voici mon raisonnement... vois-tu bien, l'abbé...
L'ABBÉ, à part, avec un soupir
Encore une dissertation chimique!... (Il écoute le prince, qui lui parle bas et avec chaleur.)
LA PRINCESSE.
Regardez donc, ma charmante, comme ce bracelet est distingué!
ATHÉNAÏS.
Et monté d'une façon si remarquable... c'est exquis!
LA PRINCESSE.
Venez donc, l'abbé... venez admirer comme nous.
L'ABBÉ.
Moi!... admirer!... je ne peux pas, j'écoute.
LE PRINCE.
Oui, je lui explique... et il ne comprend pas... mais je vais lui montrer... (Il fait quelques pas du côté du meuble.)
L'ABBÉ, le retenant.
Non pas... non pas... une poudre pareille, qu'il suffit de respirer... pour qu'à l'instant... j'aime mieux ne pas comprendre...

Allez toujours! (Le prince continue à parler bas à l'abbé. Tous les deux sont près de la table, à droite; pendant ce temps, Athénaïs et la princesse ont été s'asseoir sur le canapé, à gauche, près de la toilette.)

LA PRINCESSE, assise.

Et nous, très-chère, pendant que ces Messieurs parlent science, parlons du motif de votre visite, et du service que vous attendez de moi.

ATHÉNAÏS, assise.

Je vous confierai, princesse, qu'il y a un talent... que j'admire, que j'adore... celui de mademoiselle Adrienne Lecouvreur.

LA PRINCESSE.

Eh bien?

ATHÉNAÏS.

Eh bien! est-il vrai (comme M. le prince s'en est vanté tout à l'heure chez mon oncle le cardinal) que mademoiselle Lecouvreur vienne demain soir chez vous, et y récite des vers?

LE PRINCE, s'avançant vers les deux dames.

Nous l'avons invitée. (L'abbé a suivi le prince, et les acteurs sont dans l'ordre suivant : Athénaïs, sur le canapé, à gauche; l'abbé, derrière le canapé; la princesse, assise près d'Athenaïs; le prince, debout, près de sa femme.)

LA PRINCESSE.

Oui, quoique je ne partage pas votre enthousiasme, ma mignonne, et que mademoiselle Duclos, chacun le sait, me semble bien supérieure à sa rivale; mais c'est une fureur! un engouement! tous les salons du grand monde se disputent mademoiselle Lecouvreur...

L'ABBÉ.

Elle est à la mode!

LA PRINCESSE.

Cela tient lieu de tout... et comme madame de Noailles, que je ne peux souffrir, avait compté demain sur elle pour sa grande soirée, je me suis empressée, depuis huit jours, de l'inviter, et j'ai là sa réponse.

ATHÉNAÏS, vivement.

Une lettre d'elle!... Ah! donnez, que je voie son écriture.

LE PRINCE.

Vous disiez vrai : c'est une passion réelle!

ATHÉNAÏS

Je ne manque pas une de ses représentations... mais je ne l'ai jamais vue de près... On assure qu'elle apporte dans le choix de

ses ajustements un goût particulier qui lui sied à merveille...
puis, des manières si nobles, si distinguées...

LE PRINCE.

M. de Bourbon disait d'elle, l'autre jour, qu'il avait cru voir
une reine au milieu de comédiens.

LA PRINCESSE.

Compliment auquel elle a répondu par une plaisanterie fort
peu convenable... C'est à cela que je faisais allusion dans mon
invitation... et voici sa réponse : (Lisant la lettre.) « Madame la prin-
« cesse, si j'ai eu l'imprudence de dire devant M. d'Argental
« que l'avantage des princesses de théâtre sur les véritables, c'est
« que nous ne jouions la comédie que le soir, tandis qu'elles la
« jouaient toute la journée, il a eu grand tort de vous répéter
« ce prétendu bon mot... et moi, un plus grand encore de
« l'avoir dit, même en riant ; vous me le prouvez, Madame, par
« la franchise et la gracieuseté de votre lettre. Elle est si digne,
« si charmante, elle sent tellement la véritable princesse, que
« je l'ai gardée devant moi, sur mon bureau, pour placer la
« vérité à côté de la fable. J'avais juré de ne plus aller réciter
« de vers dans le monde ; ma santé est faible, et cela ajoute
« beaucoup à mes fatigues du théâtre. Mais le moyen, à une
« pauvre fille comme moi, de vous refuser ? vous me croiriez
« fière !... Et si je le suis, Madame, c'est de vous prouver à
« quel point j'ai l'honneur d'être votre très-humble et obéissante
« servante.   ADRIENNE. »

ATHÉNAÏS.

Mais voilà une lettre du meilleur goût !... et personne de nous,
je pense, n'en écrirait de mieux tournée... (Prenant la lettre.) puis-
je la garder ? Je ne m'étonne plus de la passion de ce pauvre
petit d'Argental... le fils !

L'ABBÉ.

Il en perd la tête !

LA PRINCESSE.

C'est un mal de famille... car le père, que vous connaissez,
avec sa perruque de l'autre règne et sa figure de l'autre monde,
s'étant rendu chez Adrienne pour lui ordonner de restituer l'esprit de son fils, y a perdu lui-même le peu qui lui restait...

ATHÉNAÏS.

C'est admirable !

L'ABBÉ.

Et l'histoire du coadjuteur ?

LE PRINCE.

Il y a une histoire de coadjuteur?

L'ABBÉ.

Qui, trouvant dans une mansarde, au chevet d'une pauvre malade, une jeune dame charmante, lui donna le bras pour descendre les six étages.. et, comme il pleuvait à verse... la força malgré elle à monter dans sa voiture épiscopale, et traversa ainsi tout Paris, conduisant qui?... mademoiselle Lecouvreur.

ATHÉNAÏS.

C'était elle!

L'ABBE.

De là, le bruit qu'il avait voulu l'enlever... Le saint homme était furieux et a juré de lancer sur elle les foudres de l'Église à la première occasion! aussi, qu'elle ne s'avise pas de mourir!

ATHÉNAÏS.

Elle n'en a pas envie, je l'espère. (Se levant, ainsi que la princesse.) Ainsi, à demain soir! je m'invite... pour la voir, pour l'entendre...

LA PRINCESSE.

Vous viendrez? nous allons, comme vous, adorer mademoiselle Lecouvreur.

ATHÉNAÏS.

Adieu, chère princesse, je m'en vais. (Tout le monde la reconduit; elle fait quelques pas pour sortir, s'arrête et revient. A propos, savez-vous la nouvelle?

LA PRINCESSE.

Eh! mon Dieu non! je n'ai à moi que l'abbé, qui ne sait jamais rien!

ATHÉNAÏS.

Ce jeune étranger au service de France, que, l'hiver dernier, toutes les dames se disputaient.... ce jeune fils du roi de Pologne et de la comtesse de Kœnigsmark...

LA PRINCESSE, avec émotion.

Maurice de Saxe!

ATHÉNAÏS.

Est de retour à Paris!

L'ABBÉ.

Permettez, le bruit en a couru, mais cela n'est pas

ATHENAÏS.

Cela est! je le sais par mon petit-cousin, Florestan de Belle-Isle, qui l'avait accompagné dans son expédition de Courlande...

ce qui était même bien inquiétant, bien enrayant... (Vivement.) pour M. le duc d'Aumont, mon mari... et pour moi... mais enfin, il est à Paris depuis ce matin... Je l'ai vu, et il revenait, m'a-t-il dit, avec son jeune général...

LA PRINCESSE.

Qui, à ce qu'il paraît, n'avoue pas son retour.

L'ABBÉ.

A cause de ses dettes... il en a tant! Il doit seulement, à ma connaissance, soixante-dix mille livres à un Suédois, le comte de Kalkreutz, qui, l'année dernière déjà, aurait pu le faire arrêter et qui y a renoncé, parce que où il n'y a rien...

LE PRINCE.

Le roi perd ses droits!

ATHÉNAÏS.

L'abbé ne l'aime pas et lui en veut parce que, l'année dernière, il lui faisait du tort dans son état de conquérant... jalousie de métier.

L'ABBÉ.

C'est ce qui vous trompe, duchesse. Je l'aime beaucoup, car, avec lui, c'est chaque jour une aventure nouvelle, un scandale nouveau, qui rajeunit mon répertoire... cela vous plaît, Mesdames!

ATHÉNAÏS.

Fi, l'abbé!

L'ABBÉ.

Vous aimez l'extraordinaire, et chez lui tout est bizarre. D'abord, on l'appelle Arminius! comment peut-on se nommer Arminius?

LE PRINCE.

C'est un nom saxon... tous les savants vous le diront.

L'ABBÉ.

Et puis, un autre talisman, il a l'honneur d'être bâtard, bâtard de roi.

LE PRINCE.

C'est une chance de succès!

L'ABBÉ.

C'est à cela qu'il doit sa renommée naissante.

ATHÉNAÏS.

Non pas, mais à son courage, à son audace! A treize ans, il se battait à Malplaquet sous le prince Eugène; à quatorze ans, sous

Pierre le Grand, à Stralsund... c'est Florestan qui m'a raconté tout cela.

L'ABBÉ.

Il a oublié, j'en suis sûr, son plus bel exploit... au siége de Lille, il a enlevé, il n'avait pas douze ans... il a enlevé...

ATHÉNAÏS.

Une redoute!

L ABBÉ.

Non, une jeune fille nommée Rosette.

ATHÉNAÏS, avec admiration.

A douze ans!

L ABBÉ.

Et quand on commence ainsi, vous jugez...

ATHÉNAÏS.

Eh bien! vous le jugez très-mal, car, dans cette dernière expédition, que l'on dit fabuleuse, et où il vient de se faire nommer duc de Courlande, l'héritière du trône des czars, la fille de l'impératrice, avait conçu pour lui une affection qui ne tendait rien moins qu'à le faire un jour empereur de Russie.

LA PRINCESSE.

Et, sans doute, ébloui d'une conquête aussi brillante, Maurice aura tout employé...

ATHÉNAÏS.

Je l'aurais cru comme vous! Pas du tout, Florestan m'a raconté qu'il n'avait rien fait de ce qu'il fallait pour réussir... au contraire, il a laissé voir franchement à la princesse moscovite qu'il avait au fond du cœur une passion parisienne...

LA PRINCESSE, avec émotion.

En vérité!

ATHÉNAÏS.

Vous voyez donc bien qu'il ne faut pas toujours croire les abbés... Adieu, princesse.

UN DOMESTIQUE, annonçant.

Monsieur le comte Maurice de Saxe!

ATHÉNAÏS.

Ah! il est dit que je ne m'en irai pas aujourd'hui... je reste!

SCÈNE III.

Les précédents, MAURICE.

L'ABBÉ.

Salut au souverain de Courlande!

LE PRINCE

Salut au conquérant!

ATHÉNAÏS.

Salut au futur empereur!

MAURICE, gaiement.

Eh! mon Dieu oui, Mesdames, duc sans duché, général sans armée, et empereur sans sujets, voilà ma position!

LE PRINCE.

Les États de Courlande ne vous ont-ils donc pas choisi pour maître?

MAURICE.

Certainement! nommé par la diète, proclamé par le peuple, j'ai en poche mon diplôme de souverain. Mais la Russie me défendait d'accepter, sous peine du canon moscovite, et mon père, le roi de Pologne, qui craint la guerre avec ses voisins, m'ordonnait de refuser, sous peine de sa colère.

LA PRINCESSE.

Eh bien! qu'avez-vous fait?

MAURICE.

J'ai répondu à l'impératrice par un appel aux armes de toute la noblesse courlandaise, et j'ai écrit à mon père qu'avant d'être élu souverain, j'étais officier du roi de France; que dans les armées de Sa Majesté Très-Chrétienne je n'avais pas appris à reculer, et que j'irais en avant.

ATHÉNAÏS.

A merveille!

L'ABBÉ.

Il n'y avait rien à répliquer.

MAURICE.

Aussi, faute de bonnes raisons, mon père me mit au ban de l'empire, l'impératrice mit ma tête à prix, et son général, le prince Menzicoff, entra, sans déclaration de guerre, à Mittau, pour m'enlever par surprise dans mon palais. Il avait avec lui dix-huit cents Russes, et moi, pas un soldat!

L'ABLÉ, riant.

Il fallut bien se rendre!

MAURICE.

Non pas.

LA PRINCESSE.

Vous avez osé vous défendre?

MAURICE.

A la Charles XII. Ah! m'écriai-je, comme le roi de Suède, à Bender, en voyant luire autour de mon palais les torches et les fusils : Ah! l'incendie et les balles! cela me va!... Je rassemble quelques gentilshommes français qui m'avaient accompagné, le brave Florestan de Belle-Isle.

ATHÉNAÏS, vivement.

Mon petit-cousin... vous en êtes content, monsieur le comte?

MAURICE.

Très-content, duchesse, il se bat comme un enragé. Avec lui, les gens de ma maison, mon secrétaire, mon cuisinier, six hommes d'écurie... et une jeune marchande courlandaise qui se trouvait là...

L'ABBÉ.

Toujours des femmes! il a une manière de faire la guerre...

MAURICE.

Qui vous irait, n'est-ce pas, l'abbé? Nous étions en tout soixante!

LE PRINCE.

Un contre vingt!

MAURICE.

Ne craignez rien, la différence diminuera bientôt. Les portes bien barricadées avec tous les meubles dorés du palais... je place mes gens aux fenêtres avec leurs mousquets et ma jeune marchande avec une chaudière...

L'ABBÉ.

Vous l'aviez enrégimentée aussi?

MAURICE.

Sans doute. Un feu de mousqueterie dont tous les coups portaient dans la masse des assiégeants qui, après une perte de cent vingt hommes, se décidèrent enfin à l'assaut... c'est là que je les attendais; sous le pavillon de droite, le seul où l'escalade fût possible, j'avais placé moi-même deux barils de poudre, et au moment où trois cents Cosaques, qui l'avaient envahi, hurlaient hourra et victoire... je fis sauter en l'air les vainqueurs avec une moitié du palais.

ATHÉNAÏS.

Et vous?

MAURICE.

Debout, sur la brèche, au milieu des décombres... appelant aux armes les citoyens de Mittau, que l'explosion avait réveillés... Les cloches sonnaient de toutes parts, et Menzicoff effrayé se retira en désordre sur son corps principal... Ah! si j'avais pu les poursuivre, si j'avais eu deux régiments français... un seulement! C'est là ce qui me manque et ce que je viens chercher.

LA PRINCESSE.

Tel est le but de votre voyage?

MAURICE.

Oui, Madame! Que le cardinal de Fleury m'accorde, à moi, officier du roi de France, quelques escadrons de hussards... le nombre ne me fait rien, la qualité me suffit, et, par Arminius, mon patron, j'espère, l'année prochaine, Mesdames, vous recevoir et vous traiter dans la royale demeure des ducs de Courlande.

LA PRINCESSE.

En attendant, vous nous permettrez de vous faire les honneurs de notre hôtel.

LE PRINCE.

Je l'invite pour demain à notre soirée. (Maurice s'incline.)

ATHÉNAÏS.

Vous me donnerez la main; je serai fière d'avoir pour cavalier le vainqueur de Menzicoff. (Souriant.) Et puis, l'on vous réserve ici un plaisir de roi.

MAURICE.

Je serai avec vous, duchesse.

ATHÉNAÏS.

Vous entendrez mademoiselle Lecouvreur. (Mouvement de Maurice.) La connaissez-vous, monsieur le comte?

MAURICE, avec réserve.

Oui, un peu... lors de mon dernier voyage.

ATHÉNAÏS.

C'est admirable! Elle a amené toute une révolution dans la tragédie, elle y est simple et naturelle, elle parle.

LA PRINCESSE.

Le beau mérite!

ATHÉNAÏS, à Maurice.

Je vous préviens que madame de Bouillon ne partage pas mon enthousiasme, elle est passionnée pour mademoiselle Duclos, dont la déclamation emphatique n'est qu'un chant continuel.

LA PRINCESSE.

C'est la vraie tragédie.

L'ABBÉ.

Certainement! les poëtes disent tous : Je chante... je chante...

LE PRINCE.

Arma virumque cano...

LA PRINCESSE.

Qu'est-ce que c'est que cela ?

L'ABBÉ.

C'est de l'Horace ou du Virgile.

ATHÉNAÏS.

Ah! l'abbé, vous devenez pédant!

LA PRINCESSE.

Donc, plus la tragédie est *chantée*... mieux cela vaut.

L'ABBÉ.

C'est sans réplique.

ATHÉNAÏS.

Eh bien! moi, je m'en rapporte à M. le comte.

LA PRINCESSE.

Je ne demande pas mieux, qu'il prononce.

MAURICE.

Moi, Mesdames! je serais un juge bien peu compétent. Un soldat qui ne sait que se battre... un étranger qui connaît à peine votre langue.

ATHÉNAÏS.

Laissez donc! on prétend que vous vous formez... que vous faites des progrès étonnants, que vous étudiez nos bons auteurs. (A la princesse.) Oui, vraiment, dans la dernière campagne, Florestan l'a surpris, sous sa tente, récitant seul des vers de Racine ou de Corneille.

LA PRINCESSE, riant.

C'est fabuleux.

ATHÉNAÏS, poussant un cri.

Ah! mon Dieu! deux heures, et mon mari, M. le duc d'Aumont, qui m'attend pour aller à Versailles.

LE PRINCE.

Depuis quelle heure?

ATHÉNAÏS.

Depuis midi.

LA PRINCESSE.

Ce n'est pas trop.

ATHÉNAÏS.

Venez-vous avec nous, l'abbé ? Nous avons une place à vous offrir.

LE PRINCE, retenant l'abbé par la main.

Non !... je le garde !... j'ai à lui lire ce matin la moitié du dernier volume de mon traité...

L'ABBÉ, bas, à la princesse, d'un air misérable.

Vous l'entendez !...

LE PRINCE.

Impossible de remettre... l'imprimeur attend... et je l'emmène dans mon cabinet.

ATHÉNAÏS.

Pauvre abbé !... Adieu, Messieurs ! (A la princesse.) Adieu, ma toute belle, à demain ! (Athénaïs sort par le fond, l'abbé et le prince par la porte à droite.)

SCÈNE IV.

MAURICE, LA PRINCESSE.

LA PRINCESSE, après avoir attendu que toutes les portes se fussent refermées, se rapprochant vivement de Maurice.

Enfin donc, on vous revoit ! Depuis deux mois, pas une seule ligne de vous ; c'est par la duchesse d'Aumont que j'ai appris votre retour, et j'ai cru que je ne recevrais pas votre visite.

MAURICE.

Ma première a été pour vous, princesse... arrivé cette nuit...

LA PRINCESSE.

Vous n'avez vu, de la matinée, personne encore ?...

MAURICE.

Que le secrétaire d'État au département de la guerre... (Ayant l'air de chercher.) le cardinal-ministre... et le premier commis, qui, tous, du reste, m'ont assez mal accueilli et m'ont donné peu d'espoir !

LA PRINCESSE.

D'autres vous ont dédommagé !

MAURICE.

Que voulez-vous dire ?

LA PRINCESSE, qui, depuis le commencement de la scène, a tenu les yeux fixés sur un bouquet que Maurice porte à la boutonnière de son habit.

Je ne m'imagine pas que ce soit le secrétaire d'État ou le cardinal-ministre qui vous ait donné ce bouquet de roses.

MAURICE, avec embarras.

C'est vrai!... je n'y pensais plus! vous voyez tout!

LA PRINCESSE.

De qui vous viennent ces fleurs?

MAURICE, riant.

De qui?... Eh! mais, d'une petite bouquetière... fort jolie, ma foi... que j'ai rencontrée presque aux portes de votre hôtel, et qui m'a supplié si vivement de le lui acheter...

LA PRINCESSE.

Que vous avez pensé à moi...

MAURICE.

Oui, princesse!

LA PRINCESSE.

Quel aimable souvenir!... j'accepte, monsieur le comte, j'accepte...

MAURICE, avec embarras, le lui présentant.

Vous êtes trop bonne!...

LA PRINCESSE, à voix haute, et feignant de l'admirer.

Il est charmant!... L'essentiel, en ce moment, quoique peut-être vous méritiez peu qu'on s'occupe de vous... est de songer à vos intérêts... vous dites que le cardinal-ministre... vous a mal accueilli...

MAURICE.

Fort mal.

LA PRINCESSE.

Je verrai à faire changer ses dispositions. On vous accordera vos deux régiments.

MAURICE.

S'il était vrai!

LA PRINCESSE.

J'irai à Versailles... et, pour vous tenir au courant de ce que j'aurai fait, de ce que j'aurai appris...

MAURICE.

Je viendrai ici...

LA PRINCESSE.

Ici... non! la foule des curieux et des importuns, sans compter mon mari, ne me laisse pas un instant de liberté. Mais, écoutez-moi : M. le prince de Bouillon a acheté pour la Duclos une petite maison charmante, délicieuse, près de la Grange-Batelière... à deux pas de l'enceinte de Paris... j'en puis disposer... c'est là seulement que je vous recevrai.

MAURICE.

Dans cette maison, qui appartient...

LA PRINCESSE.

A mon mari... raison de plus ! chez lui, c'est chez moi...

MAURICE, gaiement.

En vérité, princesse, il n'y a que vous pour de telles combinaisons !

LA PRINCESSE.

Oui, c'est assez ingénieux... Quand ce sera possible et nécessaire, c'est mademoiselle Duclos elle-même qui vous en préviendra en vous écrivant, jamais moi !

MAURICE, de même.

Mais, ne craignez-vous pas ?...

LA PRINCESSE.

Rien !... la Duclos m'est dévouée... son sort est dans mes mains...

MAURICE.

Je comprends... mais moi... (A part.) Accepter quand j'en aime une autre... non, mieux vaut tout lui dire. (Haut.) Je ne sais, princesse, comment vous remercier de votre générosité, de votre dévouement...

LA PRINCESSE.

En acceptant ! Silence, on vient !... Qu'est-ce ?... (Se retournant avec impatience.) Rien... C'est l'abbé.

MAURICE, salue respectueusement la princesse, et sort par le fond ; à part.

Plus tard ! plus tard !

SCÈNE V.

LA PRINCESSE, qui est remontée avec Maurice jusqu'au fond du théâtre, L'ABBÉ, se jetant dans un fauteuil, à droite.

L'ABBE.

Soixante pages de chimie ! (Il tire de sa poche un flacon de sels, qu'il respire à plusieurs reprises.)

LA PRINCESSE, redescendant le théâtre en rêvant et en regardant le bouquet.

Une bouquetière qui attache ses fleurs avec des cordons de soie et or !... Cet embarras... cette froideur... sont de quelqu'un qui n'aime plus !... cela peut arriver à tout le monde... mais si cette passion, qui lui a fait dédaigner la fille du czar... était, non pas pour moi, mais pour une autre!... une rivale! une rivale préférée!... Je m'emporte!... non... non... sans me mettre en avant, sans me compromettre... je le saurai. (Elle redescend toujours le théâtre vers le fauteuil où l'abbé est assis, et s'assied dans une chaise à côté de lui.)

L'ABBÉ, respirant un flacon.

Soixante pages de chimie! c'est au dessus de mes forces! je donne ma démission! je renonce à mon emploi d'ami de la maison... (Regardant la princesse) Puisqu'il n'y a, décidément, ni avancement, ni indemnité à obtenir...

LA PRINCESSE, à part.

Et pourquoi donc, l'abbé?...

L'ABBÉ.

Que voulez-vous dire?...

LA PRINCESSE, à demi-voix.

Écoutez-moi vite!... Une amie à moi... une amie intime...

L'ABBÉ.

La duchesse d'Aumont?...

LA PRINCESSE.

Peut-être!... je ne nomme personne, désire, avec ardeur, avec passion... enfin... comme nous désirons, nous autres femmes... désire découvrir un secret que l'on cache avec soin.

L'ABBÉ.

Lequel?

LA PRINCESSE.

Quelle est la beauté mystérieuse... inconnue... qu'adore en ce moment Maurice de Saxe!... car il y en a une... Vous, l'abbé, qui savez tout... qui, par état, devez tout savoir...

L'ABBÉ.

Certainement!

LA PRINCESSE.

J'ai pensé que vous pourriez nous rendre ce service?

L'ABBÉ.

C'est très-difficile!

LA PRINCESSE.

Voilà un mot que je n'admets pas!

L'ABBÉ.

Pour moi surtout... qui, dans ce moment, n'ai pas de chance et ne suis pas heureux...

LA PRINCESSE.

Le bonheur dépend souvent de bien jouer... Les heureux sont les habiles...

L'ABBÉ.

Et si j'étais assez habile... pour découvrir ce secret...

LA PRINCESSE.

Je pourrais peut-être, à mon tour... vous en confier un... auquel vous paraissiez tenir...

L'ABBÉ, avec joie.

O ciel ! est-il possible !

LA PRINCESSE.

Vous voyez donc bien que vous aviez tort de vous plaindre ! Aide-toi, le ciel t'aidera ! Ce n'est plus de moi... c'est de vous seul que tout dépend... Adieu... adieu !... (Elle sort par la porte à gauche.)

SCÈNE VI.

L'ABBÉ, seul, puis LE PRINCE.

L'ABBÉ.

L'ai-je bien entendu ?

Sors vainqueur d'un combat dont Chimène est le prix!

Mais comment en sortir?... Le comte de Saxe, qui est la discrétion même, ne me confiera rien... Je ne suis pas son ami... impossible de le trahir. A qui donc m'adresser... pour épier... pour savoir... et pour obtenir la récompense...

LE PRINCE.

Miracle ! l'abbé qui réfléchit

L'ABBÉ.

Oui, sans doute... et sur un problème... qui n'est pas facile à résoudre !...

LE PRINCE.

Un problème !... cela nous regarde, nous autres savants

L'ABBÉ, le regardant en riant.

Au fait... c'est vrai... cela le regarde... ça l'intéresse... en un sens.

LE PRINCE.

Voyons, l'abbé... voyons... qu'est-ce qui te tourmente?

L'ABBÉ, amenant le prince au bord du théâtre.

Il est impossible que Maurice de Saxe, qui est si galant et si à la mode, n'ait pas au moins un amour dans le cœur?

LE PRINCE, riant.

Eh bien! qu'est-ce que cela te fait à toi, l'abbé?

L'ABBÉ.

Cela me fait... que, pour des raisons inutiles à vous expliquer... des raisons personnelles, de la plus haute importance... je tiendrais à savoir quelle est sa passion actuelle... la beauté régnante...

LE PRINCE, avec bonhomie.

Je te saurai cela!

L'ABBÉ.

Vous?

LE PRINCE

Moi! dès ce soir...

L'ABBÉ.

Allons donc... ce serait trop original!

LE PRINCE.

Veux-tu parier deux cents louis?

L'ABBÉ.

C'est cher! mais cela vaut ça... pour la rareté du fait. (Au prince, qui vient de sonner.) Que faites-vous donc?

LE PRINCE, à un domestique qui parait.

Mes chevaux... (A l'abbé.) Veux-tu venir avec moi à la Comédie française?... la Lecouvreur et la Duclos jouent dans *Bajazet*.

L'ABBÉ.

Volontiers... Mais qu'est-ce que cela fait à notre affaire?...

LE PRINCE.

La Duclos connaît le nom que tu veux savoir...

L'ABBÉ.

En vérité!...

LE PRINCE.

L'autre soir, au moment où j'entrais dans sa loge comme on parlait de Maurice de Saxe... la Duclos disait en riant... je connais une grande dame qu'il adore... Elle s'est arrêtée en me voyant... Mais tu sens bien que, si je le lui demande... elle n'a rien à me refuser... Elle me le dira en confidence... je te le dirai en secret.

L'ABBÉ.

Et c'est par vous que je l'apprendrai... C'est impayable...

LE PRINCE, riant.

Impayable? non pas... tu me paieras les deux cents louis du pari... Vivent les abbés!

L'ABBE.

Vivent les savants!... Donnons-nous la main!

LE PRINCE.

Et à la Comédie française! (Ils sortent ensemble en se donnant la main.)

ACTE II

Le foyer de la Comédie française; à gauche deux portes par lesquelles on pénètre sur le théâtre : entre les deux portes, une glace avec des candélabres; au fond, une grande cheminée sur laquelle est un buste de Molière; devant la cheminée, des fauteuils rangés en cercle; à droite, deux portes par lesquelles on va dans la salle : aux deux angles du foyer, les bustes de Racine et de Corneille placés sur des demi-colonnes; au fond, sur la muraille, et des deux côtés de la cheminée, les portraits de Baron, de la Champmeslé, etc. Au lever du rideau, mademoiselle JOUVENOT, en costume de Fatime, dans Bajazet, est devant la glace, à gauche, et met la dernière main à sa coiffure; plus loin, mademoiselle DANGEVILLE, dans le rôle des Folies amoureuses, est assise et cause avec un jeune seigneur, qui est derrière elle appuyé sur son fauteuil; au fond, debout ou assis devant la cheminée, plusieurs des acteurs qui jouent dans Bajazet ou les Folies amoureuses. MICHONNET, au milieu du théâtre, va et vient et répond à tout le monde; à droite, et devant une table, QUINAULT, dans le costume du vizir Acomat, et POISSON en costume de Crispin, jouant une partie d'échecs; d'autres acteurs et actrices se promènent en causant ou en étudiant leurs rôles.

SCÈNE PREMIÈRE.

MADEMOISELLE JOUVENOT, MADEMOISELLE DANGEVILLE, MICHONNET, QUINAULT, POISSON.

MADEMOISELLE JOUVENOT.

Michonnet, avez-vous du rouge?

MICHONNET.

Oui, Mademoiselle, là, dans ce tiroir.

POISSON.

Michonnet!

MICHONNET.

Monsieur Poisson!

POISSON.

La recette est-elle belle ce soir?

MICHONNET.

Adrienne et la Duclos jouant ensemble dans *Bajazet* pour la première fois! plus de cinq mille livres!

POISSON.

Diable!

MADEMOISELLE DANGEVILLE.

Michonnet! A quelle heure commencera la seconde pièce, les *Folies amoureuses?*

MICHONNET.

A huit heures, Mademoiselle..

QUINAULT, jouant au tric-trac.

Michonnet!

MICHONNET.

Monsieur Quinault!

QUINAULT.

N'oubliez pas mon poignard.

MICHONNET.

Non... non... Michonnet!... toujours Michonnet!... Pas un instant de repos... et à qui la faute?... à moi, qui me suis mis sur le pied de tout surveiller... jusqu'aux accessoires, et qui ne dormirais pas tranquille si je n'avais remis moi-même à Hippolyte son épée et à Cléopâtre son aspic... Distribuer tous les soirs des parures en rubis ou des bourses pleines d'or... et quinze cents livres d'appointements... quelle ironie!... Si au moins ils m'avaient nommé sociétaire!... cela ne rapporte pas grand'chose, mais on est de la Comédie française... On signe : *Michonnet, de la Comédie française!* Au lieu de cela : *premier confident tragique* et régisseur général... c'est-à-dire obligé d'écouter les tirades et les ordres de tout le monde...

MADEMOISELLE JOUVENOT.

Adrienne aura-t-elle ce soir ses diamants?

MADEMOISELLE DANGEVILLE.

Ceux que lui a donnés la reine?

MADEMOISELLE JOUVENOT.

A ce qu'elle dit!

MICHONNET.

Ces diamants-là lui ont fait bien des ennemis!

MADEMOISELLE JOUVENOT.

Il n'y a pas de quoi!... Il est si facile d'avoir des diamants...

MICHONNET, entre ses dents.

A vous autres... mais à nous, qui n'avons que nos appointements... ou à celles qui n'ont que leur mérite...

MADEMOISELLE JOUVENOT, avec fierté.

Qu'est-ce à dire?

MICHONNET.

Rien, Mademoiselle, rien!... (A part.) Ah! si tu n'étais pas sociétaire! Si je n'avais pas besoin de toi pour le devenir... comme je te répondrais!.. comme je t'aurais trouvé quelque chose de bien piquant et de bien spirituel!...

QUINAULT, d'un air important.

Échec et mat... Vous n'êtes pas de force, mon cher...

POISSON.

Quoi! monsieur Quinault! tu ne me tutoies plus!...

MADEMOISELLE DANGEVILLE.

C'est un manque d'égards...

POISSON.

Que voulez-vous! depuis que mademoiselle Quinault, sa sœur et notre camarade, a épousé le duc de Nevers... il se croit duc et pair par alliance... Voyons, dis-le franchement, veux-tu que je t'appelle monseigneur?

QUINAULT.

Il suffit... Commence-t-on?...

MICHONNET.

Ne craignez rien... je vous avertirai... je suis la pendule du foyer.

MADEMOISELLE JOUVENOT.

Pendule qui jamais ne retarde!

MICHONNET.

C'est vrai!... le moindre manquement dans le répertoire bouleverse tout mon être, et un jour de clôture est un jour de relâche dans mon existence.

SCÈNE II.

MADEMOISELLE JOUVENOT, MADEMOISELLE DANGEVILLE et d'autres dames devant la cheminée du fond; MICHONNET, sur le devant du théâtre; L'ABBÉ, LE PRINCE DE BOUILLON et plusieurs seigneurs venant de la salle et entrant par la porte à droite; QUINAULT ET POISSON, sur le devant, à droite, et remontant, après l'entrée des seigneurs, pour aller causer avec eux.

MICHONNET.

Allons, encore des étrangers qui viennent dans nos foyers, dans nos coulisses... (L'abbé, le prince et les seigneurs s'approchent des dames qui sont près de la cheminée, les saluant et causant avec elles. Reconnaissant et saluant.) Ah!... monsieur l'abbé de Chazeuil, monseigneur le prince de Bouillon! (A part.) Quand je pense que cet homme-là pourrait, d'un mot, me faire nommer sociétaire... je ne peux pas m'empêcher de le regarder avec respect!... Quelle bassesse!... moi, qui blâme ces dames et leurs parures!... (Le prince, l'abbé, Quinault, Michonnet, descendent sur le devant du théâtre.)

L'ABBE, s'adressant à Quinault.

Bonsoir, vizir!... On dit, monsieur Quinault, que vous serez admirable dans *Bajazet*.

LE PRINCE
Ainsi que mademoiselle Duclos!

MICHONNET
Et Adrienne donc!... sublime!

QUINAULT.
Oui, ça a fini par la gagner!... (Souriant.) Ce n'est pas la peine! car, sans me vanter, il n'y a pas dans le rôle de Roxane une seule intonation que je ne lui aie donnée...

MICHONNET, avec colère.
Par exemple!

QUINAULT, avec hauteur.
Qu'est-ce que c'est?

MICHONNET, s'arrêtant.
Rien. (A part.) Encore un qui est sociétaire... sans cela!... (Regardant par la porte à droite.) C'est Adrienne qui descend de sa loge... la voici.

L'ABBÉ.
Oui, vraiment, elle étudie son rôle.

MICHONNET.
Toute seule! (A part et regardant Quinault.) et sans Monsieur... c'est étonnant!

SCÈNE III.

MADEMOISELLE DANGEVILLE, MADEMOISELLE JOUVENOT, près de la glace, à gauche; LE PRINCE, ADRIENNE, entrant par la porte à droite et étudiant son rôle; L'ABBÉ, MICHONNET, QUINAULT.

ADRIENNE, étudiant
 Du sultan Amurat je reconnais l'empire.
 Sortez! que le sérail soit désormais fermé...

Non, ce n'est pas cela! (Essayant une autre manière.)
 Sortez! que le sérail soit désormais fermé...
 Et que tout rentre ici dans l'ordre accoutumé!

L'ABBÉ, qui s'approche d'elle.
Superbe!

ADRIENNE.
Monsieur l'abbé de Chazeuil!

LE PRINCE.
Éblouissant!

ACTE II, SCÈNE III.

MADEMOISELLE JOUVENOT.

Vous voulez parler des diamants?

LE PRINCE.

Ceux de la reine! fort beaux, en effet! Quand mademoiselle Lecouvreur voudra s'en défaire, je lui en ai déjà offert soixante mille livres. (Mademoiselle Jouvenot, mademoiselle Dangeville remontent vers la cheminée qui est au fond du théâtre. A Adrienne.) Vous étudiez donc toujours? que cherchez-vous encore?

ADRIENNE.

La vérité.

L'ABBÉ, regardant Quinault.

Mais vous avez eu des leçons des premiers maîtres.

MICHONNET, à Quinault, qui veut sortir

Restez donc, monsieur Quinault, on ne commence pas encore.

L'ABBÉ, à Adrienne.

Pour le rôle de Roxane, par exemple!

ADRIENNE.

Eh! mon Dieu, non, par malheur! (Apercevant Michonnet.) Je me trompe, j'allais être ingrate en disant que je n'avais pas eu de maître. Il est un homme de cœur, un ami sincère et difficile, dont les conseils m'ont toujours soutenue... (Passant près de Michonnet, à qui elle tend la main.) Lui! et je ne suis sûre du succès que quand je lui ai entendu dire : C'est cela! c'est bien cela!

MICHONNET, à moitié pleurant.

Ah! Adrienne! vois-tu!... ce trait-là... j'étouffe!

L'ABBÉ, qui est passé près de Michonnet, à l'extrême droite du théâtre.

Mais, monsieur Michonnet, dites-moi comment, vous qui donnez de si bons conseils, vous êtes...

MICHONNET.

Comment je suis si mauvais, n'est-ce pas, monsieur l'abbé? je me le suis souvent demandé. Cela tient, je crois, à ce que je ne suis pas sociétaire.

L'ANNONCEUR.

Messieurs et Mesdames, le premier acte va commencer!

QUINAULT, au fond.

Et ces dames, qui ne sont pas prêtes!

ADRIENNE, traversant le théâtre et passant près de la glace, à gauche.

Je le suis.

MADEMOISELLE DANGEVILLE, redescendant.

Et moi aussi, quoique je ne joue que dans la seconde pièce!

QUINAULT.

Mais mademoiselle Duclos?

MICHONNET.

Il y a un quart-d'heure que je suis entré dans sa loge, où elle écrivait... tout habillée.

LE PRINCE.

Ah! elle écrivait!

MADEMOISELLE DANGEVILLE.

En costume! (A l'abbé, qui lui parle de près.) Prenez donc garde, l'abbé, vous chiffonnez le mien!

MICHONNET.

Il fallait que ce fût une épître bien pressée!

MADEMOISELLE DANGEVILLE, regardant le prince.

Ou qu'on attendit avec bien de l'impatience.

LE PRINCE.

Qu'est-ce que cela signifie?...

MADEMOISELLE JOUVENOT, à demi-voix, au prince de Bouillon.

Je vais vous le dire... La femme de chambre de mademoiselle Duclos...

LE PRINCE, souriant.

Pénélope?

MADEMOISELLE JOUVENOT.

Prétendait, tout à l'heure, en montrant une lettre, qu'elle avait là un petit billet que monseigneur le prince paierait bien cher.

LE PRINCE.

Moi! le payer!

MADEMOISELLE JOUVENOT.

Ce qui donnerait à penser qu'il n'était pas pour vous! Après cela, c'est une supposition... parce que, chez nous, en fait d'infidélités... on suppose volontiers... on bavarde, on cause, on invente, et presque toujours cela se rencontre juste.

POISSON, qui est assis près de la table, à droite.

Le hasard!...

LE PRINCE, vivement, et à part.

O ciel! je cours interroger Pénélope. (Bas, à l'abbé.) Je vais, l'abbé, m'occuper de notre affaire...

L'ABBÉ.

A merveille... Où vous retrouverai-je?

LE PRINCE.

Ici... après le troisième acte.

ACTE II, SCÈNE IV.

L'ABBÉ.

C'est convenu.

MICHONNET.

Allons, mademoiselle Jouvenot, allons, monsieur Quinault.
(Ces dames sortent par la porte à gauche, qui est celle du théâtre.)

QUINAULT, que Michonnet presse toujours.

Me voici... me voici!... (Rencontrant l'abbé à la porte à gauche.) Après vous, monsieur l'abbé.

L'ABBÉ.

Après votre excellence turque!... (Tous les deux sortent par la porte à gauche.)

LE PRINCE, à part, et se dirigeant vers la porte à droite.

Je me suis défié de cette petite Pénélope... rien que ce nom-là, au théâtre, devait porter malheur. (Il sort par la porte à droite.)

SCÈNE IV.

ADRIENNE, assise à gauche, MICHONNET.

MICHONNET, regardant Adrienne, qui s'est remise à étudier son rôle et à voix basse.

Dire qu'elle a une amitié pareille pour moi, et voilà cinq ans que j'hésite toujours à lui avouer... C'est tout simple... elle est sociétaire... et je ne le suis pas! elle est jeune, et je ne le suis plus! Et puis aujourd'hui me semble un mauvais jour... attendons à demain... Il est vrai que demain je serai encore moins jeune... D'ailleurs, elle n'aime rien... que la tragédie... (S'avançant en se donnant du courage.) Allons!... (Avec embarras, et s'approchant d'Adrienne.) Tu étudies ton rôle?

ADRIENNE.

Oui.

MICHONNET, avec embarras.

A propos de rôle... et si ça ne te dérange pas... moi qui, depuis si longtemps... fais les confidents, j'aurais bien à mon tour... quelque chose...

ADRIENNE, avec intérêt.

A me confier...

MICHONNET.

Oui, vraiment!... Tu te rappelles mon grand-oncle, l'épicier de la rue Férou?

ADRIENNE.

Sans doute!

MICHONNET.

Eh bien! ce pauvre homme vient de mourir.

ADRIENNE.

Ah! tant pis!

MICHONNET.

Oui, oui, tant pis! Mais pourtant il me laisse sur son héritage dix bonnes mille livres tournois.

ADRIENNE.

Tant mieux!

MICHONNET.

Pas tant tant mieux!... parce que moi, qui n'ai jamais eu tant d'argent, je ne sais qu'en faire, et ça me tourmente.

ADRIENNE, souriant.

Tant pis, alors!

MICHONNET.

Pas tant... parce que ça m'a donné une idée qui ne me serait peut-être pas venue sans cela... celle de me marier...

ADRIENNE.

Vous avez raison... (Avec un soupir.) et si je le pouvais aussi... moi...

MICHONNET, avec joie.

Ce ne serait pas loin de ta pensée?

ADRIENNE.

N'avez-vous pas remarqué qu'ils disent tous, depuis quelque temps : Le talent d'Adrienne est bien changé!

MICHONNET, vivement.

C'est vrai!.. il augmente!.. Jamais tu n'as joué *Phèdre* comme avant-hier.

ADRIENNE, avec animation et contentement.

N'est-ce pas?... ce jour-là, je souffrais tant! j'étais si malheureuse!... (Souriant.) On n'a pas tous les soirs ce bonheur-là!

MICHONNET.

Et d'où cela venait-il?

ADRIENNE.

On parlait d'un combat!... et pas de nouvelles!... blessé... tué peut-être!... Ah! tout ce qu'il y a dans le cœur de crainte, de douleur, de désespoir, j'ai tout deviné, tout souffert!... je puis tout exprimer maintenant, surtout la joie... je l'ai revu!

MICHONNET, hors de lui.

Qu'entends-je, ô ciel!... tu aimes quelqu'un...

ACTE II, SCÈNE IV.

ADRIENNE.

Comment vous le cacher, à vous, mon meilleur ami?

MICHONNET, cherchant à se remettre.

Mais... comment cela est-il arrivé?

ADRIENNE.

C'était à la sortie du bal de l'Opéra! de jeunes officiers, dont un joyeux souper égarait sans doute la raison (lequel d'entre eux, sans cela, eût osé insulter une femme?) voulaient m'empêcher de regagner ma voiture, lorsqu'un jeune homme que je ne connaissais pas, s'écria : Messieurs, c'est mademoiselle. Lecouvreur... vous la laisserez passer; et comme mes quatre adversaires... (ils étaient quatre) se mirent à rire de cet ordre, par un mouvement plus prompt que la parole et avec une force surnaturelle, mon étrange protecteur renverse de chaque côté et d'un seul coup, deux de ses ennemis, puis m'enlevant dans ses bras et me portant jusqu'à ma voiture, il me dépose sur les coussins, au moment où nos jeunes officiers, qui s'étaient relevés, accouraient l'épée à la main : Monsieur, vous me rendrez raison! — Très-volontiers! — Vous commencerez par moi — par moi — par moi. — Lequel choisissez-vous? — Tous, répondit-il, en les chargeant à la fois... et, au cri que je poussai : Ne craignez rien, restez, Mademoiselle, me dit-il, vous serez aux premières loges; et nous, Messieurs, allons en scène! — Que vous dirai-je? quoique saisie de frayeur, je ne pouvais détacher mes yeux de ce spectacle... et si vous l'aviez vu braver, en se jouant, la pointe de ces quatre épées dirigées contre sa poitrine, c'était le bras et le regard d'un héros. Loin de reculer, il les défiait! il les appelait! Il me semblait entendre :

Paraissez, Navarrois, Maures et Castillans,
Et tout ce que l'Espagne a produit de vaillants!

Mais, aux cris de la foule, le guet arrivait de tous côtés... Nos adversaires, honteux de leur nombre et redoutant les flambeaux, disparaissaient l'un après l'autre du champ de bataille...

Et le combat finit faute de combattants!

MICHONNET, vivement.

Et tu l'as revu?

ADRIENNE.

Dès le lendemain!... pouvais-je l'empêcher de se présenter chez moi, de venir s'informer de mes nouvelles, surtout quand il m'eut avoué que lui, étranger, simple officier, n'avait de fortune, de titres, de nom même à attendre que de son courage... Voilà ce qui le rendait si redoutable pour moi! Riche et puissant, peu m'importait; mais pauvre, mais malheureux, mais ne rêvant, comme moi, que l'amour et la gloire, comment lui résister?

MICHONNET.

O ciel!

ADRIENNE.

Parti, depuis trois mois, pour chercher fortune avec le jeune comte de Saxe, fils du roi de Pologne, son compatriote, il est revenu ce matin, et sa première visite a été pour moi; mais son général, mais le ministre, qui l'attendaient à Versailles, ont abrégé encore le peu d'instants qu'il me donnait; aussi, ce soir, il me l'a promis, il viendra ici au théâtre!...

MICHONNET.

Il viendra!

ADRIENNE.

Me voir jouer Roxane!

MICHONNET, vivement.

Ah! mon Dieu! et dans quel état te voilà! Ce trouble... cette émotion... tu ne pourras rien détailler... rien calculer!

ADRIENNE.

Qu'importe!

MICHONNET.

Ce qu'il importe!... c'est qu'aujourd'hui, pour la première fois, tu joues ce rôle avec la Duclos!

ADRIENNE sans l'écouter.

Soyez tranquille!

MICHONNET.

Je ne le suis pas! Il faut du calme et du sang-froid, même dans l'inspiration. La Duclos se possédera... elle profitera de ses avantages... tandis que toi... tu ne verras que lui...

ADRIENNE, avec passion.

C'est vrai!... Et si, dans la salle, mon œil le découvre...

MICHONNET, avec désespoir.

Tu es perdue!... Ne t'occupe que de ton rôle... L'amour passe, mais un beau rôle, une belle création, un triomphe éclatant, cela reste toujours! (D'un air suppliant.) Voyons! est-ce qu'il ne t'est pas possible de ne pas penser à lui?

ADRIENNE.

Hélas! non!

MICHONNET.

Pour ce soir, du moins! Adrienne, mon enfant, sois magnifique! je t'en supplie, sois magnifique; si ce n'est pas pour moi, eh bien! que ce soit dans l'intérêt même de cette folle passion! L'amour des hommes ne vit que d'amour-propre!... et si la Duclos l'emportait sur toi... si tu n'étais pas la plus belle!...

ADRIENNE, poussant un cri.

Je le serai!

MICHONNET, avec reconnaissance.

Merci!

ADRIENNE, avec émotion, et lui tendant la main.

C'est plutôt à moi de vous remercier, mon excellent ami!...

MICHONNET, à part.

Dis plutôt : imbécile de Michonnet!... (Prêt à s'en aller, revenant sur ses pas.) Il y a un endroit que tu négliges toujours :

N'aurais-je tout tenté que pour une rivale!...

Vois-tu, Adrienne... cette pauvre femme! ce qui excite encore plus son dépit, c'est que c'est justement pour une rivale que... tu sais... et alors... elle éprouve... là... elle se dit... Je ne peux pas bien rendre l'expression... mais tu me comprends.

ADRIENNE, déclamant.

N'aurais-je tout tenté que pour une rivale!...

MICHONNET, avec joie.

C'est cela!

ADRIENNE.

Ne craignez rien!... Mais vous... ce que vous vouliez me dire... tout à l'heure... de vos idées de mariage?

MICHONNET, vivement.

Non, c'est inutile, ce n'est plus le moment... Je te laisse étudier. (A part.) Allons, j'ai beau faire, je ne peux pas sortir de mon emploi de confident... Et l'héritage de mon oncle, et mes projets... (Essuyant une larme.) Ne pensons plus à rien... à rien au monde!... (Il fait quelques pas pour sortir par la porte à gauche et revient près d'Adrienne, qui vient de traverser le théâtre et repasse à droite.) Bois une gorgée d'eau en entrant en scène, et surtout n'oublie pas... tu sais... ton... enfin, comme tu as dit!... (Il sort.)

SCÈNE V.

MAURICE, entrant par la porte à droite et s'avançant au milieu du théâtre; ADRIENNE, à droite, debout, étudiant et lui tournant le dos.

ADRIENNE, à droite, étudiant.

Mes brigues, mes complots... ma trahison fatale...
N'aurais-je tout tenté que pour une rivale!...
　　　　Que pour une rivale!...

MAURICE, se tournant du côté des bustes et des portraits qu'il regarde.

C'est beau, le foyer de la Comédie française... beau de gloire et de souvenirs... Rien qu'en traversant ces longs corridors, où semblent errer tant d'ombres illustres... on sent là comme un certain respect, surtout quand on y vient, comme moi, pour la première fois... Aussi, je l'espère, personne ne m'y connaît... pas même Adrienne... le mystère est le dernier égard que je doive à madame de Bouillon.

ADRIENNE, levant les yeux et l'apercevant.

Maurice!

MAURICE.

Adrienne!

ADRIENNE.

Vous! ici!

MAURICE.

J'étais arrivé le premier, ou peu s'en faut, pour ne rien perdre de vous!

ADRIENNE.

Miséricorde! on vous aura pris pour un clerc de procureur!

MAURICE.

Soit! ceux-là s'y connaissent aussi bien que d'autres; car, au seul nom d'Adrienne, ils tressaillent et crient : Bravo! Mais la toile s'était levée, je ne voyais que le grand vizir et son confident.

ADRIENNE.

Patience!

MAURICE.

Je n'en ai pas quand je suis si près et si loin de vous... J'ai aperçu une petite porte par laquelle venait de passer une façon de gentilhomme... Puisqu'il entrait, j'en pouvais faire autant... On ne passe pas! Que demandez-vous? — Mademoiselle Lecouvreur... J'ai à lui parler... Elle m'attend...

ADRIENNE.

Imprudent!... me compromettre!

MAURICE.

En quoi? Parce qu'on n'est pas gentilhomme de la chambre, on n'a pas le droit de vous admirer de près... Il faut à l'écart, dans un coin de la salle, frémir ou sangloter, sans vous remercier de ce cœur que vous avez fait battre ou de cette tête que vous avez exaltée... il aurait fallu attendre jusqu'à ce soir pour vous dire : Adrienne, je t'aime!

ADRIENNE, mettant un doigt sur sa bouche.

Silence! (Lui montrant son costume.) Roxane va vous entendre! Mais avant que je vous renvoie, dites-moi bien vite, car à peine ce matin ai-je pu vous entrevoir... avez-vous fait de bien belles actions?... me rapportez-vous quelque beau trait bien héroïque?

MAURICE.

Ah! s'il n'avait tenu qu'à moi!...

ADRIENNE.

Vous êtes trop difficile! Votre jeune général, le comte de Saxe, dont on dit tant de bien, et que je voudrais bien voir, est-il satisfait de vous, Monsieur?

MAURICE.

Oh! le comte de Saxe est plus difficile encore que moi... Mais enfin, je ne l'ai pas quitté et j'ai été blessé!

ADRIENNE.

Près de lui?

MAURICE.

Très-près.

ADRIENNE.

C'est bien! l'idée seule de vous savoir blessé me fait frémir, et cependant il me semble qu'en suivant les périls, vous suivez votre route; que les chemins qui s'élèvent sont les vôtres! Je vous ai déjà vu l'épée à la main, et quand je vous écoute, quand vous me racontez, en riant, quelqu'une de vos actions de guerre... ne vous moquez pas de mes présages... je devine en vous un grand homme, un héros!

MAURICE.

Enfant!

ADRIENNE.

Oh! je m'y connais! je vis au milieu des héros de tous les pays, moi! Eh bien! vous avez dans l'accent, dans le coup d'œil, je ne sais quoi qui sent son Rodrigue et son Nicomède... aussi, vous arriverez!

MAURICE.

Vous croyez?

ADRIENNE.

Vous arriverez!... je saurai bien t'y forcer.

MAURICE.

Comment?

ADRIENNE.

Je vous vanterai tant le comte de Saxe; votre jeune compatriote, dont toutes ces dames raffolent, qu'il faudra que vous l'égaliez, ne fût-ce que par jalousie!

MAURICE, souriant.

Je n'ai pas idée que je sois jamais jaloux de lui!

ADRIENNE.

Présomptueux! mais avez-vous vu le ministre?

MAURICE.

Pas encore, mais je vais lui écrire.

ADRIENNE.

Oh! non, n'écrivez pas!

MAURICE.

Pourquoi?

ADRIENNE.

Parce que, vous savez... l'orthographe...

MAURICE.

Eh bien?

ADRIENNE.

Eh bien! la première lettre de vous que j'ai reçue était bien chaleureuse, bien tendre, et elle m'a touchée profondément, mais en même temps elle m'a fait rire aux larmes... une orthographe d'une invention!

MAURICE.

Qu'importe! je ne veux pas être de l'Académie.

ADRIENNE.

Ce n'est pas cela qui vous en empêcherait Mais vous savez bien que je me suis chargée de faire votre éducation, mon Sarmate, de vous polir l'esprit...

MAURICE.

Et moi, je n'ai point oublié mes promesses! que de fois, là-bas, j'ai appris des scènes de Corneille!

ADRIENNE, avec admiration.

Vous pensiez à Corneille ?

MAURICE.

Non pas à lui, mais à vous, qui l'interprétez si bien!

ADRIENNE.

Et ce petit exemplaire de La Fontaine, que je vous avais donné en partant?

MAURICE.

Il ne m'a jamais quitté... il était là, toujours là... à telles enseignes qu'il m'a sauvé d'une balle dont il a gardé l'empreinte... voyez plutôt?

ADRIENNE.

Et vous l'avez lu?

MAURICE.

Ma foi, non!

ADRIENNE.

Pas même la fable des *Deux Pigeons,* que je vous avais recommandée?

MAURICE.

C'est vrai... mais, pardonnez-moi, ce n'est qu'une fable

ADRIENNE, d'un air de reproche.

Une fable! vous ne voyez là qu'une fable! (Récitant.)

Deux pigeons s'aimaient...
    (Avec expression.)
        D'un amour tendre.

MAURICE.

Comme nous!

ADRIENNE.

L'un deux, s'ennuyant au logis,
Fut assez fou pour entreprendre
Un voyage en lointain pays!

MAURICE.

Comme moi!

ADRIENNE.

L'autre lui dit : Qu'allez-vous faire?
Voulez-vous quitter votre frère?
L'absence est le plus grand des maux!
Non pas pour vous, cruel!

MAURICE.

Est-ce qu'il y a cela?

ADRIENNE, continuant.
Hélas! dirai-je, il pleut!
Mon frère a-t-il tout ce qu'il veut,
Bon souper, bon gîte et le reste!

MAURICE, vivement.

Le reste! ah! après? après?

ADRIENNE, souriant.

Après? (Avec finesse.) Ah! cela vous intéresse donc, Monsieur? et si je vous disais les malheurs de celui qui s'éloigne... et plus encore, ingrat, les tourments de celui qui reste... (Vivement.) Non, non!

Voilà nos gens rejoints, et je laisse à juger
De combien de plaisirs ils payèrent leurs peines!
Amants, heureux amants, voulez-vous voyager!
Que ce soit aux rives prochaines.
Soyez-vous l'un à l'autre un monde toujours beau,
Toujours divers, toujours nouveau;
Tenez-vous lieu de tout.. comptez pour rien le reste.

MAURICE.

Ah! quand c'est vous qui lisez, quelle différence! c'est bien mieux que La Fontaine!

ADRIENNE.

Impie!

MAURICE.

A votre voix, mon cœur s'ouvre, mon intelligence s'élève, tout me devient facile!

ADRIENNE, souriant.

Tout!... même l'orthographe!

MAURICE.

A quand ma première leçon?

ADRIENNE.

Ce soir, après le spectacle, venez me chercher... voici mon entrée.

MAURICE.

Adieu!

ADRIENNE.

Vous allez dans la salle?... (Vivement.) Vous m'écouterez... (Avec tendresse.) Tu me regarderas?

MAURICE.

Aux premières, à droite.

ADRIENNE.

Que je vous voie bien! que je vous adresse tous mes vers! je tâcherai d'être belle! oh! oui, je serai belle! (Elle sort par la première porte à gauche.)

MAURICE, sortant par la droite

A ce soir!

SCÈNE VI.

MADEMOISELLE JOUVENOT, LE PRINCE DE BOUILLON, sortant par la seconde porte à gauche.

LE PRINCE, avec agitation.

Merci, Mademoiselle, merci, je n'oublierai jamais le service que vous m'avez rendu!...

MADEMOISELLE JOUVENOT, vivement.

C'était donc vrai!

LE PRINCE, avec humeur.

Que trop!...

MADEMOISELLE JOUVENOT, riant.

Voyez le hasard! enchantée de vous avoir été agréable!

LE PRINCE.

Ah! vous appelez cela agréable!... (Avec colère.) Eh bien! oui!... car je ne désirais qu'une occasion de rompre avec elle.

MADEMOISELLE JOUVENOT.

Il fallait donc le dire!... si j'avais su plus tôt que cela vous fît plaisir!...

LE PRINCE, avec impatience.

Eh! Mademoiselle!

SCÈNE VII.

MADEMOISELLE JOUVENOT va s'asseoir devant la cheminée du fond et se chauffe les pieds, LE PRINCE, L'ABBÉ, entrant vivement par la seconde porte à droite et se retournant avec agitation.

LE PRINCE, courant à lui.

Ah! c'est toi, l'abbé!... (S'efforçant de rire) Viens donc recevoir mes consolations... ou plutôt me prodiguer les tiennes.

L'ABBÉ.

Comment cela?

LE PRINCE.

L'aventure la plus piquante pour nous deux...

L'ABBÉ, à part.

Est-ce qu'il s'agit de sa femme?

LE PRINCE.

Pour toi, d'abord... tu sais notre pari de tantôt, ces deux cents louis... au sujet du comte de Saxe...

L'ABBÉ, vivement.

Le comte de Saxe... je viens de me rencontrer nez à nez avec lui... comme il sortait de ce foyer... il y vient donc?

LE PRINCE, vivement.

Preuve de plus!... et j'aurais, parbleu, bien voulu le voir.

L'ABBÉ.

Nous le trouverons au numéro trois des premières loges

LE PRINCE.

A merveille! il s'agissait de découvrir sa passion régnante...

L'ABBÉ.

Oui, vraiment...

LE PRINCE

Je n'ai pas été loin pour cela... (Montrant mademoiselle Jouvenot.) Tout m'a si bien secondé qu'il ne te reste plus, mon cher, qu'à t'exécuter.

L'ABBÉ.

Sur le vu des preuves...

LE PRINCE.

C'est bien ainsi que je l'entends... lis d'abord et dis-moi ton avis sur ce billet d'invitation... tiens... (Le lui donnant.) Il n'est pas long, mais clair et précis!

L'ABBÉ, lisant.

« Pour des motifs politiques que vous connaissez mieux que
« personne, on désire vous entretenir ce soir à dix heures, dans
« le plus rigoureux tête-à-tête, en ma petite maison de la rue
« Grange-Batelière, que j'ai fait dernièrement meubler! Amour
« et discrétion! — *Signé* : CONSTANCE. »

LE PRINCE, avec colère.

La signature de la perfide Duclos

L'ABBÉ, avec étonnement.

Constance!

LE PRINCE, avec impatience.

Eh oui! vraiment! le nom ne fait rien à la chose.... Je tiens ce billet de Pénélope, sa femme de chambre.

L'ABBÉ.

Qui vous l'a remis?

LE PRINCE.

Ou plutôt vendu à un taux d'autant plus exorbitant...

L'ABBÉ.

Qu'ici ces valeurs-là ne sont pas rares!

LE PRINCE, qui, pendant ce temps, a remonté le théâtre, parlant à un domestique.

Ce billet au numéro trois des premières, sans dire de quelle part. (Revenant près de l'abbé.) Et maintenant, mon cher abbé, j'ose compter sur toi!...

L'ABBÉ.

Et pourquoi?

LE PRINCE.

Pour te rendre témoin d'un éclat que je me dois à moi-même; je veux d'abord ce soir tout briser chez elle.

L'ABBÉ.

C'est du plus mauvais goût pour un abbé et un savant!

LE PRINCE.

Quand la science est trahie!...

L'ABBÉ.

La science doit savoir se taire!... Le bruit est permis au comte de Saxe... à un soldat, mais à vous, presque parent de la reine... à vous, un homme marié, ce serait un scandale...

LE PRINCE.

On saura toujours l'anecdote... parce qu'ici, au Théâtre-Français... Tiens, (Montrant Mademoiselle Jouvenot, qui est à la cheminée) voilà déjà mademoiselle Jouvenot qui n'a encore vu personne, et qui peut-être a déjà trouvé moyen de le dire.

L'ABBÉ.

Prévenez-la... Racontez l'histoire à tout le monde!... Faites mieux encore... une vengeance digne de vous... Les deux amants n'avaient-ils pas résolu de passer cette soirée dans le plus rigoureux tête-à-tête, dans cette petite maison qui vous appartient?

LE PRINCE.

Je le crois bien! louée et meublée à mes frais.

L'ABBÉ.

Raison de plus!... je ferais comme chez moi... un souper galant, délicieux, où j'inviterais ce soir toute la Comédie française, toutes ces dames

LE PRINCE, secouant la tête.

Un souper galant... délicieux...

L'ABBÉ.

C'est moi qui paie, j'ai perdu le pari.

LE PRINCE, vivement.

C'est juste!

L'ABBÉ.

Au lieu du tête-à-tête, une surprise... un coup de théâtre, tableau mythologique

LE PRINCE.

Mars et Venus.

L'ABBÉ.

Surpris par... (S'interrompant) Ballet-comédie, vengeance en un acte ! Vous, de votre côté, allez faire vos invitations.

LE PRINCE.

Toi, du tien, le plus grand secret avec la Duclos... et nous aurons ce soir un succès d'enthousiasme. (On entend un grand bruit de bravos.) Tiens, nous y sommes déjà...

MICHONNET, entrant.

Eh ! oui, c'est Adrienne ! Entendez-vous, toute la salle applaudit; mademoiselle Duclos ne sait déjà plus où elle en est.

LE PRINCE, applaudissant.

Bravo ! cela commence.

MICHONNET.

Que dit-il ?

LE PRINCE, avec colère.

Bravo !... bravo !... bravo, Adrienne ! (Ils sortent par la porte à gauche.)

MICHONNET, montrant le prince.

Jusqu'à celui-ci, qu'elle a gagné et subjugué... Une preuve pareille de tact et de goût ! (A part.) Je ne l'en aurais pas cru capable.

SCÈNE VIII.

MICHONNET, seul, écoutant vers la gauche.

Ah ! nous voilà au monologue, et maintenant quel silence ! comme elle les tient tous enchaînés à sa parole ! (Comme s'il l'entendait.) Bien ! bien ! pas si vite, mon Adrienne ! c'est cela ! Ah ! quel accent, comme c'est vrai ! Applaudissez donc, imbéciles !... (On applaudit.) c'est bien heureux !... divine !... divine !... (Avec jalousie.) Ah ! elle l'a aperçu, c'est évident, il est dans la salle ! et penser que c'est pour un autre qu'elle joue ainsi ! qu'elle le regarde en ce moment ! qu'elle puise dans ses yeux tout ce génie !... c'est horrible ! (Entendant un vers.) Comme c'est dit... c'est délicieux... je deviens fou, je ris, je pleure... je meurs de douleur et de joie ! Oh ! Adrienne, en t'écoutant, j'oublie tout, même ma jalousie, même... (Cherchant autour de lui.) même les accessoires... où donc est la lettre de Zatime ? je la tenais tout à l'heure !... est-ce que je l'aurais perdue ? Pour la première fois, depuis vingt ans, il y aurait erreur ou omission par ma faute... c'est qu'une lettre turque n'est pas comme une autre, cela ne se remet point par la petite poste. (Il cherche dans la table, à droite.)

SCÈNE IX.

MAURICE, entrant par la porte de droite et se dirigeant vers la gauche, MICHONNET, à la table, à droite.

MAURICE, au fond.

Par saint Arminius, mon patron, maudit soit le duché de Courlande!

MICHONNET, cherchant toujours.

Ah! dans ce tiroir.

MAURICE, toujours au fond.

Manquer à mon rendez-vous avec Adrienne... jamais!... et d'un autre côté, ce billet que la Duclos vient de m'envoyer au nom de la princesse... comment m'a-t-elle découvert au fond de cette loge?... et comment la faire attendre toute la nuit hors de son hôtel, dans cette petite maison où elle ne vient que pour moi, pour mes intérêts, pour cette réponse du cardinal de Fleury? et puis, impossible de prévenir madame de Bouillon, tandis qu'Adrienne, cette pauvre Adrienne, si je pouvais lui parler et lui dire... non pas tout... mais l'essentiel. (Il dirige ses pas vers la gauche.)

MICHONNET, toujours à la table, à droite.

Où allez-vous, Monsieur?

MAURICE.

Je voudrais parler à mademoiselle Lecouvreur.

MICHONNET, à part.

Encore un! et quel air agité! (Haut.) Impossible, Monsieur, elle est en scène...

MAURICE.

Quand elle en sortira...

MICHONNET.

Elle n'en sortira plus...

MAURICE, à part.

Nouveau contre-temps!... (A Michonnet.) Et veuillez me dire, Monsieur?...

MICHONNET.

Pardon, Monsieur, d'autres devoirs... (Apercevant Quinault, qui vient de la droite et traverse le théâtre.) Acomat, mon bon, je veux dire monsieur Quinault, voulez-vous remettre à Zatime sa lettre pour Roxane, sa lettre du quatrième acte?

QUINAULT, avec fierté.

Moi!... Je vous trouve plaisant!... Pour qui me prenez-vous ?

MICHONNET.

Pardon!... Veuillez dire seulement à mademoiselle Jouvenot de ne pas entrer en scène sans prendre sa lettre, qui est là sur cette table....

QUINAULT.

C'est bon!... c'est bon!... on le lui dira. (Il entre sur le théâtre, à gauche, pendant que Maurice redescend vers la droite.)

MICHONNET, se levant de la table, en riant.

Il n'est pas de bonne humeur, je comprends... Roxane va trop bien! ah! Duclos, qui entre en ce moment... (S'approchant de la gauche.) Oui, évertue-toi, pauvre fille... pleure... crie!... tu aimes mieux chanter?... chante!... Tu as beau faire, tu es vaincue!...

MAURICE, qui s'est assis à droite, près de la table, prend le parchemin que Michonnet vient d'y placer et le déroule avec curiosité.

Rien d'écrit! Ah! palsambleu! à mon secours les ruses de guerre! (Il écrit quelques mots au crayon et roule le parchemin, qu'il remet sur la table.)

MICHONNET, regardant toujours du côté du théâtre, à gauche.

Adrienne reprend... elle parle à Bajazet, et sa voix est d'une douceur... Ah! si j'étais sociétaire, je jouerais peut-être les amoureux... On est toujours jeune quand on est sociétaire... Je l'entendrais me dire :

Ecoutez, Bajazet, je sens que je vous aime!

MADEMOISELLE JOUVENOT, sortant vivement de la coulisse, à gauche.

Eh bien! Michonnet, ma lettre?... ma lettre pour Roxane, où donc est-elle ?

MICHONNET.

Là... sur cette table... Est-ce que Quinault ne vous l'a pas dit?

MADEMOISELLE JOUVENOT.

Eh! non, vraiment!... Il est si bon camarade!

MAURICE, présentant à mademoiselle Jouvenot le parchemin roulé.

Voici, Mademoiselle.

MADEMOISELLE JOUVENOT, lui faisant la révérence.

Merci, Monsieur. (Le regardant en sortant.) Voilà un officier qui est fort bien, mais très-bien!

MICHONNET.

Eh bien ! votre entrée ?

MADEMOISELLE JOUVENOT.

Ah ! (Elle sort par la coulisse, à gauche du spectateur.)

MAURICE, à part, la suivant des yeux.

Elle aura mes deux mots de la main même de Zatime... et saura que je ne peux la venir chercher ce soir... Mais demain !... demain !... ô mon grand-duché de Courlande, vous ne valez pas ce que vous me coûtez !... Allons à la rue Grange-Batelière. (Il sort par la porte à droite.)

MICHONNET, regardant toujours par la gauche.

Zatime entre en scène... Bon ! elle n'a pas la lettre... Si, elle l'a... elle la remet à Roxane .. Dieu ! quel effet !... elle a tressailli... elle se soutient à peine !... et son émotion est telle, qu'en lisant le billet, son rouge lui est tombé du visage... C'est admirable !... (Les applaudissements éclatent avec force.) Oui, oui... frappez des mains... Bravo ! bravo ! c'est cela !... sublime ! admirable !

SCÈNE X

(Les acteurs entrent vivement par les deux portes de gauche et se rangent dans l'ordre suivant :

MADEMOISELLE DANGEVILLE, POISSON, LE PRINCE, L'ABBÉ, QUINAULT, JOUVENOT. Les autres acteurs et seigneurs vont et viennent au fond, ainsi que Michonnet.)

MADEMOISELLE DANGEVILLE.

Je ne sais pas ce qu'ils ont ce soir, ils applaudissent tous comme des fous.

MADEMOISELLE JOUVENOT.

Ils se trompent, ma chère... ils se croient déjà aux *Folies amoureuses.*

L'ABBE, entrant.

C'est superbe !

MADEMOISELLE DANGEVILLE.

C'est absurde !...

POISSON.

Ça me fait rire...

QUINAULT.

Ça me fait mal.

MADEMOISELLE JOUVENOT.

Pauvre homme !

LE PRINCE

Le fait est que jamais je n'ai rien entendu de plus beau... et je m'y connais.

ADRIENNE, entrant avec agitation par la gauche, à part.

Après deux mois d'absence... ah! c'est bien mal!... Allons, du courage!

LE PRINCE.

Et du plaisir.... Vous êtes des nôtres.

L'ABBÉ.

Je venais l'inviter.

ADRIENNE.

Moi?

L'ABBÉ.

Au joyeux souper où nous avons toute la Comédie française... toutes ces dames.

ADRIENNE.

Impossible!

MADEMOISELLE JOUVENOT, qui est descendue à gauche.

Par fierté?

ADRIENNE, avec bonté.

Oh! non... mais je n'ai pas le cœur à la joie.

L'ABBÉ.

Raison de plus pour vous égayer... Un souper charmant, où nous vous offrirons ce qu'il y a de mieux (Montrant les acteurs.) dans les arts, (Montrant le prince.) à la cour, (Se montrant lui-même.) dans le clergé... et dans l'épée... Le jeune comte de Saxe est des nôtres! c'est le héros de la fête!

ADRIENNE, vivement.

Lui que je désirais tant connaître!

LE PRINCE.

En vérité!

ADRIENNE.

Une demande que j'avais à lui présenter... un lieutenant dont je voulais faire un capitaine.

L'ABBÉ.

Nous vous plaçons à table à côté de lui... et votre protégé est colonel... au dessert.

ADRIENNE.

Ah! ce serait bien tentant.... Mais la tragédie finira tard... je serai fatiguée... Je n'ai pas de cavalier...

L'ABBÉ ET LE PRINCE, présentant la main.

En voici.

ADRIENNE.

Je n'en veux pas.

LE PRINCE, vivement.

Eh bien, vous viendrez seule; vous connaissez la petite maison... de la Duclos...

ADRIENNE.

Ma voisine! ce beau jardin...

LE PRINCE.

Dont le mur fait face au vôtre! Voici la clé de la rue... quelques pas seulement...

ADRIENNE.

C'est quelque chose...

L'ABBÉ, vivement.

Vous acceptez?

ADRIENNE.

Je n'ai pas dit cela!

LE PRINCE.

M. Michonnet sera aussi des nôtres...

MICHONNET.

Comment donc, monsieur le prince, dès que mon spectacle de demain sera fait... (A part, regardant Adrienne.) Passer toute la soirée avec elle...

ADRIENNE, à part.

Oui, je m'occuperai encore de lui, l'ingrat!... ce sera là ma vengeance!

L'AVERTISSEUR, en dehors.

Le cinquième acte qui commence.

ADRIENNE.

Adieu, adieu, Messieurs. (Elle sort par la gauche.)

MICHONNET.

Allons, Messieurs... allons, Mesdames...

MADEMOISELLE DANGEVILLE, à l'abbé.

Un mot seulement, l'abbé. Pourrai-je, pour me donner la main, amener quelqu'un?...

L'ABBÉ, riant.

Le prince de Guéménée?

MADEMOISELLE DANGEVILLE.

Du tout.

L'ABBÉ, de même.

Un autre?

MADEMOISELLE DANGEVILLE.

Fi donc! un tête-à-tête! Pour qui me preniez-vous?... J'en amènerai deux...

L'ABBÉ, riant.

A merveille!...

MADEMOISELLE JOUVENOT.

Et notre toilette pour ce soir... et nos voitures, où seront-elles?

L'ABBÉ.

On songera à tout... et de plus on vous promet... ce qu'on ne vous a pas dit... une surprise, un secret.

MESDEMOISELLES JOUVENOT, DANGEVILLE, ET TOUTES LES AUTRES ACTRICES, accourant et entourant l'abbé.

Ah! qu'est-ce donc... qu'est-ce donc?

L'ABBÉ.

Je ne puis rien dire... vous verrez... vous saurez...

MICHONNET, criant.

Le cinquième acte! voilà l'idée seule d'une fête qui bouleverse tout dans nos coulisses... on ne s'y reconnaît plus... A votre réplique... à vos rôles... (A l'abbé et au prince.) Et vous, Messieurs, je suis obligé de vous exiler! (Il se pose entre les seigneurs et les actrices, qu'il sépare, et d'un ton tragique :)

Qu'à ces nobles seigneurs le foyer soit fermé,
Et que tout rentre ici dans l'ordre accoutumé!

(Les seigneurs et les actrices se mettent à rire, et la toile tombe.)

ACTE III

Un salon élégant (dans la petite maison de la rue Grange-Batelière; porte au fond, vers la gauche, et en pan coupé; une porte, vers la droite, également en pan coupé; une croisée vitrée donnant sur un balcon, sur le premier plan, à gauche, un panneau secret, au second plan, une table, sur laquelle est un flambeau à deux branches avec des bougies allumées; sur le premier plan, à droite, une porte.

SCÈNE PREMIÈRE.

LA PRINCESSE, seule.

Louis XIV disait : J'ai failli attendre!... et moi, princesse de Bouillon, petite-fille de Jean Sobiesky... j'attends! (Souriant.) J'attends réellement... je ne peux pas me le dissimuler!... La Duclos m'a pourtant fait dire que son petit billet avait été remis au comte de Saxe lui-même dans une loge où il était seul... (Réfléchissant.) Seul!... est-ce bien vrai? N'est-ce pas pour une autre qu'il manque à ce rendez-vous, où je suis venue, où me voici!... On peut pardonner une infidélité, cela souvent ne dépend pas de nous; une impolitesse... jamais! Je n'ai pas été en ma vie une seule fois impertinente sans y avoir tâché... et réussi!... (Se levant avec impatience.) Onze heures!... Monsieur le comte, vous arriviez le premier l'année dernière; voilà une heure de retard qui me prouve que j'ai un an de plus! Malheur à elle, malheur à vous de me l'avoir rappelé! Je venais ici avec empressement, avec impatience, pour vous sauver, et vous me laissez le temps de réfléchir que je puis également vous perdre, que votre fortune politique est entre mes mains... c'est plus qu'ingrat, c'est maladroit... (Se levant et marchant vers le fond.) Allons!

SCÈNE II.

LA PRINCESSE, MAURICE, entrant par le fond.

LA PRINCESSE, apercevant Maurice, qui vient d'entrer doucement derrière elle.
Ah!... (Lui tendant la main.) Vous faites bien d'arriver!

MAURICE.
Mille excuses, princesse

LA PRINCESSE, d'un air gracieux.
Pas de reproches! d'autres ne songeraient qu'à leur dignité blessée, moi je ne songe (Souriant.) qu'au temps perdu sans vous voir. Il faut qu'à minuit je sois rentrée à l'hôtel.

MAURICE.
Imaginez-vous qu'en quittant la Comédie française, il me sembla être suivi. Je pris plusieurs détours, plusieurs rues qui m'éloignaient de ce quartier, et je pensais avoir dérouté mes espions, lorsqu'en me retournant j'aperçus, sur ce boulevard désert, deux hommes enveloppés de manteaux qui me suivaient à distance. Que voulez-vous? leur demandai-je. Ils ne répondirent que par la fuite, et quoiqu'ils courussent bien, je n'eusse pas manqué de les poursuivre et de les assommer, sans la crainte de vous faire attendre, princesse.

LA PRINCESSE, souriant.
Je vous en remercie!... Cette aventure se lie peut-être à celle dont je voulais vous entretenir. J'ai été aujourd'hui, comme je

vous l'avais promis, à Versailles... Marie Leckzinska, notre nouvelle reine, et comme moi Polonaise, n'a rien à refuser à la petite-fille de Sobiesky; elle a vu, à ma prière, le cardinal Fleury, elle lui a parlé de l'affaire de Courlande.

MAURICE.

O bonne et généreuse princesse! Eh bien?...

LA PRINCESSE,

Eh bien, le cardinal aimerait mieux ne pas accorder les deux régiments qu'on lui demande; il voudrait être agréable à la jeune reine, et en même temps ne mécontenter ni l'Allemagne ni la Russie, que vous menacez, et avec qui nous sommes en paix.

MAURICE, avec impatience.

Son avis, alors?

LA PRINCESSE.

Il n'en a pas, il n'en émet pas... et pour agir en votre faveur, sans rien faire, il vous permet seulement de lever ces deux régiments... à vos frais!

MAURICE.

Cela me rassure.

LA PRINCESSE.

Et moi pas!... Avez-vous de l'argent?

MAURICE.

Non!

LA PRINCESSE.

Comment, alors, paierez-vous vos deux régiments?

MAURICE.

Mes régiments français?

LA PRINCESSE.

Oui.

MAURICE, gaiement.

Je ne les paierai pas! si ce n'est après la victoire! Et jusque-là, soyez tranquille, je les connais!... ils se feront tuer pour moi... à crédit!

LA PRINCESSE.

Très-bien! Une autre chose encore... est-il vrai que vous ayez des dettes? que vous deviez soixante-dix mille livres au comte de Kalkreutz, un Suédois, qui, en vertu d'une lettre de change, peut vous faire appréhender au corps?

MAURICE.

Pourquoi cette demande?

LA PRINCESSE.

Parce qu'un grand danger vous menace; l'ambasseur russe a

chargé messieurs de la police de ne pas vous perdre de vue.

MAURICE.

Voilà donc pourquoi l'on m'a suivi ce soir... je suis fâché alors de n'avoir pas coupé les oreilles!...

LA PRINCESSE.

A ces espions?... Mais leurs oreilles, c'est leur place! des pères de famille peut-être! Fi donc!... Mais ce n'est pas tout, l'ambassadeur moscovite veut également découvrir à tout prix ce M. de Kalkreutz qui doit être à Paris.

MAURICE.

Et pourquoi?

LA PRINCESSE.

Pour lui acheter sa créance, se mettre en son lieu et place, et vous faire mettre en prison

MAURICE.

Une belle vengeance!

LA PRINCESSE.

Mieux que cela, un coup de maître; car, vous prisonnier, la Courlande, dont le souverain est en gage, est livrée aux intrigues de la Russie, les conjurés n'ont plus de chef, les troupes se dispersent.

MAURICE.

C'est ma foi vrai!... que faire!

LA PRINCESSE.

J'y ai déjà pensé... J'ai obtenu de M. le lieutenant de police, qui me doit sa place, que s'il découvrait la demeure de M. de Kalkreutz, on m'en donnerait d'abord avis à moi, qui vous en préviendrai... Alors, vous irez trouver M. de Kalkreutz...

MAURICE.

Pour me battre avec lui.

LA PRINCESSE.

Non, mais pour prendre des arrangements. Le plus simple de tous, serait de le payer.

MAURICE.

Et comment? je n'ai pas soixante-dix mille livres disponibles.

LA PRINCESSE, avec affection.

Hélas! ni moi non plus!

MAURICE.

Et d'ailleurs, je n'accepterais pas. Il n'y a donc qu'un moyen qui me convienne.

LA PRINCESSE.

Lequel?

MAURICE.

Laissant la Moscovie, la Suède et la police s'enlacer mutuellement dans leurs intrigues, auxquelles je n'entends rien, je pars demain.

LA PRINCESSE.

Vous partez?...

MAURICE.

Ce n'était pas mon dessein, mais une partie de mes recrues est déjà disséminée sur la frontière, et vos huissiers n'auront pas beau jeu contre mes boulans; c'est là que j'irai me réfugier! Le brevet que vous m'avez obtenu double les droits de mes sergents-recruteurs, qui enrôlaient déjà sans permission; jugez maintenant, avec autorisation et privilège du roi!... Nous allons lever en masse toute la frontière... Je sais bien qu'à Versailles et ailleurs il y aura du bruit, des réclamations, l'ordre de suspendre... Je vais toujours! Des notes diplomatiques?... j'intercepte... Des courriers?... je les enrôle dans ma cavalerie.... Et, lorsqu'enfin les chancelleries européennes seront en mesure d'échanger des protocoles, la Courlande sera envahie, et les Tartares de Menzikoff dispersés par les escadrons français : voilà mon plan!...

LA PRINCESSE.

Il n'a pas le sens commun.

MAURICE.

Permettez?... S'il s'agissait de l'ordonnance d'une fête ou d'un quadrille de bal, je demanderais vos conseils; mais dès qu'il s'agit de cavalerie et de manœuvres, je prends tout sur moi... cela me regarde.

LA PRINCESSE, s'animant.

Non, à peine arrivé, vous ne quitterez pas Paris! c'est bien le moins que vous y restiez quelques jours encore ; que votre présence et votre affection me dédommagent enfin de ce que j'ai fait pour vous et des jours que je vous ai consacrés.

MAURICE.

Princesse, entendons-nous! Je n'ai jamais été ingrat, et dans ce moment où je vous dois tant, manquer de franchise, serait manquer de reconnaissance; ce matin déjà, car moi je ne sais pas tromper... je voulais tout vous dire et vous avouer...

LA PRINCESSE.

Que vous en aimez une autre?

MAURICE, vivement.

Qui ne vous vaut pas, peut-être?

LA PRINCESSE, en cherchant à se modérer.

Et quelle est-elle?.... (Avec explosion.) Quelle est-elle?... Répondez... car vous ne savez pas ce dont je suis capable.

MAURICE.

C'est justement pour cela que je ne veux pas vous la nommer. (D'un ton conciliant.) Mais au lieu d'emportement et de menaces, pourquoi ne pas se parler de franche amitié, pourquoi surtout ne pas se dire loyalement la vérité? Jamais je n'ai vu de femme plus aimable que vous, plus séduisante, plus irrésistible, et pourquoi? C'est que vos chaînes ne semblaient tressées que de fleurs, c'est que, gracieuses et légères, elles retenaient un heureux et non pas un captif... c'est que toujours prête à les briser, votre main coquette ne craignait pas d'en détacher parfois quelques feuilles.

LA PRINCESSE.

Maurice!

MAURICE.

J'ai juré de tout dire. C'est sous l'empire d'un pareil traité, que le plaisir, un jour, nous a souri, car ni vous ni moi, n'avions pris au sérieux un semblable sentiment, et nos liens volontaires ont eu d'autant plus de durée que chacun de nous s'était réservé le droit de les rompre; le reproche est donc injuste, où il n'y eut point de serment, il n'y a point de parjure. (Avec chaleur.) Il y en aurait, si je manquais à l'amitié et à la reconnaissance que je vous ai vouées. De ce côté-là, j'en jure par l'honneur, je me crois engagé. Pour le reste je suis libre.

LA PRINCESSE.

Pas de me trahir, perfide!

MAURICE.

Ah! prenez garde, princesse, je finis toujours par conquérir les libertés que l'on me conteste.

LA PRINCESSE.

C'est ce que nous verrons, et dussé-je vous perdre vous et celle que vous me préférez; dussé-je, pour la connaître, tout sacrifier...

MAURICE.

Écoutez donc... ce bruit dans la cour...

LA PRINCESSE.

Un bruit de voiture!

MAURICE.

Est-ce que vous attendez quelqu'un?

LA PRINCESSE.

Eh! non, vraiment... Mademoiselle Duclos, qui, seule, peut venir ici, ne s'en aviserait pas, sachant que nous devions nous y trouver.

MAURICE, à la princesse, qui s'approche de la croisée, à droite.

Voyez donc... par la fenêtre du jardin, vous qui connaissez cette maison...

LA PRINCESSE, redescendant vivement.

O ciel! c'est mon mari!

MAURICE.

Que dites-vous?

LA PRINCESSE.

Le prince de Bouillon j'en suis sûre... je l'ai vu, descendant de voiture

MAURICE.

Qu'est-ce que cela signifie?

LA PRINCESSE.

Je l'ignore... Mais il n'est pas seul, d'autres personnes l'accompagnent, que la nuit ne m'a pas permis de distinguer...

MAURICE.

Je les entends!... elles montent cet escalier!

LA PRINCESSE.

C'est fait de moi!

MAURICE, remontant vers le fond.

Non, tant que je serai près de vous.

LA PRINCESSE.

Il ne s'agit pas de me défendre, mais d'empêcher que je sois vue dans cette maison!... Si le prince, si quelqu'un au monde se doute que j'y ai mis les pieds... je suis perdue de réputation!...

MAURICE.

C'est vrai!

LA PRINCESSE.

Ils viennent... (Montrant la porte à droite.) Ah! de ce côté...

MAURICE.

Où cela conduit-il?

LA PRINCESSE, traversant le théâtre et s'élançant dans le cabinet à droite.

A un petit boudoir!

SCÈNE III.

L'ABBÉ, LE PRINCE, entrant par le fond; MAURICE.

LE PRINCE, apercevant la porte à droite qui vient de se fermer.
Ah! l'on vous y prend, mon cher...
MAURICE, avec trouble.
Vous ici, Messieurs?...
LE PRINCE, riant.
J'ai vu la dame, je l'ai vue!
MAURICE.
C'est une plaisanterie, sans doute!
LE PRINCE.
Non, parbleu! la robe blanche flottante... qui disparaissait...
Voici donc la Saxe aux prises avec la France...
MAURICE.
Qu'est-ce que cela signifie?
L'ABBÉ.
Que nous sommes au fait, mon cher comte.
LE PRINCE, gaiement.
Et que cela ne se passera pas à huis clos, il nous faut de l'éclat et du scandale. (Frappant sur l'épaule de l'abbé.) Nous ne sommes pas des abbés pour rien... n'est-il pas vrai?
MAURICE, au prince avec impatience.
Eh! Monsieur, j'aurais cru, au contraire, que c'était pour vous qu'il fallait éviter le bruit... Mais puisque vous le voulez, puisque vous savez tout...
LE PRINCE, riant.
Tout... et de plus nous avons les preuves...
MAURICE, froidement et mettant son chapeau.
Monsieur le prince, je suis à vos ordres... Monsieur l'abbé consentira, je l'espère (le costume n'y fait rien), à nous servir de témoin, et comme il y a, je crois, un jardin, nous pouvons y descendre.
LE PRINCE, riant.
A cette heure?
MAURICE.
Il est toujours l'heure de se battre... et pourvu que nous en finissions promptement... cela doit vous convenir.

L'ABBÉ, qui a remonté le théâtre, redescend près de Maurice.

Voilà où est votre erreur. Nous ne tenons pas à en finir, au contraire, nous voulons que cela dure :

> Amour fidèle,
> Flamme éternelle !

Comme dit l'air de Rameau ! Et par un héroïsme qui surpasse toutes les magnanimités d'opéra, M. le prince vous abandonne votre conquête !

MAURICE.

Qu'est-ce à dire ?

L'ABBÉ.

A la condition que le traité de paix sera signé ici, à souper, à l'éclat des flambeaux !

LE PRINCE.

Au bruit des verres et du champagne

MAURICE.

Est-ce de moi, Messieurs, que l'on veut rire ?

L'ABBÉ.

Vous l'avez dit !

LE PRINCE

Mon seul but étant de prouver à la Duclos...

MAURICE.

La Duclos...

LE PRINCE, montrant la porte à droite.

Que je ne tiens plus à ses charmes.

L'ABBÉ.

Et que si la France et la Saxe se battaient pour elle...

LE PRINCE.

Et pour sa vertu...

L'ABBÉ.

Ce serait là une querelle d'Allemand que M. le prince ne se pardonnerait jamais... Ah ! ah ! ah !

LE PRINCE, riant aussi.

Ah ! ah ! ah ! c'est drôle, n'est-il pas vrai ?... Et loin de rire... comme nous... vous avez un air étonné...

MAURICE.

Oui, d'abord... Mais, maintenant, cela me paraît en effet si original...

LE PRINCE.

N'est-ce pas ?... Ah ! ah ! m'enlever la Duclos... de mon consentement... un service d'ami !...

L ABBÉ.
Et vous ne refuserez pas, en nouveaux alliés, de vous donner la main...

MAURICE.
Non, parbleu! voici la mienne...

LE PRINCE, déclamant.
Soyons amis, Cinna, c'est moi qui t'en convie.

L'ABBE, riant.
Et si, pour ratifier le traité, il vous faut un notaire, je vais chercher celui de la Comédie française ! et d'autres témoins encore ! (Il sort par le fond.)

MAURICE, étonné.
Que dit-il?

LE PRINCE, riant.
Vous ne vous doutez pas de la brillante compagnie qui vous attend dans ma petite maison... ou plutôt dans la vôtre:... car, ce soir, vous êtes le maître, le héros de la fête; à vous les honneurs !

MAURICE, avec embarras.
C'en est trop, prince!

LE PRINCE.
Sans compter une nouvelle surprise que nous vous préparons, une jeune dame charmante, qui désirerait ardemment vous connaître, et l'abbé, qui est maître des cérémonies, est allé lui donner la main pour vous la présenter avant le souper!

MAURICE, avec embarras.
C'est moi qui vous prierai de me conduire vers elle... (A part, regardant à droite.) Pourvu que d'ici-là je puisse délivrer ma captive et la soustraire à tous les regards! (Il s'approche de la croisée à droite, qui est restée ouverte, et regarde dans le jardin.)

SCÈNE IV.

L'ABBÉ, donnant la main à ADRIENNE, et entrant par le fond; LE PRINCE, allant au devant d'elle; MAURICE, regardant par la croisée, qui est au second plan, à droite.

LE PRINCE, à Adrienne.
Arrivez donc! M. le comte de Saxe est là qui vous attend avec impatience...

L'ABBÉ.
Eh! mais, ma toute belle, vous tremblez?

ADRIENNE.

Cela est vrai... la présence d'un homme illustre m'émeut toujours malgré moi.

LE PRINCE, s'approche de Maurice, qui est toujours près du balcon, et lui dit.

Mademoiselle Lecouvreur.

MAURICE, à ce nom, se retourne vivement.

O ciel!

ADRIENNE, levant les yeux, et regardant Maurice, poussant un cri.

Ah! (Le prince a passé près de la fenêtre à droite, qui était ouverte, et qu'il ferme; l'abbé est remonté au fond, à gauche, vers la table, sur laquelle il place son chapeau et ses gants. Les acteurs sont dans l'ordre suivant : l'abbé, Adrienne, Maurice, le prince.)

MAURICE, à part.

C'est elle!

ADRIENNE, le regardant.

Le comte de Saxe... ce héros... ce n'est pas possible... (Elle s'avance vers lui.)

MAURICE, à voix basse, et lui saisissant la main.

Tais-toi!

ADRIENNE, poussant un cri de joie, et portant la main à son cœur.

C'est lui!

LE PRINCE, qui a refermé la fenêtre et qui revient se placer entre eux.

Eh! mais qu'avez-vous donc?

ADRIENNE.

Une surprise... bien naturelle... M. le comte, que je croyais n'avoir jamais rencontré, m'était connu... mais beaucoup... (Le regardant avec expression.) beaucoup!

L'ABBÉ, gaiement.

De vue!...

ADRIENNE, vivement.

Non! je lui avais même parlé.

LE PRINCE

Où donc?

MAURICE, vivement.

Au bal de l'Opéra!...

LE PRINCE, riant.

Un déguisement.

ADRIENNE.

Monsieur le comte les aime, les déguisements! je ne le croyais pas!

MAURICE.

J'avais peut-être des raisons!... et si je vous en faisais juge, Mademoiselle...

L'ABBÉ.

Cela se trouve bien, Adrienne a aussi une demande à vous adresser...

MAURICE.

A moi!

LE PRINCE.

C'est là seulement ce qui l'a décidée à venir avec nous! une pétition à vous présenter en faveur d'un petit lieutenant

L'ABBÉ.

Dont elle veut faire un capitaine!

MAURICE, avec émotion.

En vérité!... vous, Mademoiselle, vous vouliez...

ADRIENNE.

Oui... mais je n'ose plus...

MAURICE.

Et pourquoi?

ADRIENNE.

Pauvre officier... je croyais qu'il n'avait que la cape et l'épée, et peut-être n'a-t-il pas besoin de moi pour faire son chemin

MAURICE.

Ah! quel qu'il soit, votre protection doit toujours lui porter bonheur!

ADRIENNE.

Je verrai alors... je prendrai des informations, et s'il mérite réellement l'intérêt qu'on lui porte...

LE PRINCE.

Vous aurez le temps de parler de lui à table... nous vous mettrons à côté l'un de l'autre... (Remontant le théâtre et revenant se placer entre Adrienne et l'abbé.) L'abbé, toi, le grand ordonnateur, veille au souper.

L'ABBÉ.

Les fruits et les bouquets, cela me regarde. (Il sort par la porte du fond, à gauche.)

LE PRINCE.

Moi, je me charge d'un soin plus important... je crains que quelque fugitive ne veuille nous échapper... avant le souper,

ADRIENNE, gaiement.

Ce n'est pas moi, je vous le jure!

LE PRINCE, souriant.

Pour plus de sécurité... je vais moi-même donner la consigne : fermer toutes les portes, et nul ne sortira avant le jour ! (Il sort, comme l'abbé, par la porte du pan coupé, à gauche.)

MAURICE, à part, regardant la porte à droite.

O ciel ! que devenir !

SCÈNE V.

ADRIENNE, MAURICE.

ADRIENNE, les regardant sortir, puis portant la main à son front.

Ah ! j'en doute encore !... vous le comte de Saxe ! Parlez !... parlez !... que je sois bien sûre que c'est lui qui m'aime et que pourtant c'est toujours toi !

MAURICE.

Mon Adrienne !

ADRIENNE, avec explosion.

Maurice ! mon héros, mon dieu, vous que j'avais deviné...

MAURICE, lui faisant signe de se taire.

Silence !... (A part, regardant à droite.) Ah ! quel dommage que l'autre soit là. (A demi-voix.) Ce mystère qui cachait notre bonheur est plus que jamais nécessaire.

ADRIENNE, vivement.

Ne craignez rien ! mon amour est si grand, que l'orgueil lui-même n'y peut rien ajouter. Ne parlait-on pas d'une entreprise nouvelle ? de Moscovites que vous vouliez battre ? d'un duché de Courlande que vous vouliez conquérir à vous tout seul ? Bien, Maurice, bien ! je comprends qu'au milieu des grands intérêts qui s'agitent, auprès des graves conseillers ou des vieux ministres qu'il vous faut gagner, l'amour d'une pauvre fille comme moi puisse vous faire du tort.

MAURICE, vivement.

Non, non, jamais !

ADRIENNE.

Je me tairai, je me tairai. (Montrant son cœur.) Je renfermerai là mon ivresse et ma fierté ; je ne me vanterai pas de votre amour et de votre gloire ; je ne vous admirerai que tout haut, comme tout le monde ; ils célébreront vos exploits, mais vous me les raconterez, à moi ! ils diront vos titres, vos grandeurs, et vous me direz vos peines ! Ces ennemis que font naître les succès, ces haines jalouses qui s'attaquent aux héros, comme à nous autres artistes, vous me confierez tout; je vous consolerai, je vous dirai : Courage, marchez au but qui vous attend ! Donnez à la France une gloire qu'elle vous rendra! donnez-leur à tous vos talents et votre génie, je ne te demande, moi, que ton amour!

MAURICE, la pressant contre son cœur.

O ma protectrice! ô mon bon ange! (Regardant autour de lui.) Défends-moi toujours!

ADRIENNE.

Oui, toujours, et aujourd'hui même, désolée de ne pouvoir passer cette soirée avec vous, c'est encore à vous que je pensais. C'est en votre faveur que je voulais solliciter ce comte de Saxe que l'on disait si aimable. Oui, Monsieur, coquette par amour, je venais ici avec le dessein de le charmer, de le séduire... c'était là, c'est encore mon projet! y réussirai-je?

MAURICE.

Enchanteresse! comment vous résister! mais ce comte de Saxe, que, sans le connaître, vous vouliez séduire...

ADRIENNE, souriant.

C'est vrai! Et même dans les plus grands périls, voyez, Monsieur, combien vous êtes heureux! vous étiez le seul homme pour qui je vous aurais trahi.

MAURICE.

Et vous la seule que je ne trahirai jamais!

ADRIENNE.

J'y compte bien. Je crois à la foi des héros! Silence, on vient.

SCÈNE VI

L'ABBÉ, portant une corbeille de fleurs et sortant avec Michonnet par la porte du pan coupé, à gauche; ADRIENNE, MAURICE.

L'ABBÉ, tenant une corbeille de fleurs qu'il va placer sur la table à gauche, et s'adressant à Michonnet tout en faisant des bouquets.

J'en suis fâché pour vous, mon cher Michonnet, mais c'est la consigne, une fois entré, on ne sort plus.

MICHONNET.

J'espérais cependant pour un instant, et par votre protection...

L'ABBÉ.

Moi, je ne m'occupe que des bouquets pour les dames... c'est

M. le prince qui est gouverneur de la place, il a fermé lui-même toutes les portes de la citadelle... et il en garde les clés!

MICHONNET.

C'est pour affaire urgente... pour mon répertoire.

ADRIENNE.

Pauvre homme! il ne rêve qu'à cela, même la nuit.

MICHONNET.

Une indisposition fait changer mon spectacle de demain, et je voudrais courir chez mademoiselle Duclos, avant qu'elle ne fût couchée.

L'ABBÉ, arrangeant ses bouquets, à gauche, près de la table.

Ah bah!

MICHONNET.

Lui demander si elle pourrait me jouer demain Cléopâtre.

L'ABBÉ, de même.

N'est-ce que cela?

MAURICE, à part.

O ciel!

L'ABBÉ.

Vous n'avez pas besoin de vous déranger, mademoiselle Duclos soupe avec nous.

MICHONNET.

Vraiment! je reste, alors.

L'ABBÉ.

C'est la reine de la soirée, demandez à M. le comte de Saxe.

MICHONNET, le regardant avec surprise et respect.

Il serait possible! quoi! c'est là M. le comte de Saxe... lui-même?

ADRIENNE, présentant Michonnet au comte.

M. Michonnet, notre régisseur général et mon meilleur ami!

MICHONNET, passant près de Maurice.

C'est Monsieur, si je ne me trompe, que j'ai eu le plaisir de voir ce soir au foyer de la Comédie française. (A Adrienne.) Je crois même... c'est singulier... qu'il te demandait?

ADRIENNE, vivement.

Il ne s'agit pas de moi, mais de Cléopâtre et de mademoiselle Duclos.

MICHONNET.

C'est vrai, et dès que vous m'assurez qu'elle est ici...

L'ABBÉ, quittant la table à gauche et venant se placer entre Adrienne et Michonnet, et tournant des rubans autour d'un bouquet.

Nous sommes chez elle... dans sa petite maison, où elle avait, pour ce soir, donné rendez-vous à M. le comte.

ADRIENNE.

Que dites-vous?

MAURICE, voulant le faire taire.

Monsieur l'abbé!

L'ABBÉ, toujours arrangeant des bouquets

En tête-à-tête... Je le sais, et je commets là une indiscrétion, car nous ne devions rien dire avant souper, mais ici, entre amis, je puis vous raconter l'anecdote.

MAURICE.

Et moi, je ne le souffrirai pas!

L'ABBÉ, terminant un bouquet.

Vous avez raison, M. le comte la sait mieux que moi, c'est à lui de vous la dire.

MAURICE, furieux.

Monsieur!

L'ABBÉ.

Je la gâterais, tandis que le héros lui-même de l'aventure. (A Adrienne.) Oserai-je offrir ce bouquet à Melpomène? Ah! mon Dieu! quelle expression dans ses traits! quelle expression tragique! regardez donc vous-même, monsieur le comte! (L'abbé retourne vers la table du fond, à gauche.)

MICHONNET, avec effroi.

Adrienne, qu'as-tu donc?

ADRIENNE, s'efforçant de sourire.

Moi? rien, vous le voyez... désolée d'avoir interrompu l'aventure que monsieur le comte nous promettait...

MAURICE, passant près d'Adrienne.

Et qui ne mérite point votre attention, Mademoiselle, rien n'est plus faux.

L'ABBÉ, redescendant près d'Adrienne.

Permettez... je ne dis pas que l'histoire soit neuve, mais elle est vraie.

MAURICE.

Et moi je vous atteste...

L'ABBÉ.

Vous en êtes convenu tout à l'heure devant moi... (Faisant un pas pour sortir.) et devant M. le prince, qui va nous la redire...

MAURICE.

C'est inutile !

L'ABBÉ.

C'est juste... ce pauvre prince, c'est assez d'une fois... et si le témoignage de mes yeux vous suffit...

ADRIENNE.

Vous avez vu ?...

L'ABBÉ, se rapprochant de la table, à gauche.

Au moment où nous entrions dans cet appartement, mademoiselle Duclos s'enfuir... dans celui-ci... (Montrant la porte à droite.) où elle est encore.

MICHONNET, à part, au fond du théâtre.

Celui-ci...

L'ABBÉ, retournant à la table du fond, à gauche.

Ce dont vous pouvez vous assurer.

ADRIENNE.

Moi ! (L'abbé vient de se rasseoir devant la table du fond, à gauche. Adrienne s'élance vers la porte à droite; Maurice, qui s'est placé devant elle, la prend par la main et la ramène au bord du théâtre.)

MAURICE.

Un mot !

MICHONNET, qui est resté à droite, près de la porte du cabinet.

Je vais toujours m'assurer de mon répertoire. (Il entre doucement dans l'appartement à droite pendant que Maurice et Adrienne redescendent le théâtre.)

SCÈNE VII.

L'ABBÉ, près de la table, à ses bouquets; ADRIENNE, MAURICE, sur le devant du théâtre et tournant le dos à l'abbé.

MAURICE, rapidement et à voix basse.

Une intrigue politique que ni l'abbé ni le prince lui-même ne peuvent connaître m'a amené ici cette nuit... (Geste d'incrédulité d'Adrienne.) Mon avenir en dépend !

ADRIENNE, d'un air de mépris.

Et mademoiselle Duclos...

MAURICE, de même.

Elle n'est pas ici !... et ce n'est pas elle que j'aime... Je le jure sur l'honneur ! me crois-tu ?

ADRIENNE, lève les yeux; le regarde, et, après un instant, lui dit:

Oui !

MAURICE, lui serrant la main avec joie.

C'est bien. Il faut plus encore... il faut empêcher l'abbé d'entrer dans cette chambre ou d'entrevoir la personne qui s'y trouve, pendant que moi.. (l'honneur et la loyauté me le commandent) je vais tenter, sans que nul s'en aperçoive, de protéger sa sortie, dussé-je gagner ou étrangler le concierge et faire sauter ses verrous !

ADRIENNE.

Allez ! je veillerai.

MAURICE, avec transport.

Merci, Adrienne !... Merci ! (Il sort par le fond.)

SCÈNE VIII.

L'ABBÉ, toujours à table, à gauche ; ADRIENNE, seule sur le devant du théâtre, à droite, puis MICHONNET.

ADRIENNE.

Sur l'honneur ! a-t-il dit... sur l'honneur ! Maurice ne pourrait pas manquer à un pareil serment... j'ai dû le croire !... sinon... ce ne serait plus lui...

MICHONNET, qui vient de sortir de la porte à droite, s'avance sur la pointe du pied ; il dit tout bas.

Adrienne... Adrienne... si tu savais quelle aventure...

ADRIENNE, avec distraction.

Qu'est-ce donc ?

MICHONNET, à voix basse:

Ce n'est pas la Duclos !

ADRIENNE, à part, avec joie.

Il me l'avait dit !

MICHONNET, à voix haute et riant.

Ce n'est pas la Duclos !

L'ABBÉ, se levant de la table et s'avançant vivement.

Comment, ce n'est pas elle ?

MICHONNET, allant au devant de lui.

Silence !... c'est un secret.

L'ABBÉ.

Qu'importe !... nous ne sommes que trois... et je ne compte pas ! je suis muet.

MICHONNET.

C'est ce que chacun dit toujours dans le comité, et cependant tout finit par se savoir.

L'ABBÉ, vivement.

Ce n'est pas la Duclos!... et le comte de Saxe qui nous a avoué lui-même que c'était elle... Qui est-ce donc, alors... qui donc?...

MICHONNET.

Je n'en sais rien... mais ce n'est pas elle... je le jure.

L'ABBÉ.

Vous l'avez vue?

MICHONNET.

Du tout!

ADRIENNE, vivement.

C'est bien

MICHONNET.

Obscurité complète... comme si la rampe et le lustre eussent été baissés; mais j'avais, en entrant, rencontré une manche et une robe de femme, et persuadé, (A l'abbé.) puisque vous me l'aviez dit, que c'était la Duclos... j'ai abordé sur-le-champ la question, et j'ai demandé, à tâtons, si, pour aider le répertoire, elle consentait à jouer demain Cléopâtre. La main que je tenais a tressailli, et une voix qui m'est inconnue s'est écriée avec fierté : « *Pour qui me prenez-vous?* » Pour mademoiselle Duclos, ai-je répondu. A quoi on a répliqué à voix basse : « Je suis « chez elle, il est vrai, pour des intérêts que je ne puis dire. »

L'ABBÉ.

Est-il possible!

MICHONNET

« Mais, qui que vous soyez, » a continué la personne mystérieuse en baissant toujours la voix, « si vous me donnez les « moyens de sortir à l'instant de cette maison sans être vue, « vous pouvez compter sur ma protection, et votre fortune est « faite. » Je lui ai répondu alors que je n'étais pas ambitieux, et que si je pouvais seulement être nommé sociétaire... Moi, sociétaire!

L'ABBÉ ET ADRIENNE, avec impatience.

Eh bien?

MICHONNET.

Eh bien! me voilà!... que faut-il faire?

L'ABBÉ, passant devant Michonnet et s'avançant vers la porte.

Savoir d'abord quelle est cette dame.

ADRIENNE, se plaçant devant la porte.

Monsieur l'abbé, y pensez-vous?

L'ABBÉ.
Elle était ici avec le comte de Saxe, je vous l'atteste.
ADRIENNE.
Raison de plus pour la respecter! une pareille indiscrétion serait manquer à toutes les convenances... et vous, un homme du monde!... un abbé!
L'ABBÉ.
C'est que vous ne savez pas... je ne peux pas vous dire l'intérêt que j'ai à connaître cette personne... c'est pour moi d'une importance!...
ADRIENNE, à part.
Maurice disait vrai.
L'ABBÉ, à part.
La princesse compte sur moi, je lui ai promis, et à tout prix... (Il fait un pas vers la porte.)
ADRIENNE.
Non, monsieur l'abbé, vous n'entrerez pas...
L'ABBÉ, d'un air suppliant.
Par hasard et sans le vouloir...
ADRIENNE.
Non, monsieur l'abbé, j'en appellerai plutôt à M. le prince lui-même, au maître de la maison, qui ne permettra pas que chez lui...
L'ABBÉ, vivement.
Vous avez raison!... je vais tout dire au prince, qui sera enchanté! quel bonheur! quel hasard pour lui! la Duclos est innocente! complétement innocente... Il ne s'y attendait pas... ni nous non plus... (Il sort par le fond. Adrienne l'accompagne jusqu'à la porte et le suit encore des yeux pendant que Michonnet, qui était resté à gauche, traverse le théâtre en secouant la tête et va se placer à droite.)

SCÈNE IX.

ADRIENNE, MICHONNET.

ADRIENNE, redescendant le théâtre.
Il s'éloigne!
MICHONNET.
Que veux-tu faire?
ADRIENNE.
Délivrer cette personne quelle qu'elle soit... et la sauver.
MICHONNET.
Pour moi?...

ADRIENNE.

Non, pour un autre... à qui je l'ai promis.

MICHONNET.

Encore lui!... toujours lui! pourquoi te mêler de pareilles affaires?

ADRIENNE.

Je le veux!

MICHONNET.

Il ne faut pas, nous autres comédiens, nous jouer aux grands seigneurs et aux grandes dames, ça nous porte malheur.

ADRIENNE.

Je le veux!

MICHONNET, d'un air résigné.

C'est différent... Puis-je au moins t'aider, t'être bon à quelque chose?...

ADRIENNE.

Non... il l'a dit : personne ne doit la voir... (Éteignant les deux bougies qui sont sur la table.) pas même moi!

MICHONNET, étonné.

Eh bien... eh bien... comment veux-tu ainsi t'y reconnaître?...

ADRIENNE.

Soyez tranquille! Voyez seulement au dehors si personne ne vient nous surprendre...

MICHONNET, avec colère.

C'est absurde!... (Se radoucissant.) J'y vais... j'y vais... (Il sort en fermant la porte du fond.)

SCÈNE X.

ADRIENNE, puis LA PRINCESSE.

ADRIENNE, se dirigeant vers la porte à droite.

Allons!... (Elle frappe à la porte.) On ne me répond pas... Ouvrez... ouvrez, Madame... au nom de Maurice de Saxe... (La porte s'ouvre.) Je savais bien que rien ne résisterait à ce talisman.

LA PRINCESSE, ouvrant la porte.

Que me veut-on?

ADRIENNE.

Vous sauver!.... vous donner les moyens de sortir d'ici...

LA PRINCESSE.

Toutes les portes sont fermées.

ACTE III, SCÈNE X.

ADRIENNE.
J'ai là une clé... celle du jardin sur la rue.

LA PRINCESSE, vivement.
O bonheur!... donnez! donnez!

ADRIENNE.
Mais, par exemple... il faut descendre jusqu'au jardin sans être vue!... comment? je ne saurais vous le dire, car je ne connais pas cette maison...

LA PRINCESSE.
Rassurez-vous! (Se dirigeant vers la gauche, pendant qu'Adrienne va écouter à la porte du fond; elle dit à part.) Grâce à ce panneau secret... (Elle cherche dans la muraille le panneau, qui s'ouvre sous sa main.) Le voici!... (Revenant vers Adrienne, qui, dans ce moment, redescend le théâtre.) Mais, vous, à qui je dois un pareil service... qui êtes-vous?

ADRIENNE.
Qu'importe... partez.

LA PRINCESSE.
Je ne puis distinguer vos traits...

ADRIENNE.
Ni moi les vôtres.

LA PRINCESSE.
Mais cette voix ne m'est pas inconnue... je l'ai entendue plus d'une voix... oui, oui... Pourquoi vous dérober à ma reconnaissance... duchesse de Mirepoix... c'est vous?

ADRIENNE.
Non!... Mais hâtez-vous de fuir les dangers qui vous menacent...

LA PRINCESSE.
Vous les connaissez donc?

ADRIENNE.
Qu'importe, vous dis-je? croyez à ma discrétion et ne craignez rien.

LA PRINCESSE.
Mais ces dangers... ces secrets, qui vous les a confiés?

ADRIENNE.
Quelqu'un qui me dit tout...

LA PRINCESSE, à part.
O ciel! (Haut, à Adrienne.) Qui donc a donné à Maurice le droit de tout vous dire?

ADRIENNE, lui prenant la main.
Et qui vous a donné à vous-même le droit de l'appeler *Mau-*

rice, le droit de m'interroger... de trembler... de frémir?... car votre main tremble! vous l'aimez!

LA PRINCESSE.
De toutes les forces de mon âme!

ADRIENNE.
Et moi aussi!

LA PRINCESSE.
Ah! vous êtes celle que je cherche.

ADRIENNE.
Qui êtes-vous donc?

LA PRINCESSE, avec fierté
Plus que vous, à coup sûr!

ADRIENNE.
Qui me le prouvera?

LA PRINCESSE.
Je vous perdrai!

ADRIENNE, avec hauteur.
Et moi... je vous protège!

LA PRINCESSE.
Ah! c'en est trop!... je saurai quels sont vos traits...

ADRIENNE.
Je démasquerai les vôtres...

LE PRINCE, en dehors.
Palsambleu! nous connaîtrons la vérité!...

LA PRINCESSE, à part.
O ciel! la voix de mon mari!... et partir quand ma rivale est en mon pouvoir, quand je vais la connaître...

ADRIENNE.
Restez... restez... donc!... voici des flambeaux!

LA PRINCESSE.
Eh bien! oui... je resterai... non, non... je ne le puis! (Elle s'élance par le panneau, à gauche, qu'elle referme, et disparaît pendant qu'Adrienne a remonté le théâtre et ouvre la porte du fond. Le prince et l'abbé entrent avec des flambeaux, tandis que deux valets restent au fond, en dehors, également avec des flambeaux.)

ADRIENNE, au prince.
Venez!... venez!... (Regardant autour d'elle, et ne voyant plus personne.) Grand Dieu!

SCÈNE XI.
ADRIENNE, LE PRINCE, L'ABBÉ

LE PRINCE.
Tu es donc sûr, l'abbé, que ce n'est pas la Duclos?

L'ABBÉ.

Je l'atteste.

LE PRINCE.

Quel bonheur!

L'ABBÉ, montrant la porte à droite.

Entrons de ce côté, et pendant que ces dames, en bas, ne se doutent de rien. (Ils entrent dans l'appartement, à droite, au moment où l'on voit à la porte du fond paraître les têtes de mesdemoiselles Dangeville et Jouvenot.)

TOUTES DEUX, s'avançant sur la pointe du pied.

Suivons-les!

ADRIENNE, à part, avec douleur.

Sur l'honneur, avait-il dit, sur l'honneur! Non, je ne puis me persuader encore qu'il m'ait trompée...

SCÈNE XII.

MICHONNET, ADRIENNE.

MICHONNET, entrant sur la pointe du pied, par la porte du pan coupé, à gauche.

Eh bien! cette dame, tu l'as donc sauvée?

ADRIENNE.

Eh! oui.

MICHONNET.

Alors c'est elle qui tout à l'heure traversait le jardin avec le comte de Saxe.

ADRIENNE.

Vous en êtes sûr?

MICHONNET.

Comment?... En passant devant le massif où j'étais, elle a même laissé tomber un bracelet que voici...

ADRIENNE, le prenant.

Donnez... Et le comte de Saxe...

MICHONNET.

Il est parti avec elle!

ADRIENNE.

Avec elle!

MICHONNET.

Ainsi, rassure-toi!... que ça ne t'inquiète plus... il veille sur elle!

ADRIENNE, tombant sur le fauteuil qui est près de la table, à gauche.

Ah! tout est fini!

SCÈNE XIII.

MICHONNET, ADRIENNE, LE PRINCE, L'ABBÉ et LES DEUX DAMES sortent de l'appartement, à droite.

LE PRINCE.

Personne !

LES DEUX DAMES ET L'ABBÉ.

Personne !

LE PRINCE, s'avançant.

C'est égal... ce n'était pas la Duclos et je triomphe !... (Se retournant.) La main aux dames et à souper ! (Il offre une main à mademoiselle Jouvenot, l'autre à mademoiselle Dangeville, tandis que l'abbé présente la sienne à Adrienne, qui, toujours assise et absorbée dans sa douleur, ne le voit ni ne l'écoute. — La toile tombe.)

ACTE IV

Un salon de réception très-élégant chez la princesse de Bouillon ; porte au fond, deux portes latérales.

SCÈNE PREMIÈRE.

MICHONNET, s'inclinant vers la porte à gauche, d'où il sort.

Merci, mon prince, merci ! Rentrez donc, je vous prie ! trop d'honneur ! (Redescendant le théâtre.) Un prince de Bouillon ! un descendant de Godefroy de Bouillon, me reconduire jusqu'à la porte de son cabinet... moi, régisseur ! Que serait-ce donc si j'étais... Ah çà ! voici ma commission faite, et avec quelque succès, j'ose le dire !... Je puis m'en aller... (Regardant la pendule du salon.) Trois heures !... la répétition sera finie, et sans moi ! C'est la première fois que j'y aurai manqué.... Je me dérange !... C'est du désordre !... mais Adrienne me l'avait demandé comme un service ! Elle y tenait tant ! elle était d'une telle impatience, qu'avant que je fusse parti elle aurait voulu que déjà je fusse de retour.

UN VALET, entrant par la porte du fond, avec Adrienne, et lui montrant Michonnet.

Oui, Mademoiselle, il est encore ici.

MICHONNET.

Que disais-je ? c'est elle !...

SCÈNE II.

MICHONNET, ADRIENNE.

ADRIENNE.

Que devenez-vous donc?... Qui peut vous retenir?... Depuis plus de deux heures je vous attends, et je craignais qu'il ne fût survenu quelque accident, quelque obstacle..

MICHONNET.

Aucun!... tout s'est passé comme tu le désirais. A ton nom seul toutes les portes se sont ouvertes! car il faut rendre justice à ces grands seigneurs, ils aiment les artistes, ils nous aiment!... Mon prince, lui ai-je dit, vous avez souvent daigné répéter à mademoiselle Lecouvreur que vous lui donneriez, quand elle le voudrait, soixante mille livres des diamants qu'elle tient de la libéralité de la reine... — C'est vrai, je ne m'en dédis pas. — Eh bien! elle m'envoie vers vous, en secret, comptant sur votre bienveillance pour lui rendre ce service, et sur votre discrétion pour n'en parler à personne... Tu vois... c'est assez bien tourné.

ADRIENNE, avec impatience.

Très-bien... et après?

MICHONNET.

Après?... Il a paru étonné... et m'a demandé pourquoi se défaire de ces diamants... dans quelle idée?... dans quel but?... Question à laquelle il m'a été impossible de répondre, attendu que tu ne m'as pas fait part de tes intentions... Il s'est mis alors à écrire un bon sur la caisse des fermiers généraux... en prononçant cette phrase, qui était convenable : Dites à mademoiselle Lecouvreur que je ne regarde cet écrin que comme un dépôt. Puis il a ajouté, avec un sourire qui m'a paru moins bien : Dépôt qu'elle pourra, quand elle le voudra, venir me redemander elle-même!...

ADRIENNE, avec impatience.

Enfin, ces soixante mille livres...

MICHONNET.

Je les ai là.

ADRIENNE.

Ah! je respire... Mais si vous saviez tout ce que ces deux heures d'attente m'ont fait souffrir!... Vous n'auriez pas été aussi longtemps... car la journée avance, et il me reste encore d'autres démarches à faire...

MICHONNET.

Oui, dix mille livres de plus, qu'il te faut... Tu me l'avais dit, et les voici!

ADRIENNE.

O ciel!

MICHONNET

J'ai commencé par aller te les chercher... Voilà ce qui m'a retenu... Je t'en demande pardon...

ADRIENNE.

Vous... me les chercher!... et où donc?

MICHONNET

Chez le notaire de la succession de mon oncle, l'épicier de la rue Férou.

ADRIENNE.

Cet héritage! votre seul bien... tout ce que vous possédez!... Je ne puis accepter un tel sacrifice.

MICHONNET.

Et pourquoi donc?

ADRIENNE.

Je puis exposer ma fortune... mais non celle d'un ami!

MICHONNET.

L'exposer?... en quoi?... Explique-moi d'abord...

ADRIENNE.

Je ne le puis!... Je ne puis vous rien dire!

MICHONNET.

Rien?.. Je ne t'en demande pas davantage!... Prends... je le veux... Tout cela t'appartient!

ADRIENNE.

Nous discuterons cela plus tard, gardez-les... Il faudrait, à l'instant même, porter cette somme rue Saint-Honoré, à l'hôtel de l'ambassadeur.

MICHONNET.

L'ambassadeur moscovite?

ADRIENNE.

Oui! à lui-même!... La lui remettre en paiement d'une lettre de change de soixante-dix mille livres, souscrite à M. le comte de Kalkreutz...

MICHONNET, étonné.

Comment?

ADRIENNE, avec impatience

Le comte de Kalkreutz... un Suédois...

MICHONNET, avec douceur.

Je ne comprends pas...

ADRIENNE.

Vous n'avez pas besoin de comprendre... Silence!... c'est l'abbé!...

SCÈNE III.

MICHONNET, L'ABBÉ, ADRIENNE.

L'ABBÉ, entrant par le fond.

Que vois-je?... mademoiselle Lecouvreur chez M. le prince de Bouillon!... Est-ce que cela nous annoncerait un contre-ordre?... Est-ce qu'on ne vous verrait pas ce soir?...

ADRIENNE.

Si, vraiment! plus que jamais je dois tenir ma parole à M. le prince, et je viendrai.

L'ABBÉ.

Je respire! car je connais des dames qui se font une grande fête de vous voir et de vous entendre; par malheur, il pourra bien vous manquer un de vos enthousiastes, de vos fanatiques...

MICHONNET.

Qui donc?

L'ABBÉ.

Ce pauvre comte de Saxe!

ADRIENNE, à part.

Qu'entends-je?

L'ABBÉ.

Il lui arrive l'aventure la plus piquante et la plus originale... Mon état est d'apprendre les nouvelles et de les répandre, et je tiens celle-ci de bonne source... Imaginez-vous qu'il ne s'agissait de rien moins, pour lui, que de partir cette semaine pour conquérir la Courlande, et de là, devenir grand-duc... roi, que sais-je? (Riant.) Et vous ne devineriez jamais qui lui enlève sa couronne? qui l'arrête au milieu de sa conquête?

MICHONNET.

Non!

L'ABBÉ, riant toujours.

Une lettre de change de soixante-dix mille livres.

MICHONNET, étonné.

Comment dites-vous?

L'ABBÉ.

Que l'ambassadeur de Russie a rachetée par dessous main, afin de vaincre par huissier et de faire prisonnier, sans combats, le général qu'il redoutait.

MICHONNET, étonné.

Ce n'est pas possible!

L'ABBÉ, riant toujours.

Je vous l'atteste! et le plus curieux... c'est que cette lettre de change était d'abord entre les mains d'un comte de Kalkreutz...

MICHONNET, vivement.

Un Suédois!

L'ABBÉ.

Vous le connaissez?

MICHONNET, avec colère et regardant Adrienne.

Oui... certes...

L'ABBÉ.

Et il paraît que c'est une maîtresse du comte de Saxe, une grande dame!...

ADRIENNE, vivement.

Une grande dame!...

L'ABBÉ.

Que par malheur je ne connais pas encore, mais que j'espère bien découvrir... qui, dans un transport de jalousie, a dénoncé ce fait à l'ambassadeur tartare; de sorte qu'en ce moment le héros saxon, sans sceptre et sans armée, gémit sous les verrous, attendant que la politique ou l'amour vienne le délivrer... Voilà l'aventure primitive, je vous la donne... je vous la livre... permis à vous de l'embellir et de l'orner... Je vais la confier aux méditations de M. de Bouillon... un savant qui aime à traiter ces sujets-là. (Il sort par la porte à gauche ; Michonnet remonte après lui le théâtre, le suit des yeux quelques instants, puis redescend à droite.)

SCENE IV.

ADRIENNE, MICHONNET.

MICHONNET, à Adrienne, qui, silencieuse, baisse les yeux.

Ce que je viens d'entendre est donc vrai... le comte de Saxe est celui que tu aimes?

ADRIENNE, à voix basse.

Oui.

MICHONNET.

Et que tu veux délivrer?

ADRIENNE, de même.

Oui.

MICHONNET.

Au prix de ta fortune?

ADRIENNE, avec passion.

Au prix de tout mon sang!

MICHONNET.

Mais tu n'as donc pas entendu qu'il ne t'aimait pas, qu'il en aimait une autre?

ADRIENNE.

Je le sais.

MICHONNET.

Et tu oses me l'avouer... et tu n'en rougis pas...

ADRIENNE.

Ah! vous ne pouvez pas comprendre, vous, qu'on aime sans le vouloir et malgré soi.

MICHONNET, vivement.

Si!

ADRIENNE.

Cherchant à le cacher à tous et à soi-même... en rougissant de honte, de cette honte qui est encore de l'amour.

MICHONNET, avec passion.

Si, si, je le comprends!... pardon, Adrienne, c'est moi qui suis un insensé de t'avoir parlé ainsi. Mais qu'espères-tu?

ADRIENNE.

Rien!... (Avec amour.) que de le sauver!... Et puis, ne nous a-t-on pas parlé tout à l'heure d'une rivale, d'une grande dame?

MICHONNET.

Celle au bracelet, sans doute, celle qu'il te préfère et pour laquelle il t'a trahie.

ADRIENNE, portant la main à son cœur.

C'est vrai! mais ne me le dites pas, c'est comme si vous me frappiez là d'un fer froid et aigu, et ce n'est pas votre intention.

MICHONNET, vivement et avec bonté.

Oh! non, non! tu ne peux le croire.

ADRIENNE.

Cette rivale, je veux la connaître. (Avec énergie.) Je la connaîtrai! pour lui dire : C'est par vous qu'il fut prisonnier, c'est par moi qu'il a recouvré la liberté, même celle de vous voir, de vous aimer, de me trahir encore... Jugez vous-même, Madame, qui de nous aimait le mieux.

MICHONNET.

Et lui?

ADRIENNE, avec mépris.

Lui!... il m'a trompée, j'y renonce à jamais!

MICHONNET, avec joie.

Bien cela!... Mais alors, réponds-moi, pourquoi tout sacrifier à un ingrat?

ADRIENNE.

Pourquoi? vous me le demandez! La vengeance m'est-elle donc interdite et ne m'est-il pas permis de la choisir? N'avez-vous pas entendu tout à l'heure qu'il s'agissait pour lui en ce moment de combattre, de vaincre, de gagner un duché... peut-être une couronne... Et songez donc, ami, songez, s'il me la devait!... s'il la tenait de ma main! Roi, par la tendresse de celle qu'il a abandonnée et trahie!... Roi, par le dévouement de la pauvre comédienne!... Ah! il aura beau faire, il ne pourra m'oublier! A défaut de son amour, sa gloire même et sa puissance lui parleront de moi! Comprenez-vous à présent ma vengeance?

« Comblé de mes bienfaits, je veux l'en accabler! »

O mon vieux Corneille! viens à mon aide! viens soutenir mon courage, viens remplir mon cœur de ces élans généreux, de ces sublimes sentiments que tu as tant de fois placés dans ma bouche. Prouve-leur à tous que nous, les interprètes de ton génie, nous pouvons gagner au contact de tes nobles pensées... autre chose que de les bien traduire! Ce que tu as dit, je le ferai! (A Michonnet.) Allez, courez le délivrer! Je vous attendrai chez moi. (Elle sort par le fond.)

SCÈNE V.

MICHONNET, seul, allant reprendre son chapeau, qu'il avait posé, dans la première scène, sur l'un des fauteuils à gauche.

Ah! elle n'a que trop raison de compter sur moi, qui suis encore plus insensé qu'elle... Car, après tout, elle donne sa fortune pour un amant, c'est tout simple!... mais moi, la mienne pour un rival!... (Soupirant.) Enfin, elle le veut, cela lui fait plaisir... alors à moi aussi... Mais ce qu'elle ne trouverait pas dans le grand Corneille lui-même, ce qui est le sublime de l'absurde, c'est que je souffre de sa peine... à elle! c'est que je suis tenté de lui en vouloir... à lui... de ce qu'il ne l'aime pas, et je serais furieux s'il l'aimait! (Apercevant la princesse qui sort de l'appartement à droite.) Dieu! une belle dame!... la maîtresse de la maison, sans doute. (La saluant sans que la princesse le voie.) Elle ne me voit pas, et je puis sortir, je crois, sans que cela la dérange... Allons remplir mon message, et porter notre argent à la Russie. (Il sort par le fond.)

SCÈNE VI.

LA PRINCESSE, seule et rêvant, puis **L'ABBÉ**, sortant de la porte à gauche.

LA PRINCESSE, à part et rêvant.

Que Maurice coure la rejoindre; je l'en défie, et quant à briser mes chaînes, il doit voir à présent que cela n'est pas si facile... La seule chose qui m'inquiète, c'est ce bracelet, donné hier par mon mari et perdu dans ma fuite... à quel moment?... sans doute en montant dans ce carrosse de louage qu'il m'a fallu prendre! Après tout, personne ne sait que ce bracelet m'appartient... quelques diamants de moins, cela regarde M. de Bouillon. L'essentiel, l'important pour moi, c'est de connaître cette femme qui exerce sur lui un tel empire. *Celle à qui il confie tout.* Et quand je pense que j'ai tenu ce secret, mieux encore, cette rivale entre mes mains... et que tout m'est échappé, grâce à mon mari, dont le flambeau est venu tout embrouiller... La science n'en fait jamais d'autres... avec ses lumières... Aussi je lui en veux, et vienne l'occasion!... (Apercevant l'abbé et d'un air gracieux.) Eh! c'est vous, l'abbé.

L'ABBÉ, sortant de la porte à gauche.

Vous, Madame! déjà superbe, éblouissante...

LA PRINCESSE.

J'ai voulu de bonne heure me tenir prête à recevoir tout mon monde... et en attendant, je rêvais.

L'ABBÉ.

Non pas à moi... j'en suis sûr.

LA PRINCESSE

Peut-être!... à des projets de vengeance... projets dans lesquels je ne vous ai pas défendu de m'aider... au contraire.

L'ABBÉ, vivement.

Eh bien! Madame!... vous me voyez furieux, je ne sais rien encore!

LA PRINCESSE, souriant.

En vérité!... vous me rassurez!... je comptais si bien sur vos talents et votre habileté... que je commençais à m'effrayer de la récompense promise... mais, grâce au ciel!... et à vous...

L'ABBÉ, vivement.

Ah! ne me parlez pas ainsi... car vous me désespérez! un instant j'ai cru connaître la personne, tout me prouvait que c'était la Duclos...

LA PRINCESSE.

La Duclos!

L'ABBÉ.

Votre mari lui-même paraissait convaincu... il me l'avait dit et démontré...

LA PRINCESSE.

Raison de plus pour ne pas le croire!... Eh bien! moi, je suis plus heureuse ou plus habile que vous, j'ai vu cette beauté mystérieuse!... par un hasard singulier, je me suis trouvée, il y a quelques jours... la semaine dernière, avec elle... à la campagne... dans une allée sombre... très-sombre...

L'ABBÉ.

En vérité

LA PRINCESSE.

Et sans pouvoir distinguer ses traits... je lui ai entendu prononcer quelques mots... une phrase que j'ai retenue... celle-ci : « *Ne craignez rien. Votre secret m'a été confié par quelqu'un qui* « *me dit tout.* » C'est à coup sûr fort insignifiant; mais le singulier, le voici : c'est que l'accent, le son de la voix, me sont parfaitement connus! plus je me la rappelle et plus il me semble que maintes fois je l'ai entendue retentir à mon oreille!

L'ABBÉ.

Vous croyez?

LA PRINCESSE.

A n'en pouvoir douter!... En quels lieux?... c'est ce que je ne puis dire! J'avais d'abord pensé à la duchesse de Mirepoix, j'ai couru ce matin lui faire une visite d'amitié! Une voix aigre et pointue qui fait mal aux nerfs! Je suis passée chez madame de Sancerre, madame de Beauveau, madame de Vaudemont, pour m'informer de leurs nouvelles, empressement dont elles ont été vivement touchées, sans compter que jamais je ne les avais écoutées avec autant d'attention! Quelles futilités! quel bavardage! quel ennui!... j'ai tout subi! courage héroïque dépensé en pure perte ! ce n'était pas cela ! et pourtant c'est la voix de quelqu un que je rencontre souvent... habituellement... dans ma société intime.

L'ABBÉ, vivement.

Attendez ! avez-vous vu la duchesse d'Aumont ?

LA PRINCESSE, vivement.

Non, vraiment ! et pourquoi ?

L'ABBÉ

Une inspiration !... une idée

LA PRINCESSE, vivement.

En effet !... l'intérêt que, malgré elle, elle paraissait prendre hier au comte de Saxe ! tous ces détails intimes qu'elle savait sur son compte... et qu'elle était censée tenir de Florestan de Belle-Isle...

L'ABBÉ, riant.

Son cousin.

A PRINCESSE.

Est-ce que vous croyez aux cousins ?

L'ABBÉ.

Du tout... on ne les prend généralement que comme un manteau, contre l'orage.

SCÈNE VII.

Les précédents, UN DOMESTIQUE.

LE DOMESTIQUE, annonçant.

Madame la duchesse d'Aumont !

LA PRINCESSE, bas, à l'abbé.

C'est le destin qui nous l'envoie, (Allant au devant d'elle.) C'est vous, ma toute belle !... comme vous êtes aimable de nous venir de si bonne heure... l'abbé et moi nous parlions de vous... nous allions peut-être en dire du mal !...

ATHÉNAÏS, souriant.

Vrai !

L'ABBÉ, bas, à la princesse.

Est-ce la même voix ?

LA PRINCESSE, bas.

On ne peut pas juger sur un mot... faites-la parler, j'étudierai.

L'ABBE, quittant la princesse et passant de l'autre côté, à droite, pr s a'Athénaïs.

Madame la duchesse tenait tant à entendre mademoiselle Lecouvreur...

ATHÉNAÏS.

Oh! oui...

L'ABBÉ.

C'est un talent... un talent...

ATHÉNAÏS.

Fort!

L'ABBÉ.

Tandis que celui de la Duclos...

ATHÉNAÏS.

Nul.

LA PRINCESSE, à part.

Il paraît que nous n'en obtiendrons pas une phrase entière... (Haut.) Je commence à être de votre avis, duchesse. Pour bien apprécier le charme de mademoiselle Lecouvreur et le naturel de sa diction, il faut avoir essayé soi-même quelques lignes en scène... Tenez, nous devons la semaine prochaine dire des proverbes chez M. le comte de Noailles... je joue un rôle...

ATHÉNAÏS.

Vous devez bien jouer la comédie, princesse?

LA PRINCESSE.

Moi! non... tout m'embarrasse. Je répétais tout à l'heure avec l'abbé, quand vous êtes venue...

ATHÉNAÏS.

Vous déranger?

L'ABBÉ, vivement.

Pas le moins du monde

ATHÉNAÏS.

Continuez... je ne dis plus un mot!

L'ABBÉ, à part.

A merveille!

LA PRINCESSE.

Gardez-vous-en bien! Je suis sûre, au contraire, de gagner à vous entendre, ma toute belle, car le difficile, c'est le naturel, c'est de parler simplement, comme l'on parle. J'ai, dans ma première scène, par exemple, une phrase, la plus simple qu'on puisse réciter, et je n'en puis venir à bout.

ATHÉNAÏS.

Vous?

LA PRINCESSE.

« Ne craignez rien. Votre secret m'a été confié par quelqu'un « qui me dit tout!... »

ATHÉNAÏS.

C'est bien facile.

LA PRINCESSE.

Oui-dà! eh bien! je voudrais vous l'entendre prononcer à vous-même!

ATHÉNAÏS.

A moi!

LA PRINCESSE.

Comment la diriez-vous?

ATHÉNAÏS, riant.

Je ne la dirais pas. (Elle les quitte et passe à la gauche du théâtre.)

LA PRINCESSE, bas, à l'abbé.

Elle élude la question.

L'ABBÉ, de même.

C'est elle!

LA PRINCESSE, allant au devant de la marquise, de la baronne et des dames qui entrent par la porte du fond.

Bonjour, mes très-chères!

SCÈNE VIII.

(Pendant que les dames entrent par le fond, plusieurs seigneurs sortent de l'appartement, à droite, avec LE PRINCE, LA MARQUISE, LA PRINCESSE, LA BARONNE, L'ABBÉ, ATHÉNAÏS. Les autres dames, qui sont entrées par la porte du fond, vont s'asseoir sur des fauteuils placés à gauche ; les seigneurs, qui sont entrés avec le prince, se tiennent debout devant elles.)

LE PRINCE, à droite.

Oui, Messieurs, la nouvelle est authentique... (Saluant les dames.) et je puis vous attester qu'à l'heure où je vous parle il est libre, complétement libre...

ATHÉNAÏS, placée à l'extrême droite.

Et qui donc?

LE PRINCE.

Le comte de Saxe!

LA PRINCESSE, à part.

Maurice! ô ciel!

LA MARQUISE.

Ah! vous savez aussi la nouvelle! c'est très-désagréable... je croyais être seule!

LA BARONNE.

En effet, le bruit courait ce matin que le futur souverain de Courlande était retenu prisonnier pour une somme très-considérable... ce n'est donc pas vrai?

LA MARQUISE.

Eh! mon Dieu! si.

ATHÉNAÏS.

Alors, comment est-il libre?

LA BARONNE, gaiement.

Un roman... un enlèvement, et comme il lui en arrive toujours, une aventure...

LA MARQUISE.

La plus simple du monde... et la plus bourgeoise... on a payé ses dettes!

LA BARONNE.

Oui-dà, marquise! et vous ne trouvez pas cela une aventure extraordinaire?

LA PRINCESSE.

Si, vraiment; mais ces dettes, qui les a payées?

LA MARQUISE.

Demandez à M. le prince, car, pour moi, l'histoire s'arrête là... on ne m'a rien dit de plus.

LE PRINCE, gravemen

Et moi, Mesdames...

TOUT LE MONDE.

Eh bien!

LE PRINCE, de même.

Je n'ai pu en savoir davantage... ce qui prouve bien...

L'ABBÉ.

Que cela n'est pas! je le saurais... Or, je ne le sais pas, donc cela n'est pas!

LA MARQUISE.

Cela est, je le tiens d'une amie intime du comte de Saxe.

LE PRINCE.

Moi, je le tiens de Florestan lui-même, qui a vu Maurice, à telles enseignes qu'il a été de sa part défier le comte de Kalkreutz.

(Au nom de Florestan, Athénaïs fait un mouvement que la princesse remarque.)

L'ABBÉ.

Celui qui a livré sa créance à l'ambassadeur moscovite?

LE PRINCE.

Précisément.

ATHÉNAÏS.

Action déloyale, indigne d'un gentilhomme!

LE PRINCE.

Et dont le comte de Saxe lui a demandé raison... ils ont du se battre.

LA PRINCESSE.

Et sait-on l'issue du combat?

LE PRINCE.

Pas encore! mais ce pauvre Maurice, qui devait nous venir ce soir...

ATHÉNAÏS.

Ne craignez rien... il viendra!

LA PRINCESSE, l'observant avec jalousie

Vous croyez, Madame?

SCÈNE IX.

Les précédents, UN DOMESTIQUE.

LE DOMESTIQUE, annonçant.

Mademoiselle Lecouvreur et monsieur Michonnet, de la Comédie française!

L'ABBÉ.

Ah! enfin! (Tout le monde va au devant d'Adrienne.)

LA MARQUISE, qui est restée avec la baronne sur le devant du théâtre, à droite.

Il paraît que nous aurons ce soir la tragédie.

LA BARONNE.

Et la comédie.

LA MARQUISE.

Le prince l'aime beaucoup.

LE BARON.

Et la princesse, donc!

LE PRINCE, redescendant en donnant la main à Adrienne.

Combien je vous remercie, Mademoiselle, de l'honneur que vous voulez bien nous faire, à madame de Bouillon et à moi!

ATHÉNAÏS, à la princesse.

Daignez, princesse, me nommer à Mademoiselle. Il y a si longtemps que je l'admire de loin, que je suis bien aise de le lui dire de près!

LA PRINCESSE, présentant la duchesse.

Madame la duchesse d'Aumont, Mademoiselle... (La princesse fait passer Adrienne près d'Athénaïs, de la marquise et de la baronne, qui l'entourent; le prince et l'abbé se rapprochent d'elles. Michonnet est toujours presque seul à extrême droite, pendant que la princesse descend à gauche, au bord de la scène et devant les dames, qui sont assises.)

ADRIENNE.

En vérité, Mesdames, je suis confuse de tant d'honneur!

MICHONNET, à part.

Ce n'est que justice! je vous demande si elle ne figure pas aussi bien qu'elles toutes dans un salon!

ADRIENNE.

Vous avez voulu, vous et les nobles dames qui daignent m'accueillir...

LA PRINCESSE, frappée du son de voix et écoutant.

O ciel!

ADRIENNE.

Donner à l'humble artiste l'occasion d'étudier ce ton exquis, ces manières élégantes que vous seules possédez..

LA PRINCESSE, de même.

Qu'entends-je?... cette voix...

ADRIENNE.

Aussi, je vais bien regarder... pour tâcher de copier fidèlement... certaine de réussir, pour peu que je sois ressemblante.

LA PRINCESSE.

Plus je l'entends, plus il me semble... Non, non, ce n'est pas possible, c'est un rêve!... ce n'est pas à mon oreille, c'est dans mon imagination seule que retentit et vibre encore ce son de voix qui me poursuit toujours. (Athénaïs et les autres dames se sont emparées d'Adrienne, la font asseoir auprès d'elles et causent avec elle à voix basse, pendant que le prince et les autres seigneurs entourent son fauteuil. Souriant avec ironie.) Quelle idée... en effet, que cette rivale qu'il me préfère soit une femme de théâtre... une comédienne... et pourquoi non? N'ont-elles point un charme, un prestige qui n'appartient qu'à elles, le talent et la gloire qui enivrent et ajoutent à la beauté. (Regardant Adrienne, que tous les seigneurs entourent.) Dans ce moment encore ne sont-ils pas là tous à l'admirer, à l'adorer!... pourquoi n'aurait-il pas fait comme eux? Ah! ce doute est insupportable... et je veux à tout prix confirmer ou détruire mes soupçons. (Se retournant vers le prince qui vient de quitter le fauteuil d'Adrienne et qui s'approche d'elle.) Eh bien! ne commençons-nous pas?

LE PRINCE.

Il nous faut attendre le comte de Saxe, puisqu'on assure qu'il viendra.

ACTE IV, SCÈNE IX.

LA PRINCESSE, regardant du côté d'Adrienne.

Je crois que vous nous flattez d'un vain espoir, il ne viendra pas. (A part.) Elle a tressailli... elle écoute...

LE PRINCE.

Qui vous le fait croire ?... qui vous l'a dit, puisqu'il est libre... libre par les mains de l'amour.

LA PRINCESSE, à part, observant Adrienne.

Elle tressaille encore! serait-ce elle qui l'aurait délivré? (Haut.) Je n'ai pas voulu tout à l'heure troubler vos espérances, ni attrister ces dames, mais vous savez qu'il s'est battu.

ADRIENNE, à part.

Battu !

LA PRINCESSE, à part.

Elle se rapproche. (Haut.) Et l'abbé, qui sait tout, m'a dit... que le comte était blessé dangereusement.

L'ABBÉ, étonné.

Moi

LA PRINCESSE, bas, à l'abbé.

Taisez-vous ! (Poussant un cri, et courant auprès d'Adrienne, qui vient de tomber évanouie dans un fauteuil.) Mademoiselle Lecouvreur se trouve mal.

MICHONNET, se précipitant vers elle.

Adrienne!

LA BARONNE ET LA MARQUISE, passant derrière le fauteuil d'Adrienne.

Ah ! mon Dieu.

ADRIENNE, revenant à elle.

Ce n'est rien... l'éclat des lumières... la chaleur du salon. (A la princesse, qui lui fait respirer le flacon.) Merci, Madame, que de bontés. (Rencontrant ses yeux.) Quel regard !

UN DOMESTIQUE, annonçant.

Monsieur le comte de Saxe. (Tout le monde pousse un cri de surprise; les dames quittent le fauteuil d'Adrienne et vont au devant du comte.)

ADRIENNE, faisant un geste de joie.

Ah! (Elle veut s'élancer vers lui, Michonnet la retient par la main; la princesse et Adrienne restent un moment les yeux fixés l'une sur l'autre.)

MICHONNET, à voix basse.

Prends garde !... la joie trahit encore plus que la douleur. (Les seigneurs et les dames qui étaient allés au devant de Maurice redescendent avec lui.)

LE PRINCE, à Maurice.

Que nous disait donc l'abbé, que vous étiez blessé?

L'ABBÉ.

Permettez je réclame.

MAURICE.

Bah! depuis Charles XII, la Suède ne sait plus se battre.

LE PRINCE, riant.

Ainsi, ce comte de Kalkreutz...

MAURICE.

Désarmé à la seconde passe. (Le prince, l'abbé et Athénaïs remontent le théâtre et vont causer avec les autres dames et seigneurs. Maurice se trouve sur le devant de la scène près de la princesse, et lui dit à demi-voix, sans la regarder :) Vous disiez vrai, princesse, en disant que vous me ramèneriez.

LA PRINCESSE, avec joie.

O ciel!

MAURICE, de même.

Je voulais partir sans vous voir, mais après le service que vous venez de me rendre, service que, du reste, je n'accepte pas... je...

ADRIENNE, à droite, et à quelques pas d'eux, les suivant des yeux.

Il lui parle bas!... si c'était cette grande dame... si c'était elle!...

LA PRINCESSE, continuant à causer avec Maurice.

Que voulez-vous dire?

MAURICE, toujours bas à la princesse.

Il faut absolument que je vous parle.

LA PRINCESSE, de même.

Ce soir, quand tout le monde sera parti...

MAURICE, de même.

Soit! (La princesse remonte le théâtre à gauche du spectateur; Maurice se retourne et aperçoit à droite Adrienne, il la salue profondément.) Mademoiselle Lecouvreur! (Il fait quelques pas pour aller près d'elle : en ce moment, le prince qui avait remonté le théâtre, le redescend et prend Maurice par dessous le bras, au moment où il s'approchait d'Adrienne.)

LE PRINCE.

A propos de la Suède, mon cher comte, j'ai à vous demander... (Il s'éloigne avec lui en causant et en remontant le théâtre, ils disparaissent tous deux quelques moments dans d'autres salons. Pendant ce temps, la marquise et la baronne se sont rapprochées d'Adrienne, et pendant les mouvements de la scène précédente, Michonnet, qui était à l'extrême droite, a remonté le théâtre, est resté quelque temps au fond, puis est redescendu à l'extrême gauche.)

L'ABBÉ, à la princesse, à demi-voix.

Je vous demanderai maintenant, princesse, pourquoi tout à l'heure vous m'accusiez ainsi de...

LA PRINCESSE, à voix haute

Pourquoi?... parce que vous n'êtes jamais au fait des choses.

(Se retournant en riant vers les deux dames qui sont à sa gauche.) Imaginez-vous, Mesdames... (L'abbé quitte la droite de la princesse près de laquelle il est placé, remonte le théâtre, et se pose entre les deux dames comme pour se justifier près d'elles.)

LA PRINCESSE, continuant sa phrase.

Imaginez-vous que le pauvre abbé court vainement depuis hier à la découverte d'un secret! Une belle inconnue qu'adore le comte de Saxe... Mais j'y songe... (Se retournant vers Adrienne.) Mademoiselle Lecouvreur pourrait peut-être nous éclaircir sur ce mystère...

ADRIENNE.

Moi, Madame!

LA PRINCESSE.

Sans doute! on assure dans le monde que l'objet de cet amour est une personne de théâtre.

L'ABBÉ.

Laissez donc...

ADRIENNE.

C'est étrange! on assurait au théâtre que cette maîtresse en titre était une grande dame...

L'ABBÉ, regardant Athénaïs.

Je le croirais plutôt!

LA PRINCESSE.

Ma chronique parlait même d'une certaine rencontre nocturne...

ADRIENNE.

Et la mienne d'une visite dans une petite maison...

ATHÉNAÏS.

Mais c'est très-intéressant!

LA PRINCESSE.

On disait que la comédienne y avait été surprise par une rivale jalouse.

ADRIENNE.

On affirmait que la grande dame en avait été chassée par un mari indiscret.

ATHÉNAÏS.

Que vous semblez bien instruites toutes deux!...

L'ABBÉ.

Plus que moi, j'en conviens!

ATHÉNAÏS.

Mais pour nous mettre à même de prononcer, qui nous donnera des preuves?

LA PRINCESSE.

La mienne est un bouquet que la belle a laissé aux mains de son vainqueur... bouquet de roses, attaché par un ruban soie et or!

ADRIENNE, à part

Mon bouquet!

ATHÉNAÏS, à Adrienne.

Et votre preuve, à vous... Mademoiselle?

ADRIENNE.

La mienne?... la mienne, c'est que la grande dame a laissé tomber en s'enfuyant dans le jardin...

ATHÉNAÏS.

Comme Cendrillon, sa pantoufle de verre...

ADRIENNE.

Non, mais un bracelet de diamants.

LA PRINCESSE, à part.

Mon bracelet.

L'ABBÉ.

Un conte des *Mille et une Nuits!*

ADRIENNE.

Non, vraiment, une réalité!... car ce bracelet on me l'a apporté... on me l'a laissé... (Le montrant.) Le voici!...

L'ABBÉ, prenant le bracelet, et le montrant à la marquise et à la baronne, entre lesquelles il est placé.

Superbe! voyez donc, Mesdames

LA PRINCESSE jette un regard sur le bracelet, et dit froidement :

Admirable!... c'est travaillé avec un art! (Elle avance la main pour le prendre ; mais le prince, qui depuis quelques instants est rentré dans le salon avec Ma rice, s'est approché du groupe, se place entre la princesse et la marquise. La princesse s'éloigne et se rapproche d'Athénaïs, qui venait aussi pour regarder le bracelet.)

LE PRINCE.

Qu'est-ce donc? qu'admirez-vous ainsi

L'ABBÉ.

Ce bracelet!...

LA PRINCESSE.

Celui de ma femme!

TOUS, avec un accent différent.

Sa femme!

LE PRINCE, remontant le théâtre, et montrant à tout le monde le bracelet, avec un air de satisfaction.

Il est de bon goût, n'est-ce pas?...

ADRIENNE, à part.

C'était elle !... (Pendant le désordre produit par cet incident, Athénaïs, la princesse, le prince et les autres dames ont remonté le théâtre. Adrienne, qui était à l'extrême droite, traverse la scène avec agitation, et va se placer à gauche, près de Michonnet.)

LA PRINCESSE, au milieu du théâtre et mettant à son bras son bracelet que son mari vient de lui rendre.

Eh bien! maintenant que M. le comte de Saxe est décidément des nôtres, si Mademoiselle Lecouvreur était assez bonne pour nous dire quelques vers...

ADRIENNE, hors d'elle.

Des vers !... moi !... en ce moment ! (Les dames qui étaient assises à gauche se lèvent, et se dirigent vers la droite du salon. A part.) Ah! c'est trop d'impudence...

MICHONNET, à gauche, près d'elle.

Calme-toi et étudie !... Il y a dans le monde de plus grands comédiens que nous! (Les dames et les seigneurs se sont placés à droite, devant les deux rangées de fauteuils qui garnissent ce côté du salon.)

MAURICE, qui a redescendu le théâtre.

Quoi, Mademoiselle... vous daigneriez...

ADRIENNE, froidement.

Oui, Monsieur le comte

LA PRINCESSE, d'un air gracieux.

Quel bonheur!... asseyons-nous, Mesdames... (A Maurice.) Monsieur le comte, auprès de moi...

ADRIENNE, à part.

Les voir là, sous mes yeux, tous les deux ensemble... comme pour me braver! Mon Dieu, donnez-moi la force de me contraindre...

LE PRINCE.

Que nous direz-vous?

ATHÉNAÏS.

Le *Songe de Pauline.*

LA MARQUISE.

Hermione.

LA BARONNE.

Ou Camille des *Horaces.*

LA PRINCESSE, avec ironie.

Ou plutôt le monologue d'*Ariane* abandonnée.

ADRIENNE, à part, se contenant à peine.

Ah! c'en est trop.

ATHÉNAÏS, qui est assise à la droite de la princesse, s'écrie:

Non, non! *Phèdre,* que vous avez si bien jouée avant-hier.

Phèdre, soit.

ADRIENNE, vivement.

TOUS.

ÉCOUTONS. (Tout le monde est rangé à droite comme il est dit plus haut. Michonnet, assis à gauche, a tiré plusieurs brochures de sa poche; il prend celle de *Phèdre*, et s'apprête à souffler. Adrienne est seule debout au milieu du théâtre.)

ADRIENNE, récitant avec une agitation et une fièvre toujours croissantes, les yeux fixés sur la princesse, qui se penche plusieurs fois sur l'épaule de Maurice et lui parle bas avec affectation.

...... Juste ciel!... qu'ai-je fait aujourd'hui?
Mon époux va paraître, et son fils avec lui.
Je verrai le témoin de ma flamme adultère
Observer de quel front j'ose aborder son père!
Le cœur gros de soupirs qu'il n'a point écoutés,
(Regardant Maurice.)
L'œil humide de pleurs par l'ingrat rebutés,
Penses-tu que sensible à l'honneur de Thésée,
Il lui cache l'ardeur dont je suis embrasée?
Laissera-t-il trahir et son père et son roi?
Pourra-t-il contenir l'horreur qu'il a pour moi?
(Regardant Maurice, qui vient de ramasser l'éventail que la princesse avait laissé tomber, et qui le lui remet d'un air galant.)
Il se tairait en vain! je sais ses perfidies,
Œnone!... et ne suis point de ces femmes hardies,
(Hors d'elle-même, et s'avançant vers la princesse.)
Qui, goûtant dans le crime une honteuse paix,
Ont su se faire un front qui ne rougit jamais!...
(Elle a continué à s'avancer vers la princesse, qu'elle désigne du doigt, et reste quelque temps dans cette attitude, pendant que les dames et seigneurs, qui ont suivi tous ses mouvements, se lèvent comme effrayés de cette scène.)

LA PRINCESSE, avec calme.

Bravo! bravo! admirable!

TOUS.

Admirable!

MICHONNET, bas, à Adrienne.

Malheureuse! qu'as-tu fait?

ADRIENNE.

Je me suis vengée!

LA PRINCESSE, hors d'elle-même.

Un tel affront!... je le lui ferai payer cher!...

ADRIENNE, au prince qui la félicite.

Déjà souffrante et fatiguée, je vous demanderai la permission de me retirer...

LA PRINCESSE, bas, a Maurice, qui fait un pas vers Adrienne.

Restez !

LE PRINCE, à Adrienne.

Quelque envie que nous ayons de vous retenir... (Remontant le théâtre, et parlant à des domestiques qui sont au fond.) La voiture de mademoiselle Lecouvreur... (Pendant le temps où le prince remonte le théâtre, la princesse fait quelques pas à droite, et Maurice se rapproche d'Adrienne qui est à droite.)

ADRIENNE, à demi-voix.

Suivez-moi...

MAURICE, de même.

Impossible, ce soir ! Vous saurez pourquoi... Mais...

ADRIENNE.

Il suffit... (En ce moment, le prince, qui a redescendu le théâtre, offre sa main à Adrienne. Elle remonte avec lui vers la porte du fond. Les hommes, groupés à gauche de la porte, et les femmes, debout à droite, la saluent. Adrienne jette sur Maurice un dernier regard de reproche et de douleur, et s'éloigne pendant que la princesse la regarde sortir d'un œil menaçant. La toile tombe.)

ACTE V

L'appartement d'Adrienne ; à gauche, une cheminée, près de la cheminée, un fauteuil, puis une table ; porte au fond ; deux portes laterales ; fauteuils au fond et à droite.

SCÈNE PREMIÈRE.

MICHONNET, à la porte du fond, parlant à une femme de chambre, puis ADRIENNE, sortant de la porte à gauche.

MICHONNET

Oui, je sais que sa porte est fermée, et qu'il est onze heures ! Mais si elle n'est pas encore déshabillée... vous lui direz que c'est moi, Michonnet !...

ADRIENNE, l'apercevant, et courant à lui.

Ah !... je vous attendais !...

MICHONNET, à la femme de chambre, qui se retire.

Vous voyez bien !

ADRIENNE.

Je souffrais tant !

MICHONNET.

Et moi donc !... Je ne pouvais rentrer sans savoir comment tu te trouvais... je n'aurais pu dormir...

ADRIENNE.
Depuis que vous êtes là... je suis mieux!

MICHONNET.
Et moi aussi!... Après t'avoir reconduite, je suis passé au théâtre, d'où je viens!

ADRIENNE.
Le spectacle est-il terminé?

MICHONNET.
Nous en avons encore pour une heure.

ADRIENNE.
Tant mieux!... Je suis si souffrante, que je voulais faire dire au théâtre qu'il me serait impossible de jouer demain.

MICHONNET.
Je vais y passer... j'arrangerai cela, et je viendrai te rendre réponse.

ADRIENNE.
Que de peines je vous donne!

MICHONNET.
Allons donc!... moi, qui demeure dans ta maison, ne me voilà-t-il pas bien malade!... ce n'est pas cela qui m'inquiète!

ADRIENNE.
Qu'est-ce donc?...

MICHONNET.
La scène de ce soir... chez cette grande dame! Crois-tu donc, qu'excepté son mari, tout le monde n'ait pas compris l'allusion... à commencer par elle?...

ADRIENNE.
Je l'espère bien! Je l'ai blessée à mort, n'est-ce pas?... Quelle joie! c'est le seul moment de bonheur que j'ai éprouvé après tant de souffrance! A chaque mot de ces derniers vers... il me semblait lui enfoncer un poignard dans le cœur! Et puis, avez-vous lu la terreur sur tous les visages? Avez-vous entendu ce silence? L'avez-vous vue elle-même, en dépit de son audace, pâlir sous mes regards. Ah! j'avais marqué d'une tache ineffaçable

..... Ce front qui ne rougit jamais?

MICHONNET.
Voilà justement ce qui m'effraie! C'était trop bien... c'était trop fort!... Ces grandes dames, si belles et si gracieuses avec leurs guirlandes de fleurs et leurs robes de gaze, c'est vindicatif...

c'est méchant... tout leur est permis... et elles osent tout! celle-là surtout... à qui justement hier je proposais de jouer le rôle de Cléopâtre... elle a toutes les qualités de l'emploi : elle ne reculera devant aucun moyen... pour se venger d'un affront ou se débarrasser d'une rivale...

ADRIENNE.

Eh! que m'importe? quel mal peut-elle me faire désormais qui égale les tourments renfermés dans cette pensée... dans ce mot : Aimée!... elle est aimée!... Cette blessure faite par moi, il la guérit par ses paroles d'amour!... Ces larmes, si elle en répand, il les essuie sous ses baisers!... Et maintenant même... maintenant que mon cœur se brise... elle est heureuse... elle est près de lui... Vous ne savez donc pas que je l'ai supplié, à voix basse, de me suivre, tandis qu'elle lui ordonnait de ne pas la quitter!

MICHONNET.

Eh bien!...

ADRIENNE.

Il est resté! resté avec elle!... Ah! c'en est trop! je n'y résiste plus! (Faisant un pas pour sortir, et remontant le théâtre.)

MICHONNET.

Où vas-tu?

ADRIENNE.

Me jeter entre eux... les frapper... et après qu'on fasse de moi ce qu'on voudra!

MICHONNET.

Y penses-tu?

ADRIENNE, redescendant le théâtre et allant se jeter dans un fauteuil, à droite.

Cela ne vaut-il pas mieux que de mourir ici de jalousie et de désespoir... car, je le sens, j'en mourrai

MICHONNET.

Non! non! par malheur tu t'abuses encore!... c'est une fièvre qui ne vous quitte pas, une douleur aiguë de tous les instants... on souffre... on est bien malheureux... mais on n'en meurt pas!... Tu vois bien que j'existe encore!

ADRIENNE, le regardant avec étonnement.

Vous!

MICHONNET.

Ah! cela t'étonne, n'est-ce pas?... Tu ne peux croire que sous cette épaisse enveloppe il y ait un cœur qui souffre comme le tien... qui aime... qui saigne comme le tien...

ADRIENNE.

Quoi! ces tourments, vous les avez éprouvés!

MICHONNET.

Oui... autrefois... il y a bien longtemps... Crois-moi, on s'habitue à tout... même à être malheureux!

ADRIENNE.

Ah! cette force que je ne vous soupçonnais pas... ce courage que j'admire en vous!... je l'imiterai!... je l'égalerai, si je le puis... Je triompherai d'une passion insensée dont maintenant je rougis!

MICHONNET, avec joie.

Dis-tu vrai?

ADRIENNE.

Vous voyez bien que je parle de lui sans haine et sans colère... que le souvenir de ses outrages me laisse calme et tranquille... que son nom même ne m'émeut plus!... (Adrienne traverse le théâtre et va se placer près du fauteuil, à gauche, entre la cheminée et la table. La porte du fond s'ouvre.)

SCÈNE II.

ADRIENNE, LA FEMME DE CHAMBRE, MICHONNET.

LA FEMME DE CHAMBRE.

Un coffret qu'on apporte pour Madame.

ADRIENNE.

Qui l'a apporté?

LA FEMME DE CHAMBRE.

Un domestique sans livrée, qui a dit seulement : De la part de M. le comte de Saxe.

ADRIENNE, poussant un cri.

De lui!... (Prenant le coffret des mains de la femme de chambre.) Laissez-nous, laissez-nous... (La femme de chambre sort, et Adrienne pose le coffret sur la table et s'assied toute tremblante.) Ah! mon Dieu!... que peut-il me vouloir? ma main tremble... et je ne puis ouvrir...

MICHONNET, à part.

Et elle croit qu'elle ne l'aime plus!

ADRIENNE, vivement.

Voyons! voyons! (Poussant un cri de douleur.) Ah!

MICHONNET.

Qu'est-ce donc?...

ADRIENNE.

En ouvrant ce coffret... j'ai éprouvé une sensation douloureuse... un souffle glacial qui parcourait mes sens... c'était comme un présage du coup qui m'attendait...

MICHONNET.

Que contient donc cette boîte?

ADRIENNE.

Mon bouquet! (Le prenant à la main.) Je le reconnais... celui qu'hier je tenais à la main lors de son arrivée! demandé par lui... donné par moi comme un gage d'amour... il pouvait le dédaigner, l'oublier, le jeter à l'écart!... mais me le renvoyer exprès!... mais joindre l'affront au mépris...

MICHONNET.

Cela ne vient pas de lui!... c'est cette rivale qui l'aura forcé!

ADRIENNE, se levant avec indignation.

Devait-il obéir? et tout esclave qu'il est, ne devait-il pas se révolter à l'idée seule d'insulter celle qu'il a aimée! (Retombant sur le fauteuil, près de la cheminée, en tenant à la main le bouquet de fleurs qu'elle regarde quelque temps en silence.) Fleurs d'un jour, hier si éclatantes, aujourd'hui flétries, vous qui aurez duré plus longtemps encore que ses promesses! Pauvres fleurs, reçues par lui avec tant d'ivresse et de joie, vous ne pouviez plus rester sur ce cœur où il vous avait placées et dont une autre m'a bannie! Exilées et dédaignées comme moi, je cherche en vain sur vos feuilles la trace des baisers qu'il y imprimait!... que celui-ci soit le dernier que vous recevrez, celui d'un adieu éternel! (Elle porte avec force le bouquet à ses lèvres.) Oui... oui... il me semble que c'est celui de la mort.. et maintenant... qu'il ne reste plus rien de vous, ni de mon amour... (Elle jette le bouquet dans la cheminée.)

MICHONNET.

Adrienne!... Adrienne!...

ADRIENNE, se levant et s'appuyant sur le marbre de la cheminée.

Ne craignez rien! (Portant la main sur son cœur.) Cela va mieux! (Regardant du côté de la cheminée.) Je suis forte maintenant... je n'y pense plus!...

SCÈNE III.

ADRIENNE, MAURICE, se précipitant par la porte du fond, MICHONNET.

MAURICE, à la cantonade et comme parlant à la femme de chambre, qui veut le retenir.

Elle y sera pour moi, vous dis-je? (Courant à Adrienne.) Adrienne!...

ADRIENNE, se jetant involontairement dans ses bras.

Maurice!... (Voulant se dégager de ses bras.) Ah! qu'ai-je fait?... laissez-moi! laissez-moi!

MAURICE.

Non, je viens tomber à tes pieds! je viens implorer mon pardon! Si je ne t'ai pas suivie quand tu me l'ordonnais... c'est que j'étais retenu par le devoir, par l'honneur... par un bienfait dont le poids m'accablait... je le croyais, du moins! et je ne voulais pas laisser finir cette journée sans dire à la princesse : Je ne puis accepter votre or, car je ne vous aime pas, car je ne vous ai jamais aimée, car mon cœur est à une autre... Mais, juge de ma surprise!... aux premiers mots que je lui adresse... en m'écriant : « Je sais tout! je sais tout!... » tremblante... éperdue... elle, qui ne tremble jamais... tombe à mes pieds et avec des larmes feintes ou véritables, m'avoue que l'amour et la jalousie l'ont égarée, qu'elle seule est la cause de ma captivité!... elle ose me l'avouer... à moi, qui pensais lui devoir ma délivrance...

ADRIENNE.

O ciel!...

MAURICE, continuant avec chaleur.

A moi! qui, honteux et désespéré de ses bienfaits, venais implorer seulement quelques jours pour m'acquitter, dussé-je jouer mon sang et ma vie!... et j'étais libre... libre de la mépriser, de la haïr .. de l'abandonner! libre de courir vers toi et de me réfugier à tes pieds! ma protectrice, mon bon ange... m'y voici. (Tombant à ses genoux.) Ne me repousse pas

ADRIENNE.

Faut-il te croire?

MAURICE.

Par le ciel!... et l'honneur, je t'ai dit la vérité... quelque difficile qu'elle soit à expliquer... car, renversé du haut de mes espérances, arrêté, jeté dans un cachot, j'ignore encore quelle main m'a délivré, et j'ai beau chercher, je ne puis découvrir par qui me sont rendus ma liberté, mon épée, et un glorieux avenir peut-être; le sais-tu? peux-tu m'aider à le deviner?

ADRIENNE, baissant les yeux.

Je ne sais!... je ne puis dire...

MICHONNET, qui, pendant la tirade précédente, a remonté le théâtre, passe vivement entre eux deux.

Que c'est elle!... elle-même.

ACTE V, SCÈNE IV.

ADRIENNE, vivement.

Taisez-vous, taisez-vous!

MICHONNET, avec chaleur.

C'est elle qui a engagé pour vous sa fortune, ses diamants, tout ce qu'elle avait... et plus encore!...

ADRIENNE

Ce n'est pas vrai!.

MICHONNET, de même, avec force.

C'est vrai!... et s'il faut en donner des preuves, apprenez qu'elle a emprunté... emprunté à quelqu'un... (Se reprenant.) que je ne connais pas, mais vous pouvez m'en croire, moi!... qui ne veux que son repos... son bonheur... moi qui l'aime comme un père. (Vivement.) Oh! oui... comme un père.

ADRIENNE, vivement.

Vous pleurez?

MICHONNET.

De contentement, d'émotion... Adieu... tu sais qu'on m'attend au théâtre, et j'y dois être avant la fin du spectacle... adieu... adieu... (Il se précipite vers la porte du fond.)

SCÈNE IV.

ADRIENNE, MAURICE.

MAURICE.

Ainsi, Adrienne, c'était toi...

ADRIENNE, montrant de la main Michonnet, qui vient de sortir.

Et lui, mon meilleur ami, lui qui m'est venu en aide... mais ne parlons plus de cela... tu as accepté...

MAURICE.

A une condition... c'est qu'à ton tour tu ne refuseras rien de moi! J'ignore l'avenir qui m'est réservé, j'ignore si je dois, sur le champ de bataille, gagner ou perdre la couronne ducale que les états de Courlande m'ont décernée; mais vainqueur, je jure de partager avec toi le duché que tu m'aides à conquérir, de te donner le nom que tu m'aides à immortaliser!

ADRIENNE.

Ta femme! moi!

MAURICE.

Toi! reine par le cœur et digne de commander à tous! Qui a grandi mon intelligence? toi. Qui a épuré mes sentiments? toi.

Qui a soufflé dans mon sein le génie des grands hommes, dont tu es l'interprète ?... toi ! toujours toi ! Mais, ô ciel ! tu pâlis !

ADRIENNE.

Ne crains rien... tant de bonheur succédant à tant de désespoir aura épuisé mes forces.

MAURICE, l'aidant à s'asseoir sur le canapé.

Tu chancelles !

ADRIENNE.

En effet, un trouble étrange, une douleur sourde et inconnue s'est emparée de moi... depuis quelques moments... depuis celui où j'ai porté à mes lèvres ce bouquet.

MAURICE.

Lequel ?

ADRIENNE.

Ingrate ! je le prenais pour un adieu de départ, et c'était un message de retour !

MAURICE.

Que veux-tu dire ?

ADRIENNE.

Ces fleurs... envoyées par toi dans ce coffret...

MAURICE, passant près de la table.

Moi ! je ne t'ai rien envoyé... ce bouquet, où est-il ?

ADRIENNE.

Brûlé ! je croyais que tu nous avais tous deux repoussés et dédaignés... il était comme moi, il ne pouvait plus vivre !

MAURICE, avec tendresse.

Adrienne ! mais ta main tremble... tu souffres beaucoup...

ADRIENNE.

Non, non, plus maintenant. (Montrant son cœur.) La douleur n'est plus là... (Portant la main à sa tête.) mais là... C'est singulier, c'est bizarre... mille objets divers et fantastiques passant devant moi... se succèdent confusément et sans ordre... (A Maurice.) Où étions-nous ? qu'est-ce que je te disais ? je ne sais plus... Il me semble que mon imagination s'égare,.. et que ma raison, que je cherche à retenir, va m'abandonner... (Vivement.) Je ne le veux pas... en la perdant, je perdrais mon bonheur... Oh ! non... non... je ne le veux pas ! pour lui d'abord, pour Maurice, et puis pour ce soir... On vient d'ouvrir, et la salle est déjà pleine ! Je conçois leur curiosité et leur impatience; on leur promet depuis si longtemps la *Psyché* du grand Corneille !... Oh ! oui, depuis longtemps... depuis les premiers jours où je vis Maurice... On ne

ACTE V, SCÈNE IV.

voulait pas remonter l'ouvrage... C'est trop vieux, disait-on... mais, moi, j'y tenais... j'avais une idée... Maurice ne m'a pas encore dit : Je vous aime ! ni moi non plus... je n'ose pas... et il y a là certains vers que je serais si heureuse de lui adresser, à lui, devant tout le monde, sans que personne s'en doute...

MAURICE.

Mon amie, ma bien-aimée, reviens à toi.

ADRIENNE.

Tais-toi donc... il faut que j'entre en scène. Oh! quelle nombreuse, quelle brillante assemblée! Comme tous ces regards tournés vers moi suivent chacun de mes mouvements!... Ils sont bons de m'aimer ainsi... Ah! il est dans sa loge... c'est lui... il me sourit... (Murmurant entre ses lèvres.) Bonjour, Maurice... A toi, Psyché, voici ta réplique.

Ne les détournez pas, ces yeux qui me déchirent,
Ces yeux tendres, ces yeux perçants, mais amoureux,
Qui semblent partager le trouble qu'ils m'inspirent.
    Hélas! plus ils sont dangereux,
    Plus je me plais à m'attacher sur eux!
Par quel ordre du ciel, que je ne puis comprendre,
    Vous dis-je plus que je ne dois?
Moi, de qui la pudeur devrait du moins attendre
Que l'amour m'expliquât le trouble où je vous vois.
Vous soupirez, seigneur, ainsi que je soupire;
Vos sens, comme les miens, paraissent interdits.
C'est à moi de m'en taire, à vous de me le dire,
    Et cependant c'est moi qui vous le dis!

MAURICE, lui prenant la main.

Adrienne! Adrienne!... elle ne me voit plus... ne m'entend plus... Mon Dieu, l'effroi me glace... que faire?... (Il agite la sonnette qui est sur la table; paraît la femme de chambre.) Votre maîtresse est en danger... courez!... des secours!... Moi, je ne la quitte plus... (La femme de chambre sort.) Ma présence et mes soins lui rendront peut-être le calme... (Prenant la main d'Adrienne.) Écoute-moi, de grâce!...

ADRIENNE, avec égarement.

Regarde... regarde donc!... Qui entre dans sa loge? qui s'assied près de lui?... Je la reconnais, quoiqu'elle cache son visage!... c'est elle!... il lui parle!... (Avec désespoir.) Maurice!... il ne me regarde plus!... Maurice!...

MAURICE

Il est près de toi...

ADRIENNE, sans l'écouter.

Ah! voilà leurs yeux qui se rencontrent, leurs mains qui se pressent!... voilà qu'elle lui dit : Restez!... Et moi, il m'oublie!... il me repousse... il ne voit pas que je me meurs!

MAURICE.

Adrienne!... par pitié!

ADRIENNE, avec fureur.

De la pitié!

MAURICE.

Ma voix n'a-t-elle donc plus de pouvoir sur ton cœur?

ADRIENNE.

Que me voulez-vous?

MAURICE.

Que tu m'écoutes un seul instant! que tu me regardes, moi... Maurice!

ADRIENNE, le regardant avec égarement.

Maurice!... non... il est près d'elle... il m'oublie!... Va-t'en. va-t'en! (Poursuivant Maurice, qui recule d'effroi.)

Va lui jurer la foi que tu m'avais jurée,
Les dieux, les justes dieux... n'auront pas oublié
Que les mêmes serments avec moi t'ont lié...
Porte... porte aux autels... un cœur qui m'abandonne...
Va, cours, mais crains encor...

(Poussant un cri et reconnaissant Maurice.) Ah! Maurice!... (Elle se jette dans ses bras.)

SCÈNE V.

MAURICE, ADRIENNE, MICHONNET.

MICHONNET, entrant vivement.

Ce qu'on m'a dit est-il vrai? Adrienne en danger!

MAURICE.

Adrienne se meurt!

MICHONNET, approchant le fauteuil de droite qu'il place au milieu du théâtre, et sur lequel Maurice dépose Adrienne à moitié évanouie.

Non... non... elle respire encore!... tout espoir n'est pas perdu...

MAURICE, s'approchant de l'autre côté du canapé

Elle ouvre les yeux!

ADRIENNE.

Ah! quelles souffrances!... qui donc est près de moi?... (Avec joie.) Maurice! (Se retournant et voyant Michonnet.) Et vous aussi!... dès que je souffrais, vous deviez être là... Ce n'est plus ma tête, c'est ma poitrine, qui est brûlante... j'ai là comme un brasier... comme un feu dévorant qui me consume...

MICHONNET, s'adressant à Maurice.

Mais tout me prouve... ne voyez-vous pas comme moi les traces du poison... d'un poison actif et terrible...

MAURICE.

Quoi!... tu pourrais soupçonner...

MICHONNET, avec fureur.

Je soupçonne tout le monde... et cette rivale... cette grande dame!...

MAURICE, poussant un cri d'effroi.

Tais-toi!... tais-toi!...

ADRIENNE.

Ah! le mal redouble... Vous qui m'aimez tant, sauvez-moi, secourez-moi... Je ne veux pas mourir!... Tantôt j'eusse imploré la mort comme un bienfait... j'étais si malheureuse... mais à présent je ne veux pas mourir... Il m'aime!... il m'a nommée sa femme!

MICHONNET, étonné.

Sa femme!

ADRIENNE.

Mon Dieu! exaucez-moi!... mon Dieu! laissez-moi vivre... quelques jours encore... quelques jours près de lui... Je suis si jeune, et la vie s'ouvrait pour moi si belle!

MAURICE.

Ah! c'est affreux!

ADRIENNE.

La vie!... la vie!... Vains efforts!... vaine prière!... mes jours sont comptés!... je sens les forces et l'existence qui m'échappent!... (A Maurice.) Ne me quitte pas... bientôt mes yeux ne te verront plus... bientôt ma main ne pourra plus presser la tienne!...

MAURICE.

Adrienne!... Adrienne!...

ADRIENNE.

O triomphes du théâtre! mon cœur ne battra plus de vos ardentes émotions!... Et vous, longues études d'un art que j'aimais tant, rien ne restera de vous après moi... (Avec douleur.) Rien ne nous survit à nous autres... rien que le souvenir... (A ceux qu l'entourent.) Le vôtre, n'est-ce pas? Adieu, Maurice... adieu, mes deux amis!...

MICHONNET, avec désespoir et tombant à ses pieds.

Morte... morte!...

MAURICE.

O noble et généreuse fille! si jamais quelque gloire s'attache à mes jours, c'est à toi que j'en ferai hommage, et toujours unis, même après la mort, le nom de Maurice de Saxe ne se séparera jamais de celui d'Adrienne!...

FIN D'ADRIENNE LECOUVREUR.

LES CONTES
DE LA REINE DE NAVARRE

OU

LA REVANCHE DE PAVIE

COMÉDIE-DRAME EN CINQ ACTES EN PROSE

En société avec M. E. Legouvé

Théâtre-Français. — 13 octobre 1850

PERSONNAGES

CHARLES-QUINT, roi d'Espagne.
FRANÇOIS Ier, roi de France.
GUATTINARA, ministre de la maison du roi d'Espagne.
HENRI D'ALBRET, gentilhomme béarnais.

BABIEÇA, courrier de cabinet.
MARGUERITE, sœur de François Ier.
ISABELLE DE PORTUGAL, fiancée de Charles-Quint.
ÉLÉONORE, sa sœur.

La scène se passe à Madrid, dans le jardin du roi d'Espagne.

ACTE PREMIER

Un salon du palais.

SCÈNE PREMIÈRE.

CHARLES-QUINT, assis en robe de chambre de velours, dans un fauteuil à gauche ; GUATTINARA, debout près de lui.

GUATTINARA.

Quoi, sire ! moi qui croyais qu'on m'avait desservi auprès de Votre Majesté, et qui attendais son retour de Tolède comme le signal de ma disgrâce, je reçois de mon maître, du puissant Charles-Quint, le titre et la charge de ministre du palais !

CHARLES-QUINT.

Pour que la fumée du pouvoir ne te monte pas trop à la tête, nous allons te dire pour quelles raisons nous t'avons choisi, toi,

simple cadet d'une illustre maison, de préférence à tout autre.
Jeune et sans expérience, tu te laisseras guider par moi; sans
renommée politique, on n'ira pas t'attribuer, comme au vieux
duc de l'Infantado, ton prédécesseur, tout ce que je pourrai entreprendre d'audacieux et d'habile. Enfin, **tu as une ambition,
une ambition effrénée?**

GUATTINARA.

Ah! sire!...

CHARLES-QUINT.

Ne t'en défends pas! c'est ton principal mérite à mes yeux!
De plus, ce qui nuit aux hommes d'État, ce sont les femmes;
c'est par elles que s'est perdu le roi de France, le chevaleresque
François Ier, naguère mon rival et aujourd'hui mon prisonnier,
ici, à Madrid. C'est pour elles que le duc Philippe d'Autriche
mon père a risqué un trône et ses jours peut-être! et moi-
même... (c'est sans doute dans le sang!) j'ai vingt fois failli
compromettre les plans les plus habilement conçus pour une
fantaisie, un caprice du moment... amours qui ne duraient que
l'espace compris entre un désir et un regret.... tandis que toi,
Guattinara, je t'ai observé!... impassible et froid...

GUATTINARA.

Vous croyez, sire?

CHARLES-QUINT.

Oui! et voilà pourquoi je t'ai pris pour ministre. Maintenant,
parlons d'affaires! De quoi s'agit-il ce matin?

GUATTINARA.

D'abord, sire, du jour à choisir par Votre Majesté pour son
mariage avec l'infante Isabelle de Portugal?

CHARLES-QUINT.

J'arrive, et je l'ai à peine entrevue hier soir; mais toi, Guattinara, qui as passé l'année dernière six mois à Lisbonne,
comme envoyé extraordinaire, tu voyais la princesse Isabelle?

GUATTINARA, avec embarras.

Oui, sire!

CHARLES-QUINT.

Très-souvent, à ce qu'on dit.

GUATTINARA, de même.

Quelquefois, sire! Nièce du roi Emmanuel, dont la fille existait encore, l'infante Isabelle vivait dans la solitude, partage ordinaire des princes sans crédit; on lui trouvait même fort peu de mérite ; mais depuis, et grâce aux circonstances, elle en a acquis beaucoup.

CHARLES-QUINT.

Je la verrai, ce matin, à la messe, et demain soir chez elle, où je désire qu'il y ait réception ; tu le lui feras savoir. Après, de quoi as-tu à me parler?

GUATTINARA, ouvrant son portefeuille.

D'une demande d'audience adressée à Votre Majesté.

CHARLES-QUINT.

Par qui?

GUATTINARA.

Par un Français, le comte Henri d'Albret, qui a été blessé à Pavie.

CHARLES-QUINT.

Que vient-il faire à Madrid?

GUATTINARA.

Il demande à partager la captivité du roi François Ier, son maître.

CHARLES-QUINT, froidement.

Ce doit être un jeune homme?...

GUATTINARA.

Un tout jeune homme.

CHARLES-QUINT.

C'est juste!... c'est d'un noble cœur! Il serait difficile, en le voyant, de refuser... (Lentement.) C'est pour cela...

GUATTINARA.

Que Votre Majesté lui accorde cette audience?

CHARLES-QUINT, après avoir réfléchi.

Tu t'arrangeras, Guattinara, pour l'ajourner indéfiniment! Après, de quoi s'agit-il?

GUATTINARA.

De l'objet le plus important et le plus grave. Quelle conduite aurai-je à tenir avec le roi François Ier, votre captif?... Depuis trois mois il est prisonnier à Madrid sans avoir pu, malgré toutes ses instances, obtenir une entrevue de son frère, l'empereur Charles-Quint. Quelles sont les intentions de Votre Majesté?...

CHARLES-QUINT, d'un air distrait.

Mes intentions?...

GUATTINARA.

Votre Majesté consent-elle à le voir, à lui parler?...

CHARLES-QUINT.

Non!

GUATTINARA.

Vos idées sont alors de lui donner la liberté?

CHARLES-QUINT.

Non!

GUATTINARA.

Alors... sire, que voulez-vous faire

CHARLES-QUINT.

Tu ne devines pas?

GUATTINARA, timidement.

Presque!... Je crois, s'il m'est permis de le dire, que Votre Majesté travaille en ce moment à ne rien faire et compte sur moi, pour l'y aider, afin d'amener par l'impatience et l'ennui de la captivité à des concessions... qu'on n'eût jamais faites.

CHARLES-QUINT, regardant Guattinara avec bonté.

Voilà longtemps que tu es debout, Guattinara?... Assieds-toi!...

GUATTINARA, s'en défendant.

Devant l'empereur?...

CHARLES-QUINT, de même.

L'empereur le veut. (Avec bonté.) C'est toi, qui d'abord avais été préposé par moi, pendant que j'étais à Tolède, à la garde du roi François Ier notre frère... Comment cela s'est-il passé? je veux tout savoir! Et d'abord, son entrée à Madrid...

GUATTINARA.

A été magnifique... on eût dit non pas un captif, mais un vainqueur, un monarque rentrant dans sa capitale. Les Espagnols aiment la valeur, sire, et ce roi qui, entouré d'une vingtaine de braves, avait combattu jusqu'au dernier moment contre une armée entière, ce roi chevalier, qui ayant déjà reçu trois blessures, refusait de se rendre au connétable de Bourbon, à un traître, et choisissait un loyal officier, un Espagnol, pour lui remettre son épée, que celui-ci recevait un genou en terre... tout cela avait exalté les têtes; les maisons étaient pavoisées aux armes de France; des feuillages ou des fleurs jonchaient les rues, et tous les balcons étaient garnis de jolies femmes qui, agitant leurs mouchoirs, criaient : Vive le roi de France!...

CHARLES-QUINT, s'efforçant de sourire.

Et le roi d'Espagne?...

GUATTINARA.

On y pensait peu dans ce moment ; ce qui me choquait, moi, et me blessait au cœur.

CHARLES-QUINT.

Ce bon Guattinara!...

GUATTINARA.

Mais au palais, c'était bien autre chose encore! Quelle réception, grand Dieu ! des cercles, des bals, des fêtes. Nos marquises, nos duchesses, ce qu'il y avait de plus élevé à la cour, à commencer par la princesse Éléonore votre sœur, venaient chaque jour rendre hommage au vaincu de Pavie, qui tenait cour plénière et trônait à votre place! Cela m'a paru un crime de lèse-majesté ; sans compter qu'un tel accueil lui devait mettre trop de fierté au cœur... et le rendre trop difficile aux accommodements. Je me suis dit, puisque Votre Majesté m'avait laissé toute latitude à cet égard, qu'il fallait briser sa force et affaiblir son courage par l'abandon, la solitude, et substituer à une prison dorée une captivité réelle.

CHARLES-QUINT, se levant.

Très-bien !

GUATTINARA.

Mais ce qui était difficile alors le devient bien plus aujourd'hui... Voilà quinze jours que la sœur de François Ier, la princesse Marguerite, est à Madrid.

CHARLES-QUINT.

Eh bien?...

GUATTINARA.

Eh bien!... pour parvenir jusqu'à ce frère dont la vue lui est interdite, il n'y a pas, en votre absence, un des conseillers de la couronne qu'elle ne soit parvenue à intéresser en sa faveur. Aux uns, elle raconte les fatigues et les périls de son voyage, au cœur de l'hiver, en pays ennemi, pour apporter ses consolations à ce frère, son idole et son dieu!... chez d'autres, ranimant les vieux sentiments de fierté et de générosité espagnole, elle leur rappelle que le Cid renvoyait sans rançon les rois maures qu'il avait vaincus. Dans les salons du palais, elle fait de la politique avec le président de l'audience de Castille, des vers avec votre secrétaire, de la théologie avec le grand inquisiteur; et s'il se trouve par hasard quelques sévères et impassibles hidalgos, devant qui ses séductions soient impuissantes, c'est à leurs femmes qu'elle s'adresse. Avec les plus jeunes, elle devise tendresse et propos galants; avec d'autres plus mûres, elle s'occupe de toilette et de modes de France; à celles-ci, attentives et charmées, elle récite ses contes joyeux et naïfs, inépuisable arsenal de malices féminines dont celles mêmes qui l'écoutent ont souvent fourni les traits! Confidente et amie intime de toutes, c'est elle que chacune consulte, sur la coupe d'un habit de bal, la forme d'un bijou ou l'ordonnance d'une fête. Enfin, quoique femme, toutes les femmes l'adorent et la prennent pour modèle. Aussi, depuis quelques jours, sire, votre cour n'est plus reconnaissable; à la gravité espagnole, au respect de l'étiquette, à l'entretien muet et décent de nos salons ont succédé la gaieté, l'étourderie françaises; c'est un bruit continuel de conversations, de chansons, d'éclats de rire, et l'on dirait qu'avec son roi captif Paris tout entier se retrouve à Madrid.

CHARLES-QUINT, se levant avec gravité.

Oui! Marguerite est d'autant plus dangereuse, qu'à toutes ses qualités ou à ses défauts elle joint celui d'être honnête femme! Vertu galante et folle, en apparence, mais appuyée sur une vraie dévotion, défendue par une haute coquetterie; et je ne sais rien d'aussi difficile à vaincre qu'une sagesse qui rit toujours!... (D'un air d'abandon.) Sais-tu, Guattinara, que j'ai dû l'épouser?

GUATTINARA.

Vous, sire?...

CHARLES-QUINT.

Je l'avais fait demander en mariage, et elle m'a bravement refusé.

GUATTINARA.

Je conçois alors que Votre Majesté ait résolu de ne pas la voir.

CHARLES-QUINT.

C'est la première personne que j'ai aperçue hier soir, à mon arrivée de Tolède, dans l'appartement d'Éléonore d'Autriche, ma sœur, à côté de la princesse de Portugal, ma fiancée! Elle achevait de broder une aumônière, dont j'admirais le travail, m'informant (ce qui était presque l'engager à me l'offrir) à qui elle destinait ce chef-d'œuvre?... Au plus loyal des chevaliers, répondit-elle froidement!... et elle ne me l'offrit pas!

GUATTINARA.

C'est d'une fierté!... d'une insolence!...

SCÈNE II.

Les précédents, BABIÉÇA entre par la porte de gauche; il porte un manteau et un riche pourpoint sur son bras.

CHARLES-QUINT, qui est resté plongé dans ses réflexions.

Qui vient là?

GUATTINARA.

Babiéça, le valet de chambre et le courrier de Votre Majesté.

CHARLES-QUINT.

Qu'il revienne!

BABIÉÇA, bas, à Guattinara.

Voilà trois fois que je reviens!

GUATTINARA, au roi, qui vient de s'asseoir devant la table à droite, et qui regarde une carte de geographie.

Il dit que voilà trois fois qu'il revient.

CHARLES-QUINT, de même.

Qu'il attende!

BABIÉÇA, bas, à Guattinara

Je ne fais que cela! (Babiéça entre dans le cabinet de toilette du roi, à gauche. Pendant ce temps Guattinara s'approche du roi, qui, assis devant la table à droite, étudie toujours sa carte de geographie.)

GUATTINARA.

Ainsi Votre Majesté trouve la présence de la princesse Marguerite inutile à Madrid?

CHARLES-QUINT, sans se retourner.

Oui!

GUATTINARA.

Et dangereuse?

CHARLET-QUINT, de même.

Oui!

GUATTINARA.

Il faut donc au plus tôt l'éloigner!

CHARLES-QUINT, de même.

Non!

GUATTINARA, étonné.

Comment cela, sire?... et pourquoi?

CHARLES-QUINT, lui montrant du doigt la carte de géographie.

Voici, Guattinara, une carte de l'Europe que je regarde souvent. Quand j'y aperçois par malheur quelque province faisant angle ou saillie dans mes États, et dont la possession pourrait m'aligner ou m'arrondir, cette idée, absurde ou non, m'occupe et m'absorbe jusqu'au moment où, à tout prix, la province est à moi! alors, je n'y pense plus et j'en rêve une autre! Eh bien, en voyant hier cette fière princesse s'avançant ainsi dans mes domaines, une idée m'a tout à coup souri...

GUATTINARA.

O ciel!... une nouvelle province à conquérir.

CHARLES-QUINT, avec chaleur.

Tu l'as dit! La partie est depuis longtemps engagée entre Marguerite et moi. Elle est arrivée ici, en invincible, pour nous enlever notre prisonnier, à la pointe de ses charmes... Quel triomphe... si, sans rien accorder... j'obtenais!... et si, laissant à Madrid sa fierté, et son frère captif, elle repartait, sans pouvoir dire comme lui : *Tout est perdu... fors...* (Vivement.) Voyons, est-ce que ta haine castillane ne sourit pas à ce plan? Nous avons triomphé du frère... triomphons de la sœur!... Vive Dieu! Marguerite est si belle que sa conquête vaudrait une seconde bataille de Pavie.

BABIÉÇA, rentrant.

Sire!...

CHARLES-QUINT.

Encore toi! Que veux-tu?

BABIÉÇA.

Habiller Votre Majesté pour la messe.

CHARLES-QUINT.

C'est vrai! je l'avais oublié!

BABIÉÇA.

Et puis demander à Votre Majesté pour moi...

CHARLES-QUINT.

Pour toi!... Par saint Jacques! que l'on m'accuse encore d'être insatiable! En voilà un, qu'avec toute ma puissance, je n'ai jamais pu satisfaire. Lorsque j'étais encore enfant, il a eu dans une partie de paume et par malheur pour moi...

BABIÉÇA.

L'avantage d'être éborgné par Votre Majesté.

CHARLES-QUINT.

L'avantage! tu dis bien! car, sous ce prétexte, il n'y a pas prétention, si exagérée qu'elle soit, qui ne lui semble toute naturelle... Il faudrait, Dieu me pardonne, en faire un ministre...

BABIÉÇA, avec humeur.

Il y en a qui n'y voient pas mieux que moi!

CHARLES-QUINT.

Je lui ai fait une pension. Je l'ai nommé mon courrier de cabinet. Hier encore. hier, je l'ai, à sa prière, nommé mon valet de chambre, et cela ne suffit pas... Voyons !... que te faut-il de plus ? que demandes-tu en fait de places ?

BABIÉÇA.

Que Votre Majesté m'en ôte une.

CHARLES-QUINT.

Par Dieu, et pour la rareté du fait... je te l'accorde !

BABIÉÇA.

Comme courrier de cabinet, Votre Majesté me fait voyager de Madrid dans les Pays-Bas, de France en Allemagne, et de Naples à Cadix... C'était bon quand j'étais garçon... mais maintenant que je suis marié, sire, et le seigneur Guattinara, notre protecteur, vous le dira, marié à la plus jolie fille et à la plus coquette de tous vos États...

CHARLES-QUINT, *souriant.*

Qui sont assez étendus, grâce au ciel !

BABIÉÇA.

Ils ne le sont que trop ! et on assure que vous ne songez qu'à les augmenter encore ! Que deviendrais-je alors, car je ne puis cacher à Votre Majesté... que je suis jaloux... jaloux...

CHARLES-QUINT.

Comme un noble Espagnol !

BABIÉÇA.

Comme un mari qui est toujours en route, toujours absent, et qui chez lui, au retour, ne peut observer que d'un œil ! Aussi, Votre Majesté, qui me croyait ambitieux, comprend bien qu'elle me rend un véritable service en m'ôtant cette maudite place, d'autant que, j'en suis sûr, elle m'en dédommagera d'une autre manière.

CHARLES-QUINT.

Nous y penserons... Prépare ma toilette. Je te suis.

BABIÉÇA, *se dirigeant vers le cabinet à gauche.*

Oui, sire.

GUATTINARA, *d'un air inquiet et à demi-voix.*

Votre Majesté compte donc lui accorder...

CHARLES-QUINT, *de même.*

Moi, le ciel m'en préserve ! Un courrier de cabinet jaloux... c'est un trésor !... il est toujours pressé de revenir... et je ne trouverai jamais mieux !

BABIÉÇA, prêt à entrer dans la chambre du roi, revient sur ses pas.

Ah! mon Dieu!... sire!... j'oubliais.. Ce n'est pas pour moi... cette fois... c'est de la part de la princesse Marguerite...

CHARLES-QUINT.

Eh! parle donc vite... c'est par là qu'il fallait commencer.

BABIÉÇA.

J'ai préféré commencer par moi. (Présentant une lettre.) Non pas que cette noble dame ne soit si gracieuse que dès qu'elle vous sourit, on se sent gagner le cœur... et elle sourit toujours!

GUATTINARA.

Quand je vous disais, sire, qu'elle les a tous ensorcelés, jusqu'aux valets de chambre!

BABIÉÇA.

Je lui dois tant!... L'autre jour, encore, elle m'a dit, en jetant un coup d'œil sur le capitaine des hallebardiers, mon ami intime : « Quoi! Babiéça ne voit pas qu'on fait la cour à sa femme?... »

GUATTINARA, vivement.

Le capitaine des hallebardiers!...

BABIÉÇA.

C'était vrai.

CHARLES-QUINT, qui vient de parcourir la lettre.

O ciel!

GUATTINARA.

Qu'est-ce donc, sire?

CHARLES-QUINT.

Elle me demande un sauf-conduit pour repartir, c'est-à-dire pour renverser toutes mes combinaisons!... (Se promenant avec agitation.) Conçoit-on qu'elle veut quitter l'Espagne, si je ne lui laisse voir son frère, si je ne m'entends pas aujourd'hui pour sa rançon et sa liberté...

GUATTINARA, avec intention.

J'avais raison de dire... que la princesse Marguerite troublerait... non-seulement toute la cour... mais l'empereur lui-même...

CHARLES-QUINT, avec hauteur.

Qu'elle parte!... qu'elle parte... j'y consens... Fais toi-même ce sauf-conduit... mais qu'elle parte! Car les femmes, Guattinara, si ce n'étaient que fausseté, coquetterie ou trahison... passe encore!... Mais cela occupe, oui, cela occupe... et c'est un temps perdu pour les affaires! Aussi prends-y garde!... (A Babiéça.) Allons, viens. (Il sort avec Babiéça par la porte à gauche.)

SCÈNE III.

GUATTINARA, seul, regardant sortir Charles-Quint.

O grand et habile monarque, qui par vos espions ou vos ambassadeurs croyez connaître les secrets de tous les souverains de l'Europe, que vous êtes peu au fait de ce qui se passe chez vous, et surtout (Montrant son cœur.) de ce qui se passe là! Ah! vous croyez que je ne pense à aucune femme, moi qui volontiers les aimerais toutes! Ah! vous croyez qu'elles conduisent un homme d'État à sa perte!... moi qui espère bien leur devoir mon élévation!... A vous, d'abord, gentille Sanchette, ma première passion, que j'ai mariée au seigneur Babiéça et placée auprès de la future reine d'Espagne; à vous aussi, vous que je n'ose plus nommer, fleur inconnue, qui végétiez dans l'ombre, à la cour de Lisbonne, négligée de tous, excepté de moi... noble princesse... aussi nulle que belle, aussi niaise qu'imprudente... car déjà les serments, les lettres mêmes avaient été échangées entre nous... et c'est alors, ô puissant empereur, que, non content de toutes vos conquêtes, vous êtes venu m'enlever la mienne, quand un trône l'attendait, et vous prétendez que j'y dois renoncer à jamais et sans indemnités préalables?... Non, non, quoi que vous en disiez, c'est par les femmes, c'est par la vôtre que je parviendrai, que j'arriverai à votre insu, à une fortune dont vous serez le complice, et dont elle sera la cause... (La porte du fond s'ouvre.) C'est elle... et la princesse Marguerite l'accompagne... Qu'ont-elles donc à se dire?

SCÈNE IV.

GUATTINARA, ISABELLE, MARGUERITE, UN PAGE.

(Isabelle entre suivie de ses femmes et causant avec Marguerite,)

MARGUERITE, à Isabelle.

Oui, Madame, Votre Majesté doit se rendre à nos avis, et ne pas hésiter davantage... Ah! c'est terrible, c'est hardi... ce sera toute une révolution, qu'importe!

GUATTINARA.

Ah! mon Dieu!...

MARGUERITE.

C'est à vous seule qu'il appartient de frapper un pareil coup d'État...

GUATTINARA.

De quoi s'agit-il donc ?

MARGUERITE.

Des collerettes montantes, des fraises a gros tuyaux. Je dis, et chacun partagera mon opinion, que lorsqu'on a des épaules aussi belles, aussi éblouissantes que celles de la reine, on doit proscrire à jamais une mode absurde, ressource de la médiocrité, et qui a été inventée, j'en suis sûre, par quelque princesse ou impératrice bossue... qui désirait, avec raison, garder l'incognito ; mais nous ! madame, nous !... pourquoi ne pas paraître ? ayons ce courage... l'opinion publique sera pour nous et les hommes aussi.

GUATTINARA.

Vous croyez ?

MARGUERITE.

A commencer par vous, seigneur Guattinara, et par l'empereur lui-même... qui, j'ai cru le remarquer, n'aime pas la dissimulation, dans ce genre, du moins.

ISABELLE, apercevant le livre d'heures que Marguerite tient à la main.

Ah ! le joli missel... (Le prenant et le regardant.) aux armes de France ! (L'ouvrant et le regardant.) et de si belles figures...

MARGUERITE.

Peintes par moi ! J'ai idée que la princesse Éléonore, qui prie toute la journée, aurait grande envie de mon livre d'heures... mais s'il pouvait plaire à Votre Majesté...

ISABELLE, vivement.

Merci, princesse, merci ! je veux le montrer à l'empereur.

GUATTINARA, s'avançant.

Qui vient de me charger d'un important message pour son auguste fiancée... pour elle seule... (Toutes les dames se retirent au fond à quelques pas de distance. Marguerite va s'asseoir près de la table à droite, et Guattinara descend avec Isabelle au bout du théâtre à gauche.)

GUATTINARA, à demi-voix.

L'empereur attend Votre Altesse à la messe... il faut y aller.

ISABELLE, avec humeur.

Encore !... (Après un instant de silence.) Guattinara... je m'ennuie.

GUATTINARA.

C'est la seule occupation d'une reine d'Espagne.

ISABELLE.

Il n'y a que la princesse Marguerite qui m'amuse...

GUATTINARA.

O ciel ! vous l'aimez !

ISABELLE.

Non... mais elle m'amuse! et puis elle me fait toujours de si jolis cadeaux! regardez, que ce missel est beau!... que ses ornements sont élégants!

GUATTINARA.

Défiez-vous d'elle!

ISABELLE.

C'est singulier, elle m'a dit la même chose de vous.

GUATTINARA, à part.

Ah! c'est bon à savoir! (A demi-voix.) En revenant de la chapelle avec l'empereur, Votre Altesse pourrait le remercier de ma nomination de ministre, qui a produit le meilleur effet. Votre Altesse pourrait ajouter qu'elle a reçu des lettres du roi Emmanuel son oncle...

ISABELLE, naïvement.

Ce n'est pas vrai!

GUATTINARA.

C'est égal... et qu'il lui serait agréable... ainsi qu'à vous-même... que le roi d'Espagne m'accordât son ordre de la Toison-d'Or, complément de ma dignité! (Vivement et à voix basse, voyant Marguerite qui se lève.) Mais la princesse Marguerite nous regarde et nous écoute peut-être!

ISABELLE.

Elle n'en a pas l'air!

GUATTINARA.

Raison de plus... (Affectant de parler à haute voix.) Oui, Madame, Sa Majesté se flatte de voir Votre Altesse ce matin à la chapelle du palais, et demain, ce sont ses propres paroles, à la réception qui aura lieu dans vos petits appartements.

ISABELLE, avec terreur.

Ah! par sainte Isabelle, ma patronne, que vais-je devenir?

MARGUERITE, s'approchant vivement.

Qu'est-ce donc, Madame, qui cause le trouble où je vous vois?

ISABELLE.

Comment, vous n'entendez pas? l'empereur qui nous demande pour demain une soirée intime?... quel divertissement lui donner...

MARGUERITE.

Le fait est qu'en sa qualité de roi... il est plus difficile qu'un autre à amuser... mais en y mettant de l'amour-propre, il est impossible que nous n'en venions pas à notre honneur; nous lui ferons de la musique... et si vous le voulez même, je vous donnerai lecture d'un conte que je viens de terminer... et dont le titre piquera peut-être la curiosité de Sa Majesté et de nos jeunes seigneurs.

ISABELLE.

Vous l'appelez?...

MARGUERITE

Ce qui plaît aux dames.

ISABELLE.

Me voilà sauvée!... Ah! que vous êtes bonne, (Étourdiment.) quoi qu'on en dise...

MARGUERITE, regardant Guattinara qui fait un geste pour empêcher Isabelle de parler.

Quoi qu'on en dise!... voilà, seigneur Guattinara, une déclaration de guerre... qui doit venir de vous.

GUATTINARA.

Votre Altesse me juge mal; elle n'a pas auprès de l'empereur, de serviteur plus dévoué à ses intérêts.

MARGUERITE, d'un air railleur.

En vérité...

GUATTINARA.

Je puis vous le prouver!

MARGUERITE, de même.

Eh! mais, vous êtes assez habile pour cela!

GUATTINARA.

Votre Altesse avait fait remettre ce matin par Babiéça une demande que Sa Majesté paraissait peu disposée à accorder... et c'est moi qui, par mes instances... ai déterminé l'empereur à consentir à votre départ.

MARGUERITE, à part.

O ciel!

GUATTINARA.

Il m'a chargé de vous annoncer que vous pouviez dès aujourd'hui quitter Madrid... aussi je vais faire préparer le sauf-conduit dont vous avez besoin, et j'aurai l'honneur de le remettre moi-même à Votre Altesse! (Il salue Marguerite et sort par la porte à gauche, tandis qu'Isabelle et ses femmes sortent par le fond.)

SCÈNE V.

MARGUERITE, seule.

Quitter Madrid!... il me le permet! et c'est moi qui, en brusquant la partie, l'ai perdue peut-être... Hier soir, cependant, quand je me suis retirée sans répondre à l'empereur et sans le regarder... il m'avait semblé voir dans ses yeux un dépit. . une colère... qui me donnait bonne espérance. (Avec un soupir) Allons, tout le monde se trompe, même les femmes... et je me serai trompée! (Avec douleur.) Mon frère, mon frère bien-aimé!... moi qui, en quittant notre pays, avais juré de te délivrer, de te ramener avec moi, je pars!... sans te voir, sans t'embrasser, sans t'avoir parlé de la France... Ah! ce n'est ni l'audace ni le courage qui m'ont manqué ; que de fois, le sourire sur les lèvres et le désespoir dans le cœur, j'ai pensé à toi pour avoir la force d'être coquette et de plaire! Mais que puis-je à présent, seule et sans amis, dans cette cour où tout m'abandonne?... (Apercevant Henri d'Albret qui entre, et poussant un cri de joie.) Ah! Henri d'Albret!

SCÈNE VI.

MARGUERITE, HENRI D'ALBRET.

HENRI, s'inclinant devant elle.

Madame... Madame!... je vous revois enfin!

MARGUERITE.

Vous dans ce palais!... vous, Henri, que je croyais toujours blessé et prisonnier.

HENRI.

Je suis guéri... je suis libre, et j'accours à Madrid pour solliciter...

MARGUERITE.

Quoi donc?...

HENRI.

La faveur d'être remis en prison avec le roi.

MARGUERITE

Est-il possible!

HENRI.

Ce n'est pas aisé, je le sais, mais avec des protections!!!... et j'en ai! vous d'abord, Madame Marguerite! Gentilhomme de votre maison, je suis à vous, à Votre Altesse Royale... je vous appartiens plus qu'au roi votre frère, et quand j'ai su que vous étiez à Madrid... je me suis dit : J'irai! la princesse fera bien quelque chose pour un fidèle serviteur.

MARGUERITE.

Eh! mon pauvre d'Albret, je ne puis rien pour moi-même... je n'ai pu encore parvenir jusqu'au roi, et si vous avez des protections, dites-le-moi vite... je ne suis pas fière, j'en userai!

HENRI.

Vous, grand Dieu !

MARGUERITE.

Dans la position où nous sommes... tout peut servir... il ne faut rien négliger... Voyons, parlez!

HENRI.

Vous savez, Madame, ce jour où, à Fontainebleau, j'écrivais sous votre dictée ce conte si intéressant et si vrai, où un pauvre gentilhomme voudrait, au prix de son sang, mériter seulement un regard d'une grande dame.

MARGUERITE.

Je ne me rappelle pas.

HENRI.

A telles enseignes que ce conte n'était pas fini... et pour en connaître le dénoûment... je vous dis : « A demain, n'est-ce pas, Madame ? » Mais Votre Altesse m'arrêta d'un regard triste et sévère en me répondant : « Non, pas demain, Henri, car demain « tous les gentilshommes partent pour la guerre avec le roi de « France. » Alors le soir j'écrivis à ma mère, au Béarn, pour qu'elle m'envoyât sa bénédiction, et le lendemain je vins, avant de partir, demander les ordres de Votre Altesse...

MARGUERITE.

C'est vrai!

HENRI.

Et Votre Altesse me dit : « Veillez sur le roi, mon frère, et ne le quittez pas. » Je me suis battu à Pavie à ses côtés ; j'ai été blessé auprès de lui, et fait prisonnier avec lui... Vous l'a-t-il écrit, Madame?

MARGUERITE.

Ah ! tant de malheurs, tant de souffrances l'ont accablé depuis ce jour... fatal.

HENRI.

Qu'il m'a oublié! (Avec douleur.) Je ne lui demandais qu'une chose! qu'il vous apprît que vos ordres avaient été exécutés... Ah! les princes sont tous des ingrats !

MARGUERITE, le regardant en souriant.

Et les princesses?...

HENRI.

Ah !... j'en connais de si fières et de si terribles, qu'elles n'accorderaient pas à ceux-là même qui les servent le mieux un regard d'affection ou de pitié!

MARGUERITE, lui tendant la main.

Je ne suis pas de celles-là, Henri!

HENRI, s'inclinant et lui baisant la main.

Ah! que j'étais injuste! Disposez de moi, Madame; parlez! commandez!

MARGUERITE, souriant.

Eh! mais, je ne vous demande que d'achever votre histoire, que vous avez prise peut-être d'un peu haut!

HENRI.

Non, Madame, c'était nécessaire.

MARGUERITE.

C'est juste; nous autres conteurs ou historiens, avons nos priviléges...

HENRI.

Quand le roi fut transporté en Espagne, je voulus le suivre, toujours pour vous obéir; mes blessures ne le voulurent pas; et on me laissa seul dans une forteresse;... c'est-à-dire seul,... aux soins du geôlier et de sa nièce... qui était ma garde-malade, et, grâce à sa protection...

MARGUERITE.

Ah!... c'est là la protectrice dont vous me parliez... une jeune fille...

HENRI.

Non, Madame, une jeune femme.

MARGUERITE.

Qui vous aimait?...

HENRI, vivement.

Oh! non... Madame. (Tristement.) Moi!... personne ne m'aime!

MARGUERITE.

Vous mentez, car vous rougissez! Ainsi, c'est convenu, elle vous aimait... et vous aussi, sans doute?

HENRI, avec chaleur.

Oh! pour cela... je jure à Votre Altesse que cela n'était pas, et que c'était bien impossible.

MARGUERITE.

Et... pourquoi?

HENRI, avec embarras.

Pourquoi?... pour des raisons...

MARGUERITE.

Que vous ne pouvez pas dire?...

HENRI.

Si, Madame !... La plus forte de toutes, c'est que j'en aime une autre!

MARGUERITE.

Bah! vous autres hommes, cela n'empêche pas.

HENRI.

Ah! quel blasphème!... Et si vous saviez... si vous connaissiez celle que j'aime!...

MARGUERITE, vivement.

Je ne veux pas la connaître... mais je désire savoir le dénoûment de votre histoire, qui n'en finit pas!

HENRI.

M'y voici, Madame, m'y voici... La nièce du geôlier, qui était venue passer quelque temps avec son oncle, la petite Sanchette, était mariée au courrier du roi, le seigneur Babiéça.

MARGUERITE, étonnée.

Vraiment!

HENRI.

Et en repartant pour Madrid, elle me dit tout bas : « Comptez sur moi; avant un mois, vous serez libre. » Ce qui est en effet arrivé;... mais j'ignore comment...

MARGUERITE.

Je le sais moi! Parce que Sanchette et son mari sont des puissances à la cour. Tous deux protégés par l'empereur, protégés par Guattinara, le nouveau ministre!... et vous pouvez en effet par eux...

HENRI, avec embarras.

C'est que j'aimerais mieux ne pas m'adresser à Sanchette...

MARGUERITE.

Pourquoi?

HENRI, de même.

Je ne saurais le dire... (Vivement.) Et puis, j'ai une autre protectrice!

MARGUERITE.

Encore une!...

HENRI.

Au moment où j'allais me prendre de querelle avec un capitaine des hallebardiers, qui refusait de me laisser passer, paraît une jeune dame devant qui je m'incline et qui, en entendant mon nom, s'ecrie : « M. le comte Henri d'Albret, ce fidèle serviteur de François Ier! — Ah! vous êtes Française, lui dis-je? — Non, Espagnole;... mais espérez en Dieu et en vos amis, je vous obtiendrai une audience de l'empereur, ce matin, après la messe. »

MARGUERITE.

Eh! qui donc aurait un tel crédit?

HENRI.

Je l'ignore! Une jeune fille, vêtue de blanc, l'air doux et triste! Je crois même qu'elle venait de pleurer, car elle avait encore les yeux rouges... et, tenez, la voici!

SCÈNE VII.

LES PRÉCÉDENTS, ÉLÉONORE, précédée de deux pages qu'elle renvoie du geste après son entrée, sortant de la porte à droite.

MARGUERITE, bas, à Henri.

La sœur de Charles-Quint!... la princesse Éléonore d'Autriche!

ÉLÉONORE, s'avançant vivement vers Henri.

Monsieur d'Albret!... Entrez vite, entrez dans cette galerie où il n'y a personne! L'empereur, qui sort de la messe, va y passer pour se rendre au conseil! Je n'ose vous répondre qu'il vous accordera votre demande... mais, du moins, vous le verrez!... C'est tout ce que je puis.

HENRI.

Ah! Madame, quelle reconnaissance!

ÉLÉONORE.

Allez! allez! ne perdez pas de temps! (Henri sort par la porte à droite.)

SCÈNE VIII.

MARGUERITE, ÉLÉONORE.

MARGUERITE.

Merci, Éléonore, merci! C'est à moi que vous rendez service, en protégeant un gentilhomme de notre maison.

ÉLÉONORE.

Si loyal! si brave!

MARGUERITE.

Vous le jugez bien!

ÉLÉONORE.

Et pourtant si modeste! si respectueux! A peine osait-il lever sur moi ses regards!

MARGUERITE.

Ne vous y fiez pas!... Il n'y a rien de terrible comme les gens qui y voient... les yeux baissés! et M. d'Albret a fort bien remarqué que Votre Altesse venait de pleurer.

ÉLÉONORE, troublée.

Moi!

MARGUERITE, vivement.

S'il s'agissait d'un bonheur!... je serais discrète; mais d'une peine!... pourquoi ne pas me permettre de la partager? pourquoi, depuis mon arrivée à Madrid, la seule personne que j'aimerais... à aimer, semble-t-elle m'éviter et me craindre?... Je l'ai vu!

ÉLÉONORE.

C'est vrai, princesse, je ne sais pas mentir! On vous dit si spirituelle... et d'un mérite si supérieur... que cela effraie!

MARGUERITE.

De loin!... comme ces châteaux redoutés à la ronde, où l'on prétend qu'il revient des esprits! On approche!... et que trouve-t-on?... rien! Il en est ainsi de moi, n'est-ce pas?

ÉLÉONORE.

h! non. Ce que vous dites là le prouve. Et puis... je suis Espagnole et dévote! Mon confesseur me répétait que vous étiez mauvaise catholique.

MARGUERITE.

Il ne s'y connaît pas!

ÉLÉONORE.

Qu'en France, et près du roi, votre frère, vous défendiez toujours les protestants.

MARGUERITE.

Quand on les opprimait. Je suis toujours du parti de ceux... qui pleurent. (Avec chaleur et amitié.) Voyons! confiez-moi vos chagrins, je vous dirai les miens, car j'en ai beaucoup!

ÉLÉONORE.

Pas plus que moi! J'avais dix ans à peine quand l'empereur Charles-Quint, mon frère, me maria...

MARGUERITE.

A dix ans?...

ÉLÉONORE.

Pour parfaire un traité de commerce, à un vieux prince valétudinaire, que je n'ai jamais vu!... Eh bien! aujourd'hui, c'est plus terrible encore! Pour acquitter ses dettes envers le connétable de Bourbon, qui lui a fait gagner la bataille de Pavie... il lui a promis ma main.

MARGUERITE.

Un traître à la France, sa patrie!

ELÉONORE.

A François Ier, son souverain.

MARGUERITE.

Et vous obéiriez ?...

ÉLÉONORE.

Jamais! jamais ma main ne sera le prix d'une trahison. — Vous l'épouserez, a dit mon frère, ou vous entrerez au couvent! — Et moi j'ai répondu : J'entrerai au couvent.

MARGUERITE.

O noble et généreuse fille!

ÉLÉONORE.

Et comme je fondais en larmes, il m'a dit : Finissons, je suis pressé. Je vous donne jusqu'à demain pour réfléchir encore et vous décider. Et il m'a quittée dans une colère épouvantable, pour aller à la messe!... Comme cela doit lui profiter! Mais il n'avait pas besoin d'attendre... ce sera demain comme aujourd'hui.

MARGUERITE.

Vous entrerez au couvent?

ÉLÉONORE.

Avec joie ; car ce ne sera pas pour longtemps, je l'espère... et Dieu m'appellera bien vite à lui.

MARGUERITE.

Un si profond découragement... au printemps de la vie... au moment où tout est joie et espérance... Éléonore, on peut tout me dire, à moi. Je suis Française, et pourtant, croyez-le bien, aussi bonne catholique que vous. (La regardant attentivement, et après un instant de silence.) Etes-vous bien sûre, quand vous serez au couvent, de n'y penser qu'à Dieu ?...

ÉLÉONORE.

Moi!...

MARGUERITE.

Cherchez bien!... N'y aurait-il pas, au fond de votre haine

pour le connétable... quelques sentiments plus tendres... pour un autre?...

ÉLÉONORE, vivement.

Oh! non...

MARGUERITE.

Prenez garde... si vous le niez avec tant de vivacité... je vais croire que j'ai rencontré juste.

ÉLÉONORE.

Quoi! vous pourriez supposer?...

MARGUERITE, avec un soupir.

Je suppose toujours, avec les jeunes veuves comme moi... et cela pour cause.

ÉLÉONORE, étourdiment.

Quoi! vous aimeriez aussi?...

MARGUERITE, souriant.

Aussi!...

ÉLÉONORE, confuse, et à part.

O ciel!

MARGUERITE, vivement.

Ne vous effrayez pas, je n'en dirai rien... Nous sommes deux alliées naturelles, deux opprimées qui devons faire cause commune... Voyons... (Avec un sourire d'interrogation.) Il est beau?... (Éléonore fait signe que oui.) Brave? (Même geste.) Digne de vous par le rang?

ÉLÉONORE.

Oh! oui.

MARGUERITE, vivement.

Vous n'irez pas au couvent... vous l'épouserez.

ÉLÉONORE, effrayée.

Taisez-vous, taisez-vous!... Que ces murs ne vous entendent pas!... des obstacles éternels, infranchissables... sur lesquels il ne faut pas même arrêter sa pensée...

MARGUERITE.

C'est pour cela qu'on y pense... Je ne suis pas bien sûre qu'il n'y ait pas aussi, de par le monde, quelque jeune chevalier que tout sépare de Marguerite... Mais qui oserait dire ici-bas qu'une chose est impossible... avec la foi, l'espérance... et un peu de charité pour ceux... que nous aimons!...

ÉLÉONORE.

Et moi, qui croyais que vous n'aimiez au monde que votre frère!

MARGUERITE, gaiement.

Il y a temps pour tout!... (Sérieusement.) mais vous dites vrai : Lui d'abord! sa liberté et sa gloire... avant mon bonheur et ma vie!... et je tremble en ce moment d'être obligée de quitter Madrid.

ÉLÉONORE.

Que me dites-vous là!... ce n'est pas possible... il faut y rester à tout prix... Vous ne savez donc pas que depuis deux mois... le roi de France, séparé de tous ses serviteurs, est renfermé dans une tourelle étroite et obscure... attenante au palais... une cellule d'ancien couvent... ou plutôt un cachot!

MARGUERITE.

Qui vous l'a dit?...

ÉLÉONORE, avec chaleur.

Que vous importe?... je le sais!... en proie à toutes les tortures, livré au désespoir... ne croyant plus jamais revoir ni la France, ni sa sœur qu'il appelle...

MARGUERITE.

Qui vous l'a dit?

ÉLÉONORE.

Une fièvre ardente le dévore en ce moment; ses jours sont en danger, et ni l'empereur, ni le conseil de Castille n'en sont instruits; ses geôliers seuls connaissent la vérité et la cachent à tous les yeux!

MARGUERITE.

Et d'où le savez-vous?

ÉLÉONORE.

Qu'importe? si j'en suis certaine... si je viens, sous le sceau du secret, et sur le salut de mon âme... vous dire à vous, Marguerite, ne parlez pas de moi, ne me trahissez pas... mais sauvez votre frère qui se meurt?... Me croyez-vous maintenant?

MARGUERITE, l'embrassant.

Merci, merci, ma sœur...

ÉLÉONORE, troublée.

Ma sœur!... Ah! un tel nom...

MARGUERITE.

Si j'en connaissais un plus doux... je vous le donnerais, à vous qui semblez partager ma peine!... mais il n'y a pas de temps à perdre... il faut que je voie l'empereur.

ÉLÉONORE.

Le moment est mal choisi... vous n'obtiendrez rien de lui, car il était, hier soir, furieux contre vous !

MARGUERITE.

Vous en êtes sûre...

ÉLÉONORE, avec impatience.

Eh oui!... (D'un ton de reproche.) Aussi !... quand il semblait désirer si vivement cette aumônière brodée par vos mains... quelle maladresse de ne pas la lui offrir!...

MARGUERITE, avec doute.

Vous croyez?...

ÉLÉONORE.

Il en a été tellement blessé... qu'après votre départ... il a gardé le silence et s'est mordu les lèvres en souriant, ce qui est chez lui un signe de grande colère.

MARGUERITE, avec joie.

En vérité?...

ÉLÉONORE.

Et lorsque les envoyés des pays-Bas sont venus lui annoncer la révolte de la ville de Gand... il ne les a seulement pas écoutés... et s'est contenté de murmurer votre nom entre ses dents... en s'écriant : Qu'elle n'espère jamais rien de moi!

MARGUERITE, souriant avec espoir.

Ah!... je crois que je peux demander... le moment est excellent... conduisez-moi vers lui ?

ÉLÉONORE.

A l'heure qu'il est, c'est impossible... le roi est entré depuis longtemps dans la salle du conseil...

MARGUERITE.

Raison de plus! c'est au conseil que je veux lui parler.

ÉLÉONORE.

Vous !

MARGUERITE.

Comme envoyée de ma mère Louise de Savoie, régente de France !...

ÉLÉONORE.

Nul n'y peut pénétrer, et surtout une femme !...

MARGUERITE, avec effroi.

Que me dites-vous là?

SCÈNE IX.

Les précédents, BABIÉCA, sortant de la porte à gauche, tenant sous le bras un portefeuille, et à la main un mouchoir, des gants et une aumônière.

BABIÉCA, s'approchant vivement de Marguerite.

Madame, Madame, vous qui êtes mon bon ange, ne pourrais-je obtenir de vous un moment d'audience ?...

MARGUERITE, avec dépit.

Me demander une audience, à moi qui n'en puis obtenir ! (A Babiéca.) Tout à l'heure, Babiéca, je suis à vous. (A Éléonore.) Quoi, si le conseil se prolonge jusqu'à ce soir, personne ne pourra entrer dans la salle des séances ?

ÉLÉONORE.

Que les grands d'Espagne.

BABIÉCA, s'avançant.

Et moi...

MARGUERITE, le regardant d'un air gracieux.

Ah !... ce cher Babiéca !

BABIÉCA, lui montrant les objets qu'il tient.

Pour porter à l'empereur son portefeuille, ses gants, son mouchoir et son aumônière !

MARGUERITE, se mettant vivement à la table et écrivant.

Je suis à toi. (Écrivant.) Sire, en vous avouant hier soir que je brodais cette aumônière pour le plus loyal des chevaliers, c'était vous dire qu'elle était destinée à Votre Majesté !... Or un loyal chevalier ne refuse rien aux dames... (Se retournant vers Babiéca d'un air aimable.) Eh bien, parle... je t'écoute.

BABIÉCA, se penchant vers Marguerite qui écrit, et lui parlant à demi-voix.

Tout à l'heure en rentrant chez moi, j'ai regardé, comme tout le monde... par le trou de la serrure...

MARGUERITE, écrivant toujours.

Très-mauvaise habitude... qui doit porter malheur.

BABIÉCA.

C'est ce qui est arrivé... car le verrou était mis et Fanchette écrivait.

MARGUERITE, vivement.

Je sais à qui !

BABIÉCA, de même.

En vérité ?

MARGUERITE, se levant.

Je vous le dirai plus tard... L'empereur attend! Mais vous lui portez là une aumônière.

BABIÉÇA.

A laquelle il tient... car elle sert depuis longtemps!...

MARGUERITE.

Et n'est pas digne d'un puissant monarque tel que lui!... Vous lui remettrez en échange celle-ci, (Prenant celle qu'elle a à son côté.) et lui direz... (Mettant dans l'aumônière la lettre qu'elle vient d'écrire.) que c'est un cadeau d'une dame...

BABIÉÇA.

J'ajouterai : d'une noble et jolie dame.

MARGUERITE.

Si vous voulez. Partez vite!

BABIÉÇA.

Oui, Madame, mais Votre Altesse me dira...

MARGUERITE, le suivant des yeux.

Sans doute... (Babiéça sort.) Que le ciel le conduise, et surtout hâte son retour.

ÉLÉONORE.

On vient! c'est Guattinara!

SCÈNE X.

Les précédents, GUATTINARA.

GUATTINARA.

J'apporte à Votre Altesse Royale le sauf-conduit que je lui ai promis.

ÉLÉONORE.

O ciel!

GUATTINARA.

J'y ai fait tant de diligence, que rien, je l'espère, ne s'opposera à son départ.

MARGUERITE, regardant du côté de la porte à droite.

Peut-être!...

GUATTINARA, étonné.

Et quoi donc?

SCÈNE XI.

Les précédents, BABIÉÇA, rentrant par la porte à droite.

BABIÉÇA.

L'empereur attend madame la princesse Marguerite.

ACTE II, SCÈNE II.

GUATTINARA, stupéfait.

L'empereur... et où donc ?

ÉLÉONORE.

En l'audience de Castille.

GUATTINARA.

Et pourquoi ?

MARGUERITE.

Pour plaider en plein conseil, et contre vous, Guattinara, la cause de mon frère. (Elle s'élance avec Babiéça par la porte à droite. Éléonore sort par le fond, et Guattinara reste debout, immobile et frappé d'étonnement. — La toile tombe.)

ACTE II

L'intérieur d'une cour circulaire ; à gauche sur le second plan un balcon en pan coupé. A côté du balcon, dans le mur, une niche où est une madone. Au premier plan, la porte de la chambre du roi. A droite, sur le second plan et faisant face au balcon, un pan coupé sur lequel est un portrait en pied de saint Pacôme. Au premier plan, faisant face à la chambre du roi, la porte des gardiens de la tour. A droite du spectateur, une table sur laquelle est une corbeille de fleurs et ce qu'il faut pour écrire.

SCÈNE PREMIÈRE.

GUATTINARA.

Marguerite, ma mortelle ennemie, réconciliée avec l'empereur ! Marguerite, que je viens conduire auprès de son frère ! Ah ! si élevé qu'on soit, il faut toujours prévoir et craindre les caprices du maître !

SCÈNE II.

GUATTINARA, CHARLES-QUIN..

(Pendant ces derniers mots le tableau en pied de saint Pacôme, qui est placé sur le pan coupé à droite, a glissé dans la boiserie. Charles-Quint est entré lentement et s'est arrêté derrière Guattinara, qu'il écoute.)

GUATTINARA.

Ah ! pourquoi a-t-on un maître ?

CHARLES-QUINT, lui mettant la main sur l'épaule.

Parce que tout le monde en a, Guattinara, même les rois, qui ne font pas toujours leurs volontés.

GUATTINARA, se retournant effrayé.

Vous, sire !... et d'où Votre Majesté vient-elle ainsi ?

CHARLES-QUINT.

De mon oratoire!...

GUATTINARA.

Et quand donc le roi a-t-il fait pratiquer cette porte secrète?...

CHARLES-QUINT.

Ce n'est pas moi!... c'est le beau, l'élégant Philippe d'Autriche, qui s'enfermait tous les jours là, dans son oratoire!

GUATTINARA.

Lui!... si peu dévot!

CHARLES-QUINT.

Pour se soustraire à la jalousie, ou plutôt à l'amour de ma pauvre mère, Jeanne de Castille, qui voulait toujours le retenir au palais; et par cette tour et cet escalier...

GUATTINARA.

Je comprends!

CHARLES-QUINT, mettant le doigt sur ses lèvres.

Secret de famille!

GUATTINARA.

Qui vous a fait accepter ce lieu pour prison?

CHARLES-QUINT.

Quand tu me l'as proposé.

GUATTINARA.

Je crois même que c'est Votre Majesté qui m'en a fait venir l'idée!

CHARLES-QUINT.

C'est possible!

GUATTINARA.

Et comment, sire, malgré la résolution que vous aviez prise, avez-vous permis à la princesse Marguerite de pénétrer dans cette tour? car je ne l'y ai amenée que par votre ordre, et voilà près de deux heures qu'elle y est.

CHARLES-QUINT.

C'est ta faute!

GUATTINARA.

Ma faute!

CHARLES-QUINT.

Ou l'indiscrétion de quelque gardien...

GUATTINARA.

Ils sont plus prisonniers que leur captif, et ne sortent pas d'ici; c'est moi, seul, qui communique avec eux.

CHARLES-QUINT.

Eh bien, alors, c'est toi qui as rendu compte à Marguerite des traitements qu'éprouvait son frère...

GUATTINARA

Ah! sire...

CHARLES-QUINT.

Traitements que j'ignorais moi-même, et contre lesquels j'ai dû m'élever!... il était de mon devoir, de mon honneur, d'accueillir des plaintes dont elle eût fait retentir toutes les cours de l'Europe, et qu'il valait mieux écouter... entre nous... dans le conseil.

GUATTINARA.

Elle y a donc parlé?

CHARLES-QUINT.

Avec une habileté, une chaleur, une éloquence à laquelle tu ne te serais jamais attendu... ni moi non plus!... Par saint Jacques, elle a plaidé la liberté de son frère et la paix avec la France, de manière à nous prouver que c'était l'avantage de l'Espagne!... Si tu avais vu avec quel art, quelle flatterie, quelle adresse, elle parait tous mes arguments, évitant de me blesser et ne cherchant qu'à me désarmer!... A chaque instant, je me sentais perdre du terrain!... et moi encore! ce n'était rien... je me défendais; mais tous mes vieux conseillers, sous la puissance de sa parole et le feu de son regard, ne faisaient plus attention à mes signes de tête ni à mes gestes de mécontentement; ils ne voyaient qu'elle; et quand elle s'est écriée : Mon frère est en danger, et s'il succombe ici... dans le palais de vos rois, la postérité accusera donc Charles-Quint, ce monarque si généreux et si magnanime, de s'être défait par le fer ou par le poison d'un ennemi redoutable; elle dira donc que François 1er, même captif, a fait peur à l'Espagne, et vous savez tous, messeigneurs, a-t-elle continué en étendant la main vers eux, que l'Espagne ne craint personne... vous le prouverez. — Oui, oui, se sont-ils tous écriés en se levant; et j'ai vu le moment où ils allaient, par fierté espagnole, voter la liberté du roi de France... sans rançon!... Je me suis empressé, en partageant cet élan généreux, de remettre une délibération aussi importante à la prochaine séance du conseil, que j'aurai soin de ne plus rassembler.

GUATTINARA.

A la bonne heure!

CHARLES-QUINT.

Mais le moyen après cela de refuser à Marguerite la permission de voir son frère... quand tout le conseil le demande et que soi-même on y est naturellement porté !... Cependant la générosité a des bornes, surtout la générosité politique, et je n'entends pas que cet entretien se prolonge... d'autant que je crois peu au danger du roi.

GUATTINARA.

Ce danger est réel.

CHARLES-QUINT.

C'est une ruse dont tu es la dupe !

GUATTINARA.

Votre Majesté se trompe !... Quand la princesse Marguerite est arrivée ici, avec moi, elle s'est élancée dans la chambre de son frère... il était pâle et sans connaissance, ne répondant ni à ses cris ni à ses larmes, ni à ses caresses ; alors elle est entrée dans un désespoir qui aurait touché son plus cruel ennemi...

CHARLES-QUINT.

C'était donc vrai ?...

GUATTINARA.

Le gouverneur de la tour vous dira que le roi est au plus mal.

CHARLES-QUINT.

Qu'a-t-il donc ?

GUATTINARA.

On n'en sait rien.

CHARLES-QUINT.

Il fallait avertir mon médecin.

GUATTINARA.

Il n'a pas voulu le voir...

CHARLES-QUINT.

Lui prodiguer des soins...

GUATTINARA.

Il les a repoussés...

CHARLES-QUINT.

Il fallait le forcer à vivre.

GUATTINARA.

De par le roi ?

CHARLES-QUINT.

Eh oui !

GUATTINARA.

Et s'il veut mourir ?

CHARLES-QUINT, se frappant le front.

Il en est capable!... pour m'enlever mon prisonnier... me priver de sa rançon... C'est un plan diabolique... conçu et combiné dans le but de renverser tous mes projets et de ne m'en laisser que la honte!

GUATTINARA.

Vous croyez?...

CHARLES-QUINT.

J'en suis sûr... Ces hommes de guerre ne savent rien... que mourir!... le beau mérite!... S'il en est ainsi, qui peut déjouer ce complot?...

GUATTINARA.

Une seule personne, et par malheur encore, c'est Marguerite.

CHARLES-QUINT.

Qu'elle reste donc!... qu'elle reste près de lui... jusqu'à ce qu'elle m'ait rendu ce service!

GUATTINARA.

D'après sa demande, j'ai écrit au prieur des Dominicains de m'envoyer un moine de son ordre.

CHARLES-QUINT.

Deux s'il le faut! n'épargne rien...

GUATTINARA.

Et discrètement je me suis retiré.

CHARLES-QUINT.

Tu as bien fait... J'ai permis aussi au comte Henri d'Albret, non pas, comme il m'en suppliait, de partager la captivité de son maître, mais de passer aujourd'hui quelques heures à ses côtés!... On monte l'escalier... il est inutile qu'on me voie! Si le danger augmente, qu'on m'avertisse... ou plutôt... je reviendrai tantôt, savoir par moi-même... Adieu! adieu! (Il sort par le ableau de saint Pacôme, qui se referme sur lui.)

GUATTINARA, seul, et regardant le tableau qui se referme.

O bienheureux saint Pacôme!... et moi aussi, je pourrai bien t'invoquer!...

SCÈNE III.

HENRI, GUATTINARA.

HENRI, entrant par la porte du fond.

Merci, camarade, merci!... j'y vois maintenant!... Cet escalier en colimaçon est obscur comme l'antichambre de l'enfer.

GUATTINARA.

Que voulez-vous, Monsieur? Qui êtes-vous

HENRI.

Le comte Henri d'Albret, sujet et officier du roi de France, retenu captif en cette tour, laquelle on prendrait difficilement pour une résidence royale... Du reste, j'ai un permis de l'empereur (Il le lui présente.) pour être admis près de mon souverain.

GUATTINARA, le regardant.

Pendant quelques heures seulement.

HENRI.

Mais j'espère que bientôt on me permettra de lui rendre chaque jour les devoirs d'un bon serviteur, ceux que j'avais l'honneur de remplir auprès de lui au Louvre et à Fontainebleau.

GUATTINARA

Quand il était roi !

HENRI.

Il l'est toujours, Monsieur ! et plus encore, il est malheureux... Je vous prie de me faire conduire vers lui...

GUATTINARA.

Il est de ce côté...

HENRI.

Et la princesse Marguerite ?...

GUATTINARA.

La voici ! (S'adressant à Marguerite.) L'empereur me fait dire, Madame, que Votre Altesse peut rester près de son frère tout le temps qu'elle jugera nécessaire et convenable.

HENRI, à part.

Quel bonheur ! (Guattinara salue la princesse, et sort par la porte du fond.)

SCÈNE IV.

MARGUERITE, HENRI.

HENRI, attendant que Guattinara soit sorti.

Me voici, Madame... Je n'ai tardé que pour mieux remplir vos ordres, et vous avez pu savoir déjà par le révérend père dominicain que tout marchait au gré de nos vœux.

MARGUERITE.

Il n'est plus question de nos projets; n'y pensons plus, Henri ! Avant de rendre mon frère à la liberté, il faut le rendre à la vie.

HENRI.

Que dites-vous? grand Dieu !

MARGUERITE.

Que je l'ai trouvé dans un état d'abattement que personne ne peut s'expliquer! Il est sans fièvre, sans souffrance, et ses forces l'abandonnent! et ma vue qui lui faisait répandre des larmes de joie, ne pouvait cependant le distraire... d'une pensée constante qui le préoccupe; (Avec désespoir.) il a au cœur un secret dessein qu'il veut dérober à tous les yeux.

HENRI.

Même aux vôtres?

MARGUERITE.

Il l'espère en vain..., je tremble de l'avoir deviné..., En rapprochant la situation où je le vois... du rapport de ses gardiens qui prétendent que, depuis quelques jours, il n'a pris aucune nourriture... une horrible pensée m'est venue...

HENRI, effrayé.

Laquelle?...

MARGUERITE.

Le roi François Ier, à qui on a ôté tout moyen d'attenter à ses jours, veut se laisser mourir de faim.

HENRI.

Mourir de faim!

MARGUERITE.

Oui... Il regarde sa captivité comme le fardeau, comme la ruine de la France... il veut la délivrer par sa mort.

HENRI.

Nous ne le souffrirons pas.

MARGUERITE.

Non, non... Mais il n'y a pas à lui en parler... car si c'est un parti pris... il n'en conviendra pas.

HENRI.

Écoutez... c'est sa voix...

MARGUERITE.

Il m'appelle... (S'avançant.) Me voici, mon frère!...

HENRI.

O mon roi! ô vainqueur de Marignan! (François Ier paraît sur le seuil de la porte à gauche, conduit par Marguerite.)

SCÈNE V.

HENRI, FRANÇOIS Ier, MARGUERITE.

FRANÇOIS Ier, à Marguerite.

Tu m'avais quittée?... Cette chambre est si sombre et si

triste!... c'est l'Espagne! tandis que toi... c'est la France!... Ah! d'Albret!...

HENRI.

Sire!

FRANÇOIS I*er*.

Et tes blessures?

HENRI.

Grâce au ciel, ce bras peut encore servir Votre Majesté... (Il soutient le roi et le conduit jusqu'au fauteuil à gauche.)

FRANÇOIS I*er*, assis entre eux deux.

D'Albret!... ma sœur!... près de vous, mes amis, il n'y a plus d'exil.

MARGUERITE.

L'exil!... s'adoucit du moins. Voici M. d'Albret... qui a obtenu la permission...

HENRI.

De voir quelques heures Votre Majesté.

MARGUERITE.

Et moi de rester près de vous, Sire, tant que je le voudrai... Voilà déjà de meilleures nouvelles! aussi nous allons passer tous les trois une bonne soirée... comme autrefois à Chambord.

HENRI.

Ou à Fontainebleau.

FRANÇOIS I*er*, regardant avec douleur les murs de sa prison.

Oui, mes beaux ombrages de Fontainebleau... et ce palais, qu'embellissaient par mes soins les merveilles des arts. (Il se détourne pour essuyer une larme.)

MARGUERITE, gaiement.

Il est de fait, sire, que vous nous y receviez mieux qu'ici... D'abord, vous nous y donniez à souper... et moi j'ai grand'-faim.

FRANÇOIS I*er*, souriant.

En vérité, ma mignonne?...

MARGUERITE.

Je n'ai rien pris depuis ce matin.

FRANÇOIS I*er*.

D'Albret... dis à mes gardiens de m'apporter cette collation... qu'ils avaient déposée dans ma chambre, hier, je crois, ou avant-hier. (D'Albret sort.)

SCÈNE VI.

FRANÇOIS Iᵉʳ, MARGUERITE.

MARGUERITE, vivement.

Avant-hier!... Votre Majesté n'y avait pas touché!...

FRANÇOIS Iᵉʳ.

C'est tout simple... un malade n'a pas faim... un captif encore moins... Il faut pour cela le grand air... l'air de la liberté... tandis que toi, ma mignonne, si jeune et si fraîche... et libre... Tiens, tiens, voilà ton souper que l'on t'apporte... (Aux geôliers.) Bien! bien!... maintenant laissez-nous. (Après la sortie des geôliers et de Henri, à qui Marguerite a fait signe de s'éloigner.) Là, près de moi, que je te regarde, que je ne te perde pas des yeux.

MARGUERITE, s'asseyant à la table.

Ah! il m'eût été plus agréable... de partager cette collation avec Votre Majesté... (Vivement) Je ne vous presse pas, sire... Dieu m'en préserve!... Mais quand je pense à nos repas en famille... Tenez, notre mère, qui depuis votre absence... veille à tout dans le royaume... qui a levé des troupes... garni nos places fortes...

FRANÇOIS Iᵉʳ.

En vérité... elle ne s'est ni découragée... ni effrayée.

MARGUERITE.

Pas un instant. Tant que mon fils est vivant, me disait-elle, je ne crains rien. Son nom seul vaut une armée... tous les mauvais desseins sont comprimés dans le royaume devant la crainte continuelle de son retour.

FRANÇOIS Iᵉʳ.

Ma mère a dit cela?...

MARGUERITE.

Et il reviendra... continuait-elle... Dieu me le dit, j'en suis sûre... car je ne veux pas mourir sans le voir et sans l'embrasser.

FRANÇOIS Iᵉʳ.

O ma mère... ô ma bonne mère!...

MARGUERITE.

Que Dieu prolonge ses jours! (Versant dans le verre qui est devant le roi.) A sa santé, mon frère! (François tressaille.) Refuserez-vous d'y boire avec moi?

FRANÇOIS Iᵉʳ.

Non, non, donne... donne... quelques gouttes... (Élevant son verre.) Ma mère! (Il boit.) Ah! ce vin m'a ranimé...

MARGUERITE.

Et votre fils, le dauphin, quoique enfant, si vous saviez comme il s'occupe de vous?... Ma tante Marguerite, me criait-il, au moment du départ, dites à mon père que je l'attends.

FRANÇOIS Ier.

Vraiment?

MARGUERITE.

Pour apprendre de lui à manier mon épée et à monter mon premier cheval.

FRANÇOIS Ier.

Mon fils!... mon fils!... il m'attend!...

MARGUERITE.

Eh! oui, sire... il vous attend! (Elle verse du vin à François Ier.) Et il n'est pas le seul... bien d'autres encore... de jolies dames...

FRANÇOIS Ier.

Hein! Que dis-tu?

MARGUERITE.

Qui m'avaient chargée pour vous de tendres souvenirs.

FRANÇOIS Ier.

En vérité... (Il porte la main à son verre.)

MARGUERITE.

La belle duchesse de Châteaubriand... (Glissant un biscuit dans le verre du roi.) qui mourrait, je crois, si elle ne devait plus vous revoir.

FRANÇOIS Ier.

La duchesse... elle pense encore à moi! (Il mange le biscuit.)

MARGUERITE.

Elle!... dites donc toutes les femmes de la cour.

FRANÇOIS Ier, avec plaisir.

Toutes les femmes!... (Il boit.)

MARGUERITE.

Si vous saviez comme vous les avez rendues pieuses et exactes à l'église!... (Elle sert des conserves de fruits au roi.) comme elles y venaient prier pour le roi... et quand on a su que je partais vers vous, que de recommandations. (Elle glisse une cuiller au roi.) et de nœuds de rubans... des cheveux... des écharpes...

FRANÇOIS Ier, vivement.

Vraiment!

MARGUERITE.

Et même de petits billets bien tendres.

FRANÇOIS 1er, prenant de lui-même un second biscuit.

Des billets... et de qui?

MARGUERITE.

Je vous les donnerai... vous les lirez... Ah! je conçois votre désespoir d'être à Madrid! on n'y trouve ni aussi jolies femmes... ni aventures aussi piquantes...

FRANÇOIS 1er, vivement et posant son verre.

Eh bien! Marguerite, c'est ce qui te trompe.

MARGUERITE.

Que me dites-vous?

FRANÇOIS 1er.

Qu'ici, dans ma captivité... il y a un mystère inouï... un secret dont je ne pouvais parler... car celle à qui je dis tout, ma sœur était loin de moi.

MARGUERITE, avec chaleur.

La voici de retour... ainsi que nos causeries du soir... nos petits soupers en tête à tête!

FRANÇOIS 1er, se retournant vivement en face de Marguerite.

Comme à Chenonceaux! Imagine-toi, ma mignonne...

MARGUERITE.

Vous allez vous fatiguer.

FRANÇOIS 1er.

Non, non, n'aie pas peur.

MARGUERITE.

Et si vous ne prenez pas des forces pour votre récit...

FRANÇOIS 1er.

C'est inutile...

MARGUERITE.

Non, non!... Vous mangerez d'abord... ou je n'écoute rien!

FRANÇOIS 1er, riant.

Marguerite, tu es donc toujours despote?...

MARGUERITE.

Plus que jamais!

FRANÇOIS 1er.

Alors!... (Il mange.) Imagine-toi, ma mignonne, qu'une nuit pendant mon sommeil, il me semblait voir une femme jeune et belle se pencher vers moi!

MARGUERITE.

Mon frère François a toujours eu de ces rêves-là.

FRANÇOIS Ier.

C'était une réalité!... car au réveil, je trouvai près de moi un gant de femme... la main la plus jolie... la plus ravissante...

MARGUERITE.

En fait de gants, l'imagination fait tout. (Elle frappe sur l'assiette du roi pour qu'il mange.)

FRANÇOIS Ier.

Attends donc... (Elle continue à frapper, il mange.) Depuis ce moment, il ne s'est pas écoulé de semaine qui ne m'apportât quelques souvenirs mystérieux de la belle inconnue.

MARGUERITE.

Elle a donc des intelligences avec les geôliers?...

FRANÇOIS Ier.

Je n'en sais rien!... tantôt c'est une lettre qui me prodigue des consolations, tantôt des chants français que j'entends au pied de la tour, ou de l'autre côté du Mançanarès... tantôt des fleurs... (Montrant la corbeille, à droite.) vois plutôt!... qui me viennent d'elle, j'en suis sûr, et qui embellissent ma prison.

MARGUERITE.

Quel joli sujet de conte!... Mais enfin... elle, l'inconnue?..

FRANÇOIS Ier.

Toujours invisible... Une nuit seulement... il y a un mois, je me débattais contre la fièvre et le délire... quand tout à coup, en étendant mon bras hors du lit, je sens tomber sur ma main une larme... Je veux jeter un cri. « Silence!... me dit-on à demi-voix... C'est moi! — Vous!... ma bienfaitrice? — Oui, pour vous soigner. — Mais qui êtes-vous? — Je ne puis le dire ni à vous ni à personne, sans me perdre!!... Je suis... je suis la femme qui vous aime!... Silence, et dormez. » Elle était comme toi, elle était despote. Elle posa sa main sur mon front; soit influence de cette main, soit faiblesse, je m'endormis; et à mon réveil, tout avait disparu!

MARGUERITE.

C'est étrange! Et elle était jeune et belle?

FRANÇOIS Ier, avec chaleur.

Si elle était belle!... c'était une grâce, une démarche, et malgré le léger demi-masque qui couvrait ses traits, des yeux et des dents admirables!

MARGUERITE.

Eh bien! quoique femme, (Levant son verre.) je bois à la belle inconnue... et à tous ses charmes!

FRANÇOIS Ier, trinquant avec Marguerite.

Vrai Dieu! ma mignonne!... nous pourrions boire longtemps!

SCÈNE VII.

FRANÇOIS Ier ET MARGUERITE, à table, HENRI, sortant de la porte à droite, suivi de deux geôliers.

HENRI.

Que vois-je?

MARGUERITE.

Le repas du roi... qui est fini! (Le roi fait signe aux deux geôliers d'enlever la table. Les deux geôliers emportent la table par la porte du fond et disparaissent.)

MARGUERITE, bas, à Henri.

Pas un mot à mon frère sur son dessein, il en rougirait presque à nos yeux, maintenant qu'il y a renoncé. (Regardant autour d'elle et voyant que les geôliers sont partis.) Enfin, nous sommes seuls sire, l'heure de la liberté est sonnée.

FRANÇOIS Ier.

Que veux-tu dire?

MARGUERITE.

Qu'il est un projet conçu par nous dont nous n'osions parler à Votre Majesté, avant d'être sûrs qu'elle pourrait nous seconder. Vous sentez-vous le courage... non... je veux dire la force de faire une ou deux lieues à cheval?...

FRANÇOIS Ier, avec force.

Plus encore... dussé-je en mourir!... Mourir libre! (Avec abattement.) Mais vous vous flattez d'un vain espoir... ignorez-vous que jour et nuit veillent au pied de cette tour des soldats...

HENRI.

Commandés aujourd'hui par le jeune comte de Villaréal...

MARGUERITE.

La duchesse de Médina en répond. Il n'entendra rien... il ne verra rien... c'est convenu!

HENRI.

Deux chevaux nous attendent au bord du Mançanarès, et plus loin, une voiture, des relais disposés...

FRANÇOIS Ier

Par qui?

MARGUERITE.

Par le marquis de Santa-Fé, le grand écuyer!

FRANÇOIS Ier.

Un ennemi à moi!... que tu as supplié...

MARGUERITE, fièrement.

Un esclave à qui j'ai commandé.

FRANÇOIS Ier, souriant.

Je comprends... mais une fois en voiture, pour traverser l'Espagne?...

HENRI.

Nous avons, sous un nom supposé et jusqu'à la frontière, un sauf-conduit délivré...

FRANÇOIS Ier.

Par qui ?

MARGUERITE.

Par l'amirante de Castille

FRANÇOIS Ier.

Et sous quel prétexte ?

MARGUERITE, riant.

Sous prétexte qu'il m'adore et que je lui ai fait perdre la tête! Que voulez-vous? depuis quinze jours, je m'occupe; je n'aime pas à perdre mon temps, et pendant que je ne pouvais pas vous voir...

FRANÇOIS Ier.

O sublime et vertueuse coquette!... Mais pour descendre cet escalier et franchir ces murailles?... c'est là le plus difficile.

MARGUERITE.

A défaut de la terre, je me serais adressée au ciel. J'ai fait demander un moine... un dominicain... il est là.

FRANÇOIS Ier.

Quel rapport cela peut-il avoir...

MARGUERITE.

Un moine qui nous appartient. Vous sortirez, sire, sous son capuchon.

FRANÇOIS Ier.

Moi! François Ier, m'enfroquer, prendre une robe de moine!...

MARGUERITE, riant.

Qu'importe?... pour un quart d'heure...

FRANÇOIS Ier.

Et si cette ruse se découvrait, si j'étais arrêté? M'exposer aux railleries de ces orgueilleux Espagnols sous un pareil costume, sous un froc!... Autant vaudrait être rasé, tonsuré et jeté dans un cloître.. Non! un roi de France peut être vaincu et captif, mais ridicule... jamais!

ACTE II, SCÈNE VII.

HENRI, vivement

Sa Majesté a raison.

FRANÇOIS 1er, de même.

N'est-ce pas? Tu me comprends, toi !

MARGUERITE.

Allons ! voilà le chevaleresque qui s'en mêle !... O maudit orgueil masculin ! Pour un motif aussi frivole, aussi absurde, faire manquer un projet superbe ! une évasion si bien combinée ! (S'approchant de la corbeille, à droite, et y cueillant plusieurs fleurs.) Cherchez donc et trouvez mieux ! (Se jetant dans un fauteuil.) Moi, je ne m'en mêle plus !

HENRI.

Comment faire, sire, comment faire?

FRANÇOIS, 1er.

Dieu nous viendra en aide ! Dieu, ou mon bon ange.

MARGUERITE, arrangeant les fleurs pour s'en faire un bouquet.

O ciel !... au milieu de cette fleur je crois apercevoir... un petit papier roulé...

FRANÇOIS 1er, poussant un cri.

Que disais-je !... ce sera de mon inconnue...

MARGUERITE, lui présentat le papier qu'elle vient de retirer.

A vous, sire !

FRANÇOIS 1er, lisant le papier qu'il vient de dérouler.

« Derrière la statue de la Madone, vous trouverez, puisse-t-il
« vous être utile, un souvenir, un présent, auquel je travaille
« en secret, depuis trois mois. » Son portrait !...

MARGUERITE.

La belle avance !

HENRI, qui a plongé sa main derrière la Madone.

Non !... une échelle de soie

MARGUERITE.

Cela vaut mieux !

HENRI.

Et une clé... avec une étiquette : (Lisant.) « Clé de la grille du balcon. »

FRANÇOIS, montrant le balcon à gauche.

La fenêtre grillée de ce balcon... donne sur une plate-forme de l'autre côté du Mançanarès.

HENRI.

Voilà ce qu'il nous faut, sire !

FRANÇOIS 1er.

Un chemin proposable.

MARGUERITE.

Où il y a de quoi se tuer... Je m'y oppose! les sentinelles placées sur le bastion de droite vous apercevront descendre!

FRANÇOIS 1er.

Il fait nuit!

MARGUERITE.

Il vous entendront!... ils tireront sur vous

FRANÇOIS 1er.

Ils me manqueront! et d'ailleurs des arquebusades... cela me va!... cela me convient, je suis chez moi... hâtons-nous de partir!... (A Henri qui vient de s'élancer sur le balcon.) Vois si cette clé ouvre la grille?... (A Marguerite.) Rassure-toi, ma bonne sœur, dans quelques instants je serai au pied de cette tour... et grâce à tes soins, à la voiture, aux relais, au sauf-conduit... (A Henri.) Eh bien?

HENRI, sortant du balcon

La grille est ouverte!

FRANÇOIS 1er, embrassant sa sœur et se dirigeant vers le balcon.

Adieu... adieu, ma mignonne... ma bien-aimée Marguerite!

MARGUERITE, le suivant.

Prenez bien garde, sire!...

FRANÇOIS 1er, déjà sur le balcon et s'adressant à d'Albret.

Déroule l'échelle, pour que je puisse l'attacher.

MARGUERITE.

Bien solidement!

FRANÇOIS 1er.

N'aie pas peur.

MARGUERITE.

Non, je n'ai pas peur... mais dépêchez... dépêchez-vous. O ciel!... j'entends des pas... on monte... on vient... la porte s'ouvre... rentrez! (Elle referme vivement les deux battants de la croisée. François 1er reste en dehors sur le balcon. Henri jette à terre dans un coin l'échelle qu'il commençait à dérouler. La porte du fond s'ouvre.

SCÈNE VIII.

MARGUERITE, près du balcon à gauche, HENRI, qui descend le théâtre du même côté; CHARLES-QUINT, entrant par la porte du fond, précédé de quelques seigneurs et suivi de plusieurs officiers. Il s'avance au milieu du théâtre.

MARGUERITE, à part.

L'empereur!... (S'avançant vers lui.) Quoi! sire, c'est vous qui daignez venir

CHARLES-QUINT.
M'informer moi-même d'une santé qui m'est chère et précieuse. Comment se trouve mon frère, le roi de France ?

MARGUERITE.
Beaucoup mieux, sire.

CHARLES-QUINT.
Vous me répondez de ses jours ?

MARGUERITE.
Oui, sire !...

CHARLES-QUINT.
Dieu soit loué !... car j'ai éprouvé, je ne vous le cache pas, un moment d'inquiétude terrible !

MARGUERITE.
Par malheur... il est encore trop faible pour recevoir l'honneur de votre visite.

CHARLES-QUINT.
Voilà qui est fâcheux ! j'aurais été heureux d'avoir enfin avec lui, sans étiquette, sans cérémonies, et en bons frères, cette entrevue depuis si longtemps désirée. Il faudra bien, et contre notre gré, remettre à une autre fois...

MARGUERITE, avec émotion.
Oui... sire... partons... car l'air que l'on respire ici... m'oppresse !

CHARLES-QUINT, aux officiers.
Aussi nous donnerons des ordres pour que le roi de France soit transporté, dès que sa santé le permettra, dans un appartement plus convenable !

MARGUERITE.
J'en remercie Votre Majesté... mais partons...

CHARLES-QUINT, offrant la main à Marguerite et faisant quelques pas avec elle pour sortir.
Une personne... contre qui vous avez de grandes préventions... me demandait tout à l'heure bien vivement des nouvelles du roi...

MARGUERITE.
Qui donc, sire ?

CHARLES-QUINT.
Un Français... le connétable de Bourbon !

MARGUERITE, voyant la fenêtre du balcon qui s'agite légèrement et parlant à demi-voix à Charles-Quint.
Sire, au nom du ciel, ne prononcez pas ici ce nom !

CHARLES-QUINT.

Et pourquoi?

MARGUERITE.

Si mon frère l'entendait!...

CHARLES-QUINT, baissant la voix.

C'est juste!... je me tais! mais vous conviendrez vous-même que la cour de France a eu envers lui des torts...

MARGUERITE, faisant un geste d'effroi en voyant la fenêtre du balcon qui s'entr'ouvre.

Des torts!...

CHARLES-QUINT, de même.

Il y a même ingratitude... car enfin, à la bataille de Pavie, il me l'a dit, c'est lui qui a épargné les jours du roi.

FRANÇOIS Ier, poussant vivement la croisée et paraissant sur le bord du balcon.

Il en a menti! (Mouvement général.)

CHARLES-QUINT.

Dieu! le roi de France!

FRANÇOIS Ier.

Lui-même! aussi bien, et fût-ce au milieu de nos ennemis, nous aimons à paraître!

CHARLES-QUINT, avec colère.

Cette grille ouverte!... une évasion!... (Regardant Marguerite.) au moment où je me confiais à votre loyauté... (Regardant François Ier) à votre honneur!

FRANÇOIS Ier.

Étais-je donc prisonnier sur parole, et vous ai-je jamais donné la mienne? Non! j'ai conservé tous les droits de l'opprimé contre l'oppresseur, et du captif contre son geôlier.

CHARLES-QUINT.

Soit! et puisque c'est vous qui l'avez voulu, conservons nos rôles! (Faisant un pas pour sortir.) Adieu!

MARGUERITE, se plaçant au devant de Charles.

Non, sire, non! Votre Majesté n'acceptera jamais un rôle indigne d'elle! Ce projet de fuite, qui vous blesse, c'est moi seule qui venais de l'imaginer; le roi, qui le repoussait, n'a cédé que vaincu par mes prières, et le ciel, qui souvent nous protège malgré nous, n'a pas voulu que ce dessein insensé fût exécuté par moi, pour vous réserver à vous, sire, une plus digne et plus noble tâche.

CHARLES-QUINT.

Que dites-vous?

MARGUERITE.

Que Dieu qui vous a ainsi rapprochés, semble avoir amené lui-même cette entrevue, cette conférence qui paraissait impossible. Qu'avez-vous besoin d'intermédiaires?... Comme vous le disiez si bien, sire, sans étiquette, sans cérémonies, en bons frères, arrangez tous vos différends.

FRANÇOIS Ier.

Je suis prêt à entendre toutes vos propositions, sire.

MARGUERITE, à Charles-Quint.

Et Votre Majesté?

CHARLES-QUINT, après un instant de silence.

Soit!

MARGUERITE, bas à François Ier.

De la prudence!... et surtout de la modération! (S'approchant de Charles-Quint à qui elle fait une profonde révérence.) Sire, il est souffrant encore!... ménagez-le!

CHARLES-QUINT, gravement.

Je vous jure que ce n'est pas moi qui me fâcherai, ni qui brouillerai les choses... au contraire! (Un officier approche un fauteuil à Charles-Quint, Henri en avance un autre à François Ier.) Laissez-nous! (Marguerite sort par la porte à gauche. Henri la suit; les officiers sortent par le fond.)

SCÈNE IX.

FRANÇOIS Ier, CHARLES-QUINT, tous les deux debout.

CHARLES-QUINT, l'invitant à s'asseoir.

Sire!...

FRANÇOIS, Ier, de même.

Votre Majesté!

CHARLES-QUINT.

Je suis chez moi... dans mon palais!

FRANÇOIS Ier, regardant les murs de sa prison et souriant.

Dans votre palais?... soit!... (Il s'assied et Charles-Quint après lui. Après un instant de silence.) D'abord, mon frère, et pour n'y plus revenir, que je vous fasse un reproche. Comment avez-vous tant tardé à m'accorder cet entretien? comment avez-vous pu ajouter à l'horreur de ma captivité l'espérance tant de fois déçue de vous voir... de me plaindre, à vous-même, des privations que m'imposaient, à votre insu, vos valets?... Pardon, mon intention n'est pas de blesser Votre Majesté...

CHARLES-QUINT, avec bonhomie.

Me blesser? au contraire... Tout ce que vous me dites, sire, je me le suis reproché souvent, plus amèrement encore que vous ne pourriez le faire... mais la faute n'en était pas à moi!

FRANÇOIS Ier.

Et à qui donc?

CHARLES-QUINT.

Ignorez-vous donc combien le conseil de Castille est jaloux de ses droits et privilèges? Empereur d'Allemagne, on ne m'a permis d'être roi, à Madrid, qu'en partageant le trône avec Jeanne ma mère..., et malgré son état de démence, tous les actes du pouvoir sont toujours revêtus de son approbation, ou plutôt de celle du conseil de Castille qui la représente; et vous ne savez pas ce que c'est que le joug de ces vieux précepteurs de rois... surtout quand c'est à eux que l'on doit la couronne et que, sous peine d'être ingrat, on n'ose leur rompre en visière.

FRANÇOIS Ier.

En vérité!

CHARLES-QUINT.

Je voulais, moi, qu'on vous donnât pour prison un palais, avec une lieue de forêt pour la promenade et la chasse!... mais mes vieux conseillers prétendaient que Votre Majesté tenterait de s'échapper... (Mouvement de François Ier.) et leur prudence exagérée...

FRANÇOIS Ier, avec impatience.

Devait mal s'accorder avec votre franchise... N'en parlons plus! Vos conditions, sire?...

CHARLES-QUINT, vivement.

Mes conditions, à moi!... aucune!... Mais je suis bien obligé de vous apporter celles du conseil. La longue et terrible guerre que nous venons de soutenir contre Votre Majesté, nous a tellement obérés, qu'on exige, pour réparer nos pertes, qu'une rançon de douze cent mille écus d'or soit payée par la France...

FRANÇOIS Ier, froidement.

Par la France?... Non pas; mais par moi. Je vendrai mes domaines, mes apanages, mes diamants. Accordé!

CHARLES-QUINT.

Il est naturel qu'avec un ennemi si redoutable, on prenne ses garanties! On exige que vous abandonniez toute prétention sur l'Italie et les Pays-Bas.

FRANÇOIS 1ᵉʳ, avec douleur.

Perdre d'un trait de plume ces conquêtes achetées par tant d'or et de sang !...

CHARLES-QUINT, vivement.

Et vous pourriez dire, par tant d'immortels exploits ! Mais, injuste ou non, le sort des batailles vous les a fait perdre.

FRANÇOIS 1ᵉʳ, avec chaleur.

Et, Dieu aidant, je peux les regagner !

CHARLES-QUINT.

Vous en êtes bien capable, sire, et c'est justement ce qu'on veut empêcher...

FRANÇOIS 1ᵉʳ, avec humeur et se levant

Soit... Accordé !

CHARLES-QUINT.

Après...

FRANÇOIS 1ᵉʳ.

Après ! (Se rasseyant.)

CHARLES-QUINT.

Ceci est un acte de reconnaissance et de bonne foi, un engagement solennel contracté par l'Espagne, envers le connétable de Bourbon...

FRANÇOIS 1ᵉʳ, avec colère.

Le connétable ? cet infâme !... ce traître !...

CHARLES-QUINT.

Qui nous a loyalement servis... pour un traître !... Et le conseil demande, pour prix de ses services, que Votre Majesté l'indemnise, et au delà, de tous ses biens confisqués en France.

FRANÇOIS 1ᵉʳ, avec colère.

Le payer ! pour m'avoir vendu ! (Se contenant.) Prenez garde, sire... ne donnez pas, pour vous-même, un pareil exemple !... Il peut y avoir du danger à payer les traîtres.

CHARLES-QUINT, froidement.

Il peut y en avoir à ne pas les payer...

FRANÇOIS 1ᵉʳ, regardant Charles-Quint avec mépris.

Les craindre est plus honteux encore que de s'en servir, et Votre Majesté entreprend là une lourde tâche pour ses finances obérées, car si elle estime aussi haut la trahison, j'ignore de quel prix elle pourra payer la loyauté de ses fidèles sujets !... Cela vous regarde, sire. Accordé

CHARLES-QUINT, avec joie.

Ah !...

FRANÇOIS Ier.

Touchons-nous donc dans la main, et signons notre traité

CHARLES-QUINT.

Je ne le puis, par malheur, sans une dernière condition.

FRANÇOIS Ier, avec impatience.

Encore une autre ?...

CHARLES-QUINT.

Celle-là est la justice même !... et votre loyauté ne saurait s'y refuser !

FRANÇOIS Ier.

Quelle est-elle ? Voyons.

CHARLES-QUINT.

Le roi Louis XI, qui fut un grand politique, et qui conquérait plus de provinces par la plume que d'autres par l'épée, avait usurpé sur nos pères, et annexé à la France, le duché de Bourgogne...

FRANÇOIS Ier, ne pouvant se contenir.

Le duché de Bourgogne !... Il a pu entrer dans votre pensée que je consentirais à l'abandonner... à le céder..

CHARLES-QUINT.

C'est-à-dire, à le rendre...

FRANÇOIS Ier, se levant.

Ah ! c'est trop longtemps irriter ma patience !...

CHARLES-QUINT.

Calmez-vous, sire ; que votre modération égale la mienne !

FRANÇOIS Ier, avec violence.

Assez de railleries, sire, ou, par le ciel ! je ne répondrais pas de moi !

CHARLES-QUINT, avec hauteur.

Qu'est-ce à dire ?

FRANÇOIS Ie

Croyez-vous que j'aie été dupe de cette feinte modération, de votre fausse bonhomie et de vos prétentions au rôle de jeune homme en tutelle ? Je me suis contenu, cependant, et quelque cruels que fussent les sacrifices qu'on exigeait, quand, après tout, ils ne regardaient que moi, quand ils n'attaquaient que mes trésors, à moi, mes biens, à moi, mes conquêtes ou mon orgueil, j'ai tout accordé ; mais s'attaquer à la France, mais me demander son morcellement et son déshonneur !... alors le souverain se relève et vous dit : Moi, vivant, vous n'y toucherez pas !...

CHARLES-QUINT.
Très-bien! si vous étiez en France, et dans votre royaume; mais vous oubliez que vous êtes à Madrid!
FRANÇOIS Ier.
Et vous aussi, vous l'oubliez, en insultant un ennemi désarmé! Mais le roi captif a un peuple qui n'a pas besoin de chef pour combattre et repousser l'étranger; le roi captif a des alliés qu'indigne votre ambition, et le roi d'Angleterre, Henri VIII...
CHARLES-QUINT.
Peut lever en votre faveur des armées et des flottes; il trouvera Charles-Quint partout...
FRANÇOIS Ier.
Excepté sur les champs de bataille!
CHARLES-QUINT, avec hauteur.
Et pourquoi donc?
FRANÇOIS Ier.
Parce que vous n'avez jamais tenu une épée de votre vie.
CHARLES-QUINT.
Moi! (Henri d'Albret sort de la porte à gauche.)
HENRI, à part.
Qu'y a-t-il donc?
FRANÇOIS Ier, avec amertume.
Il s'est livré de beaux combats depuis que vous avez âge d'homme; vous n'en avez vu aucun. Votre royaume s'est enrichi de nombreuses conquêtes... vous n'en avez fait aucune. Qui commandait les Espagnols vainqueurs dans la Navarre?... Villalva! dans le Milanais? Colonna! dans la Castille! le comte de Haro! mais Charles-Quint!... absent, toujours absent!...
CHARLES-QUINT, hors de lui.
Sire!...
HENRI, s'avançant auprès de François Ier.
Sire, au nom du ciel!...
FRANÇOIS Ier.
C'est toi, Henri!... le ciel t'envoie... Il y aura un témoin de ma vengeance... (A Charles-Quint.) Enfin, les Espagnols ont vaincu les Français à Pavie!... Qui était leur chef?... un Français!... un Français félon! Oui, pour vaincre la France, il vous a fallu acheter l'aide de la France, l'acheter par la trahison, par la corruption.... votre courage, à vous!...

CHARLES-QUINT.

Ah! je ne supporterai pas un tel outrage!

FRANÇOIS 1er.

Prouvez-le donc! Vous avez une arme au côté, et d'Albret me donnera la sienne; l'épée à la main, et vidons ici notre querelle, en chevaliers, avec Dieu pour juge!... (Montrant d'Albret.) et un gentilhomme pour témoin.

CHARLES-QUINT, froidement.

Je conçois, en effet, sire, que ce parti vous conviendrait; mais la victoire me fût-elle assurée, je demanderais à Votre Majesté la permission de ne pas la priver d'une existence qui m'est aussi chère qu'utile; quant à la mienne, je la tiendrai en précieuse et digne garde pour vous prouver que, sans vous égaler en prétendu héroïsme, on peut vous surpasser en renommée. Pendant que vous resterez immobile et enchaîné... j'avancerai toujours, toujours, et ne m'arrêterai dans ma marche, que lorsque l'Europe entière m'appartiendra, à commencer par la France. Adieu! (Il sort.)

HENRI, avec indignation.

La France, à lui!... jamais!

FRANÇOIS 1er, de même.

Tu dis vrai.

SCÈNE X.

Les précédents, MARGUERITE, accourant au bruit.

MARGUERITE.

Sire!... sire!... qu'y a-t-il?

FRANÇOIS 1er, avec exaspération.

S'il croit, en me tenant captif, tenir la France enchaînée, s'il espère lui imposer des sacrifices pour ma rançon, il se trompe, il n'aura rien. Son prisonnier lui échappera.

MARGUERITE.

Comment!

FRANÇOIS 1er.

Attends, attends! (Il se met à la table à droite.)

MARGUERITE.

Sire, que voulez-vous faire?

HENRI.

Quel est votre dessein? (Écoutant près du tableau de saint Pacôme.) C'est singulier... derrière ce tableau j'ai cru entendre... Non, non!...

FRANÇOIS Ier, après avoir écrit avec agitation, se lève et dit en passant entre eux :
Henri !.. ma sœur !... veillez bien sur cet écrit, dérobez-le à tous les yeux. Défendez-le, au prix même de votre sang, car il faut qu'il parvienne entre les mains de ma mère, de Louise de Savoie, régente de France !...

MARGUERITE.
Je vous le jure... Mais qu'est-ce donc?

FRANÇOIS Ier.
Tiens !... tiens !... je te le confie.

MARGUERITE, le regardant et poussant un cri.
Ah ! votre acte d'abdication ?

FRANÇOIS Ier.
En faveur de mon fils, le Dauphin. Et maintenant Charles-Quint aura beau faire, le roi n'est plus à Madrid, il est en France.

HENRI.
Sire !... sire !...

FRANÇOIS Ier.
Non... François Ier n'est plus rien... qu'un simple gentilhomme, qu'on pourra torturer peut-être, mais dont la main ne peut plus signer de traité, et qui, du fond de sa prison, peut s'écrier encore : Que Dieu sauve la France !... (Le roi est debout. — Henri et Marguerite sont tous les deux à genoux.

ACTE III

Un appartement du palais; deux portes à gauche; deux portes à droite; une porte au fond. A gauche, sur le premier plan, une table, des flambeaux, ce qu'il faut pour écrire. Un jeu d'échecs. A droite, un guéridon, sur lequel sont des ouvrages à l'aiguille et une écritoire de femme.

SCÈNE PREMIÈRE.

ÉLÉONORE faisant du filet ; ISABELLE, ne faisant rien; toutes deux assises à côté l'une de l'autre et ne se parlant pa·

ÉLÉONORE, après quelques instants de silence.
La revue a été belle aujourd'hui?

ISABELLE.
Superbe!

ÉLÉONORE.
Vous y assistiez à côté de l'empereur...

ISABELLE.

Tout à côté!

ÉLÉONORE.

On prétend qu'il a eu une entrevue avec le roi de France.

ISABELLE.

Ah!... je ne sais pas!

ÉLÉONORE.

Il a dû vous en parler.

ISABELLE.

C'est possible!... je n'écoutais pas! je regardais si les toilettes de ces dames étaient plus belles que la mienne.

ÉLÉONORE.

Mais vous couriez risque de mettre l'empereur très en colère.

ISABELLE.

Jésus Maria!... et pourquoi cela?

ÉLÉONORE.

Il veut que l'on s'occupe de politique.

ISABELLE.

C'est bien ennuyeux!

ÉLÉONORE.

Je conçois! mais pourvu seulement qu'on ait l'air de s'en occuper...

ISABELLE.

Et comment faire pour cela?

ÉLÉONORE.

Comment?...

UN PAGE, annonçant.

Son Excellence le comte Guattinara.

ÉLÉONORE, à demi-voix à Isabelle et vivement.

Quand on voit un ministre, il faut l'interroger, lui demander ce qui se passe, se faire rendre compte... enfin, il faut qu'une reine ait l'air de savoir. (Éléonore se remet à travailler.)

SCÈNE II.

ÉLÉONORE, ISABELLE, GUATTINARA.

GUATTINARA, parlant au dehors, à la porte à droite.

Oui, vous dis-je, j'ai à parler à Son Altesse. (Il place son chapeau sur le guéridon à droite, s'avance, et, apercevant Éléonore:) Dieu! la princesse Éléonore!..

ISABELLE.

Qu'est-ce donc?

GUATTINARA, haut, à Isabelle.

Je m'empressais d'apporter à Votre Altesse des lettres de France, des compliments de félicitations de la régente Louise de Savoie sur votre mariage.

ISABELLE, prenant la lettre.

Une lettre de Paris!... c'est singulier, moi qui viens d'y écrire!... un message très-pressé pour des gants et des rubans!

GUATTINARA.

Eh! mon Dieu! j'en suis désolé! La lettre de Votre Altesse ne partira pas! je viens de donner l'ordre d'arrêter tous les courriers qui partent pour la France, excepté ceux de l'empereur, et d'ouvrir toutes les lettres.

ISABELLE, avec indifférence.

Ah! bah!

ÉLÉONORE, à voix basse.

Demandez-lui donc pourquoi?

ISABELLE, de même.

C'est juste! je n'y pensais plus. (Haut.) Et pour quels motifs, seigneur Guattinara?

GUATTINARA, s'inclinant.

Des motifs... politiques!

ÉLÉONORE, bas, à Isabelle.

Raison de plus!

ISABELLE.

Raison de plus... moi, la reine, je dois savoir...

GUATTINARA, étonné et à part.

Est-il possible!... (Haut.) Il s'agit d'une affaire d'État, d'un grave complot que j'ai découvert.

ISABELLE.

Vraiment?

GUATTINARA, à part.

Grâce à saint Pacôme!... (Haut) Complot dont je tiens à saisir les preuves... C'est pour cela que j'ai défendu de laisser sortir aucun Français de Madrid, ou de leur accorder des saufs-conduits.

ISABELLE, d'un air d'indifférence.

Voyez-vous cela!

ÉLÉONORE, à voix basse.

Demandez quel est ce complot!

ISABELLE.

Quel est ce complot?...

GUATTINARA.

Intrigue purement diplomatique et très-embrouillée! Votre Altesse tient-elle absolument à la connaître?

ISABELLE.

Du tout!... c'était pour savoir... (Rencontrant un regard d'Eléonore.) mais, c'est égal!

GUATTINARA.

Ce sera très-long!

ISABELLE, lui faisant signe de la main.

Assez! assez!...

GUATTINARA.

Je n'en dirai donc pas davantage!

ÉLÉONORE, à part.

Pas davantage! (Haut et se levant.) Je crains que ma présence ne gêne Votre Altesse, et moi qui n'entends rien aux affaires d'État et qui ne m'en mêle jamais, je vous demanderai, Madame, la permission de me retirer. (Elle lui fait la révérence et sort.)

SCÈNE III.

ISABELLE, GUATTINARA.

GUATTINARA, à part.

Enfin! elle s'éloigne! (Haut.) Tout à l'heure, quand je suis entré dans le salon où j'ai trouvé Votre Altesse, seule en tête-à-tête avec l'empereur, je n'ai pu, dans le trouble, dans la douleur où j'étais... savoir si vous aviez daigné parler à Sa Majesté de la nécessité de me conférer son ordre de la Toison d'Or!

ISABELLE.

Oui vraiment! L'empereur a répondu : Rien ne presse, nous attendrons que notre nouveau ministre ait fait ses preuves et nous ait rendu quelque signalé service.

GUATTINARA.

Il a dit cela!... (A part.) A merveille, sire; on s'arrangera pour vous devenir nécessaire. (Haut.) Alors Votre Altesse a insisté?

ISABELLE.

Oh! mon Dieu, non!... Je ne pensais qu'à tout ce peuple, tous ces officiers qui criaient : Vive la reine!... et puis, dans l'intérieur des appartements, toute cette cour attentive et prosternée, tous ces jeunes seigneurs, si élégants et de si bonne mine, qui semblaient épier chacun de mes regards... Ah! c'est beau d'être reine d'Espagne!

ACTE III, SCÈNE III.

GUATTINARA, avec jalousie.

Vous trouvez?

ISABELLE.

Je commence!... car jusque-là ce n'était pas amusant. Et puis, sur un geste du roi, tout le monde s'est retiré. Nous sommes restés dans le petit salon... seuls

GUATTINARA, à part.

Ah! mon Dieu!...

ISABELLE.

Il avait un air plus aimable, plus gracieux qu'à l'ordinaire.

GUATTINARA.

C'était jour de gala.

ISABELLE.

Probablement! cela m'a enhardie... j'ai causé beaucoup.

UATTINARA, à part.

Tant pis...

ISABELLE.

Le roi ne m'écoutait pas...

GUATTINARA, à part.

Tant mieux...

ISABELLE.

Mais il me regardait...

GUATTINARA.

Aïe!... tant pis!

ISABELLE.

En disant... qu'il y a d'éloquence... qu'il y a d'esprit dans ces yeux-là... les miens!... Puis, comme me faisant signe de me taire, avec la main, il s'est écrié : Ah! laissez-les, laissez-les parler... et il a pris ma main qu'il a pressée contre ses lèvres... C'est dans ce moment-là que vous êtes entré.

GUATTINARA.

Ah! si Votre Altesse savait ce que j'ai éprouvé de torture...

ISABELLE.

Si je l'avais su... j'aurais sur-le-champ retiré ma main.

GUATTINARA.

O ciel!... gardez-vous-en bien!... Dès que je me sacrifie... dès que je m'immole... ne voyez que votre bonheur, votre gloire!... Oubliez un malheureux... c'est-à-dire, non, ne m'oubliez pas... au contraire! Mais soyez reine!... reine toute-puissante... pour vous... et pour vos amis!

ISABELLE.
C'est ce que je me suis dit.

GUATTINARA, à part.
Sanchette, mes seules amours, Sanchette, du moins, me restera.

ISABELLE.
Et pour vous prouver ma confiance...

GUATTINARA.
Parlez vite.

ISABELLE.
Vous savez bien, cette jeune camériste si gentille, si vive, si amusante... que vous avez placée près de moi ?

GUATTINARA.
La petite Sanchette... la senora Babiéça...

ISABELLE.
Je vous préviens qu'elle a une inclination...

GUATTARINA, à part et avec trouble.
O ciel !... qui a pu lui dire ?... (Haut, avec embarras.) Vous croyez...

ISABELLE.
J'en suis sûre... Tout à l'heure, assise là près de la porte de mon petit salon... (Montrant la première porte à gauche.) j'ai entendu, sans le vouloir... toute une conversation...

GUATTINARA, étonné
Comment cela ?

ISABELLE.
Une voix très-jeune et très-agréable disait : « Sanchette... « Sanchette, il faut que vous m'ayez aujourd'hui un sauf-conduit « pour la France. »

GUATTINARA.
Un sauf-conduit ! pour la France ! Et qui parlait ainsi ?

ISABELLE.
Je ne voyais pas, j'entendais... et Sanchette répondait : « Ja- « mais, car vous partiriez et je ne vous verrais plus ! Je sais bien, « continua-t-elle en pleurant, que vous ne m'aimez pas ! »

GUATTINARA, à part.
A la bonne heure !

ISABELLE.
« Mais moi, je vous aime, témoin un grand seigneur de la « cour, que je supportais autrefois, et qu'à présent je déteste ! »

GUATTINARA, avec fureur.
Ah ! c'est donc cela...

ISABELLE, naïvement.

Eh! oui, c'est cela même!

GUATTINARA, montrant la gauche.

Et vous dites qu'ils étaient là, dans le petit salon?

ISABELLE.

Ils y sont peut-être encore.

GUATTINARA.

Ah! me voilà sur la trace... (Faisant quelques pas pour sortir.) Je saurai... Dieu! l'empereur...

SCÈNE IV.

ISABELLE. CHARLES-QUINT, entrant par le fond, GUATTINARA.

CHARLES-QUINT.

Toi ici, Guattinara?

GUATTINARA, troublé.

Oui, sire!... Votre auguste fiancée me donnait des nouvelles... c'est-à-dire, c'est moi qui apportais à Son Altesse... des lettres de félicitations de la régente de France.

CHARLES-QUINT, avec humeur.

Elles viennent bien à propos... (A Isabelle.) Il faut y répondre promptement... J'envoie aujourd'hui un courrier, un exprès au comte de Haro, notre ambassadeur à Paris, et s'il vous plaisait d'en profiter...

GUATTINARA, fait un pas pour sortir.

Et moi, je vais savoir...

CHARLES-QUINT.

Reste, Guattinara, nous avons à te parler. (Isabelle fait la révérence au roi et sort par le fond.)

GUATTINARA, à part.

Grand Dieu! et pendant ce temps...

CHARLES-QUINT, posant son chapeau sur la table à gauche, et regardant sortir Isabelle.

Pas une idée dans une si jolie tête, pas une seule!... Et voilà celle qui doit partager mon trône, et m'aider à gouverner le monde! (Sévèrement à Guattinara, qui est près de la porte de gauche.) Je t'ai dit, Guattinara, que j'avais à te parler.

GUATTINARA, s'inclinant et se rapprochant.

Sire... cet honneur... (A part.) Et ce complot, et ce rival, qui vont m'échapper!

CHARLES-QUINT.

L'infante m'a parlé d'une idée qui, je le vois, te trouble et te préoccupe.

GUATTINARA.

Moi, sire!...

CHARLES-QUINT.

L'ordre de la Toison-d'Or.

GUATTINARA.

Eh bien! oui, sire... c'est par mes services que je veux le mériter, et dès que j'aurai saisi tous les fils d'un complot qui nous menace...

CHARLES-QUINT.

En vérité!...

GUATTINARA.

Mais je crains, par malheur, qu'il ne soit déjà trop tard, et je demande à Votre Majesté la grâce...

CHARLES-QUINT, vivement.

De me quitter... Va donc... va vite.

GUATTINARA, reculant vers la porte à gauche.

Merci, Majesté!... Ah!... ceux-là qui pensaient se jouer de moi, serviront eux-mêmes à mes projets... (Se trouvant près de la table à gauche, et prenant le chapeau qui y est placé.) Bientôt, sire, bientôt je reviendrai, et Votre Majesté saura ce que j'ai fait. (Il sort par la porte à gauche, en emportant le chapeau.)

SCÈNE V.

CHARLES-QUINT, seul, regardant sortir Guattinara.

En voilà un qui arrivera! si toutefois l'ambition et le désir d'arriver ne lui font pas perdre la tête... (Regardant vers la table à gauche.) Eh bien!... eh bien!... qu'a-t-il donc fait?... Il s'est trompé... (Riant.) Passe pour ravir à un roi sa couronne... mais son chapeau!... (Apercevant Marguerite qui entre.) Ah! la princesse Marguerite... Quelle animation dans ses traits! elle ne m'a jamais paru plus séduisante!...

SCÈNE VI.

CHARLES-QUINT, MARGUERITE.

MARGUERITE, à part.

Allons, à tout prix... maintenant, il faut partir pour la

France! (Haut.) Je venais, sire, faire mes adieux à la reine et à Votre Majesté.
CHARLES-QUINT, à part.
O ciel! (Haut.) Vous, princesse...
MARGUERITE.
Toute espérance d'accommodement étant à jamais évanouie...
CHARLES-QUINT.
Pourquoi donc?
MARGUERITE.
Je viens vous demander, sire, la permission... de quitter Madrid.
CHARLES-QUINT.
Pourquoi, de grâce, vous hâter?... qui vous dit que le roi votre frère ne réfléchira pas, surtout si vous restez près de lui, si vous calmez, par votre vue et vos paroles, un premier mouvement d'irritation et de colère
MARGUERITE.
Le roi de France ne cédera pas.
CHARLES-QUINT.
Qu'en sait-il lui-même?
MARGUERITE.
Il en a fait le serment! et je ne resterais près de lui que pour le lui rappeler; je prie Votre Majesté de me faire donner un sauf-conduit.
CHARLES-QUINT.
Ainsi... c'est vous qui voulez que votre frère reste captif.
MARGUERITE.
Oui, sire...
CHARLES-QUINT.
Ce frère que vous aimez tant...
MARGUERITE.
Oui, sire.
CHARLES-QUINT.
Et si j'y mets la même obstination!
MARGUERITE, avec fermeté.
Ce sera une captivité éternelle!
CHARLES-QUINT, effrayé.
Éternelle!
MARGUERITE, de même.
A la face de l'Europe et de tous les princes de la chrétienté! Mon sauf-conduit, sire!

CHARLES-QUINT.

Un instant...

MARGUERITE.

Je ne resterai pas un instant de plus à Madrid.

CHARLES-QUINT.

Mais permettez...

MARGUERITE.

Je veux partir !

CHARLES-QUINT, avec impatience.

Et si je ne le veux pas !

MARGUERITE, à part.

O ciel ! prétendrait-il à présent me retenir ?

CHARLES-QUINT, avec émotion.

Quand vous accorderiez encore quelques jours... non pas à moi, mais à ce frère, qui réclame votre tendresse et vos soins... ne seriez-vous pas bien à plaindre ?...

MARGUERITE.

Ce n'est pas moi que je plains, sire... c'est vous !

CHARLES-QUINT.

Moi !...

MARGUERITE.

Qui, contre le droit des gens, voulez retenir une femme prisonnière.

CHARLES-QUINT.

Moi !...

MARGUERITE.

Prisonnière à votre cour.

CHARLES-QUINT.

A merveille !... Votre Altesse ne va-t-elle pas me traîner au ban de l'Europe et m'accuser de barbarie ou de despotisme ?... elle qui, depuis une heure, tient tête à Charles-Quint... sans daigner même l'entendre et lui accorder audience !...

MARGUERITE.

J'écoute, sire... j'écoute...

CHARLES-QUINT.

Je parlais tout à l'heure de princesses... qui n'ont ni énergie, ni capacité politique... Votre Altesse n'est pas de celles-là. Elle eût fait un ministre plénipotentiaire précieux...

MARGUERITE.

Par le talent ?

CHARLES-QUINT.
D'abord, et par l'obstination. Vous ne cédez sur rien!
MARGUERITE.
Eh! mais... ni vous non plus, sire.
CHARLES-QUINT.
Peut-être!... je rêvais tout à l'heure une combinaison politique difficile... mais non pas impossible... extraordinaire... bizarre peut-être... je ne les déteste pas! nouvel ultimatum que je voulais soumettre, non pas au roi François Ier, nous sommes brouillés, mais à la régente de France, votre mère.
MARGUERITE.
Quelque cession équivalente à la Bourgogne?
CHARLES-QUINT.
Peut-être! ce que je désire... c'est que nous causions tous deux de cette négociation, et que vous m'en donniez votre avis. C'est pour cela que je vous prie, princesse, de vouloir bien rester encore huit ou dix jours à la cour de Madrid. L'infante Isabelle prétend que vous devez, demain, lire à sa soirée un conte charmant... je voulais dire un conte de vous... vous le lui avez promis, et nous réclamons à notre tour la foi des serments... (S'inclinant.) Je demande à Votre Altesse la permission d'expédier des dépêches que doit attendre Babiéça. (Il salue respectueusement Marguerite et sort.)

SCÈNE VII.

MARGUERITE, puis HENRI.

MARGUERITE, étonnée et réfléchissant.
Qu'est-ce que cela signifie?... un de ces brusques retours, si fréquents chez lui... aurait-il tout à coup modifié ses idées?... ou, sous ce gracieux sourire, cacherait-il quelque trahison?... (Apercevant d'Albret.) C'est vous, Henri; quelles nouvelles?
HENRI.
Fort inquiétantes... Par ordre du ministre Guattinara, aucun Français ne peut quitter Madrid.
MARGUERITE.
En vérité!
HENRI.
Défense, sous les peines les plus sévères, de leur délivrer aucun permis ou sauf-conduit.
MARGUERITE.
Ce n'est pas possible! de qui tenez-vous cela?

HENRI.

De la princesse Éléonore qui, passant rapidement pres de moi, m'a dit à voix basse de vous en prévenir.

MARGUERITE.

La princesse Éléonore?... alors, ce doit être vrai!

HENRI.

Elle a ajouté que tous les courriers, excepté ceux de l'empereur, sont arrêtés, leurs dépêches ouvertes et examinées...

MARGUERITE.

Ce Guattinara soupçonne-t-il quelque chose?...

HENRI.

J'en ai peur!

MARGUERITE.

Se doute-t-il de l'acte qui est entre nos mains et de son importance?

HENRI.

Mais comment? quel instinct l'aurait mis sur la trace?

MARGUERITE.

Et puis... vous ne savez pas, Henri, jusqu'à l'empereur qui ne veut pas que je parte, qui veut me retenir à Madrid!

HENRI.

Est-il possible?

MARGUERITE.

Huit jours encore... pour le moins!... il l'a exigé!

HENRI, avec effroi.

O ciel!... il s'est fâché...

MARGUERITE.

Non... c'est moi!...

HENRI.

Et il a ordonné?...

MARGUERITE, réfléchissant.

Non... c'est moi!... lui, au contraire... m'a priée... avec une instance... une chaleur... il faut aussi qu'il ait quelque idée en tête!

HENRI, vivement.

Ah! ce ne sont pas des idées politiques...

MARGUERITE.

Que dites-vous?

HENRI.

D'autres... qu'il est si facile... de deviner... pas pour vous, peut-être... mais pour moi.

MARGUERITE, poussant un cri de joie.

Ah! s'il était vrai!...

HENRI, avec indignation.

O ciel!...

MARGUERITE, gaiement.

Eh! pourquoi pas?... Oui... oui... tout est possible!... Merci, Henri!... car, sans vous, je ne m'en serais jamais douté.

HENRI.

Ah! c'est indigne...

MARGUERITE.

Taisez-vous! taisez-vous! tout est permis pour sauver son roi et son frère... Mais une pareille pensée est tellement absurde, tellement invraisemblable...

HENRI.

N'est-ce pas?...

MARGUERITE, gaiement.

Il ne faut pas la négliger, cependant. (Sérieusement.) Mais il serait insensé de s'y arrêter, ou de fonder sur elle le moindre espoir de salut. (Avec résolution.) Il faut voir Sanchette.

HENRI, avec humeu

Je l'ai vue.

MARGUERITE, le regardant en souriant.

Vraiment!... vous ne nous disiez pas cela... chevalier sournois!...

HENRI.

Je l'avais aperçue dans l'antichambre de la reine... et je lui ai parlé de ce sauf-conduit que je la priais de m'obtenir... impossible!... Elle m'a refusé.

MARGUERITE.

Elle! vous refuser!... Vous n'avez donc pas insisté!...

HENRI.

Non, Madame.

MARGUERITE, vivement.

Eh bien, vous avez eu grand tort! Il y a une foule de trames et d'intrigues secrètes qui nous environnent, et que nous ne pourrons connaître que par Sanchette. D'abord, une dame mystérieuse, une grande dame qui s'introduit la nuit dans la prison du roi... Je le sais, il me l'a dit. Quelle est-elle?... Est-ce par son indiscrétion (car je réponds de vous et de moi), que cet acte, confié à notre foi, cet acte d'abdication a été su de Guattinara, qui le connaît, ou le soupçonne? Et ce Guattinara lui-même, dans quels termes, dans quelles relations, dans quel échange de secrets est-il avec Sanchette, ou avec tout autre?... Voilà ce qu'il est important de savoir... et ce que Sanchette n'avouera qu'à celui .. qui aura l'esprit de gagner sa confiance... Vous voyez donc bien, Monsieur... que dans l'intérêt du roi et de la France... cela vous regarde.

HENRI, avec colère.

Moi! me présenter chez elle!... jamais!

MARGUERITE, finement.

Elle vous l'a donc défendu?

HENRI, avec humeur.

Eh! non, au contraire... quand son mari sera absent... Heureusement, il ne la quitte jamais.

MARGUERITE, vivement.

Il va partir.

HENRI.

Pas possible!

MARGUERITE.

A l'instant même... pour un message de l'empereur... Voyez comme cela se rencontre! et quel bonheur!

HENRI, avec colère.

Quel bonheur!... dites-vous...

MARGUERITE.

Eh! mon Dieu, Henri, vous vous fâchez, et je ne sais pas pourquoi!...

HENRI.

Pourquoi? Ah! c'est qu'il est affreux et cruel que ce soit vous, Madame, vous qui, avec cette tranquillité... ce sang-froid...

MARGUERITE.

Vous propose de sauver mon frère... et votre souverain...

HENRI.

Demandez-moi ma vie et mon sang... tout me sera possible... excepté... excepté d'en aimer une autre que vous!...

MARGUERITE.

Henri!... Henri, pourquoi me dites-vous cela?

HENRI.

Parce que je me meurs d'amour.

MARGUERITE.

Eh! malheureux, croyez-vous donc que je ne le sache pas!...

HENRI, poussant un cri.

Ah!...

ACTE III, SCÈNE VII.

MARGUERITE.

Que de fois il m'a fallu fermer les yeux pour ne pas voir des imprudences qui devaient vous perdre... Que d'occasions j'aurais eues de vous disgracier... et de vous bannir!... En ai-je profité? Et que vous demandais-je, cependant?... de garder le silence, pas autre chose.

HENRI.

Je me tairai... je me tairai...

MARGUERITE.

Il est bien temps maintenant, et dans quelle situation me placez-vous?... Me forcer à vous éloigner... quand vous m'êtes si nécessaire!... à me priver de vous... quand je ne peux m'en passer!... Est-ce bien? est-ce délicat!... Si encore vous étiez soumis, si vous saviez obéir!... Mon Dieu, on n'a pas des exigences si grandes que vous le pensez, on ne vous commande pas un dévouement sans bornes; on ne vous oblige pas d'adorer les gens... Il suffit de leur plaire... pas davantage!... Plus... serait mal.... et le mérite, Monsieur, est d'exécuter les ordres sans jamais aller au delà.

HENRI.

Je ne sais plus où j'en suis... je ne sais plus rien... si ce n'est que votre volonté sera la mienne.

MARGUERITE, écoutant.

Silence!... on parle dans le cabinet de l'empereur... Partez!... (Le rappelant.) Eh! non, un instant. Et puisqu'il n'y a pas moyen de sortir de Madrid...

HENRI.

Aucun!

MARGUERITE.

Ni d'envoyer en France cet écrit... Rendez-le-moi! Il est inutile que vous le portiez avec vous, en bonne fortune.

HENRI, d'un air de reproche.

Ah! Madame!...

MARGUERITE, le demandant.

Ce papier?...

HENRI, en tirant un de sa poche.

Le voici!... non... je me trompais. Le pli est le même... (Ouvrant le papier.) Ce si joli conte que vous venez de terminer et que vous m'avez permis de lire: *Ce qui plaît aux dames...* laissez-le-moi, je vous prie!

MARGUERITE.

Et pourquoi?

HENRI.

Pour l'étudier!

MARGUERITE, haussant les épaules.

Laissez donc! (Lui arrachant le papier.) Vous n'en avez pas besoin. L'autre maintenant... le papier d'Etat.

HENRI.

Le voici... Madame... (Marguerite prend les deux papiers, qu'elle serre avec soin dans son aumônière.) Mais avant que je vous quitte, promettez-moi du moins...

MARGUERITE.

Je ne promets rien. C'est déjà beaucoup que je ne me fâche pas. Heureusement pour vous... les affaires d'État nous absorbent tellement, qu'on n'a le temps de rien... pas même de se mettre en colère...

HENRI, revenant.

Et si l'empereur... comme un secret instinct m'en avertit... avait quelques idées... de conquêtes...

MARGUERITE, haussant les épaules.

Charles-Quint?...

HENRI.

Pourquoi pas?

MARGUERITE, de même.

L'empereur Charles-Quint!...

HENRI.

Mais enfin, si cela était?...

MARGUERITE, riant.

Partez, Henri... partez vite...

HENRI.

Mais cependant, Madame!...

MARGUERITE, de même.

Allez-vous-en, vous dis-je!... on sort de son cabinet.

HENRI.

Eh bien, oui!... Dès que Babiéça sera parti... j'irai chez lui, chez Sanchette; je vous obéirai.

MARGUERITE.

C'est ce que je veux.

HENRI.

Et je me ferai aimer, et plus encore, je tâcherai de l'aimer!... (Revenant.) Oui, je l'aimerai.

MARGUERITE, avec un sourire.

Pas trop!... (Henri lui baise la main et sort par le fond.)

SCÈNE VIII.

BABIÉÇA, botté et éperonné, sortant du cabinet sur le second plan à droite; MARGUERITE, qui s'est rapprochée du cabinet, sur le premier plan à gauche.

BABIÉÇA, à la cantonade.

C'est un procédé outrageant à mon égard...

MARGUERITE

Eh! mon Dieu, Babiéça, à qui en as-tu?

BABIÉÇA.

C'est-à-dire qu'on ne peut plus se fier à la parole d'un roi.

MARGUERITE.

Et toi aussi qui parles politique?

BABIÉÇA.

Le roi m'avait promis ce matin qu'il ne m'emploierait plus comme courrier de cabinet... et il me fait dire à l'instant même de me tenir prêt à partir dans un quart d'heure pour la France.

MARGUERITE.

En es-tu bien sûr?.. pour la France?

BABIÉÇA.

Le pays n'y fait rien! Le terrible... c'est de partir... dans un moment comme celui!... Imaginez-vous, Madame, que tout à l'heure... chez moi...

MARGUERITE, à part et sans l'écouter.

Pour la France!...

BABIÉÇA.

Je frappe, point de réponse; je frappe encore, on n'ouvre pas... je vais briser la porte... et seulement alors... arrive en se frottant les yeux... ma femme qui se plaint d'avoir été réveillée en sursaut.

MARGUERITE.

C'est possible!

BABIÉÇA.

Dormir aussi longtemps par un bruit pareil!... (Avec colère.) et une odeur de musc et d'ambre!... C'était quelque grand seigneur... qui n'aura eu que le temps de s'enfuir par la fenêtre... Pas d'autre issue!

MARGUERITE.

Quelle vision!...

BABIÉCA.

Une vision... Justement!... c'est ce que m'a soutenu Sanchette... et faute de pouvoir prouver le contraire... (car je ne le peux jamais, et c'est là surtout ce qui me désole) j'étais resté seul et m'habillais à la hâte de pied en cap pour me rendre aux ordres du roi. J'avais mis mes bottes, mes éperons, et prenais mon chapeau pour sortir!... Or, j'espère cette fois que ce n'est pas une vision, au lieu de mon feutre ordinaire avec une simple ganse rouge et jaune, je trouve sous ma main (Tirant un chapeau de dessous son manteau.) celui-ci qui n'est pas le mien!... Est-ce clair!... est-ce évident?

MARGUERITE.

Peut-être!

BABIÉCA.

Et partir dans ce moment, sans pouvoir tuer quelqu'un!

MARGUERITE.

Eh! qui veux-tu tuer?...

BABIÉCA, hors de lui.

Je n'en sais rien!... puisque je ne le connais pas!...

MARGUERITE, vivement et à demi-voix.

Eh bien, moi, je saurai tout! j'en parlerai même à l'empereur, en secret, s'il le faut!... à une condition... c'est que tu partiras à l'instant sans rien dire!... car le bruit et l'éclat donneraient l'éveil et empêcheraient de savoir...

BABIÉCA.

C'est juste!... Combien je vous remercie!

MARGUERITE.

En reconnaissance, je te demanderai à mon tour... un service... un grand service. Tu pars pour la France?...

BABIÉCA.

Hélas!...

MARGUERITE, tirant de son aumônière un papier.

Eh bien, promets-moi de remettre toi-même.. fidèlement, et sans en parler à personne... à madame Louise de Savoie, régente de France...

SCÈNE IX.

Les précédents, CHARLES-QUINT, sortant du cabinet à gauche. Il a entendu les derniers mots de Marguerite.

CHARLES-QUINT, s'avançant au bord du théâtre.

Quoi donc... Madame? (A la voix du roi, Marguerite a remis vivement dans son aumônière le papier qu'elle en avait retiré, et Babiéça s'est reculé à l'écart au fond du théâtre)

CHARLES-QUINT.

Quel est ce message dont vous faisiez à Babiéça, notre courrier, l'honneur de le charger, avec de si pressantes recommandations?...

MARGUERITE.

Moins que rien, sire, un conte composé ici par moi, et que j'envoyais à madame la régente de France, ma mère, pour la distraire.

CHARLES-QUINT.

Un conte nouveau composé par vous, à Madrid, et dont le sujet est peut-être emprunté à la cour même d'Espagne?

MARGUERITE.

Je ne dis pas non...

CHARLES-QUINT.

Je suis très-curieux... je l'avoue...

MARGUERITE.

C'est le conte que je dois vous lire demain, sire! Ce serait enlever à Votre Majesté le plaisir de la surprise.

CHARLES-QUINT.

Mais me donner celui d'admirer le premier... (Marguerite tire le papier de son aumônière et le présente au roi, qui l'ouvre et qui lit :) *Ce qui plaît aux dames.* Voilà un joli titre... *Ce qui plaît aux dames,* je serais bien embarrassé de le dire.

MARGUERITE.

Vous, sire?... mais nous?...

CHARLES-QUINT.

Eh bien! de grâce, qu'est-ce donc?...

MARGUERITE.

C'est de commander, sire, et d'être maîtresse au logis... ce logis fût-il une chaumière ou un palais!

CHARLES-QUINT.

C'est pardieu vrai!... Et en effet... (Parcourant le conte.) C'est développé d'une manière ingénieuse et piquante... (Lisant toujours.) Charmant... charmant... J'aurais peut-être préféré que l'héroïne ne convînt pas de son penchant à la domination... et arrivât à son but, sans l'avouer...

MARGUERITE.

Votre Majesté a complétement raison... c'est beaucoup plus fin et surtout plus vrai!

CHARLES-QUINT.
N'est-ce pas ? (Se reprenant.) Au masculin du moins

MARGUERITE.
Et au féminin aussi !... je m'en rapporte à la reine... que voici !...

SCÈNE X.

LES PRÉCÉDENTS, ISABELLE sortant de la porte du fond, tenant une lettre à la main.

CHARLES-QUINT, secouant la tête
Oh ! la reine... en fait d'avis...

ISABELLE.
N'en aura jamais d'autre que celui de Votre Majesté.

CHARLES-QUINT, avec une ironie galante.
J'en étais sûr... et j'aurais traduit d'avance votre réponse... (Prenant le papier qu'Isabelle lui présente en lui faisant la révérence.) Voici votre lettre à madame Louise de Savoie...

ISABELLE.
Oui, sire.

CHARLES-QUINT.
A merveille. (Le roi s'assied près de la table à gauche, un huissier de la chambre apporte deux flambeaux allumés. Le roi réunit dans une seule enveloppe, qu'il fait lui-même, les lettres qu'il a écrites, et celle que vient de lui remettre Isabelle, qui s'est assise de l'autre côté de la table. Puis, s'adressant à Marguerite qui, à droite du théâtre, le suit des yeux.)

CHARLES-QUINT, à Marguerite.
Votre Altesse veut-elle... (Montrant le conte qu'il tient toujours à la main.) que je me charge moi-même de cet envoi pour la régente, sa mère... ces dépêches partiront avec les miennes et celle de l'Infante...

MARGUERITE, hésitant.
Pour la France !... j'accepte avec reconnaissance... sire... (S'approchant de lui.) Mais vous me permettrez auparavant de faire une seule correction à mon ouvrage... celle que Votre Majesté vient de m'indiquer avec tant de tact et de goût !

CHARLES-QUINT, d'un air rayonnant de plaisir, et donnant le papier à la reine, qui le passe à Marguerite.
Vrai Dieu, Madame !... voilà la flatterie la plus exquise qui m'ait été adressée depuis longtemps.

MARGUERITE, tenant le papier, et se dirigeant vers le guéridon à droite.
Prenez garde, sire, c'est la flatterie qui perd les rois... mais cette fois du moins... ce n'est que la vérité.

ACTE III, SCÈNE X.

CHARLES-QUINT.

Toi, Babiéça approche ici... tu vas faire diligence...

BABIÉÇA, s'avançant.

Votre Majesté m'avait promis ce matin...

CHARLES-QUINT.

Tais-toi... tu m'es trop précieux... ton état d'homme marié est une sécurité...

BABIÉÇA.

Pas pour moi, Sire.

CHARLES-QUINT.

Pour le service du roi et de l'État.

BABIÉÇA.

Je ne sais pas ce que l'État y gagne... mais moi je sais bien... (Portant la main à son front.)

CHARLES-QUINT.

C'est bon... il y aura des indemnités proportionnées.

BABIÉÇA, secouant la tête.

Proportionnées !... les galions de l'Espagne n'y suffiront pas...

CHARLES-QUINT.

C'est bon, le dis-je !...

MARGUERITE, à part.

O mon frère ! (Pendant le dialogue précédent entre Charles-Quint et Babiéça, Marguerite s'est approchée du guéridon à droite, en tournant le dos au roi qui est assis devant la table à gauche. Elle remet dans son aumônière le papier où est écrit le conte, en retire l'acte d'abdication de François Ier et le serre sous une enveloppe qu'elle prend sur le guéridon à droite. Elle met l'adresse à cette enveloppe, puis revient vers Charles-Quint qui est toujours assis devant la table à gauche, à causer avec Babiéça. Elle cherche un bâton de cire que Charles-Quint lui présente galamment; elle cachète son enveloppe devant lui, à sa propre bougie, et lui présente gracieusement son message. Charles-Quint le prend de sa propre main et l'ajoute à ses autres lettres qu'il renferme sous une seule et principale enveloppe.)

CHARLES-QUINT.

Je remercie Votre Altesse. (Tout en mettant les derniers cachets à sa dernière enveloppe.) Toi, Babiéça, tu seras de retour dans dix jours... n'est-ce pas ?...

BABIÉÇA.

Plus tôt si je peux, sire.

CHARLES-QUINT.

Bien répondu ! et si tu es revenu avant ce terme, nous te ferons compter deux mille doublons. Pars donc... et à l'instant.

BABIÉÇA.

Oui, sire... (Babiéça tire de dessous son manteau le chapeau qu'il a tenu caché jusque-là, il le met sur sa tête pour se disposer à sortir.)

ISABELLE, le regardant.

Ah ! le beau chapeau... pour un courrier.

CHARLES-QUINT.

Superbe, en effet... Eh ! par Saint-Jacques, c'est le mien !

MARGUERITE, gaiement.

Le vôtre !...

BABIÉÇA, prêt à sortir, s'arrêtant près de la porte.

O ciel !

MARGUERITE, bas au roi.

Silence... sire...

CHARLES-QUINT, de même.

t pourquoi donc ?

MARGUERITE.

Je vous le dirai !

BABIÉÇA, stupéfait.

Le roi !...

MARGUERITE, bas à Babiéça.

Va-t'en ?

BABIÉÇA, reculant abasourdi, et répétant à chaque fois.

Le roi !...

MARGUERITE.

Va-t'en !

BABIÉÇA.

Le roi !

MARGUERITE.

Va-t'en... il y va de la tête.

BABIÉÇA.

Je le vois bien !... le roi... le roi lui-même !!!...

MARGUERITE, le regardant sortir.

Grâce au ciel, il s'éloigne, et mes dépêches avec lui.

SCÈNE XI.

CHARLES-QUINT, assis près de la table à gauche, MARGUERITE, debout, de l'autre côté de la table à gauche, ISABELLE, près de la table à droite.

ISABELLE.

Qu'est-ce que cela signifie?... je n'y comprends rien... (Elle va s'asseoir près du guéridon à droite, et prend un ouvrage de tapisserie.)

CHARLES-QUINT, à part.

Elle... je le crois sans peine... (A Marguerite.) car moi-même...

MARGUERITE, à demi-voix et gaiement.

Oh! vous, sire... vous savez très-bien...

CHARLES-QUINT, s'asseyant devant la table d'échecs.

Nullement...

MARGUERITE, s'asseyant en face de lui, et toujours à demi-voix.

Votre Majesté n'a pas eu aujourd'hui une conférence diplomatique... brusquement interrompue?

CHARLES-QUINT, arrangeant les échecs sur l'échiquier.

J'ignore ce que Votre Altesse veut dire, je vous le jure!... c'est la vérité.

MARGUERITE, arrangeant aussi son jeu.

Vérité impériale!

CHARLES-QUINT.

Au contraire.

MARGUERITE, gaiement.

C'est différent! oh bien! alors... nous pouvons causer tout haut. Vous parliez tout à l'heure, sire, des anecdotes et historiettes que fournirait la cour de Madrid. Il y en a d'admirables que j'ai déjà recueillies, et dont je ferai tour à tour des contes galants, ou mystérieux, ou joyeux, ou inexplicables, y compris *le conte du chapeau*... dont je n'ai pas encore le dénouement.

CHARLES-QUINT, avançant un pion.

Si je peux vous y aider...

MARGUERITE.

Très-volontiers!... Imaginez-vous, sire...

ISABELLE, se levant et s'approchant de Marguerite.

Une histoire!

MARGUERITE.

Que ce pauvre Babiéça... (S'arrêtant.) C'est sous le sceau du secret au moins...

ISABELLE, écoutant avec curiosité.

Certainement.

MARGUERITE.

D'ailleurs, il m'a autorisée lui-même à en parler à Votre Majesté.

CHARLES-QUINT, continuant à jouer aux échecs.

Eh bien donc?

MARGUERITE, jouant aussi.

Eh bien! ce pauvre Babiéça... a trouvé, il y a une heure, enfermé chez lui, un noble et puissant seigneur.

CHARLES-QUINT.

En vérité!

ISABELLE.

Un seigneur de la cour?...

MARGUERITE.

Oui... et ce grand personnage, c'est là le piquant de l'aventure, a été obligé, lui et sa grandeur, de descendre par la fenêtre.

CHARLES-QUINT.

Eh! quel est son nom?

ISABELLE.

Quel est-il?

MARGUERITE.

Je n'en sais rien... ni Babiéça non plus. Il ne l'a pas vu! et douterait encore de la trahison, si le galant, dans le trouble d'une retraite précipitée, n'avait emporté le chapeau du mari, lui en laissant, en échange, un autre, d'une richesse et d'une élégance princières!

CHARLES-QUINT, à part.

Ah! mon Dieu!

MARGUERITE.

Et ce qui vient compliquer la situation d'une manière admirable... dans un conte!... c'est qu'il se rencontre, on ne sait comment, que ce chapeau...

CHARLES-QUINT, gaiement.

Appartenait à l'empereur, qui se trouve ainsi en jeu sans s'en douter...

ISABELLE.

Est-il possible!...

CHARLES-QUINT.

Et qui, par le plus grand effet du hasard, connaît, seul, le nœud, et mieux encore, le héros de l'aventure.

MARGUERITE.

A vous les honneurs, sire!... à vous le dénouement!...

CHARLES-QUINT, en riant et en confidence.

Ce chapeau... est celui qui, par mégarde, m'avait été pris ici, il y a une heure (vous n'en direz rien à personne), par mon nouveau ministre, Guattinara.

ISABELLE, poussant un cri d'indignation et de dépit.

Guattinara!

MARGUERITE.

Lui!... chez Sanchette...

CHARLES-QUINT.

Et moi qui le croyais d'une froideur, d'une indifférence dont je lui faisais compliment !

MARGUERITE, d'un ton de reproche.

Comment? sire!

CHARLES-QUINT.

Je veux dire que je ne lui croyais aucune passion... mais aucune... Comme on se trompe... en ministres!... c'est effrayant !

ISABELLE, qui, prête à se trouver mal, s'est appuyée contre la table à droite.

Ah ! c'est indigne !...

MARGUERITE, souriant.

Pas tant... il faut de l'indulgence...

CHARLES-QUINT, en souriant, à Isabelle.

Eh oui! vous prenez cela trop vivement... tant qu'il n'aura pas d'inclination plus sérieuse que Sanchette... je pardonne !

SCÈNE XII.

CHARLES-QUINT, à gauche, près de la table, ainsi que MARGUERITE ISABELLE, à droite, UN HUISSIER, annonçant.

L'HUISSIER.

Son Excellence monseigneur le comte de Guattinara. (Guattinara entre, et s'avance du côté du roi qu'il salue profondément.)

ISABELLE, à part.

Non, je ne puis croire encore !

GUATTINARA.

Depuis que j'ai quitté Votre Majesté... je ne me suis occupé... qu'à lui prouver mon zèle...

CHARLES-QUINT, riant.

En vérité... ce pauvre Guattinara...

GUATTINARA, avec fierté.

Votre Majesté en douterait-elle?

CHARLES-QUINT, cherchant à retenir sa gaieté.

Non certes... mais pardonne-moi, mon cher, si je ne peux m'empêcher de rire... ah! ah !

GUATTINARA.

Lorsque je viens parler à Votre Majesté des dangers...

MARGUERITE, riant.

Que vous avez courus... Ah! ah! ah!...

CHARLES-QUINT.

Ah! ah! c'est plus fort que moi... parce que quand je te regarde... et que je pense... ah! ah!...

MARGUERITE.

A votre position aérienne... ah! ah!...

CHARLES-QUINT.

Ah! ah! ah!

GUATINARA, pendant que le roi rit toujours.

Mais c'est ce qu'il y a de plus sérieux au monde... Écoutez-moi, sire, écoutez-moi.

CHARLES-QUINT, étouffant de rire et montrant à Marguerite le chapeau que tient Guattinara.

Ah!... il l'a encore... l'autre...

GUATTINARA.

Vos ennemis s'apprêtent... à leur tour... à rire... à vos dépens...

MARGUERITE, de même.

Celui... du mari... ah!... (Tous les deux se mettent à rire.)

GUATTINARA, commençant à se déconcerter.

Ils s'apprêtent, dis-je...

CHARLES-QUINT ET MARGUERITE.

Ah! ah! ah!

GUATTINARA.

Je ne vois pas... ce qui peut causer... une telle gaieté...

CHARLES-QUINT, lui montrant de la main sans pouvoir parler.

Ce chapeau...

GUATTINARA.

O ciel!

MARGUERITE, riant toujours.

Qui n'est pas à vous... et que vous avez pris...

CHARLES-QUINT, de même.

A ce pauvre Babiéça.

MARGUERITE.

Chez la petite Sanchette...

ISABELLE, à droite et à demi-voix.

C'est donc vrai, Monsieur?

MARGUERITE.

Dont vous êtes amoureux.

ISABELLE, de même.

C'est donc vrai?

ACTE III, SCÈNE XII.

GUATTINARA, hors de lui.

Quelle imposture !... quelle trahison !... qui vous a dit...

MARGUERITE, riant.

L'empereur !

CHARLES-QUINT, riant.

La princesse !

GUATTINARA, à Marguerite.

Ah ! vous voulez me perdre... et c'est moi qui vous perdrai... Et vous, sire... vous m'écouterez peut-être, si je vous dis que François Ier, votre captif...

CHARLES-QUINT.

Eh bien ?...

GUATTINARA.

Est prêt à vous échapper... si déjà même il n'est hors de votre pouvoir !

CHARLES-QUINT, se levant.

Hein !... qu'est-ce que cela signifie ?...

GUATTINARA, à voix haute.

Que le roi de France a signé en faveur de son fils le Dauphin un acte d'abdication en bonne forme... qu'il l'a confiée à sa sœur Marguerite.

MARGUERITE, qui s'est levée aussi.

A moi !...

GUATTINARA.

J'en suis sûr... pour le faire parvenir en France.

MARGUERITE, à part.

Ah !...

CHARLES-QUINT, bas à Guattinara.

Un acte d'abdication ! Tout nous échappe, tout sera perdu !

GUATTINARA.

Rassurez-vous !... je veillais !... tous les courriers ont été arrêtés.....

CHARLES-QUINT.

Très-bien...

GUATTINARA.

Excepté ceux de Votre Majesté...

CHARLES-QUINT.

Et cet acte, où est-il ?

GUATTINARA, bas.

C'est Marguerite qui l'a sur elle.

MARGUERITE, regardant Isabelle à droite.

O mon Dieu !... la princesse qui est sans connaissance !...

CHARLES-QUINT, avec impatience.

Dans un pareil moment !...

MARGUERITE, s'empressant auprès d'elle.

Appelez donc, ou plutôt, non... (Montrant son aumônière qu'elle a laissée sur la table à gauche.) Là, dans mon aumônière... mon flacon, mes sels... cherchez vite !... Trouvez-vous ?...

GUATTINARA, fouillant dans l'aumônière.

Oui, Madame... voilà !... (Il donne le flacon au roi qui le donne à Marguerite. Marguerite, tournant le dos au roi et à Guattinara, fait respirer des sels à Isabelle qui peu à peu revient à elle. Pendant ce temps, Guattinara aperçoit à terre un papier qu'il vient de faire tomber de l'aumônière. Il le ramasse, et dit au roi avec un cri de joie :) Ah ! si c'était !...

CHARLES-QUINT.

Quoi donc ?

GUATTINARA.

Cet acte d'abdication !... (L'ouvrant et le parcourant.) Malédiction... ce n'est pas cela ?...

CHARLES-QUINT.

Qu'est-ce donc ?

GUATTINARA.

Un fabliau... un conte !... *Ce qui plaît aux dames...*

CHARLES-QUINT, étonné et portant la main à son front.

Comment !... ce conte que tout à l'heure j'ai adressé moi-même à la régente Louise de Savoie, il est encore là !... il n'est pas parti...

MARGUERITE, à part et les regardant.

Qu y a-t-il donc ?

CHARLES-QUINT.

Mais alors... qu'ai-je donc... scellé et cacheté de ma main et de nos armes... qu'ai-je donc envoyé moi-même en France... par Babiéça... mon courrier de cabinet ?

GUATTINARA.

Le seul qui ait pu partir. (Regardant Marguerite.) Ah ! regardez... ce coup d'œil rapide... ce sourire qui vient de lui échapper malgré elle... (Vivement.) Sire... l'acte d'abdication... est parti pour la France... et c'est Votre Majesté... qui vient de l'envoyer...

CHARLES-QUINT.

Moi ! S'il était vrai !... si l'on s'était joué de moi à ce point !...

MARGUERITE.

Je ne sais, en vérité, ce que veut dire Votre Majesté...

CHARLES-QUINT, avec colère et lui montrant le papier qu'il tient.

Mais ce papier... ce conte, Madame?...

MARGUERITE, riant.

Eh bien! sire... c'est un conte...

CHARLES-QUINT, de même.

Eh! oui... Mais comment se fait-il qu'il soit là... là... et non ailleurs?...

MARGUERITE, de même.

Eh mais... eh mais, parce que c'est apparemment une copie...

CHARLES-QUINT.

Non... n'espérez pas me faire prendre le change!... Il y a, malgré vous, dans tous vos traits... un air railleur qui décèle la victoire et l'orgueil du triomphe...

MARGUERITE.

Sire... quelle idée...

CHARLES-QUINT.

Ah! je saurai ce qu'il en est!... Que l'on coure sur les traces de Babiéça...

GUATTINARA.

Il a de l'avance, et va comme le vent...

CHARLES-QUINT.

N'importe!... Mes dépêches... qu'on me rapporte mes dépêches... La grâce, la faveur qu'on voudra à celui qui me ramènera mon courrier...

MARGUERITE, à part.

Heureusement, il est loin!

SCÈNE XIII.

Les précédents, BABIÉÇA, s'élançant par la porte du fond.

TOUS.

Babiéça!

BABIÉÇA, tombant aux genoux du roi.

Oui, moi!... c'est moi qui viens me livrer à votre colère... à votre justice... car j'ai pu croire un instant que Votre Majesté...

CHARLES-QUINT.

Réponds!

BABIÉÇA, criant à tout le monde.

J'avais tort... j'avais tort... je le sais, je me le rappelle. L'empereur n'est pas sorti de son cabinet depuis l'après-midi...

CHARLES-QUINT.

Réponds-moi !

BABIÉÇA.

Mais alors, il y en avait un autre... et la jalousie, la rage, m'ont ramené !...

CHARLES-QUINT.

Où sont tes dépêches ?...

BABIÉÇA.

Je les ai là... mais si Votre Majesté savait..

CHARLES-QUINT, avec colère.

Tes dépêches !...

BABIÉÇA.

Les voici...

MARGUERITE.

Tout est perdu !

CHARLES-QUINT, avec ironie à Marguerite.

Vous n'êtes plus aussi victorieuse... Madame ! (A demi-voix.) Vous comprenez qu'il faut que je vous parle. (A Babiéça.) Quant à toi, je te pardonne... va-t'en ! va-t'en !

ISABELLE, bas, à Guattinara.

Il faut me rendre mes lettres, Monsieur.

GUATTINARA.

O ciel !

ISABELLE, de même.

Dès demain !... je les veux...

CHARLES-QUINT.

Laissez-nous, je vous prie. (Guattinara et Babiéça sortent par la porte du fond, Isabelle par la porte à droite.)

SCÈNE XIV.

CHARLES-QUINT, assis à droite, MARGUERITE, debout.

CHARLES-QUINT, après un instant de silence, et montrant à Marguerite le papier cacheté qu'il tient encore à la main.

Eh bien ! Madame !... ceci renferme-t-il, oui ou non, quelque trahison ? C'est à vous que je m'en rapporte... Qu'avez-vous à répondre ?

MARGUERITE.

Rien.

CHARLES-QUINT, jetant le papier sur la table.

Ainsi vous m'avez, non pas trompé... je le pardonnerais peut-être... mais joué... moi !... l'empereur !

MARGUERITE.

Si Dieu m'avait accordé la force et le courage... ce n'est pas ainsi que j'eusse défendu mon frère et la France. Je suis femme ! pour protéger et sauver tout ce que j'aime, je me sers des seules armes que le ciel m'ait données : la ruse et l'adresse. Mais s'il faut plus tard souffrir pour moi ou les miens, s'il faut par l'énergie et la patience, par la douleur de tous les instants, vous montrer ce que peut une femme, vous pouvez me mettre à l'épreuve, sire, et vous verrez !

CHARLES-QUINT, se levant.

Ne croirait-on pas, à vous entendre, que je vais vous charger de fers ?... Rassurez-vous... je me contenterai de déjouer et d'empêcher cette comédie d'abdication.

MARGUERITE.

Une comédie !... Ah ! sire ! si vous ne comprenez pas ce qu'il y a d'héroïque et de sublime dans ce roi qui renonce à sa couronne, pour sauver son honneur, son peuple et son pays !... je plains Votre Majesté, et plus encore... l'Espagne !

CHARLES-QUINT.

Madame !...

MARGUERITE.

Oui, jamais le roi de France n'a été plus digne du trône que le jour où il en descend ainsi... Et si j'étais Charles-Quint, je ne voudrais pas que, du fond de son cachot, François Ier, vaincu, se relevât plus grand que son vainqueur !

CHARLES-QUINT, à part, la regardant.

Vrai Dieu !... elle est belle ainsi ! (Haut.) Eh bien ! Madame, si, comme vous le dites, vous étiez Charles-Quint... voyons ! que feriez-vous ?

MARGUERITE.

Moi !...

CHARLES-QUINT.

Vous qui êtes de si haut jugement et de si bon conseil... parlez ?

MARGUERITE.

Charles-Quint ne m'entendrait pas.

CHARLES-QUINT.

Peut-être !... il l'essaiera du moins !

MARGUERITE.

Eh bien ! maître d'un immense empire... qui ne peut que perdre en forces ce qu'il gagnera en étendue, je ne songerais plus à l'agrandir, mais à le consolider.

CHARLES-QUINT.
Ce serait peut-être plus sage !
MARGUERITE.
Pour consolider ma puissance, je voudrais l'entourer d'alliances fortes, durables ; or, il n'y a de durée que dans des alliances honorables... Un traité humiliant n'est qu'une halte, pour reprendre haleine, compter ses forces et saisir ses armes.
CHARLES-QUINT.
Bien ! Marguerite, et après ?
MARGUERITE.
Je voudrais donc avoir de l'autre côté des Pyrénées, non un ennemi qui attend... mais un allié qui est prêt, et pour qu'il fût toujours prêt à me défendre, je m'arrangerais pour qu'il eût honneur et intérêt à le faire. Que si, d'aventure, c'était là pour Charles-Quint de la politique trop simple, politique de femme et de ménage, qui fait les peuples heureux et les rois obscurs... que si, à vous, météores brillants et terribles, qu'on appelle des grands hommes, il vous faut de l'éclat sur votre passage... je vous dirais : C'est l'Orient, ce sont les infidèles qui menacent en ce moment la gloire, les arts et la civilisation de l'Europe... c'est l'Orient, c'est Soliman, qui vous offre un rival digne de vous... Eh bien ! que Charles-Quint et François Ier s'unissent, comme Philippe-Auguste et Richard, pour cette nouvelle croisade, et que, se touchant dans la main, comme frères d'armes, ils oublient leurs injures pour sauver la chrétienté !... Voilà ce que je ferais si j'étais Charles-Quint.
CHARLES-QUINT.
Conseils qui me semblent très-bons et très-beaux.
MARGUERITE.
Mais que vous ne suivrez pas.
CHARLES-QUINT.
J'avais fait plus encore... tenez ! (Décachetant l'enveloppe qu'il avait jetée sur la table, et en retirant différents papiers.) à moi cet acte d'abdication !... à vous cette lettre que j'adressais à Louise de Savoie, votre mère, régente de France... (Pendant que Marguerite parcourt la lettre.) Vous voyez que je lui écrivais de vous envoyer tous ses pouvoirs, à vous... à vous seule... pour discuter d'abord les bases d'un traité...
MARGUERITE, à part.
O ciel !... (Lisant à voix basse.) dont la première condition eût été une alliance entre le roi d'Espagne... et la sœur de François Ier.

CHARLES-QUINT.

Alliance dont il avait déjà été question il y a quelques années.

MARGUERITE, troublée et rendant la lettre.

Mais qui, par malheur, devenait impossible... d'après vos engagements avec le roi Emmanuel et l'Infante, votre fiancée!

CHARLES-QUINT.

La politique a des priviléges... (Geste de reproche de Marguerite. Souriant.) que n'eût pas, je le vois, approuvés mon sage conseiller! et son avis, qui vaut peut-être mieux que le mien, me prouve, une fois de plus, que j'avais raison de vouloir m'assurer à jamais l'appui et les conseils d'une femme de tête, d'une femme de cœur, d'une vraie reine!... Écoutez, princesse; après ce qui vient de se passer et de se dire entre nous, nous ne pouvons plus être qu'ennemis implacables ou amis à jamais!... Eh bien! sans envoyer cette lettre à votre mère, sans mettre personne en tiers dans une pensée... dans un rêve peut-être, qui ne sortira pas des murs de ce palais, et doit rester entre nous, je vous dis encore : Marguerite, voulez-vous être reine d'Espagne?...

MARGUERITE, poussant un cri d'étonnement.

Moi!... (A part, avec joie.) O mon frère!... (S'arrêtant avec douleur.) O Henri!... Henri!

CHARLES-QUINT.

Eh bien?...

MARGUERITE, dans le plus grand trouble.

Sire... sire... un honneur si grand... si inattendu...

CHARLES-QUINT, avec joie.

Vous cause en effet une émotion... dont je veux vous laisser le temps de vous remettre. Demain, à deux heures, vous me direz votre réponse. Mais songez seulement que c'est le secret de l'État... (Montrant du doigt son front.) et qu'il doit rester...

MARGUERITE, portant la main à son cœur.

Là, je vous le jure, sire. (Charles-Quint lui baise la main, à part) O mon Dieu! inspire-moi!...

CHARLES-QUINT, saluant.

A demain. (Marguerite s'appuie, chancelante, sur un fauteuil à gauche; Charles-Quint sort par la droite.)

ACTE IV

Les petits appartements de la reine. — Porte au fond. — Deux portes latérales. — A droite au premier plan, une table sur laquelle est un livre d'heures.

SCÈNE PREMIÈRE.

MARGUERITE, assise à droite.

Ah! quelle nuit j'ai passée! qu'elle a été longue! Pardonne-moi, mon bon frère, si toi seul n'as pas occupé ma pensée... Ce pauvre d'Albret!

SCÈNE II.

HENRI, MARGUERITE.

HENRI.
J'accours à vos ordres, princesse.
MARGUERITE.
Eh! mais, quel air joyeux! Qu'avez-vous donc?
HENRI.
L'aventure la plus bizarre... la plus piquante... ce sera le plus joli de vos contes!... je riais, en venant, à l'idée seule de vous en avoir fourni le sujet; et, malgré les dangers que j'ai courus...
MARGUERITE.
Parlez, parlez vite...
HENRI.
J'avais interrogé Sanchette sur ce qu'il nous importait de savoir, sur la beauté mystérieuse, et ses visites nocturnes à la tourelle... La pauvre enfant m'avait juré, par sa patronne, qu'elle ignorait ce que cela voulait dire, qu'elle n'en avait pas la moindre idée... et moi qui trouvais indigne de la tromper plus longtemps... je m'étais jeté à ses pieds, lui avouant que je ne pouvais l'aimer, car j'en aimais une autre. — « Je sais, je sais, « s'était-elle écriée, une princesse!... » et à ce sujet une foule de suppositions et d'extravagances.
MARGUERITE.
Lesquelles, Monsieur, lesquelles?
HENRI.
Jusqu'à prétendre que vous, Madame, vous aussi... Des choses absurdes... impossibles... lorsque soudain l'escalier retentit sous

un pied ferme et vigoureux. « C'est le pas de mon mari, s'écrie Sanchette en pâlissant... Comment cela se fait-il... lui qui, dans ce moment, galope sur la route de France!... » Mais le doute n'était plus possible, car Babiéça frappait et criait déjà comme un aveugle... ou plutôt comme un borgne qu'il est. Ouvrez, Sanchette... c'est moi!... — « Vous! s'exclame San-« chette, avec une présence d'esprit admirable... vous. Jésus « Maria... au moment même où je rêvais de vous! » — Puis elle me fait signe de me placer contre la porte, qu'elle va intrépidement ouvrir, et au moment où Babiéça se présente, elle pose rapidement sa main sur le seul œil qui lui reste... en s'écriant, avec la sollicitude conjugale la plus tendre : Répondez, répondez-moi, de grâce!... y voyez-vous de l'autre œil? Je rêvais, quand vous avez frappé, que vous veniez de le recouvrer, par l'intercession de saint Christophe, votre patron. « Eh! non, s'écrie Babiéça avec humeur... je n'y vois ni de celui-ci, ni de l'autre, que vous me tenez fermé... » Et, en effet, il ne m'avait pas aperçu me glissant derrière lui et descendant l'escalier. — Qu'en dites-vous, Madame, n'est-ce pas sublime?... et pourtant Votre Altesse ne rit pas.

MARGUERITE.

Non... car je pensais à un autre conte... dont vous me parliez hier... celui où un pauvre gentilhomme aime une grande dame à en mourir.

HENRI.

Est-ce que le conte serait fini?... Dites-le-moi, de grâce?

MARGUERITE.

Je ne l'ose...

HENRI.

Vous n'osez!... Il finit donc d'une manière bien malheureuse

MARGUERITE.

Oui, le pauvre jeune homme va tant souffrir!...

HENRI, tremblant.

Qu'importe! si c'est pour cette grande dame? Mais elle, elle?

MARGUERITE.

Elle?... rien qu'à le regarder, ses yeux se remplissent de larmes... car elle ne sait comment lui dire qu'il faut se séparer...

HENRI.

Moi... vous quitter!... Vous n'avez donc plus besoin de mon sang, ni de ma vie, puisque vous repoussez cet amour qui me faisait trouver des délices à être blessé pour vous, à être captif pour vous !

MARGUERITE, l'interrompant, froidement.

Henri, on m'offre la liberté de mon frère... de votre roi... et une paix honorable pour la France...

HENRI.

Comment cela ?

MARGUERITE.

Vous aviez vu plus juste que moi. Ce que je ne croyais qu'un jeu, était réel. Cette couronne, que j'avais déjà refusée... le roi d'Espagne me l'offre encore aujourd'hui.

HENRI, cachant sa tête dans ses mains.

Ah ! que m'avez-vous dit ?...

MARGUERITE.

Prononcez vous-même.

HENRI, après un instant de silence, et baissant les yeux.

Hésiter serait un crime !

MARGUERITE.

Et j'ai hésité cependant !

HENRI, poussant un cri de joie.

Ah !

MARGUERITE.

Écoutez-moi, Henri ! Élevée sur les marches du trône, je l'ai vu de trop près pour en être éblouie, et je n'ai jamais eu qu'un désir, celui d'en descendre et de m'éloigner. Le malheur seul m'y retient, le malheur de tous les miens ; mais mon ambition et mon espoir à moi, c'était qu'en récompense de sa liberté et de son royaume rendus, François Ier, mon frère, me permettrait de vivre au sein de la solitude, de l'amitié et des arts, me laissant libre de disposer de mon cœur et de ma main ; et celui que j'aurais choisi, croyez-le bien, n'aurait été ni un empereur ni un roi ; il n'aurait porté ni sceptre, ni couronne, mais un cœur loyal et généreux, et m'aurait aimée surtout d'un amour véritable et sincère ; voilà les rêves que j'avais formés, et vous comprendrez maintenant qu'on hésite à y renoncer.

HENRI, avec désespoir.

Ah ! je comprends seulement que je suis le plus malheureux des hommes !

MARGUERITE, vivement.

Mais avoir pu délivrer son frère et son roi, avoir pu sauver son pays, et ne pas l'avoir fait, serait une honte et un remords à flétrir jusqu'au bonheur même. Ainsi, loin d'affaiblir mon courage, qui malgré moi me fait faute... vous le soutiendrez... en me cachant votre désespoir... et vous exécuterez exactement mes ordres... les derniers que je vous donnerai.

HENRI.

Commandez, Madame...

MARGUERITE.

Demain mon frère sera libre! demain le roi partira pour son royaume, pour son pays. Vous le suivrez, vous ne le quitterez pas! Vous le servirez loyalement et fidèlement en mémoire de sa sœur... et surtout, vous me le jurez, vous ne reviendrez point en Espagne... vous ne chercherez jamais à me voir... Je vais vous dire pourquoi : c'est que Marguerite vous aimait et vous aimera toujours!

HENRI.

Ah! Madame!...

MARGUERITE.

Partez, partez maintenant; l'honneur vous y condamne!

HENRI.

Mais vous quitter, c'est mourir!...

SCÈNE III.

Les précédents, BABIÉCA, entrant par la porte du fond.

MARGUERITE.

Henri! Henri!... (Se retournant d'un air riant vers Babiéca.) Qu'est-ce, Babiéca?

BABIÉCA.

Madame?...

MARGUERITE.

N'y a-t-il pas ce matin un sermon d'un prédicateur célèbre?

BABIÉCA.

Le révérend Texada, oui, Madame, toute la cour doit y assister.

MARGUERITE.

Et tu viens me prévenir?...

BABIÉCA.

Il y a encore trois quarts-d'heure d'ici là! mais l'empereur que je viens d'habiller et que je n'ai jamais vu dans un état d'impatience pareille... pas même le jour où il s'agissait d'être élu empereur d'Allemagne!... l'empereur m'a déjà demandé trois fois l'heure qu'il était, et il prie Votre Altesse de vouloir bien l'honorer de sa présence.

MARGUERITE, regardant Henri.

J'obéis ! (Elle se dirige vers le fond, Henri la suit vivement ; elle l'arrête du geste.)

HENRI.

Adieu, Madame, adieu pour toujours ! (Il jette un dernier regard sur Marguerite, qui sort par la porte du fond, et lui par la porte à gauche.)

SCÈNE IV.

BABIÉÇA, seul, regardant sortir Marguerite et Henri.

Par Notre-Dame del Pilar, Sanchette a raison. Je ne sais pas où elle découvre tout ce qu'elle apprend ! Ce matin encore elle me disait avec un ton de colère : Vous êtes jaloux de tout le monde, même de M. d'Albret, et il adore une grande dame; la princesse Marguerite... il en est aimé !... Allons donc, disais-je en haussant les épaules... et depuis que je viens de les voir... là, tous les deux ensemble, je répète : Sanchette a raison !... toujours raison ! (Se retournant et apercevant Éléonore, qui s'avance en regardant autour d'elle.) Ah ! notre jeune et royale maîtresse !

SCÈNE V.

BABIÉÇA, ÉLÉONORE.

ÉLÉONORE, à Babiéça, qui la salue respectueusement.

On m'avait dit que la princesse Marguerite était ici, dans les petits appartements de la reine... L'as-tu vue ?

BABIÉÇA.

Elle vient d'en sortir tout à l'heure...

ÉLÉONORE.

Sais-tu si elle ira aujourd'hui au sermon ?

BABIÉÇA.

Il me semble que telle est son intention... (Regardant sur la table droite.) Et voici justement son missel... là, sur cette table !

ELÉONORE.

Oui, ce missel aux armes de France, ce livre d'heures que j'admirais tant... (Après un instant de silence.) Laisse-moi ! (Elle s'assied près de la table.)

BABIÉÇA, fait quelques pas, revient, et dit à voix basse.

Est-il vrai, comme on le disait, que Votre Altesse songerait à entrer au couvent ?

ÉLÉONORE.

Dès demain tout sera fini pour moi !... mais d'ici je puis être utile à toi... (Regardant autour d'elle avec inquiétude.) ou à tout autre...

BABIÉÇA, s'inclinant.

Ah ! Madame !... (Se relevant.) Il se peut qu'en effet j'aie à demander à Votre Altesse...

ÉLÉONORE, lui faisant signe de la main.

Plus tard... Adieu !... (Babiéça s'éloigne par la première porte à gauche, celle des appartements du roi.)

SCENE VI.

ÉLÉONORE, seule.

(Dès que Babiéça est sorti, elle regarde autour d'elle avec précaution, prend le missel qu'elle ouvre, tire de sa poche une lettre qu'elle met dans le livre, place le missel tout au bord de la table, et fait quelques pas vers la porte du fond.)

ÉLÉONORE.

Marguerite !... et l'empereur !... (Elle disparait par la porte à droite qui est sur le second plan.)

SCÈNE V.1.

CHARLES-QUINT, entrant par le fond, donnant le bras à Marguerite.

CHARLES-QUINT, à Marguerite.

ourquoi, Madame, ce trouble et cette émotion ?... Qu'avez-vous encore à craindre, quand tout est d'accord entre nous ?

MARGUERITE.

Je ne sais comment reconnaître votre générosité, sire, mon frère libre... la paix avec la France...

CHARLES-QUINT.

Ce sera la dot de Marguerite.

MARGUERITE.

Vous m'avez promis aussi qu'Éléonore votre sœur ne serait pas le prix de la trahison, et qu'elle n'épouserait pas le connétable ?

CHARLES-QUINT.

Vous lui annoncerez cette bonne nouvelle, ce matin, en allant au sermon du révérend Texada, où elle doit se rendre avec nous. Votre Altesse a-t-elle encore autre chose à me demander ?

MARGUERITE.

Plus qu'un mot, sire !... Dans le traité dont vous m'avez fait l'honneur de me communiquer les bases, il y a un point... un seul qui reste indécis. (Charles-Quint l'invite à s'asseoir à gauche du théâtre et s'assied près d'elle.)

CHARLES-QUINT.

Voyons! j'aime beaucoup à causer politique avec vous.

MARGUERITE.

Il y a entre les deux royaumes, entre la France et l'Espagne, un petit pays, la Navarre, qui ne saurait appartenir à la France.

CHARLES-QUINT, vivement.

C'est vrai... très-vrai!...

MARGUERITE.

Il ne serait pas juste, non plus, qu'il appartînt à l'Espagne!

CHARLES-QUINT, hésitant.

C'est... moins vrai!... mais cependant c'est vrai!

MARGUERITE.

Il me semble qu'on ferait disparaître à l'avenir tout prétexte de discorde, en créant un État indépendant, protégé des deux côtés des Pyrénées par deux grandes puissances.

CHARLES-QUINT.

D'accord... mais cet État indépendant, la difficulté serait de lui donner un maître!

MARGUERITE.

Des maitres, on en trouve toujours! Il y a un descendant des anciens comtes de Béarn et de Navarre, Henri d'Albret, qui a fait ses preuves à Pavie.

CHARLES-QUINT.

Contre nous!

MARGUERITE.

J'ai tant de confiance en votre générosité, que j'ai pensé que ce serait là une des raisons qui vous décideraient! Ai-je eu tort, sire?

CHARLES-QUINT.

Non, la valeur est un titre qui a parfois suffi pour faire souche royale, et si tel est votre avis...

MARGUERITE, s'incline en guise d'assentiment, et dit à part.

Pauvre Henri!... ne pouvant le faire heureux... je l'aurai fait roi...

CHARLES-QUINT, cherchant ses tablettes.

Voulez-vous que nous rédigions ensemble cet article?

MARGUERITE, prenant les tablettes.

Vous dicterez, sire, et j'écrirai.

SCÈNE VIII.

MARGUERITE et CHARLES-QUINT, assis près l'un de l'autre à la gauche du théâtre ; GUATTINARA, entrant par le fond.

GUATTINARA, stupéfait.

Ciel !... l'empereur, en tête-à-tête avec Marguerite !

CHARLES-QUINT, se retournant au bruit.

Ah ! c'est toi, Guattinara ? Entre et attends. (Marguerite et Charles-Quint, assis à gauche du théâtre, causent à voix basse en ayant l'air de se faire mutuellement quelques observations.)

GUATTINARA, loin d'eux, debout, à droite du théâtre.

Et ne pouvoir deviner ce qu'ils se disent !... c'est à en perdre la tête... et ma charge, peut-être... car c'est ma ruine que l'on médite !... Hier favori, aujourd'hui disgracié !... Il n'a fallu pour cela qu'un mot d'une femme !... Ah ! je trouverai moyen de me réconcilier avec la reine !... Puisqu'elle me redemande ses lettres, tantôt, à l'heure ordinaire, elle me verra... Je presserai, je prierai, je pleurerai même s'il le faut...

CHARLES-QUINT.

Holà ! quelqu'un ! (Babiéça sort du cabinet à gauche.) Que l'on voie à nous trouver M. le comte d'Albret, et qu'on le prie de vouloir bien venir. (Babiéça s'incline, sort par la porte à droite et rentre quelques instants après. S'adressant à Guattinara.) Toi, Guattinara, approche, et surtout pas un mot, pas une réflexion sur les ordres que je vais te donner. Je ne te permets rien... que de les exécuter avec zèle et discrétion. Tu feras préparer, en sortant d'ici, le plus bel appartement du palais pour notre frère et allié le roi de France.

GUATTINARA, à part.

O ciel !... Marguerite l'emporte !

CHARLES-QUINT.

De plus, tu vas à l'instant même, et sous mes yeux, écrire au roi de Portugal que les impérieuses nécessités de ma politique ne me permettent pas, à mon grand regret, de donner suite à notre projet d'alliance entre nos deux maisons.

GUATTINARA, vivement.

Comment, sire, il serait possible !...

CHARLES-QUINT, gravement.

J'ai défendu, Guattinara, la moindre réflexion. Nous ne sommes pas ici au conseil ; je ne discute pas, je commande

GUATTINARA, à part.

Quels regards sévères !... Est-ce qu'il se douterait de quelque chose?... est-ce que Marguerite... toujours Marguerite... aurait découvert cet amour-là comme celui de Sanchette? (Sur un geste du roi, il s'assied devant la table à droite et écrit.)

CHARLES-QUINT, à Babiéça, qui rentre en ce moment par la porte à droite.

Tu te tiendras prêt, Babiéça, à partir à l'instant pour Lisbonne.

BABIÉÇA, étonné.

Moi, sire!...

CHARLES QUINT.

Cela te contrarie?

BABIÉÇA.

Non, sire... parce que maintenant je n'ai plus d'inquiétudes. Sanchette m'a expliqué la chose d'une manière si simple...

CHARLES-QUINT, riant.

Ah! ah!...

BABIÉÇA.

Votre Majesté avait décidé qu'elle porterait désormais les couleurs de la nouvelle reine...

CHARLES-QUINT.

C'est vrai!

BABIÉÇA.

Et alors on l'avait chargée de mettre un nouveau nœud de rubans au chapeau de Votre Majesté.

CHARLES-QUINT.

C'est l'exacte vérité!

BABIÉÇA, vivement.

J'en étais sûr... et malgré cela, cela me fait plaisir que le roi me l'ait dit... (Se retournant vers Guattinara qui écrit à la table à droite, et parlant à haute voix.) Le roi, au moins, est rassurant...

CHARLES-QUINT, lui faisant signe de la main de se taire.

C'est bon, cela suffit!... (Il se remet à causer bas avec Marguerite, et pendant ce temps Babiéça s'adresse à demi-voix à Guattinara.)

BABIÉÇA.

Le roi est rassurant... ce n'est pas comme vous, seigneur Guattinara, qui êtes toujours à m'effrayer et à me dire : Prenez-garde!... Encore hier, M. Henri d'Albret dont vous me disiez de me défier...

GUATTINARA, à part, haussant les épaules.

Parbleu!

BABIÉÇA, à demi-voix et avec satisfaction.

Il songe bien à ma femme! il en aime une autre, le brave

jeune homme ! une autre bien plus belle, madame Marguerite.

GUATTINARA.

Que dis-tu ?

BABIÉÇA.

Sanchette en est sûre, et moi aussi,..

GUATTINARA, vivement.

Sanchette...

BABIÉÇA.

Oui !

GUATTINARA, se levant et à part.

Quand la disgrâce est certaine, on peut tout risquer... (A voix basse à Babiéça, avec un geste impératif.) Quoi que tu entendes, sur ta tête et sur celle de ta femme, tais-toi.

BABIÉÇA, effrayé et à voix haute.

Moi !...

CHARLES-QUINT, se retournant.

Qu'y a-t-il ?

GUATTINARA.

Une bien terrible nouvelle, sire, que m'annonce Babiéça ; on dit que par désespoir le jeune comte d'Albret vient de se donner la mort.

MARGUERITE, se levant vivement et se soutenant à peine.

Ah !

SCÈNE IX.

Les précédents, HENRI D'ALBRET.

HENRI, entrant par la porte de droite,

Sire !...

MARGUERITE, l'aperçoit et jette un cri perçant.

Henri !... (Elle passe devant le roi et Guattinara, et s'élance vers d'Albret.) Henri ! (Puis elle s'arrête et reste immobile au milieu du théâtre ; Henri qui, en entendant son cri de terreur, avait couru à elle, s'arrête également.)

CHARLES-QUINT, s'approchant de Guattinara et fronçant le sourcil en montrant Henri.

Eh ! le voici !... Qu'est-ce que cela signifie, Monsieur ?

GUATTINARA, à demi-voix.

Votre Majesté avait défendu à son fidèle serviteur la moindre objection, il a essayé, sans parler, d'éclairer son roi. Que le roi... observe et juge !

CHARLES-QUINT, fait un geste de surprise et de colère, puis il prend sur lui, se contient, passe entre Marguerite et Henri qu'il observe quelques instants en silence, et enfin s'adressant à d'Albret.

Monsieur d'Albret, vous descendez des anciens comtes de

Béarn et de Navarre. Nous avons quelque intention d'ériger cette province en royaume et de vous en donner l'investiture...

GUATTINARA, à part.

Serait-ce possible !...

CHARLES-QUINT.

Que dites-vous de cette idée?

HENRI.

Je remercie Votre Majesté d'un tel honneur... mais je n'ai ni assez d'ambition pour le désirer, ni assez de mérite pour l'accepter.

CHARLES-QUINT.

Ah !... vous n'avez pas d'ambition... vous !... (A Marguerite.) Cela fait supposer alors qu'une autre passion l'absorbe tout entier... passion profonde !...

MARGUERITE, avec trouble.

Je pense comme Votre Majesté.

CHARLES-QUINT, la regardant attentivement.

Dans ce cas, il est rare qu'on dévoue ainsi toute son existence... à une recherche ingrate et stérile... qui ne serait couronnée d'aucun succès... Ne le pensez-vous pas, Madame?...
(Marguerite veut répondre, mais sous le regard du roi qui l'observe... elle se trouble et garde le silence. Charles, après avoir jeté un dernier coup d'œil sur Marguerite et sur Henri, s'adresse froidement à son ministre.)

CHARLES-QUINT.

Guattinara, le roi de France ne quittera pas sa prison, et tu n'écriras pas au roi de Portugal !

GUATTINARA, à part.

Enfin, et non sans peine, je l'emporte !

CHARLES-QUINT, s'approchant de Marguerite et à demi-voix.

Charles-Quint ne se plaindra pas ! Où d'autres verraient peut-être un sujet de reproches, il ne verra qu'un nouveau sujet d'admiration ! Vous vous immoliez pour votre frère, Madame, c'est beau, c'est magnanime ! mais je n'accepte point de sacrifices. De tout ce qui est arrivé depuis hier, je ne conserverai ni trace, ni souvenir ; ce n'est pas même du passé ! c'est un songe, et chacun de nous, au réveil, reprend son rôle et ses droits.

SCÈNE X.

LES PRÉCÉDENTS, ÉLÉONORE, tenant un missel à la main.

ÉLÉONORE.

Mon frère, je venais annoncer à Votre Majesté et à Son Altesse que voici l'heure du sermon.

CHARLES-QUINT, lui donnant la main.

Je vous suis. (Éléonore montrant à Babiéça le missel qu'elle-même tient à la main, lui fait signe de porter à Marguerite celui qui est sur la table à droite. Babiéça va le prendre, le présente avec respect à Marguerite qui le reçoit sans le regarder, et remercie d'un signe de tête Babiéça.)

ÉLÉONORE.

Venez-vous, Madame ?

MARGUERITE.

Oui, (A part et joignant ses mains, dont l'une tient le missel.) elle a raison!... Allons remercier le ciel, car, grâce à lui, je ne suis plus reine d'Espagne ! (Elle baisse ses mains en ouvrant le missel à l'endroit où est placée la lettre.) Grand Dieu ! (Éléonore, qui a vu le mouvement, fait un geste de joie, présente sa main à Charles-Quint et sort avec lui, suivie de Guattinara et de Babiéça.)

SCÈNE XI.

MARGUERITE, D'ALBRET.

MARGUERITE, remonte le théâtre, s'assure que l'empereur est disparu et redescend vers Henri.

Henri, savez-vous ce qui vient de s'offrir à mes yeux !... là... dans ce missel... une lettre... de mon frère.

HENRI.

Du roi de France !

MARGUERITE.

Voyez plutôt ?... (Regardant autour d'elle si on ne vient pas les surprendre.) Lisez...

HENRI, lisant.

« Je viens de faire une importante découverte qui peut servir
« à ma délivrance. Le tableau de saint Pacôme qui décore ma
« prison communique avec l'oratoire de l'empereur. Le difficile
« était de te l'apprendre. Mon bon ange, ma belle inconnue,
« qui venait, disait-elle, me faire d'éternels adieux, ne peut
« deviner la pensée qui m'occupe, mais elle voit ma peine et
« me promet de te faire parvenir cette lettre ; tâche alors,
« à tout prix, de savoir qui elle est... »

MARGUERITE, à demi-voix.

Eh, oui vraiment !... si on la connaissait...

HENRI, de même.

Tout serait sauvé !

MARGUERITE.

On s'entendrait avec elle !

T. III.   18

HENRI.

On parviendrait par elle à cet oratoire... et de là à la prison du roi.

MARGUERITE.

Et une fois en communication avec lui...

HENRI.

On aurait mille moyens de le faire évader !

MARGUERITE.

Ce qui vaudrait mieux qu'une abdication !...

HENRI.

Et surtout qu'un mariage avec le roi d'Espagne !

MARGUERITE.

Oh ! oui... Henri... oui... mais le messager est invisible et l'on dirait de la sorcellerie..

HENRI, souriant.

Si le message n'était pas venu dans un missel... un missel à vous !

MARGUERITE.

Non, il n'est plus à moi ; c'est celui dont j'ai fait présent hier à l'Infante Isabelle, la fiancée du roi.

HENRI, cherchant.

L'Infante Isabelle !... En effet, nous sommes ici dans ses petits appartements.

MARGUERITE.

Eh bien !...

HENRI, de même.

Est-ce que par hasard ?...

MARGUERITE.

Allons donc !... quelle idée !... Attendez...

HENRI.

Eh ! quoi donc ?

MARGUERITE, vivement.

Hier, quand cet acte d'abdication est tombé entre les mains de l'empereur... Dieu sait quelle était mon émotion... mais celle de l'Infante était plus forte encore... elle s'est trouvée mal !

HENRI.

En vérité ! (Regardant vers le fond.) C'est elle ! Voyez donc quel air triste et préoccupé !... quelle pâleur !

MARGUERITE.

Comment faire pour savoir ?... Ma foi, je n'y tiens plus...

arrivera ce qu'il pourra... je tenterai l'aventure. (Elle fait signe à Henri de sortir. — Henri salue respectueusement l'Infante, et sort.)

SCÈNE XII.

MARGUERITE, ISABELLE, Dames d'honneur.

MARGUERITE, s'approchant d'Isabelle.

Votre Altesse Royale est bien inquiète... (A demi-voix.) Un grand secret la préoccupe...

ISABELLE, troublée.

Moi, Madame ?...

MARGUERITE, à part, avec joie.

Elle se trouble !... (A voix basse, à Isabelle.) Je sais ce dont il s'agit... je sais tout.

ISABELLE, avec effroi.

Ah ! grand Dieu !

MARGUERITE, de même.

Ne tremblez pas ainsi, ne craignez rien ; je ne veux pas vous perdre... au contraire... Renvoyez vos femmes...

ISABELLE, se retournant vers ses femmes.

Voici l'heure de la sieste, Mesdames... laissez-nous !... et que personne ne pénètre ici. (Toutes les dames sortent par les portes du fond, que l'on referme.)

SCÈNE XIII.

MARGUERITE, ISABELLE.

MARGUERITE.

Nous sommes seules ?...

ISABELLE.

Vous m'avez dit que vous ne vouliez pas me perdre...

MARGUERITE.

Quelle idée !... né suis-je pas une amie... une sœur... votre sœur... entendez-vous bien ?... Tout ce que je veux, c'est de vous sauver... et lui aussi.

ISABELLE.

Merci, merci, Madame.

MARGUERITE.

Je viens de sa part...

ISABELLE.

De sa part ?...

HENRI.

On parviendrait par elle à cet oratoire... et de là à la prison du roi.

MARGUERITE.

Et une fois en communication avec lui...

HENRI.

On aurait mille moyens de le faire évader!

MARGUERITE.

Ce qui vaudrait mieux qu'une abdication!...

HENRI.

Et surtout qu'un mariage avec le roi d'Espagne!

MARGUERITE.

Oh! oui... Henri... oui... mais le messager est invisible et l'on dirait de la sorcellerie..

HENRI, souriant.

Si le message n'était pas venu dans un missel... un missel à vous!

MARGUERITE.

Non, il n'est plus à moi; c'est celui dont j'ai fait présent hier à l'Infante Isabelle, la fiancée du roi.

HENRI, cherchant.

L'Infante Isabelle!... En effet, nous sommes ici dans ses petits appartements.

MARGUERITE.

Eh bien!...

HENRI, de même.

Est-ce que par hasard?...

MARGUERITE.

Allons donc!... quelle idée!... Attendez...

HENRI.

Eh! quoi donc?

MARGUERITE, vivement.

Hier, quand cet acte d'abdication est tombé entre les mains de l'empereur... Dieu sait quelle était mon émotion... mais celle de l'Infante était plus forte encore... elle s'est trouvée mal!

HENRI.

En vérité! (Regardant vers le fond.) C'est elle! Voyez donc quel air triste et préoccupé!... quelle pâleur!

MARGUERITE.

Comment faire pour savoir?... Ma foi, je n'y tiens plus...

arrivera ce qu'il pourra... je tenterai l'aventure. (Elle fait signe à Henri de sortir. — Henri salue respectueusement l'Infante, et sort.)

SCÈNE XII.

MARGUERITE, ISABELLE, Dames d'honneur.

MARGUERITE, s'approchant d'Isabelle.

Votre Altesse Royale est bien inquiète... (A demi-voix.) Un grand secret la préoccupe...

ISABELLE, troublée.

Moi, Madame ?...

MARGUERITE, à part, avec joie.

Elle se trouble !... (A voix basse, à Isabelle.) Je sais ce dont il s'agit... je sais tout.

ISABELLE, avec effroi.

Ah ! grand Dieu !

MARGUERITE, de même.

Ne tremblez pas ainsi, ne craignez rien ; je ne veux pas vous perdre... au contraire... Renvoyez vos femmes...

ISABELLE, se retournant vers ses femmes.

Voici l'heure de la sieste, Mesdames... laissez-nous !... et que personne ne pénètre ici. (Toutes les dames sortent par les portes du fond, que l'on referme.)

SCÈNE XIII.

MARGUERITE, ISABELLE.

MARGUERITE.

Nous sommes seules ?...

ISABELLE.

Vous m'avez dit que vous ne vouliez pas me perdre...

MARGUERITE.

Quelle idée !... ne suis-je pas une amie... une sœur... votre sœur... entendez-vous bien ?... Tout ce que je veux, c'est de vous sauver... et lui aussi.

ISABELLE.

Merci, merci, Madame.

MARGUERITE.

Je viens de sa part...

ISABELLE.

De sa part ?...

MARGUERITE.

Oui.

ISABELLE.

Et... pourquoi ne vient-il pas lui-même?...

MARGUERITE, étonnée.

Lui-même!...

ISABELLE.

D'autant que je lui avais dit formellement hier... Je veux demain mes lettres...

MARGUERITE, vivement.

Vos lettres!.. (A part.) J'ai fait fausse route. Il s'agit d'un autre... (Haut.) Vos lettres!... (Cherchant.) Justement... je viens vous dire qu'il n'a pas encore pu vous les apporter... mais plus tard...

ISABELLE, vivement.

J'entends!... à l'heure ordinaire... à l'heure de la sieste...

MARGUERITE.

Précisément.

ISABELLE.

Il ne peut tarder... très-bien... N'en parlons plus

MARGUERITE, à part.

Mais si vraiment... (Haut.) Je conçois, en effet, qu'un cavalier, tel que celui-là... si jeune... si élégant... si bien...

ISABELLE.

as tant.

MARGUERITE, à part.

Aïe!... n'avançons pas de ce côté-là...

ISABELLE.

La vérité est qu'il m'imposait... qu'il me faisait peur... Il n'était question alors ni d'autre mariage, ni d'alliance royale... Et puis, j'étais seule... sans guide... sans conseil... mais vous voilà, Madame, vous ne m'abandonnerez pas.

MARGUERITE.

Non, sans doute, pauvre jeune fille!... Qui m'aurait dit que j'étais venue pour cela?... N'importe, de la morale, chemin faisant, cela ne peut jamais faire de mal. Vous êtes fiancée... pour ainsi dire mariée; vous avez pour mari un roi, un empereur... Ce n'est pas amusant tous les jours... mais, faute de mieux... il faut s'y tenir... d'autant que les amants, vous le voyez, sont légers...

ISABELLE.

Ah!...

MARGUERITE.
Perfides...
ISABELLE, se récriant.
Ah !...
MARGUERITE.
Volages, manquant à la foi des traités, ni plus ni moins que s'ils étaient monarques, et que pas un seul ne vaut le repos, le bonheur, la réputation que l'on compromet pour eux... vous surtout, qui risquez plus que nous encore... vous, reine d'Espagne... Jugez donc !..
ISABELLE.
Ah ! Madame...
MARGUERITE.
Rien n'est désespéré ; il est temps encore de tout rompre... Il va venir.
ISABELLE.
Et voilà justement ce qui m'effraie... Je préférerais maintenant ne pas le voir...
MARGUERITE.
Très-bien !
ISABELLE.
Ne plus le voir jamais !...
MARGUERITE.
Encore mieux !
ISABELLE.
Voulez-vous le recevoir à ma place ?...
MARGUERITE.
Moi !...
ISABELLE.
Reprendre mes lettres ?...
MARGUERITE.
Volontiers... (A part.) Je le connaîtrai, du moins.
ISABELLE.
Ah ! que vous êtes bonne !
MARGUERITE.
Mais un instant !... Vous devez avoir aussi de lui... des lettres... qu'il faut à votre tour lui rendre.
ISABELLE, les prenant sur elle.
Oh ! certainement... Les voici... les voici... mais, écoutez... On vient... on monte par le petit escalier...

MARGUERITE, à part.

Ah! c'est par là qu'il vient d'ordinaire...

ISABELLE.

Dites-lui bien que tout est fini... que je renonce à lui... que je ne veux suivre que vos conseils...

MARGUERITE.

Partez... prudence!... discrétion!...

ISABELLE.

Et dévouement à toute épreuve!... (Elle sort par la porte du fond.)

SCÈNE XIV.

MARGUERITE, puis GUATTINARA, entrant par la porte à droite.

MARGUERITE, avec impatience et curiosité.

Qui donc... qui donc?... quel est cet Amadis, ce beau ténébreux, ce rival heureux de l'empereur Charles-Quint!...

GUATTINARA, entrant le dos tourné.

Elle est seule... avançons...

MARGUERITE.

Guattinara!...

GUATTINARA.

Marguerite!... (Tous les deux restent un instant immobiles d'étonnement.)

MARGUERITE.

Ah!...

GUATTINARA, cherchant à se remettre de son trouble.

Vous... ici... Madame... et comment?...

MARGUERITE.

Je vous attendais!

GUATTINARA.

Je ne comprends pas!

MARGUERITE.

Je vais m'expliquer!... vous veniez à un galant rendez-vous!

GUATTINARA.

Moi!...

MARGUERITE.

Ah! vous y perdez, car on m'a priée de vous recevoir...

GUATTINARA, avec indignation.

Par tous les saints de l'Espagne!...

MARGUERITE.

Vous aviez fait provision de serments, je le sais, mais pas de dénégations, ni de détours diplomatiques; nous n'avons pas de temps à perdre en protocoles. C'est moi qui me suis chargée des intérêts de la reine, pensant que ma présence vous serait plus agréable qu'une autre. On attend de vous des lettres !... (Tendant la main.) il me les faut !

GUATTINARA.

Comment... Madame ?... que signifie ?...

MARGUERITE.

Que j'ai en échange vos lettres à vous !... mais je ne vous les remetterai...

GUATTINARA, tremblant.

Madame !...

MARGUERITE.

Que quand la signature du ministre aura été vue et approuvée par l'empereur.

GUATTINARA, épouvanté.

Grâce ! grâce, Madame !...

MARGUERITE, riant.

Ah ! ah ! seigneur Guattinara, vous voilà plus mort que vif, vous qui, ce matin, immoliez si lestement les amoureux qui se portaient bien !... Les lettres de l'Infante... je les veux !

GUATTINARA, après les avoir rendues.

Je suis perdu !

MARGUERITE.

Non !... vous ne l'êtes point !...

GUATTINARA.

Je comprends... vous voulez, à votre tour, vous défaire d'une rivale...

MARGUERITE.

Non!

GUATTINARA.

Vous voulez que je vous aide à remonter les marches du trône...

MARGUERITE.

Non... je ne veux déplacer personne... pas même vous... je veux qu'on puisse dire que Marguerite a tenu dans sa main tous les secrets de la cour d'Espagne, et n'en a trahi aucun ! peu m'importe donc que vous restiez à Charles-Quint .. pourvu qu'en même temps vous m'obéissiez.

GUATTINARA.

Moi, Madame... servir à la fois...

MARGUERITE.
Deux pouvoirs? est-ce là ce qui vous effraie?

GUATTINARA.
Mais...

MARGUERITE.
Il faut pourtant vous persuader que vous appartenez maintenant à deux maîtres : l'un, qui serait sans pitié...

GUATTINARA.
S'il savait!...

MARGUERITE.
L'autre...

GUATTINARA.
Qui sait tout.

MARGUERITE.
Et qui promet pardon et oubli... à une condition...

GUATTINARA.
Laquelle?...

MARGUERITE.
Je vous le dirai... votre bras?

GUATTINARA.
Comment?

MARGUERITE.
Votre bras... et maintenant, Monseigneur, marchons! (Elle se dirige vers la porte de gauche, Guattinara la suit en se courbant. La toile tombe.)

ACTE V

Même decor.

—

SCÈNE PREMIÈRE.

HENRI D'ALBRET, BABIÉÇA.

BABIÉÇA.
Oui, monsieur le comte, j'ignore pourquoi Son Excellence m'avait mêlé à votre prétendue mort... moi qui aurais été désolé de vous tuer!...

HENRI, souriant.
Je puis vous attester, du reste, que la nouvelle est fausse.

BABIÉÇA.

Grâce au ciel!...

HENRI.

Et vous dites, seigneur Babiéça, que l'empereur désire me parler... à moi?...

BABIÉÇA.

Il vous prie de l'attendre ici, dans les petits appartements de la reine...

HENRI.

Je croyais qu'il y avait ce soir réception.

BABIÉÇA.

Il vous verra avant la réception... à sa sortie du conseil, qu'il a fait assembler extraordinairement... et qu'il préside en ce moment.

HENRI, saluant.

Je vous remercie, Monsieur.

BABIÉÇA.

Heureux de vous prouver mon dévouement.

HENRI.

Eh bien! pourriez-vous me dire, vous qui savez tout... et qui voyez tout... ce qui se passe au palais... ce qu'est devenue madame la princesse Marguerite... que je ne retrouve plus, et qui est comme disparue?...

BABIÉÇA.

Il y a près de deux heures... que je lui ai vue traverser la galerie... appuyée sur le bras de Son Excellence M. le comte de Guattinara, qui, malgré cela, avait l'air d'assez mauvaise humeur... Mais j'aperçois, madame la princesse... (Avec finesse.) Je pense, monsieur le comte, que je ferais bien de me retirer...

HENRI.

Vous êtes un homme charmant, seigneur Babiéça!...

BABIÉÇA.

L'habitude de la cour! voilà tout. (Il salue et sort.)

SCÈNE II.

HENRI, MARGUERITE.

HENRI.

J'étais inquiet de vous, Madame.

MARGUERITE, riant.

Que voulez-vous? Je ne puis y suffire... la cour d'Espagne me donne tant d'occupations!...

HENRI, à demi-voix.

Eh bien!... la dame mystérieuse!...

MARGUERITE.

Nous nous étions trompés!

HENRI.

Quoi! nos idées... sur l'Infante... sur la future reine...

MARGUERITE.

Complétement fausses!... Gardez-vous de la soupçonner!... je vous le défends, entendez-vous? Mais l'appui qui me manquait de ce côté... je l'ai trouvé d'un autre... J'ai maintenant à mes ordres une puissance qui est mon esclave!

HENRI.

Comment cela?

MARGUERITE.

Écoutez, Henri, je vous dirai tout, excepté ce qui n'est pas mon secret, et ce que l'honneur me défend de trahir... Qu'il vous suffise donc de savoir que, tenant la baguette, je n'avais qu'à commander, et que mon premier souhait fut d'être transportée auprès de mon frère.

HENRI.

Vous plaisantez!...

MARGUERITE.

Du tout! J'ai ordonné à mon serviteur de me faire entrer dans l'oratoire de l'empereur... Et pourquoi? s'est-il écrié, tout stupéfait... Eh! mais, ai-je répondu, pour prier, sans doute, et vous m'y conduirez?... ce qu'il a fait.

HENRI.

Par quel moyen?

MARGUERITE.

En ouvrant la porte dont il avait la clé... Voilà toute la magie!...

HENRI.

Et le tableau de saint Pacôme, le ressort secret... vous l'avez trouvé?...

MARGUERITE.

Très-aisément... quand on sait d'avance!... Mais voici une rencontre que je ne cherchais pas! Au moment où je venais de m'élancer bravement dans le couloir étroit et obscur, qui conduit de l'oratoire à la tourelle... ma robe se froisse contre une autre robe... une visite qui sortait!... (Riant.) Il y avait ce soir-là réception chez le roi. Moins intrépide que moi... la belle visiteuse... inconnue... (c'était elle!) s'arrête, tremblante, et comme si elle sentait ses genoux fléchir, s'appuie un instant contre la muraille. Je me rappelle mon conte du Muletier, je détache de mon corsage un nœud, une agrafe de rubans bleus, que j'accroche à son épaule, témoin mystérieux, indice révélateur, qui peut, tout à l'heure, à la cour, me la faire reconnaître.

HENRI.

J'en doute.

MARGUERITE, gaiement.

A tout hasard!... Je n'aurai perdu qu'un ruban, et je risque de gagner un secret, espoir que j'ai fait partager au roi, et un autre espoir encore... Maintenant que je puis à toute heure, et sans que personne s'en doute, me rendre auprès de lui, il sera facile de combiner avec adresse et prudence quelque nouveau moyen d'évasion.

HENRI.

Quoi!... vous y pensez encore?...

MARGUERITE.

Toujours!... et grâce aux nouveaux alliés qui me viendront en aide...

HENRI.

Et où les prendrez-vous?

MARGUERITE.

Dans le camp ennemi.

HENRI.

Ce n'est pas possible!

MARGUERITE.

Silence!... on vient!... C'est l'Infante!...

SCÈNE III.

HENRI, se retirant à l'écart; MARGUERITE, ISABELLE.

ISABELLE, venant du fond et s'avançant mystérieusement près de Marguerite.

Eh bien! quelles nouvelles?...

MARGUERITE, à demi-voix et rapidement.

Tout est rompu, vous êtes libre... Voici vos lettres... A vous de commander... à lui d'obéir!

ISABELLE.

Merci! j'en userai... A mon tour, je viens vous dire... (Apercevant d'Albret, elle s'arrête et fait un geste de surprise.) Ah!...

MARGUERITE.

Vous pouvez parler devant M. d'Albret, il est de notre conseil intime!

ISABELLE.

Je viens vous dire de prendre bien garde... car l'empereur est d'une humeur terrible!...

MARGUERITE.

Contre qui?

ISABELLE.

Contre tout le monde; il vient de réunir là... dans son cabinet, ses principaux conseillers. Le comte Guattinara a été appelé; pour quel sujet? je ne puis vous le dire.

MARGUERITE.

Je le saurai.

ISABELLE.

Ah! et puis, avant le conseil... l'empereur a causé avec l'ambassadeur d'Angleterre... devant moi, sans gêne aucune.

MARGUERITE.

Comme marque de confiance...

ISABELLE.

Non... comme si je n'avais pas compris...

MARGUERITE, vivement.

C'est précieux!...

ISABELLE, avec malice.

Et je comprenais...

MARGUERITE, gaiement.

Vraiment

ISABELLE.

Je comprenais : que le roi d'Angleterre se plaignait des projets d'agrandissement de l'Espagne, et que, comme il est allié de la France, il ne veut pas qu'on vous prenne la Bourgogne.

MARGUERITE.

A merveille!

ISABELLE.

Que l'empereur lui a alors écrit à ce sujet, et qu'il attend aujourd'hui sa réponse.

MARGUERITE.

Merci... merci... Isabelle... (S'approchant de Henri pendant qu'Isabelle va s'asseoir à la table à droite.)

HENRI.

Je n'en reviens pas...

ACTE V, SCÈNE IV.

MARGUERITE, bas, à Henri.

Nous sommes très-bien ensemble...

HENRI, bas.

Guattinara!

SCÈNE IV.

LES PRÉCÉDENTS, GUATTINARA.

(Isabelle est assise à droite du théâtre, près de la table. Henri a remonté le théâtre Marguerite est assise à gauche, et Guattinara, qui sort en ce moment du cabinet du roi, parle, debout et à voix basse, à Marguerite.)

GUATTINARA, bas, à Marguerite et rapidement.

Je sors du conseil. Il y a été décidé que, pour couper court à toutes les intrigues qui se trament à Madrid, et pour déjouer toutes les tentatives d'évasion...

MARGUERITE.

Eh bien...

GUATTINARA.

Le roi François Ier serait, cette nuit, à neuf heures, transféré secrètement dans la citadelle de Valladolid.

MARGUERITE.

O ciel!... (Bas, à Henri qui s'est approché d'elle de l'autre côté.) Le roi est emmené de Madrid cette nuit à neuf heures.

HENRI, de même.

Tout est perdu!

MARGUERITE.

Peut-être! si on le délivrait à huit...

HENRI, de même.

Comment? (Guattinara, pendant le dialogue précédent, s'est approché d'Isabelle, qui est assise à droite; il l'a saluée respectueusement et lui adresse quelques paroles d'un air soumis et à voix basse.)

ISABELLE, à voix haute et n'ayant pas l'air de comprendre.

Qu'est-ce, seigneur Guattinara? que voulez-vous dire?...

MARGUERITE.

Seigneur Guattinara... un mot...

ISABELLE, à Guattinara.

La princesse vous appelle. (Guattinara se retourne, aperçoit Marguerite qui lui fait le geste de venir à elle... geste qui lui montre la reine. Guattinara et Marguerite sont à côté l'un de l'autre, debout, sur le devant du théâtre.)

MARGUERITE, bas.

A moi... qui suis très-curieuse... dites-moi, de grâce, d'où vous vient... cette clé... vous savez... cette clé de l'oratoire...

GUATTINARA, de même.

De l'empereur!... c'était celle, m'a-t-il dit, de Philippe d'Autriche, son père...

MARGUERITE.

Comment cela?...

GUATTINARA, à demi-voix et en riant.

Pour échapper à la jalousie de Jeanne de Castille... qui, de son côté, ayant des soupçons, en avait fait faire, dit-on, une seconde...

MARGUERITE.

Où est-elle?...

GUATTINARA.

L'Empereur ne l'a pas retrouvée...

MARGUERITE.

Il n'y a donc que celle-là... pour ouvrir l'oratoire...

GUATTINARA.

Pas d'autres.

MARGUERITE.

Vous allez me la confier?

GUATTINARA.

Comment?

MARGUERITE.

Jusqu'à demain!

GUATTINARA, épouvanté.

Moi, Madame!... (Se retournant.) Dieu, l'empereur! (Marguerite se retire d'un pas en arrière, Guattinara s'avance au devant du roi et reste près de lui.)

SCÈNE V

CHARLES-QUINT, sortant du cabinet à gauche, GUATTINARA, MARGUERITE, HENRI, ISABELLE.

CHARLES-QUINT, se retournant vers la porte de son cabinet avec impatience.

Eh oui, Babiéça, montez à l'appartement de ma sœur, et qu'elle descende ici à l'instant. Il faut en finir avec ces révoltes de femmes! (Il aperçoit Marguerite, Henri, Isabelle, qui le saluent. Il s'arrête, rend aux deux femmes leur salut, et dit en regardant Marguerite.) En l'honneur de mon mariage avec l'infante Isabelle, nous accordons à notre ministre, M. le comte de Guattinara, notre ordre de la Toison-d'Or.

GUATTINARA.

Ah! sire...

CHARLES-QUINT.

En récompense de ses bons et loyaux services. (Marguerite, sans rien dire, regarde en souriant Guattinara, qui détourne les yeux.)

CHARLES-QUINT, continuant.

En l'honneur de cette alliance, monsieur Henri d'Albret, et c'est pour cela que je vous ai fait venir, vous pouvez dire à M. le connétable de Montmorency, à Son Éminence le cardinal Urbain, et à tous les seigneurs français, prisonniers à Madrid, que Charles-Quint leur accorde leur liberté, sans rançon, et leur permet (Appuyant sur le mot.) dès demain, de quitter Madrid; j'entends que vous les suiviez.

HENRI, à part.

O ciel! (Haut.) Votre Majesté me permettra-t-elle du moins de voir une dernière fois mon souverain, avant mon départ, et de lui faire mes adieux?...

CHARLES-QUINT.

Soit!... en présence du président de l'audience de Castille. Je prie monsieur d'Albret de répéter à Sa Majesté qu'il ne tient qu'à elle de partir dès demain, avec ses fidèles serviteurs... elle sait à quelles conditions... (Il va s'asseoir à droite.) Guattinara, la clé de mon oratoire...

MARGUERITE, à part.

O ciel! (Elle fait signe à Guattinara de ne pas la donner, et celui-ci lui fait signe qu'il ne peut faire autrement.)

CHARLES-QUINT.

Eh bien!

GUATTINARA, remettant la clé au roi.

La voici!...

MARGUERITE, bas à Henri.

Ah! maintenant plus d'espoir!

SCÈNE VI.

LES PRÉCÉDENTS, ÉLÉONORE, entrant par la porte du fond.

ÉLÉONORE.

Je me rends à vos ordres, mon frère...

CHARLES-QUINT.

Je suis à vous. (Éléonore, qui était descendue au milieu du théâtre et à qui Charles-Quint fait signe de venir à lui, tourne le dos à Marguerite, passe devant Guattinara, et va se placer près de Charles-Quint.)

HENRI, bas, à Marguerite.

Pour nous, cette fois, tout est perdu!

MARGUERITE, apercevant sur l'épaule d'Éléonore son nœud de rubans bleus et poussant un cri.

Ah!... pas encore!... pas encore!...

HENRI.

Quoi donc?

MARGUERITE, à voix basse.

Regardez... sur l'épaule d'Éléonore...

HENRI, de même.

Ce ruban bleu...

MARGUERITE, de même.

C'est le mien!...

HENRI, de même.

Il serait possible... c'est elle l'inconnue?

MARGUERITE, de même.

Eh oui... c'est elle... Prenez congé de l'empereur... Je vous rejoins!

HENRI, saluant respectueusement l'empereur.

Sire, je vais me mettre aux ordres de M. le président de l'audience de Castille. (Il sort par la porte du fond, reconduit de quelques pas par Guattinara, qui revient se placer à l'extrême gauche du théâtre.)

SCÈNE VII.

GUATTINARA, CHARLES-QUINT, ÉLÉONORE, MARGUERITE, ISABELLE.

MARGUERITE, pendant le temps de cette sortie, n'a cessé de regarder Éléonore.

Pauvre et généreuse enfant... Ah! je n'y tiens plus!... (Allant à elle.) Éléonore... que je vous embrasse... laissez-moi vous embrasser... (En embrassant Éléonore, Marguerite détache de son épaule le nœud de rubans.)

CHARLES-QUINT.

Eh! pourquoi donc?...

MARGUERITE.

Pour qu'elle sache, au moment où tout l'accable... qu'il y a encore une amie qui lui est dévouée... et je n'entends pas qu'elle ignore, sire, ce que j'ai voulu et ce que je veux encore faire pour son bonheur!... Adieu!... adieu!...

CHARLES-QUINT, qui, pendant ce temps, a contemplé Marguerite.

Princesse... vous avez une idée, en ce moment?

MARGUERITE, gaiement.

Moi!

CHARLES-QUINT.
Une idée que je ne puis deviner... Mais vous méditez quelque chose!
MARGUERITE.
Que je vais vous avouer, sire. La reine donne aujourd'hui une soirée dont l'heure approche, et je vais m'occuper de ma toilette, (Faisant une profonde révérence.) si Votre Majesté veut bien me le permettre. (Elle sort par le fond.)

SCÈNE VIII.

GUATTINARA, CHARLES-QUINT, ÉLÉONORE, ISABELLE.

CHARLES-QUINT, la regardant sortir et se levant.
C'est à confondre!... Cet air joyeux et triomphant quand je la croyais accablée... quand la captivité de ce frère qu'elle adore est plus étroite que jamais!... songer à quoi!... à sa toilette... Cette femme-là est inexplicable...
ÉLÉONORE, qui voit que son frère ne lui parle pas.
Votre Majesté m'a fait demander!...
CHARLES-QUINT, avec impatience.
Pour la dernière fois, Éléonore, voulez-vous obéir à votre frère, à votre roi, servir ses desseins et épouser le connétable de Bourbon?...
ÉLÉONORE, timidement.
J'avais dit à Votre Majesté que je préférais le couvent.
CHARLES-QUINT.
Et maintenant que vous avez réfléchi?...
ÉLÉONORE.
Ma vocation est la même.
CHARLES-QUINT.
Soit!
ISABELLE, intercédant pour elle.
Ah!... sire!...
CHARLES-QUINT.
Guattinara, tu préviendras la duchesse d'Ossone, qu'elle aura à accompagner ma sœur au couvent de Saint-Ildefonse... C'est Babiéça qui y conduira ces dames dès ce soir!
ISABELLE.
Dès ce soir?
CHARLES-QUINT.
Il est inutile que cette future religieuse assiste à votre soirée...

et puis... il y a entre elle et Marguerite quelques intelligences...
quelques intrigues de femmes... que je sens... que je ne puis deviner... et contre lesquelles je suis las de lutter. Nœuf gordien que je n'ai pas le temps de dénouer et que je trancherai. (A Isabelle.) Madame, vous direz ce soir à la princesse Marguerite qu'elle ait à quitter Madrid dès demain.

ISABELLE, avec effroi.

O ciel!... Elle croirait que c'est moi qui suis la cause de ce départ... et pourrait bien alors ne pas me le pardonner!...

CHARLES-QUINT.

Le grand mal! Eh bien, toi, Guattinara, tu te chargeras de lui intimer ce conseil... ou plutôt cet ordre.

GUATTINARA, tremblant.

Que Votre Majesté m'en dispense! Rien ne pourrait l'empêcher de croire que c'est moi qui l'ai desservie auprès de vous... et dans son ressentiment..

CHARLES-QUINT.

Ah çà... tout le monde, à ma cour, tremble donc devant elle et n'ose affronter son courroux?... Elle est donc plus reine à Madrid, que je ne suis roi?... Je l'ai dit : (A Isabelle à voix haute.) Ma sœur à Saint-Ildefonse... (A demi-voix, à Guattinara.) Le roi de France à Valladolid... et quant à Marguerite... c'est moi qui me charge de son départ, et nous verrons dès demain qui gouverne ma cour, d'elle ou de moi! Viens, Guattinara... (Il sort par la gauche avec Guattinara.)

SCÈNE IX.

ISABELLE, ÉLÉONORE, puis MARGUERITE.

ISABELLE, à Éléonore.

Oh! comme il est en colère... Vouloir vous enfermer dès ce soir dans un couvent... Qui je vous plains, Éléonore!...

ÉLÉONORE.

Il y en a de plus à plaindre que moi... Je quitte un frère qui ne m'aime pas, et cette pauvre Marguerite est séparée pour jamais peut-être d'un frère qui l'aime tant... et qui est si malheureux!...

MARGUERITE, qui s'est approchée à pas de loup et qui passe entre elles deux.

Pas tant que vous croyez... puisqu'on pense à lui et qu'on le plaint...

ÉLÉONORE.

Ah! vous voilà, princesse!...

ISABELLE.

Arrivez donc vite...

ÉLÉONORE.

De nouveaux complots se trament contre vous!

ISABELLE.

On veut que demain vous quittiez Madrid.

ÉLÉONORE.

Nous vous en prévenons...

MARGUERITE, leur prenant la main.

Bien... bien... mes amies!... mais j'ai mon plan, et je réponds de tout, si vous voulez me venir en aide.

ISABELLE.

Nous le voulons.

ÉLÉONORE.

Mais moi, je pars!

MARGUERITE, effrayée.

Vous partez?...

ÉLÉONORE.

Dès ce soir.

ISABELLE.

Pour le couvent... Est-ce ennuyeux!...

MARGUERITE.

Et qui l'y oblige?...

ISABELLE.

L'empereur, qui le veut...

MARGUERITE.

Et si nous ne le voulons pas?...

ISABELLE ET ÉLÉONORE.

Comment cela?

MARGUERITE.

Trois femmes qui ont mis une chose là... (Montrant son front.) peuvent tout braver, tout défier; rien ne leur résiste... quand elles s'entendent!... Par malheur... elles ne s'entendent presque jamais!...

ISABELLE.

Ici cependant... même en étant d'accord, je ne vois pas de moyen...

MARGUERITE.

C'est ce qui vous trompe... Ce serait plus facile encore à vaincre (A demi-voix.) que les dangers de ce matin.

ISABELLE, de même.

Notre secret à nous deux.

MARGUERITE.

Si je pouvais seulement dire quelques mots à Eléonore, sans crainte d'être interrompue ou surprise... par l'empereur...

ISABELLE.

N'est-ce que cela?... Parlez vite... je veille sur vous!

MARGUERITE.

Bien! très-bien!

ISABELLE.

Après le service que vous m'avez rendu ce matin...

MARGUERITE, gaiement et montrant Isabelle.

Ah!... Un bienfait n'est jamais perdu! (Isabelle s'est rapprochée de la porte de gauche, regarde et écoute si personne ne vient. Pendant ce temps-là, Marguerite est sur le devant du théâtre à droite, près d'Éléonore.)

MARGUERITE, à voix basse, à Éléonore.

Éléonore... protectrice invisible!... ange gardien qui avez sauvé mon frère...

ÉLÉONORE, poussant un cri et se cachant la tête dans ses mains.

Ah!... je suis perdue!...

ISABELLE, vivement et de la porte.

Qu'est-ce donc?...

MARGUERITE, à Isabelle.

Rien... ça commence... (S'adressant vivement à Éléonore.) Ne tremblez pas!... ne rougissez pas devant moi, sa sœur, comme vous malheureuse, et dévouée comme vous!... devant moi, qui ne rêve que votre bonheur à tous deux.

ÉLÉONORE, vivement.

Que dites-vous?

ISABELLE, près de la porte.

Qu'y a-t-il?

MARGUERITE, à Isabelle.

Cela va déjà mieux! (A Éléonore.) Oui, si pour me venger de vos dissimulations et de vos mystères, cet amour qui naquit dans l'ombre pouvait, grâce à moi, apparaître au grand jour; si vous aviez le droit de l'avouer et d'en être fière!...

ÉLÉONORE.

Moi?... Ah! tout mon sang pour un sort pareil!...

ISABELLE, de même.

Eh bien?... eh bien?...

MARGUERITE, à Isabelle.

C'est fini!...

ISABELLE, descendant vivement la scène.

Est-il possible?

MARGUERITE.

C'est convenu!... elle n'ira pas au couvent!

ÉLÉONORE, avec exaltation.

Plutôt mourir!...

MARGUERITE.

Vous l'entendez!

ISABELLE.

C'est admirable!... Eh bien! maintenant... votre projet, votre plan?... Pour qu'il réussisse, nous voilà toutes les trois!

MARGUERITE.

Au contraire!... pour qu'il réussisse, il est important qu'Éléonore disparaisse pendant une demi-heure au moins!...

ISABELLE.

C'est singulier!... et où la cacher?...

MARGUERITE.

Un seul endroit est sûr.

ISABELLE.

Lequel?

MARGUERITE.

L'oratoire de l'empereur.

ISABELLE.

C'est juste... il n'y va jamais!

ÉLÉONORE, à demi-voix.

Ah! Marguerite... que me proposez-vous là?...

MARGUERITE, de même.

Le seul asile... le seul refuge où vous soyez sous la protection de Dieu... et de l'honneur... Mais pour cela... (La regardant avec inquiétude.) il faudrait pouvoir pénétrer dans cet oratoire!...

ÉLÉONORE, vivement.

Je le puis...

MARGUERITE, de même.

En avoir la clé?...

ÉLÉONORE, de même.

Je l'ai!

MARGUERITE.

Laquelle?

ÉLÉONORE.

Celle de ma mère !

MARGUERITE, se dirigeant vers la porte du fond.

Je m'en doutais ! courons...

ISABELLE.

Un instant !... Si vous sortez par le grand escalier... la duchesse d'Ossone... Babiéça ou d'autres vous verront monter.

ÉLÉONORE.

C'est vrai !...

MARGUERITE.

Comment faire ?...

ISABELLE

Par ma chambre à moi, celle de Jeanne de Castille...

MARGUERITE.

Qui conduisait aussi à l'oratoire...

ÉLÉONORE.

O bonne petite reine... merci !

MARGUERITE, passant entre elles deux et les tenant chacune sous le bras.

Vous voyez bien que quand on s'entend pour l'amitié... et la défense commune... (A Éléonore, la faisant passer par la petite porte à droite.) Venez, venez. Enfermez-vous bien dans l'oratoire, et n'ouvrez qu'à ceux du dehors qui diront ces mots : *Le roi et la France !*... Partez. (Éléonore sort. — A Guattinara qui entre.) Qu'y a-t-il ?

SCÈNE X.

PLUSIEURS DAMES ET SEIGNEURS commençant à entrer par le fond ; GUATTINARA, sortant du cabinet du roi à gauche, MARGUERITE, ISABELLE.

GUATTINARA, s'approchant de Marguerite, lui dit à voix basse :

Un courrier d'Angleterre vient d'arriver.

MARGUERITE.

Enfin !

GUATTINARA.

Porteur d'une lettre de la main même du roi Henri VIII.

MARGUERITE.

Qui est furieux de la captivité de François ?

GUATTINARA.

Non !

MARGUERITE, étonnée.

Il prend au moins sa défense ?

GUATTINARA, toujours à voix basse.

Il prend autre chose !

ACTE V, SCÈNE XI.

MARGUERITE.

Quoi donc !

GUATTINARA, de même.

La Picardie, qu'il accepte pour lui, et, à cette condition, il nous laisse prendre la Bourgogne.

MARGUERITE, à part, avec dépit.

O les bons alliés ! si on ne comptait que sur eux !...

SCÈNE XI.

Les précédents, les Seigneurs et Dames de la cour, CHARLES-QUINT, puis HENRI D'ALBRET.

HENRI, s'approchant de Marguerite, pendant que Charles-Quint reçoit les hommages des seigneurs et des dames.

J'ai prévenu le connétable de Montmorency, le cardinal d'Urbain, et tous ceux qui avaient eu l'honneur d'être invités par vous.

MARGUERITE, à voix basse.

A merveille !...

HENRI.

Quand neuf heures sonneront... tout sera terminé.

MARGUERITE.

C'est un quart d'heure qu'il nous faut. Nous l'avons et au delà !
(Elle passe à gauche et s'assied près d'Isabelle. Dans ce moment Charles-Quint aperçoit Henri d'Albret. Il quitte le groupe de seigneurs avec lesquels il causait, et s'avance vers Henri.)

CHARLES-QUINT.

Eh bien... Monsieur d'Albret... vous venez de voir mon frère François Ier. Quelle est sa réponse ?

HENRI.

Celle que je pressentais, sire. Dût-on changer sa prison en un cachot, il ne cédera sur rien de ce qui touche à l'honneur de la France !

CHARLES-QUINT, bas, à Guattinara en souriant.

Je comprends !... Il se croit sûr de l'appui du roi d'Angleterre... de là sa fierté !... Elle tomberait bien vite, s'il voyait de ses propres yeux cette lettre d'Henri... dont je ne puis me dessaisir... Mais... (Après un instant de réflexion.) Si j'allais la lui montrer !...

GUATTINARA, à demi-voix.

Vous, sire !

CHARLES-QUINT, de même.

Moi-même... avant ce départ auquel j'aimerais mieux ne pas avoir recours.

GUATTINARA, de même.

Accompagnerai-je Votre Majesté?

CHARLES-QUINT.

Oui... Dis à un officier de prendre un flambeau. (Pendant cette conversation, qui s'est faite à demi-voix sur le devant du théâtre, à droite, les seigneurs et dames sont assis dans le salon et forment différents groupes. Marguerite et Isabelle sont assises l'une près de l'autre, sur le devant du théâtre, à gauche. D'Albret, debout derrière Marguerite. Charles-Quint va causer avec une dame à l'extrême droite. Guattinara traverse le théâtre, donne à un officier l'ordre d'allumer un flambeau, et se trouve placé debout à la droite du fauteuil de Marguerite.)

MARGUERITE, bas, à Guattinara.

Qu'y a-t-il?...

GUATTINARA, à voix basse.

Il va monter lui-même chez le prisonnier.

MARGUERITE.

Dans ce moment! ô ciel! comment l'empêcher? faire naufrage au port!...

HENRI.

Quand il ne nous fallait plus que quelques instants!

MARGUERITE.

Quelques instants, mon Dieu!... comment les gagner... ah!... (Elle voit l'officier qui s'est approché de l'empereur, portant un flambeau. L'empereur se dispose à sortir. A voix haute à Isabelle.) Puisque Votre Altesse le veut absolument...

ISABELLE, à demi-voix.

Je ne veux rien!

MARGUERITE, de mêm .

Si vraiment!... (A voix haute.) Puisqu'elle l'exige...

ISABELLE, à voix haute.

Oh! certainement... je l'exige. (Charles-Quint fait signe à l'officier de le précéder, et se met en marche.)

MARGUERITE.

Je vais lui dire ce vieux fabliau... (Charles-Quint s'arrête.) ce conte pour lequel elle a la bonté de réclamer ma promesse...

CHARLES-QUINT.

Ah! le conte de ce matin... *Ce qui plaît aux dames.* (Il fait signe à l'officier de partir.)

MARGUERITE.

Non, sire, car celui-là vous le connaissez, et je préfère en ra-

ACTE V, SCÈNE XI.

conter un autre, qui plaira peut-être mieux à Votre Majesté.

CHARLES-QUINT.

A moi!... (A l'officier, lui faisant signe de la main de poser le flambeau sur la table à droite.) Tout à l'heure!...

ISABELLE.

C'est un conte nouveau?...

MARGUERITE.

Tout nouveau... car il est à peine fini...

CHARLES-QUINT, toujours debout.

Ah!... il n'est pas entièrement terminé...

MARGUERITE.

Il s'en faut de bien peu! et si ces dames, et surtout Sa Majesté, daignent m'aider pour le dénouement...

CHARLES-QUINT.

Ah! cette fois, c'est le dénouement qui vous embarrasse...

MARGUERITE.

Beaucoup, sire!...

CHARLES-QUINT.

Vous êtes si habile!... et avec votre esprit, Madame... enfin voyons!... (On avance un fauteuil à Charles-Quint au milieu du théâtre, mais il ne s'y assied pas encore.)

MARGUERITE.

Je vais vous dire l'histoire d'un roi, brave, vaillant et malheureux... Ce roi, ou plutôt ce héros, se nommait...

CHARLES-QUINT, faisant signe à l'officier qui reprend son flambeau.

Je pourrais vous dire son nom...

MARGUERITE.

Il se nommait Richard à la cour d'Angleterre; (Charles-Quint s'arrête.) mais sur les champs de bataille on l'avait surnommé *Cœur-de-Lion.*

CHARLES-QUINT

Ah!... (A l'officier.) Prévenez Sa Majesté le roi de France de ma visite... (L'officier sort par la gauche, Charles-Quint s'assied et fait signe à Guattinara de s'asseoir, puis se retournant vers Marguerite :) Ah!... il s'agit de Richard Cœur-de-Lion...

MARGUERITE.

Prisonnier dans une forteresse par ordre de l'empereur Léopold. Et ses sujets et ses amis se disaient : Comment délivrer notre vaillant roi Richard?

CHARLES-QUINT.
C'était là le difficile!...
MARGUERITE.
Par la force, il ne fallait pas y songer... la forteresse était inexpugnable... On ne pouvait avoir d'espoir que dans la ruse.
CHARLES-QUINT.
Et laquelle employa-t-on? voilà ce que je ne serais pas fâché de savoir.
MARGUERITE, s'arrêtant.
Quand je disais que cela piquerait la curiosité de Votre Majesté...
CHARLES-QUINT, avec impatience.
Mais enfin?... voyons!
MARGUERITE.
Attendez donc, sire... Il faut laisser à la personne qui conte le temps de préparer ses moyens, et de graduer l'intérêt.
ISABELLE.
C'est juste!...
MARGUERITE.
Il y avait à la cour de Richard une personne qui l'aimait tendrement...
CHARLES-QUINT, souriant, avec malice.
Sa sœur, peut-être!...
MARGUERITE.
Oui, sire! Elle avait déjà tenté plusieurs moyens d'évasion qui avaient tous échoué.
CHARLES-QUINT, souriant.
C'est que peut-être l'empereur Léopold était plus fin et plus adroit qu'elle!
MARGUERITE, avec un sourire.
Probablement!
HENRI, bas, à Marguerite.
L'heure est expirée!
MARGUERITE, à part, avec joie.
Grand Dieu!... (Haut, à l'empereur, avec embarras.) Alors, sire...
CHARLES-QUINT.
Alors... (Se levant, avec impatience.) Eh bien!... comment finit l'histoire?...
MARGUERITE, qui s'est levée aussi, et qui est debout près de l'empereur, lui dit à voix basse.
Elle s'achève en ce moment!... (Geste d'étonnement de l'empereur, et

Marguerite poursuit rapidement, et à voix basse.) Mais je ne puis la raconter qu'à l'empereur!... à lui seul!... car lui seul doit l'entendre!...
(L'empereur fait éloigner tout le monde, et se rapproche de Marguerite.)
CHARLES-QUINT, à Marguerite.
Qu'est-ce que cela signifie?
MARGUERITE, lentement.
Que le roi François Ier est, en ce moment...
CHARLES-QUINT, vivement, avec colère et à voix basse.
Évadé?...
MARGUERITE.
Non, sire, mieux que cela.
CHARLES-QUINT.
Eh! quoi donc?
MARGUERITE.
Marié!... dans votre oratoire, à votre sœur!...
CHARLES-QUINT.
Mariage nul!...
MARGUERITE.
Célébré par le cardinal d'Urbain; en présence du connétable de Montmorency, du comte de Comminges et des principaux seigneurs de France.
CHARLES-QUINT.
Sans mon aveu!...
MARGUERITE.
Éléonore était veuve, maîtresse de sa main... et au lieu de porter plainte devant le pape et devant la chrétienté, de ce que votre sœur devient reine de France, je voudrais qu'une union qui termine de si grandes querelles eût été contractée, non pas à l'insu de Charles-Quint, non pas malgré lui, mais par un calcul de sa haute politique. (Le roi fait un mouvement, mais ne répond pas. Marguerite le regarde et continue.) Et s'il regarde dès ce jour cette union comme son œuvre, il sentira qu'au mari de sa sœur, à celui dont l'honneur devient le sien, on peut encore, au nom de l'Espagne, imposer des conditions rigoureuses... mais non déshonorantes!... Je m'arrête... Le conte que j'ai osé rêver eût été trop téméraire et trop invraisemblable, si je ne m'étais fiée, pour qu'il devînt de l'histoire, à la générosité et au génie d'un grand homme! (Charles-Quint, après un instant de silence et de combat intérieur, ne regarde point Marguerite, mais se retourne vers les personnes de sa cour qui sont restées à l'écart, leur faisant signe d'avancer.)
CHARLES-QUINT, gravement.
J'ai voulu annoncer ce soir à ma cour que mon mariage avec

Son Altesse Royale l'Infante de Portugal devait se célébrer demain, et je suis charmé en même temps d'avoir à lui faire part d'une autre nouvelle, sur laquelle j'attends ses félicitations : tous nos différends avec la France et avec son roi sont enfin heureusement terminés, par le mariage d'Éléonore d'Autriche, ma sœur, avec le roi François Ier. (Mouvement général de surprise.)

HENRI, GUATTINARA, ISABELLE.

O ciel !

ISABELLE, à Charles-Quint, qu'elle félicite.

Ah ! sire ! une nouvelle aussi heureuse...

MARGUERITE, jouant aussi l'étonnement.

Aussi inattendue !...

GUATTINARA.

Un projet aussi habilement, aussi secrètement conçu !... vous êtes, sire, notre maître à tous !...

CHARLES-QUINT, avec impatience.

C'est bien !

GUATTINARA.

Car moi-même je ne m'en doutais pas

CHARLES-QUINT.

C'est bien, vous dis-je?... (A Marguerite.) Je donne pour dot à ma sœur, la Bourgogne ; et dans notre traité avec François Ier, nous n'oublions pas le petit royaume de Navarre, que l'Espagne et la France doivent protéger...

HENRI, à part, avec joie et regardant Marguerite.

Roi de Navarre !...

MARGUERITE, avec reconnaissance.

Ah !... voilà ce que l'Europe appellera un acte de bonne politique... et moi, sire, un acte de grandeur d'âme !...

CHARLES-QUINT, à demi-voix.

Et mes espérances et mes promesses, Marguerite, comment les appellerez-vous ?

MARGUERITE, souriant.

Les Contes (Regardant Henri.) de la reine de Navarre !

FIN DES CONTES DE LA REINE DE NAVARRE.

BATAILLE DE DAMES

OU

UN DUEL EN AMOUR

COMÉDIE EN TROIS ACTES EN PROSE

En société avec M. E. Legouvé

Théâtre-Français. — 17 mars 1851

PERSONNAGES

LA COMTESSE D'AUTREVAL, née Kermadio.
LÉONIE DE LA VILLEGONTIER, sa nièce.
HENRI DE FLAVIGNEUL.

GUSTAVE DE GRIGNON.
LE BARON DE MONTRICHARD.
UN SOUS-OFFICIER DE DRAGONS, UN DOMESTIQUE.

La scène se passe au château d'Autreval, près de Lyon, en octobre 1817.

ACTE PREMIER

Un salon d'été élégant. — Deux portes latérales sur le premier plan. — Cheminée au plan de gauche. — Une porte au fond. — Guéridon à gauche. — Petite table et canapé à droite.

SCÈNE PREMIÈRE.

(Au lever du rideau, CHARLES, en livrée élégante et tenant à la main des lettres et des journaux, est debout devant un chevalet placé à gauche du public. LÉONIE entre par la porte du fond.)

CHARLES, *regardant le tableau posé sur le chevalet.*

C'est charmant!... charmant!... une finesse! une grâce!...

LÉONIE, *qui vient d'entrer, apercevant Charles.*

Qu'est-ce que j'entends! (*Après un instant de silence et d'un ton sévère.*) Charles!... Charles!...

CHARLES, *se retournant brusquement et s'inclinant.*

Mademoiselle!

LÉONIE.

Que faites-vous là?

CHARLES.

Pardonnez-moi, Mademoiselle, je regardais le portrait de madame votre tante, notre maîtresse... car je l'ai reconnu tout de suite... tant il est ressemblant!

LÉONIE.

Qui vous demande votre avis? Les lettres? les journaux?

CHARLES.

Je suis allé ce matin à Lyon à la place du cocher, qui n'en avait pas le temps, et j'ai rapporté des lettres pour tout le monde. Pour Mademoiselle, d'abord!

LÉONIE, vivement.

Donnez!... (Poussant un cri.) Ah!... de Paris!... d'Hortense... mon amie d'enfance! (Parcourant la lettre.) Chère Hortense!... elle s'inquiète des « troubles de Lyon!... des complots qui nous envi-
« ronnent. Quant à la cour... il est difficile que cela aille bien...
« en l'an de grâce 1817, sous un roi qui fait des vers latins, et
« qui ne donne jamais de bal. » (S'interrompant.) Elle me demande *si je me marie*... Ah bien oui!... est-ce qu'on a le temps de songer à cela?... Les jeunes gens s'occupent de politique et non pas de demoiselles!

CHARLES.

Deux lettres pour Madame... (Lisant l'adresse.) Madame la comtesse d'Autreval, née Kermadio... (Haut) et timbrée d'Auray, pleine Vendée... (Léonie regarde Charles en fronçant le sourcil.) C'est tout simple!... une excellente royaliste comme Madame!

LÉONIE.

Encore!...

CHARLES, posant d'autres lettres sur la table.

Celle-ci pour le frère de madame la comtesse... et pour monsieur Gustave de Grignon... ce jeune maître des requêtes... qui est ici depuis huit jours...

LÉONIE, avec humeur.

Il suffit!... Les journaux?...

CHARLES, les présentant.

Les voici

LÉONIE.

Dans un joli état...

CHARLES.

C'est que le cocher et la femme de chambre voulaient les lire avant Madame et Mademoiselle, ce qui est leur manquer de respect... et je me suis opposé...

LÉONIE, l'interrompant.

C'est bien! je ne vous en demande pas tant.

CHARLES.

Je ne croyais pas que Mademoiselle me blâmerait de mon zèle...

LÉONIE, sèchement.

Ce qui souvent déplaît le plus, c'est l'excès de zèle.

CHARLES, souriant.

Comme disait M. de Talleyrand!

LÉONIE, se retournant avec étonnement.

Voilà qui est trop fort!... et si monsieur Charles se permet...

SCÈNE II.

LES PRÉCÉDENTS, LA COMTESSE

LA COMTESSE.

Quoi donc?... qu'y a-t-il, ma chère Léonie?

LÉONIE.

Ce qu'il y a, ma tante!... ce qu'il y a?... M. Charles qui cite M. de Talleyrand!

LA COMTESSE, souriant.

Un homme qui a porté malheur à tous ceux qu'il a servis!... mauvaise recommandation pour un domestique... Rassure-toi... Charles aura lu cela quelque part... sans comprendre!...

CHARLES, s'inclinant respectueusement

Oui, Madame, et je ne pensais pas que cela offusquât Mademoiselle.

LÉONIE.

Offusquât... un subjonctif à présent...

LA COMTESSE, à Charles, qui veut s'excuser.

Pas un mot de plus!... vous parlez trop... Je connais vos bonnes qualités, votre dévouement pour moi... mais vous oubliez trop souvent votre situation; ne me forcez pas à vous la rappeler. Votre place, d'ailleurs, n'est pas ici!... Je vous ai pris uniquement pour soigner les jeunes chevaux de mon frère... allez à votre service! (Charles la salue respectueusement, lui remet les deux lettres qui sont à son adresse et sort par la porte du fond.)

SCÈNE III.

LÉONIE, LA COMTESSE.

LA COMTESSE, tout en décachetant ses lettres.

Jusqu'à M. Charles, jusqu'aux domestiques qui veulent se donner de l'importance!...

LÉONIE.

Oh! mais... une importance dont vous n'avez pas idée...

LA COMTESSE, ouvrant une des lettres.

En vérité... dis-moi donc cela? (Vivement.) Non, non... tout à l'heure!... laisse-moi d'abord parcourir mon courrier!

LÉONIE.

C'est trop juste! je viens de lire le mien. (La comtesse, à droite du spectateur, lit avec émotion et à part la lettre qu'elle vient de décacheter, tandis que Léonie, près de la table à gauche, parcourt les journaux.)

LA COMTESSE.

C'est d'elle!... Pauvre amie!... comme elle tremblait en écrivant! « Ma chère Cécile, soyez bénie mille fois! Je reprends
« espoir depuis que je sais mon fils auprès de vous. Votre châ-
« teau, situé à deux lieues de la frontière, lui permet d'attendre
« sans danger l'issue de ce procès fatal... et d'ailleurs qui pour-
« rait soupçonner que le château de la comtesse d'Autreval ré-
« cèle un homme accusé de conspiration contre le roi? Du reste,
« que vos opinions politiques se rassurent... » (S'interrompant.) Est-ce que mon cœur a des opinions politiques?... (Reprenant.) « Henri
« n'est pas coupable; un malheureux coup de tête qu'il vous ra-
« contera lui a seul donné une apparence de conspirateur; mais
« cette apparence suffirait mille fois pour le perdre, s'il était
« pris. D'un autre côté, l'on assure qu'on ne veut pas pousser
« plus loin les rigueurs, et l'on dit, mais est-ce vrai? que le
« maréchal commandant la division vient de partir pour Lyon
« avec une mission de clémence... »

LÉONIE, à droite poussant un cri.

Ah! qu'est-ce que je lis!

LA COMTESSE.

Qu'est-ce donc?

LÉONIE, montrant le journal.

Encore une condamnation à mort!

LA COMTESSE.

Ah! mon Dieu!

LÉONIE.

« Le conseil de guerre, séant à Lyon, a condamné hier le
« principal chef du complot bonapartiste, M. Henri de Flavi-
« gneul, un jeune homme de vingt-cinq ans! »

LA COMTESSE.

Qui heureusement s'est évadé avec l'aide de quelques amis, m'a-t-on dit.

ACTE I, SCÈNE III.

LÉONIE.

Oui!... oui!... je me rappelle maintenant... cette évasion qui excitait l'enthousiasme de M. Gustave de Grignon.

LA COMTESSE.

Notre jeune maître des requêtes.

LÉONIE.

Il n'avait qu'un regret, c'est de n'avoir pas été chargé d'une pareille expédition; c'est beau!... c'est brave!...

LA COMTESSE.

Il a de qui tenir! Sa mère, qui avait comme moi traversé toutes les guerres de la Vendée, sa mère avait un courage de lion!

LÉONIE.

C'est pour cela que M. Grignon parle toujours, à table, d'actions héroïques.

LA COMTESSE.

Et le curieux, c'est que son père était, dit-on, peureux comme un lièvre!

LÉONIE.

Vraiment!... c'est peut-être pour cela que l'autre jour il est devenu tout pâle quand la barque a manqué chavirer sur la pièce d'eau!

LA COMTESSE, riant.

A merveille!... vous allez voir qu'il est à la fois brave et poltron!

LÉONIE.

Je le lui demanderai.

LA COMTESSE.

Y penses-tu?

LÉONIE.

Aujourd'hui, en dansant avec lui, car nous avons un bal et un concert pour votre fête... et j'ai déjà pensé à votre coiffure, un azaléa superbe que j'ai vu dans la serre et qui vous ira à merveille!

LA COMTESSE.

Coquette pour ton compte... je le concevrais! mais pour ta tante!...

LÉONIE.

C'est tout naturel!... vous c'est moi! tellement que quand on fait votre éloge, ce qui arrive souvent, je suis tentée de remercier. (Se mettant à genoux près du canapé à droite où est assise la comtesse.) Aussi jugez de ma joie quand ma mère m'a permis de venir passer un mois ici, auprès de vous... Il me semblait que rien qu'en vous regardant, j'allais devenir parfaite... Vous souriez... est-ce que j'ai mal parlé?...

LA COMTESSE.

Non, chère fille, car c'est ton cœur qui parle... Si je souris, c'est de tes illusions! c'est de ta candeur à me dire : Je vous admire!

LÉONIE.

C'est si vrai! A la maison l'on me raille parfois et l'on répète sans cesse : Oh! quand Léonie a dit... *Ma tante,* elle a tout dit! On a raison... la mode que vous adoptez, la robe que je vous vois, me semblent toujours plus belles qu'aucune autre... On dit même, vous ne savez pas, ma tante? on dit que j'imite votre démarche et vos gestes... c'est bien sans le savoir. Et quand vous m'embrassez en m'appelant : Ma chère fille! je suis presque aussi heureuse que si j'entendais ma mère!

LA COMTESSE, l'embrassant

Prends garde!... prends garde... il ne faut pas me gâter ainsi... j'aurai trop de chagrin de te voir partir... Ce sera ma jeunesse qui s'en ira!

LÉONIE.

Mais vous êtes très-jeune, à vous toute seule, ma tante!

LA COMTESSE.

Certainement... d'une jeunesse de... Voyons? devine un peu le chiffre...

LÉONIE.

Je ne m'y connais pas, ma tante!

LA COMTESSE.

Je vais t'aider... Trente...

LÉONIE.

Trente...

LA COMTESSE.

Allons, un effort...

LÉONIE.

Trente et un!

LA COMTESSE.

On ne peut pas être plus modeste!... J'achèverai donc... trente-trois! Oui, chère fille, trente-trois ans! L'année prochaine, je n'en aurai peut-être plus que trente-deux... mais maintenant... voilà mon chiffre! Hein!... quelle vieille tante tu as là!...

ACTE I, SCÈNE III.

LÉONIE.

Vieille!... chaque matin je ne forme qu'un vœu, c'est de vous ressembler!

LA COMTESSE.

Ce que tu dis là n'a pas le sens commun; mais c'est égal, cela me fait plaisir... Eh bien, voyons, mon élève, car j'ai promis à ta mère de te faire travailler... as-tu dessiné ce matin?

LÉONIE.

J'étais descendue pour cela dans ce salon, et devinez qui j'ai trouvé tout à l'heure devant mon chevalet, et regardant votre portrait?...

LA COMTESSE.

Qui donc?

LÉONIE.

M. Charles.

LA COMTESSE.

Eh bien?...

LÉONIE.

Eh bien, ma tante, figurez-vous qu'il disait : C'est charmant!

LA COMTESSE

Et cela t'a rendue furieuse!...

LÉONIE.

Certainement!... Un domestique! est-ce qu'il doit savoir si un dessin est joli ou non?...

LA COMTESSE, riant.

Oh! petite marquise!...

LÉONIE.

Ce n'est pas tout! croiriez-vous, ma tante, qu'il chante?

LA COMTESSE.

Eh bien, s'il est gai, ce garçon!... Est-ce que Dieu ne lui a pas permis de chanter comme à toi!

LÉONIE.

Mais... c'est qu'il chante très-bien! voilà ce qui me révolte!

LA COMTESSE.

Ah!... ah!... conte-moi donc cela!

LÉONIE.

Hier, je me promenais dans le parc. En arrivant derrière la haie du bois des Chevreuils, j'entends une voix qui chantait les premières mesures d'un air de Cimarosa, mais une voix charmante, une méthode pleine de goût... Je m'approche... c'était M. Charles!

LA COMTESSE.

En vérité.

LÉONIE, avec dépit.

Vous riez, ma tante; eh bien! moi, cela m'indigne... je ne sais pas pourquoi, mais cela m'indigne! Comment distinguera-t-on un homme bien né d'un valet de chambre, s'ils sont tous deux élégants de figure, de manières... car, remarquez, ma tante, qu'il est tout a fait bien de sa personne, et lorsqu'à table il vous sert, qu'il vous offre un fruit, c'est avec un choix de termes, un accent de bonne compagnie qui me mettent hors de moi... parce qu'il y a de l'impertinence à lui à s'exprimer aussi bien que ses maîtres : cela nous déconsidère, cela nous... (Avec impatience.) Enfin, ma tante, je ne sais comment vous exprimer ce que je ressens; mais moi, qui suis bienveillante pour tout le monde, j'éprouve pour cet insolent valet une antipathie qui va jusqu'à l'aversion, et si j'étais maîtresse ici, bien certainement il n'y resterait pas!

LA COMTESSE, gaiement.

Là... là... calmons-nous! avant de le chasser, il faut permettre qu'il s'explique, ce garçon. (Elle sonne.)

LÉONIE.

Est-ce pour lui que vous sonnez, ma tante?

LA COMTESSE.

Précisément! (A un domestique qui entre.) Charles est-il là?

LE DOMESTIQUE.

Oui, madame la comtesse.

LA COMTESSE.

Qu'il vienne? (Le domestique sort.)

LÉONIE.

Mais, ma tante... qu'allez-vous lui dire?

LA COMTESSE.

Sois tranquille!

LÉONIE.

Je ne voudrais pas qu'il crût que c'est à cause de moi que vous le grondez!

LA COMTESSE, gaiement.

Pourquoi donc? ne trouves-tu pas qu'il t'a manqué de respect?...

SCÈNE IV.

Les précédents, CHARLES.

CHARLES.

Madame m'a appelé?

LA COMTESSE

Oui. Approchez-vous, Charles. Vous me forcerez donc toujours à vous adresser des reproches? Pourquoi vous êtes-vous permis...

LÉONIE, bas, à la comtesse

Il ne savait pas que j'étais là...

LA COMTESSE, à Léonie.

N'importe!... (A Charles.) Pourquoi vous êtes-vous permis de vous approcher de mon portrait, du dessin de ma nièce, et de dire... qu'il était charmant?...

CHARLES.

J'ai dit qu'il était ressemblant, madame la comtesse.

LA COMTESSE.

C'est précisément ce mot qui est de trop : approuver c'est juger ; et on n'a le droit de juger que ses égaux.

CHARLES.

Je demande pardon à Mademoiselle de l'avoir offensée... à l'avenir, je ne ferai plus que penser ce que j'ai dit.

LA COMTESSE.

C'est bien...

ÉONIE, à part.

Du tout, c'est mal! Voilà encore une de ces réponses qui m'exaspèrent...

LA COMTESSE, à Charles.

Avez-vous préparé la petite ponette de mon frère, comme je vous l'avais dit?

CHARLES.

Oui, Madame.

LA COMTESSE.

Eh bien, chère Léonie, le temps est beau, va mettre ton habit de cheval, et tu essaieras la ponette dans le parc.

LÉONIE.

Avec vous, chère tante?...

LA COMTESSE.

Non, avec mon frère... et Charles vous suivra.

LÉONIE.

Mais...

LA COMTESSE.

Il est fort habile cavalier, et son habileté rassure ma tendresse pour toi!

LÉONIE.

J'y vais, chère tante... (En s'en allant.) Ah! je le déteste!

SCÈNE V.

LA COMTESSE, HENRI, sous le nom de Charles.

LA COMTESSE.

Eh bien, méchant enfant, vous ne serez donc jamais raisonnable?...

HENRI.

Grondez-moi, vous grondez si bien!

LA COMTESSE.

Vous ne me désarmerez pas par vos cajoleries!... Vous exposer sans cesse à être découvert ou par Léonie ou même par un de mes gens... aller chanter un air de Cimarosa dans le parc; et le bien chanter, encore...

HENRI.

Ce n'est pas ma faute; je me rappelais toutes vos inflexions.

LA COMTESSE.

Taisez-vous!... vos flatteries me sont insupportables... ingrat!... je ne parle pas seulement pour moi qui vous aime en sœur... mais pour votre pauvre mère...

HENRI.

Vous avez raison!... voyons, que dois-je faire?

LA COMTESSE.

D'abord répondre quand j'appelle Charles... et ne pas dire... Quoi? quand quelqu'un dit Henri.

HENRI.

La vérité est que je n'y manque jamais.

LA COMTESSE.

Puis, ne plus vous extasier devant les dessins de ma nièce, et ne pas répondre comme tout à l'heure... Je ne ferai plus que penser ce que j'ai dit!... Hypocrite!... il ne peut pas se décider à ne pas être charmant... Enfin, ne pas vous exposer, comme vous l'avez fait ce matin encore, malgré ma défense, en allant à

Lyon... Mais, malheureux enfant ! vous ne savez donc pas qu'il s'agit de vos jours...

HENRI, gaiement.

Bah !

LA COMTESSE.

Tout est à craindre depuis l'arrivée du baron de Montrichard.

HENRI.

Le baron de Montrichard !

LA COMTESSE.

Oui... le nouveau préfet... il a la finesse d'une femme, il est rusé comme un diplomate, et avec cela actif, persévérant... et penser que c'est à moi peut-être qu'il doit sa nomination !...

HENRI.

Vous, comtesse ; vous avez fait nommer un homme comme lui, dévoué pendant vingt ans, corps et âme, au Consulat et à l'Empire...

LA COMTESSE.

C'est pour cela ! il est toujours dévoué corps et âme à tous les gouvernements établis, et il les sert d'autant mieux qu'il veut faire oublier les services rendus à leurs prédécesseurs... aussi va-t-il vouloir signaler son installation par quelque action d'éclat.

HENRI.

C'est-à-dire en faisant fusiller deux ou trois pauvres diables qui n'en peuvent mais...

LA COMTESSE.

Non, il n'est pas cruel ; au contraire ! je sais même qu'il avait demandé une amnistie générale ; mais l'idée de découvrir un chef de conspirateurs va le mettre en verve ! il déploiera contre vous toutes les ressources de son esprit... votre signalement sera partout... je le sais,... le premier soldat pourrait vous reconnaître...

HENRI.

Eh bien... vous l'avouerai-je ?... il y a dans ces périls, dans cette vie de conspirateur poursuivi... je ne sais quoi qui m'amuse comme un roman ! rien ne me divertit autant que d'entendre prononcer mon nom dans les marchés, que d'acheter aux crieurs des rues ma condamnation, que d'interroger un gendarme qui pourrait me mettre la main sur le collet... et de lui parler de moi... — Eh bien, monsieur le gendarme, cet Henri de Flavigneul, est-ce qu'il n'est pas encore pris ? — Non, vrai-

ment, c'est un enragé qui tient à la vie, à ce qu'il paraît... Dites-moi donc un peu son signalement, si vous l'avez ?...
LA COMTESSE.
Mais vous me faites frémir !... Oh ! les hommes ! toujours les mêmes !... n'ayant jamais que leur vanité en tête ; vanité de courage ou vanité d'esprit... Eh bien ! tenez, pour vous punir, ou pour vous enchanter peut-être... qui sait ?... voyez cette lettre de votre mère... savourez les traces de larmes qui la couvrent... dites-vous que si vous étiez condamné, elle mourrait de votre mort... ajoutez que si je vous voyais arrêté chez moi, je croirais presque être la cause de votre perte et que j'aurais tout à la fois le désespoir du regret et le désespoir du remords... Allons, retracez-vous bien toutes ces douleurs... c'est du dramatique aussi cela... c'est amusant comme un roman... Ah ! vous n'avez pas de cœur !
HENRI.
Pardon !... pardon !... j'ai tort !... oui, quand notre existence inspire de telles sympathies, elle doit nous être sacrée ; je me défendrai... je veillerai sur moi... pour ma mère... et pour... (Lui prenant la main.) et pour ma sœur !
LA COMTESSE.
A la bonne heure ! voilà un mot qui efface un peu vos torts... Pensons donc à votre salut... cher frère... et pour que je puisse agir, racontez-moi en détail ce coup de tête, dont me parle votre mère et qui vous a changé, malgré vous, en conspirateur.
HENRI.
Le voici. Vous le savez, ma famille était attachée, comme la vôtre, à la monarchie, et mon père refusa de paraître à la cour de l'empereur.
LA COMTESSE.
Oui : il avait la manie de la fidélité, comme moi !
HENRI.
Mais le jour où j'eus quinze ans : « Mon fils, me dit-il, j'avais
« prêté serment au roi, j'ai dû le tenir et rester inactif. Toi, tu
« es libre, un homme doit ses services à son pays ; tu entreras
« à seize ans à l'Ecole militaire, et à dix-huit dans l'armée. » Je répondis en m'engageant le lendemain comme soldat et je fis la campagne de Russie et d'Allemagne. C'est vous dire mon peu de sympathie pour le gouvernement que vous aimez... et cependant, je vous le jure, je n'ai jamais conspiré... et je ne conspirerai jamais ! parce que j'ai horreur de la guerre civile, et que,

quand un Français tire sur un Français, c'est au cœu
France elle-même qu'il frappe! Il y a un mois pourtant, au
ment où venait d'éclater la conspiration du capitaine Ledoux,
j'entre un matin à Lyon ; je vois rangé sur la place Bellecour un
peloton d'infanterie, et avant que j'aie pu demander quelle exécution s'apprêtait... arrive une voiture de place suivie de carabiniers à cheval ; j'en vois descendre, entre deux soldats, un
vieillard en cheveux blancs, en grand uniforme, et je reconnais... qui?... mon ancien général! le brave comte Lambert,
qui a reçu vingt blessures au service de notre pays!... Je m'élance, croyant qu'on l'amenait sur cette place pour le fusiller!
non! c'était bien pis encore... pour le dégrader!... Était-il coupable ? je l'ignore... mais quelque crime politique qu'ait commis
un brave soldat, on ne le dégrade pas, on le tue! Aussi, quand
je vis un jeune commandant arracher à ce vieillard sa décoration, je ne me connus plus moi-même, je m'élançai vers mon
ancien général, et, lui remettant la croix que j'avais reçue de sa
main, je m'écriai : Vive l'Empereur!

LA COMTESSE.

Malheureux!

HENRI.

Ce qui arriva, vous le devinez ; saisi, arrêté comme un chef de
conspiration, je serais encore en prison, ou plutôt je n'y serais
plus, si un des geôliers, gagné par vous, ne m'avait donné les
moyens de fuir, ici... chez une royaliste, mon ennemie, ici, où
j'ai le double bonheur d'être sauvé, et d'être sauvé par vous.
Voilà mon crime!

LA COMTESSE.

Dites votre gloire, Henri. J'étais bien résolue ce matin à vous
sauver, mais maintenant... qu'ils viennent vous chercher auprès
de moi !

SCÈNE VI.

LES PRÉCÉDENTS, LÉONIE, en habit de cheval.

LÉONIE.

Me voici, ma tante... Suis-je bien?

LA COMTESSE, l'ajustant.

Très-bien, chère enfant ; ta cravate un peu moins haute...
(A Henri.) Charles, allez voir si mon frère est prêt! (Henri sort.)

LA COMTESSE, à Léonie, tout en l'ajustant.

Qui t'a donné cette belle rose?

LÉONIE.

Monsieur de Grignon !

LA COMTESSE.

Je ne l'ai pas encore vu d'aujourd'hui, notre cher hôte.

LÉONIE.

Il monte... je l'ai laissé au bas du perron, admirant le cheval de mon oncle !

SCÈNE VII.

Les précédents, DE GRIGNON.

DE GRIGNON, au fond.

Quel bel animal ! quel feu ! quelle vigueur ! qu'on doit être heureux de se sentir emporté sur cet ouragan vivant !

LA COMTESSE.

Le curieux, c'est qu'il le croit !

DE GRIGNON, descendant la scène et apercevant la comtesse et Léonie qu'il salue.

Ah ! Mademoiselle !... madame la comtesse !...

LA COMTESSE.

Bonjour, mon hôte !... Ah çà ! vous aurez donc toujours la manie de l'héroïsme ! je vous entendais là, tout à l'heure, vous extasier sur le bonheur de s'élancer sur un cheval indompté. Je parie que vous regrettez de n'avoir pas monté Bucéphale...

DE GRIGNON, avec enthousiasme.

Vous dites vrai, Madame ! c'est si beau... c'est... si... oh !...

LA COMTESSE.

Vous ne trouvez pas le second adjectif... je vais vous rendre le service de vous interrompre ; tenez, il y a là des journaux et des lettres !

DE GRIGNON.

Pour moi ?

LA COMTESSE.

Oui, là... sur la table.

SCÈNE VIII.

Les précécents, HENRI.

HENRI.

M. de Kermadio est aux ordres de Mademoiselle...

LA COMTESSE, à Léonie.

Je vais te mettre à cheval... (A de Grignon, qui va pour la suivre.) Lisez votre lettre, lisez, je remonte à l'instant. Viens, Léonie... (Elles sortent suivies par Henri.)

SCÈNE IX.

DE GRIGNON, seul, la suivant des yeux.

Quel est le mauvais génie qui m'a mis au cœur une passion insensée pour cette femme? une femme qui a été héroïque en Vendée, une femme qui adore le courage! Aussi, pour lui plaire, il n'est pas d'action intrépide que je ne rêve... pas de péril auquel je ne m'expose... en imagination!... Dès que je pense à elle, rien ne m'effraie... je me crois un héros... moi! un maître des requêtes, qui par état n'y suis pas obligé... et quand je dis un héros... c'est que je le suis... en théorie! Par malheur, il n'en est pas tout à fait de même dans la pratique... C'est inconcevable, c'est inouï! il y a là un mystère qui ne peut s'expliquer que par des raisons de naissance!... C'est dans le sang! Je tiens à la fois de ma mère, qui était le courage en personne, et de mon père, qui était la prudence même!... Les imbéciles me diront à cela : Eh bien! Monsieur, restez toujours le fils de votre père; n'approchez pas du danger... (Avec colère.) Mais, est-ce que je le peux, Monsieur? est-ce que ma mère me le permet, Monsieur? Est-ce que, s'il pointe à l'horizon quelque occasion d'héroïsme, le maudit démon maternel qui s'agite en moi ne précipite pas ma langue à des paroles compromettantes? Est-ce que ma moitié héroïque ne s'offre pas, ne s'engage pas?... Comme tout à l'heure, à la vue de ce beau cheval fougueux et écumant que je brûlais d'enfourcher... parce qu'un autre était dessus... et si l'on m'avait dit, Montez-le... alors mon autre moitié, ma moitié paternelle, l'aurait emporté, et adieu ma réputation!... Ah! c'est affreux! c'est affreux! être brave... et nerveux!... et penser que, pour comble de maux, me voilà amoureux fou d'une femme dont la vue m'anime... m'exalte!... Elle me fera faire quelque exploit, quelque sottise, j'en suis sûr... Jusqu'à présent je m'en suis assez bien tiré... Je n'ai eu à dépenser que des paroles... mais cela ne durera peut-être pas... et alors... repoussé, méprisé par elle... (Avec résolution.) Il n'y a qu'un moyen d'en sortir!... c'est de l'épouser!... Une fois marié, je suis père, une fois père, j'ai le droit d'être prudent avec honneur!... Que dis-je?... le droit!... c'est un devoir... un père de famille se doit à sa femme et à ses enfants. Un bonapartiste insulte le roi devant moi... je ne peux pas le provoquer... je suis père de famille!

Qu'il arrive une inondation, un incendie, une peste, je me sauve... je suis père de famille! Il faut donc se hâter d'être père de famille le plus tôt possible! (Se mettant à la table à gauche et écrivant.) Et pour cela risquons ma déclaration bien chaude, bien brûlante... comme je la sens... Plaçons-la ici... sous ce miroir... elle la verra... elle la lira... et espérons !

SCÈNE X.

Les précédents, LA COMTESSE, soutenant Léonie et entrant avec elle par le fond.

LA COMTESSE, dans la coulisse.

Louis!... Joseph!...

DE GRIGNON.

Elle appelle... (Il va au fond au moment où la comtesse entre, et l'aide à soutenir Léonie qu'ils placent tous les deux sur le canapé à droite.)

DE GRIGNON.

Qu'y a-t-il donc?

LA COMTESSE.

Un accident; mais elle commence à reprendre ses sens.

DE GRIGNON.

Elle n'est pas blessée?...

LA COMTESSE.

Non, grâce au ciel; mais je crains que la secousse, l'émotion... Sonnez donc, mon ami, je vous prie...

DE GRIGNON.

Que désirez-vous?

LA COMTESSE.

Qu'on aille à l'instant à Saint-Andéol chercher le médecin.

DE GRIGNON.

J'y vais moi-même et je le ramène.

LA COMTESSE.

J'accepte ; vous êtes bon !

DE GRIGNON, à part.

J'aime autant ne pas être là quand elle lira mon billet... (Haut.) Je pars et je reviens. (Il sort.)

SCÈNE XI.

LA COMTESSE, LÉONIE, assise.

LÉONIE, encore sans connaissance.

Ma tante!... ma tante!... si vous saviez... je n'y puis croire

encore... J'étais si en colère... c'est-à-dire si ingrate!... ce pauvre
jeune homme à qui je dois la vie!

LA COMTESSE.

Qu'est-ce que cela signifie?

LÉONIE, revenant à elle.

C'est une aventure si étonnante... ou plutôt... si heureuse!
Imaginez-vous, ma tante, que Charles..... (Se reprenant.) non,
M. Henri..... non..... je disais bien!..... Charles..... ce pauvre
Charles...

LA COMTESSE, vivement.

Tu sais tout?

LÉONIE, avec joie.

Eh! oui, sans doute!

LA COMTESSE, avec effroi.

O ciel!

LÉONIE, vivement et se levant du canapé.

Je me tairai, ma tante, je me tairai, je vous le jure... Je vous
aiderai à le protéger, à le défendre... j'y suis bien forcée maintenant... ne fût-ce que par reconnaissance...

LA COMTESSE, avec impatience.

Mais tout cela ne m'explique pas...

LÉONIE, avec joie.

C'est juste... il me semble que tout le monde doit savoir... et
il n'y a que moi... c'est-à-dire nous deux... Voilà donc que nous
galopions dans le parc avec mon oncle, quand tout à coup son
cheval prend peur, la ponette en fait autant et m'emporte du
côté du bois. Déjà ma jupe s'était accrochée à une branche;
j'allais être arrachée de ma selle, et traînée peut-être sur la
route, quand Charles... M. Charles, se précipite à terre, se jette
hardiment au devant de la ponette, l'arrête d'une main, me retient de l'autre, et me dépose à moitié évanouie sur le gazon.

LA COMTESSE.

Brave garçon!

LÉONIE.

Et malgré cela j'étais d'une colère...

LA COMTESSE.

Tu lui en voulais de te sauver?

LÉONIE.

Non pas de me sauver, mais de me sauver avec si peu de respect! Imaginez-vous, ma tante, qu'il me prenait les mains pour
me les réchauffer... qu'il me faisait respirer un flacon... je vous

demande si un domestique doit avoir un flacon... et qu'il répétait sans cesse comme il aurait fait pour son égale... Pauvre enfant! pauvre enfant!... Je ne pouvais pas répondre, parce que j'étais évanouie... mais j'étais très-en colère en dedans. Et lorsqu'en ouvrant les yeux, je le trouvai à mes genoux... presque aussi pâle que moi, et qu'il me tendit la main en me disant : Eh bien! chere demoiselle, comment vous trouvez-vous?... mon indignation fut telle que je répondis par un coup de cravache dont je frappai la main qu'il osait me tendre... puis je fondis en larmes... sans savoir pourquoi...

LA COMTESSE, avec un commencement d'inquiétude.

Eh bien, après?

LÉONIE.

Après?... Jugez de ma surprise, de ma joie, quand je le vis se relever en souriant... découvrir sa tête avec une grâce charmante, et me dire, après m'avoir saluée : Que votre légitime orgueil ne s'alarme pas de ma témérité, Mademoiselle; celui qui a osé tendre la main à mademoiselle de Villegontier, ce n'est pas Charles, le valet de chambre, c'est M. Henri de Flavigneul, le proscrit.

LA COMTESSE.

Ah! le malheureux! il se perdra!

LÉONIE.

Se perdre, parce qu'il m'a confié son secret!

LA COMTESSE.

Qui me dit que tu sauras le garder?

LÉONIE.

Vous croyez mon cœur capable de le trahir!...

LA COMTESSE.

Le trahir!... Dieu me garde d'un tel soupçon!... mais c'est ta bonté même, ce sont tes craintes qui te trahiront!

LÉONIE, avec élan.

Ah! ne redoutez rien... je serai forte... il s'agit de lui!

LA COMTESSE, vivement.

De lui!

LÉONIE, avec abandon.

Pardonnez-moi!... Je ne puis vous cacher ce qui se passe dans mon âme... Mais pourquoi vous le cacher, à vous? Eh bien, oui, une force, une joie ineffable remplissent mon cœur tout entier... J'étais si malheureuse depuis quinze jours; je ne pouvais m'expliquer à moi-même ce que je ressentais... ou plutôt je ne l'osais pas : c'était de la honte, de la colère... je me sentais entraînée vers un abîme, et cependant j'y tombais avec joie.

LA COMTESSE, avec anxiété.

Que veux-tu dire?...

LÉONIE.

Je comprends tout maintenant... Si j'étais aussi indignée contre lui... et contre moi, ma tante, c'est que je l'aimais!...

LA COMTESSE, avec explosion.

Vous l'aimez!...

LÉONIE.

Qu'avez-vous donc?...

LA COMTESSE, froidement.

Rien! rien!... Vous l'aimez!...

LÉONIE.

Vous semblez irritée contre moi, chère tante...

LA COMTESSE, de même.

Irritée!... moi... non!... je ne suis pas irritée... Pourquoi serais-je irritée?

LÉONIE.

Je l'ignore!... peut-être... est-ce de ma confiance trop tardive... Je vous aurais dit plus tôt mon secret si je l'avais su plus tôt!

LA COMTESSE.

Qui vous reproche votre manque de confiance?... Laissez-moi... j'ai besoin d'être seule!...

LÉONIE, avec douleur.

Oh! mais... vous m'en voulez!...

LA COMTESSE, avec impatience.

Mais non, vous dis-je...

LÉONIE.

Vous ne m'avez jamais parlé ainsi! vous ne me dites plus *toi!*

LA COMTESSE, avec émotion.

Tu pleures?... Pardon, chère enfant, pardon! Si je t'ai affligée, c'est que moi-même... je souffrais... oh! cruellement!... je souffre encore... Laisse-moi seule un moment... je t'en prie!... (Elle regarde Léonie, puis l'embrasse vivement.) Va-t'en! va-t'en!...

LÉONIE, en s'en allant.

A la bonne heure, au moins. (Elle sort.)

SCÈNE XII.

LA COMTESSE, seule.

Elle l'aime! Pourquoi ne l'aimerait-elle pas?... N'est-elle pas jeune comme lui? riche et noble comme lui?... Pourquoi donc souffré-je tant de cette pensée? Pourquoi, pendant qu'elle me parlait... ressentais-je contre elle un sentiment de colère... d'aversion, de... Non, ce n'est pas possible! depuis quinze jours ne veillais-je pas sur lui comme une amie... ne lui parlais-je pas comme une mère?... ce matin, ne l'ai-je pas remercié de ce qu'il m'appelait ma sœur?... Ah! malgré moi le voile tombe!... ce langage maternel n'était qu'une ruse de mon cœur pour se tromper lui-même... je ne cherchais dans ces titres menteurs de sœur ou de mère qu'un prétexte, que le droit de ne lui rien cacher de ma tendresse... Ce n'est pas de l'intérêt... de l'amitié... du dévouement... c'est de l'amour!... J'aime!... (Avec effroi.) J'aime!... moi! et ma rivale, c'est l'enfant de mon cœur, c'est un ange de grâce, de bonté... Ah! tu n'as qu'une résolution à prendre! renferme, renferme ta folle passion dans ton cœur comme une honte, cache-la, étouffe-la!... (Après un moment de silence.) Je ne peux pas! Depuis que ce feu couvert a éclaté à mes propres yeux, depuis que je me suis avoué mon amour à moi-même... il croît à chaque pensée, à chaque parole!... je le sens qui m'envahit comme un flot qui monte!... (Avec résolution.) Eh bien! pourquoi le combattre? Léonie aime Henri, c'est vrai... mais lui, il ne l'aime pas encore... il aurait parlé s'il l'aimait... elle me l'aurait dit s'il avait parlé... (Avec joie.) Il est libre! eh bien! qu'il choisisse!... Elle est bien belle déjà... on dit que je le suis encore... Qu'il prononce!... (Avec douleur.) Pauvre enfant!... elle l'aime tant!... Ah Dieu! je l'aime mille fois davantage! Elle aime, elle, comme on aime à seize ans, quand on a l'avenir devant soi et que le cœur est assez riche pour guérir, se consoler, oublier et renaître!... mais à trente ans notre amour est notre vie tout entière... Allons, il faut lutter avec elle... luttons... non pas de ruse ou de perfidie féminine... non! mais de dévouement, d'affection, de charme... On dit que j'ai de l'esprit, servons-nous-en... Léonie a ses seize ans, qu'elle se défende!... et si je triomphe aujourd'hui... ah! je réponds de l'avenir... je rendrai Henri si heureux que son bonheur m'absoudra du mien! (Après un moment de silence.) Mais triompherai-je? sais-je seulement s'il m'est permis de lutter?... qui me l'apprendra? Quand on a un grand nom, du crédit, de la fortune... ceux qui nous entourent nous disent-ils la vérité?... (Elle prend sur la table à gauche un miroir.) Ma main tremble en prenant ce miroir... ce n'est pas le trouble de la coquetterie... non, c'est mon cœur qui fait trembler ma main... je ne me trouverai jamais telle que je voudrais être... ne regardons pas!... (Après un moment d'hésitation, elle regarde, fait un sourire et dit ensuite :) Oui... mais il en a trompé tant d'autres! (Elle remet le miroir sur la table et aperçoit la lettre que de Grignon avait mise dessous.) Quelle est cette lettre?... A madame la comtesse d'Autreval... (Regardant la signature.) De M. de Grignon! Eh bien... lisons!... (Au moment où elle ouvre la lettre, de Grignon paraît au fond.)

SCÈNE XIII.

LA COMTESSE, DE GRIGNON.

DE GRIGNON, au fond.

Elle tient ma lettre!

LA COMTESSE, lisant.

Qu'ai-je lu?

DE GRIGNON, au fond.

Elle ne me semble pas trop irritée!

LA COMTESSE, continuant de lire.

Oui... oui... c'est bien le langage d'un amour vrai... l'accent de la passion... le cri du cœur!

DE GRIGNON, à part.

Elle se parle à elle-même...

LA COMTESSE, tenant toujours la lettre.

Il m'aime!... on peut donc m'aimer encore!... il demande ma main!... on peut donc songer à m'épouser encore!

DE GRIGNON, s'avançant.

Ma foi... je me risque! (Il fait un pas en se mettant à tousser.)

LA COMTESSE, se retournant et l'apercevant.

Est-ce vous qui avez écrit cette lettre?

DE GRIGNON.

Cette lettre... celle que tout à l'heure... (A part.) Ah! mon Dieu!

LA COMTESSE, vivement.

Répondez... est-ce vous?

DE GRIGNON.

Eh bien! oui, Madame.

LA COMTESSE, de même.

Et ce qu'elle contient est bien l'expression de votre pensée?

DE GRIGNON.

Certainement.

LA COMTESSE.

Vous m'aimez?... vous me demandez ma main?

DE GRIGNON.

Et pourquoi pas?

LA COMTESSE.

Vous, à vingt-cinq ans?

DE GRIGNON.

Eh! qu'importe l'âge! tout ce que je sais, tout ce que je peux vous dire... c'est que vous êtes jeune et belle... ce que je sais, c'est que je vous aime.

LA COMTESSE, avec joie.

Vous m'aimez?

DE GRIGNON.

Et dussiez-vous ne pas me le pardonner... dussiez-vous m'en vouloir!

LA COMTESSE, de même.

Vous en vouloir! mon ami, mon véritable ami... ainsi, c'est bien certain, vous m'aimez? vous me trouvez belle?... Ah! jamais paroles ne m'ont été si douces... et si vous saviez... si je pouvais vous dire...

DE GRIGNON.

Ah! je n'en demande pas tant... l'émotion... le trouble où je vous vois suffiraient à me faire perdre la raison. (On entend en dehors, à droite, le bruit d'un orchestre.)

LA COMTESSE.

Qu'est-ce que cela?

DE GRIGNON.

Ah! mon Dieu! j'oubliais... une surprise... une fête... la vôtre.

LA COMTESSE.

Ma fête!... je n'y pensais plus.

DE GRIGNON.

Mais nous y pensions, nous et votre nièce... et là, dans le grand salon, vos amis, les habitants du village... tous vos gens...

LA COMTESSE.

Mes gens!...

DE GRIGNON.

Bal champêtre et concert.

LA COMTESSE.

Un bal!... un concert!... (A part.) Il sera là. (Haut.) Oh! merci, mon ami; venez, venez, nous danserons...

DE GRIGNON.

Oui, Madame.

LA COMTESSE.

Nous chanterons...

DE GRIGNON.

Oui, Madame.

LA COMTESSE.

Pour eux!... avec eux!...

DE GRIGNON.

Oui, Madame.

LA COMTESSE, à part.

Il sera là!... il nous entendra... il nous jugera... (A de Grignon.) Venez, mon ami, je suis si heureuse.

DE GRIGNON.

Et moi donc!

LA COMTESSE.

Venez, venez! (Ils sortent par la porte à droite.)

ACTE II

SCÈNE PREMIÈRE.

DE GRIGNON, sortant de l'appartement à droite, puis MONTRICHARD, entrant par le fond.

DE GRIGNON.

C'est étonnant!... depuis l'aveu qu'elle m'a fait... elle ne me regarde plus!... Et pourtant... quand je me rappelle son trouble de ce matin, sa physionomie... tout me dit que je suis aimé... tout... excepté elle!... Ah! c'est qu'une lettre passionnée... des paroles brûlantes ne suffisent pas pour la connaissance de mon amour... il faudrait des preuves réelles... des actions... (Remontant le théâtre et voyant M. de Montrichard qui entre précédé d'un maréchal des logis de dragons, auquel il parle bas) Quel est cet étranger?

MONTRICHARD, au dragon.

Que mes ordres soient exécutés de point en point!... Rien de plus, rien de moins!... vous entendez?

LE DRAGON, saluant et se retirant.

Oui, monsieur le préfet.

MONTRICHARD, s'avançant et saluant de Grignon.

Madame la comtesse d'Autreval, Monsieur?

DE GRIGNON.

Elle est au salon, environnée de tous ses amis, dont elle reçoit les bouquets... C'est sa fête... mais dès qu'elle saura que M. le préfet du département...

MONTRICHARD.

Vous me connaissez, Monsieur?

DE GRIGNON.

Je viens d'entendre prononcer votre nom, (Faisant quelques pas vers le salon.) et je vais...

MONTRICHARD.

Ne vous dérangez pas, de grâce! rien ne me presse! Quand on est porteur de fâcheuses nouvelles...

DE GRIGNON.

Ah! mon Dieu!

MONTRICHARD.

La comtesse, que je connais depuis longtemps, a toujours été parfaite pour moi, et, dernièrement encore, le ministre ne m'a pas laissé ignorer qu'elle avait parlé en ma faveur.

DE GRIGNON.

Elle est fort bien en cour! et je conçois qu'il vous soit pénible...

MONTRICHARD.

Pour la première visite que je lui fais...

DE GRIGNON.

De lui apporter une mauvaise nouvelle.

MONTRICHARD, froidement.

Plusieurs, Monsieur.

DE GRIGNON, effrayé.

Et lesquelles?

MONTRICHARD.

Lesquelles?... mais d'abord une qui est assez grave, le feu vient de prendre à l'une des fermes de madame la comtesse.

DE GRIGNON.

Vous en êtes sûr?

MONTRICHARD.

Nous l'avons aperçu de la grande route où nous passions, et

ACTE II, SCÈNE I.

comme je ne pouvais détacher aucun des gens de mon escorte... pour des motifs sérieux...

DE GRIGNON.

Ah!

MONTRICHARD.

Oui, fort sérieux! J'ai dirigé sur la ferme tous les paysans que j'ai rencontrés sur mon chemin, ordonnant qu'on m'envoyât au plus tôt des nouvelles de l'incendie. (Il remonte le théâtre.)

DE GRIGNON, sur le devant du théâtre.

Un incendie!... quelle belle occasion d'héroïsme!... Si j'y allais!... Quel effet sur la comtesse, quand elle demandera : Où donc est M. de Grignon? et qu'on lui répondra : Il est au feu... pour vous... pour vous, comtesse!... (A Montrichard.) Monsieur, cette ferme est-elle loin d'ici?...

MONTRICHARD.

A une demi-lieue à peine, et si l'on pouvait y envoyer une pompe à incendie...

DE GRIGNON, avec chaleur.

Une pompe?... j'y vais moi-même... Il y en a une à la ville voisine, et je cours...

MONTRICHARD.

Très-bien, Monsieur, très-bien!... Mais attendez... on ne vous la confierait peut-être pas sans un ordre de moi, et si vous le permettez...

DE GRIGNON.

Si je le permets!... (Montrichard se met à la table de gauche et cherche autour de lui ce qu'il faut pour écrire; ne le trouvant pas, il tire un carnet de sa poche et trace quelques lignes au crayon.)

DE GRIGNON, se promenant pendant ce temps avec agitation.

Est-il un plus beau rôle que celui de sauveur dans un incendie!... marcher sur des poutres enflammées!... disparaître au milieu des tourbillons de fumée et de feu... au moment le plus terrible... quand la toiture va s'écrouler... Voir tout à coup à une fenêtre un vieillard, une femme qui tend vers vous les bras, en s'écriant : Sauvez-moi! sauvez-moi!... Alors, s'élancer au milieu des cris de la foule : Vous allez vous perdre!... N'importe!... C'est une mort certaine!... N'importe!... (S'interrompant et s'adressant à Montrichard.) Le fermier a-t-il des enfants?...

MONTRICHARD, écrivant toujours.

Trois... je crois...

DE GRIGNON, avec joie.

Trois enfants... quel bonheur!... (A Montrichard.) En bas âge?...

MONTRICHARD, écrivant toujours.

Oui...

DE GRIGNON, à part.

Tant mieux! c'est plus facile à sauver!... Puis, rendre trois enfants à leur mère!... Et comme la comtesse me recevra, quand je reviendrai escorté par tous les hommes de la ferme... porté sur un brancard de feuillages.. les vêtements brûlés... le visage noirci... Ah! ma tête s'exalte. , Donnez... donnez, Monsieur!... J'y vais... j'y cours!

MONTRICHARD, lui remettant le billet.

A merveille!... (A part.) Quel enthousiasme dans ce jeune homme!... (A de Grignon, qui a fait un pas pour s'éloigner.) Veuillez en même temps vous informer de ce pauvre garçon de ferme que nous avons rencontré sur la route, et qu'on rapportait blessé du lieu de l'incendie.

DE GRIGNON, commençant à avoir peur.

Ah!... ah!... blessé!... légèrement, sans doute...

MONTRICHARD.

Hélas!... non... la peau lui tombait du visage comme s'il avait été brûlé vif...

DE GRIGNON.

Ah!... la peau... lui... tombait...

MONTRICHARD.

Le plus dangereux... c'est une poutre qui lui a enfoncé trois côtes...

DE GRIGNON.

Enfoncé trois côtes!... voyez-vous cela!... En voulant porter secours?...

MONTRICHARD.

Oui, Monsieur. Mais partez, partez!...

DE GRIGNON, immobile et restant sur place.

Oui... Monsieur... le temps de faire seller un cheval... par mon domestique... qui en même temps pourrait bien y aller lui-même... car enfin... cela le regarde... dès qu'il s'agit de porter une lettre... il s'en acquittera mieux que moi... il ira plus vite...

UN BRIGADIER DE GENDARMERIE entre dans ce moment, et s'adressant à M. de Montrichard.

Monsieur le préfet, un exprès arrive, annonçant que le feu est éteint!

MONTRICHARD.

Tant mieux !

DE GRIGNON, vivement.

Éteint !... Quelle fatalité !... au moment où j'y allais ! (A Montrichard.) Car j'y allais, vous l'avez vu, je partais...

LE BRIGADIER, bas, à Montrichard.

Le sous-lieutenant a placé à l'extérieur tous nos hommes, comme vous l'aviez indiqué... mais il a de nouveaux renseignements dont il voudrait faire part à monsieur le préfet.

MONTRICHARD, à part.

Très-bien... Je tiens à les connaître et à les vérifier avant de voir la comtesse... (Haut, à de Grignon.) Veuillez, Monsieur, ne pas parler de mon arrivée à madame d'Autreval, car un devoir imprévu m'oblige à vous quitter; mais je reviens à l'instant. (Il sort.)

DE GRIGNON, se promenant avec agitation.

Malédiction !... Il n'y eut jamais une occasion pareille !... un incendie que j'aurais trouvé éteint ! de l'héroïsme et pas de danger ! Ah ! si jamais j'en rencontre une autre !... Voici la comtesse !... Toujours rêveuse, comme ce matin... Mais est-ce à moi qu'elle pense ?... (S'approchant d'elle.) Madame...

SCÈNE II.

DE GRIGNON, LA COMTESSE, sortant de l'appartement à droite.

LA COMTESSE, distraite.

Ah ! c'est vous, mon cher de Grignon !...

DE GRIGNON, à part.

Elle a dit mon cher de Grignon !...

LA COMTESSE, qui a l'air préoccupé et regarde dans la salle de bal.

Eh ! pourquoi donc n'êtes-vous pas dans la salle de bal? Un bal champêtre au milieu du salon ; le château et la ferme... grands seigneurs et femmes de chambre.

DE GRIGNON.

J'étais ici... m'occupant de vos intérêts... Une de vos fermes où le feu avait pris... mais il est éteint, par malheur pour moi...

LA COMTESSE, distraite.

Comment cela ?

DE GRIGNON, avec chaleur.

J'aurais été si heureux de m'exposer pour vous !... car, sachez-le bien, je vous aime plus que moi-même... plus que ma vie.

LA COMTESSE, riant, mais rêveuse.

C'est beaucoup!

DE GRIGNON.

Vous en doutez?

LA COMTESSE.

Vous m'aimez bien, je le crois; mais plus que la vie... non!... Vous n'assistiez seulement pas à notre concert.

DE GRIGNON, avec enthousiasme.

J'y étais, madame!... j'ai entendu votre admirable duo avec votre nièce... Quel enthousiasme général!... vos gens eux-mêmes, qui écoutaient de l'antichambre... étaient ravis... transportés... un surtout... votre nouveau domestique...

LA COMTESSE, vivement.

Charles!...

DE GRIGNON.

Oui, Charles... il criait brava encore plus fort que moi...

LA COMTESSE, avec affectation.

Ah! ce cher de Grignon, que j'accusais... que je méconnaissais!...

DE GRIGNON, à part.

Je l'ai ramenée enfin au même point que ce matin.

LA COMTESSE.

Ainsi, vous et Charles, vous m'applaudissiez?...

DE GRIGNON, apercevant Henri qui entre par le fond.

Mais certainement... Et tenez, il pourrait vous le dire lui-même, car le voici qui vient de ce côté...

LA COMTESSE, à part.

Lui!.. (Vivement, à de Grignon.) Mon ami... j'ai eu des torts avec vous... je veux les réparer... Allez m'attendre dans le salon, et nous ouvrirons le bal ensemble...

DE GRIGNON, avec ivresse.

J'y cours... Madame... j'y cours! (S'éloignant par la droite.) Cela va bien! cela va bien!

SCÈNE III.

LA COMTESSE, puis HENRI.

HENRI.

C'est vous, enfin, comtesse; je vous cherchais de tous côtés...

LA COMTESSE, émue.

Et pourquoi donc, Henri?

HENRI, avec exaltation.

Pourquoi? pour vous dire tout ce que j'ai dans l'âme! le dire si je le puis... car comment exprimer ce que j'ai ressenti... puisque personne n'a jamais vu ce que je viens de voir... n'a jamais entendu ce que je viens d'entendre!...

LA COMTESSE, souriant, mais émue.

Quel enthousiasme! et qui donc a pu le causer?

HENRI.

Qui? vous et elle!...

LA COMTESSE.

Comment?

HENRI.

Elle et vous!... vous deux, que je ne veux plus séparer dans ma pensée; vous deux, qui venez de m'apparaître unies, confondues... comme deux sœurs!

LA COMTESSE, riant.

Ou comme deux roses sur la même tige... ou comme deux étoiles dans la même constellation... Mais cependant, avouez-le, la rose cadette était la plus belle!

HENRI.

Comment vous le dire, puisque je ne le sais pas moi-même? Aucune n'était la plus belle... car elles s'embellissaient l'une l'autre, car le front pur et angélique de la plus jeune faisait ressortir le front poétique et brillant de l'aînée!... Vous souriez... que serait-ce donc... si je vous racontais mes impressions pendant le duo que vous avez chanté ensemble...

LA COMTESSE, gaiement.

Racontez... racontez... je suis curieuse de voir comment vous sortirez de cet embarras...

HENRI, gaiement.

Je n'en sortirai pas... et mon bonheur est dans cet embarras même...

LA COMTESSE.

C'est fort original!

HENRI.

Grâce à ma bienheureuse livrée, j'étais mêlé à vos fermiers et à vos gens... Eh bien!... à peine vos première notes entendues, car c'était vous qui commenciez, à peine votre belle voix touchante eut-elle attaqué ce cantabile admirable, que des larmes coulèrent de tous les yeux...

LA COMTESSE.

Prenez garde!... vous allez être infidèle à la seconde étoile!..

HENRI.

Vos railleries ne m'arrêteront pas... Ces intelligences incultes... ces oreilles grossières devenaient fines et délicates en vous écoutant., elles ne se rendaient compte de rien, et cependant elles comprenaient tout!...

LA COMTESSE.

Et Léonie?...

HENRI.

Elle parut à son tour... et, je vous l'avoue, quand elle commença, une sorte de pitié me saisit pour elle... Pauvre enfant! me dis-je... comme elle va paraître gauche et inexpérimentée!

LA COMTESSE, avec plus de vivacité.

Eh bien?...

HENRI.

Eh bien, j'avais raison!... Son inexpérience se trahissait dans chaque note... mais je ne sais comment cette inexpérience avait un charme que je ne puis rendre!...

LA COMTESSE.

Ah!...

HENRI.

On ne pouvait s'empêcher de sourire en entendant cette voix enfantine après la vôtre... et cependant, ce contraste même lui prêtait quelque chose de naïf... de frais...

LA COMTESSE.

Prenez garde!... voici la première étoile qui pâlit à son tour.

HENRI, avec chaleur.

Non!... non!... car les voici toutes deux réunies! car l'ensemble du duo commence, car votre voix émouvante et passionnée se mêle à son chant timide et pur... Oh! alors... alors... il sortit de ce mélange je ne sais quelle impression qui tenait de l'enchantement. Ce n'étaient plus seulement vos deux voix qui se confondaient, c'étaient vos deux personnes... vous ne formiez plus qu'un seul être! charmant... complet... représentant à la fois la jeune fille et la femme, tout semblable enfin à un rameau de cet arbre fortuné qui croît sous le ciel de Naples, et porte sur une même branche et des fleurs et des fruits!

LA COMTESSE, à part.

J'espère.

HENRI, poussant un cri.

Ah! mon Dieu!

LA COMTESSE.

Qu'avez-vous?

HENRI.

Une contredanse que j'ai promise.

LA COMTESSE.

A qui?

HENRI.

A Catherine, votre fermière, vis-à-vis mademoiselle Léonie, votre nièce, contredanse que j'oubliais près de vous.

LA COMTESSE, avec joie.

Est-il possible!

HENRI.

Heureusement l'orchestre n'a pas encore donné le signal... et je cours...

LA COMTESSE.

Oui, mon ami... il ne faut pas faire attendre... madame Catherine la fermière... Allez!... allez!... (Pendant qu'Henri sort par la droite, après avoir baisé la main de la comtesse qu le suit des yeux, Léonie entre doucement par la porte du fond, et s'approchant de la comtesse.)

LÉONIE.

Ma tante!...

LA COMTESSE.

Toi! Je te croyais invitée pour cette contredanse...

LÉONIE.

Oui.

LA COMTESSE.

Eh bien! tu n'y vas pas?

LÉONIE.

C'est qu'auparavant j'aurais un conseil à vous demander.

LA COMTESSE.

Comment?...

LÉONIE.

Je vais vous dire... Pendant que je chantais... j'ai vu des larmes dans ses yeux... à lui! et c'est déjà un bon commencement... Cela prouve que je ne lui déplais pas... n'est-ce pas, ma tante!

LA COMTESSE.

Sans doute...

LÉONIE.

Mais c'est qu'il m'a priée de lui faire vis-à-vis, et j'ai une grande peur que ma danse ne vienne détruire le bon effet de mon chant... j'ai envie de ne pas danser.

LA COMTESSE.

Y penses-tu?

LÉONIE.

J'ai tant de défauts en dansant... Hier encore, vous me le disiez vous-même... trop de raideur dans les bras... les épaules pas assez effacées...

LA COMTESSE, avec franchise.

Et malgré cela tu étais charmante.

LÉONIE, vivement.

Vraiment?...

LA COMTESSE, s'oubliant.

Que trop !

LÉONIE.

Ah! tant mieux! (Avec contentement.) Je vais danser, ma tante, je vais danser. (Gaiement.) Et puis je tâcherai de me corriger... et la première fois que je danserai avec lui... ce qui ne tardera pas, je l'espère... (S'arrêtant.)

LA COMTESSE.

Eh bien!... qui te retient?...

LÉONIE.

Un autre conseil que j'aurais encore à vous demander... un conseil... pour lui plaire... (Elle regarde autour d'elle avec inquiétude.) Nous avons le temps encore...

LA COMTESSE, à part.

Moi, lui apprendre?... Eh bien oui! si Henri me choisit après cela.. c'est bien moi qu'il aimera.

LÉONIE, à demi-voix.

C'est pour ma coiffure... Si je plaçais, comme vous, quelque ornement dans mes cheveux... une fleur... ou plutôt... (Montrant un bracelet.) Ce bracelet de perles.

LA COMTESSE, vivement.

Enfant! qui ne sais pas que la plus belle couronne de la jeunesse, c'est la jeunesse elle-même, et qu'en voulant parer un front de seize ans, on le dépare...

LÉONIE.

Eh bien... je ne mettrai rien... Merci, ma tante... adieu, ma ante!... (Elle fait pas pour s'éloigner.) Ah! j'oubliais... S'il me parle en dansant... que lui dirai-je?... j'ai peur de rester court, et de lui paraître sotte par mon silence... Ah! ma tante, conseillez-moi; donnez-moi un sujet de conversation...

LA COMTESSE.

Moi !

LÉONIE.

Vous avez tant d'esprit, et votre esprit lui plaît tant !

LA COMTESSE, vivement.

Il te l'a dit?

LÉONIE.

Pendant plus d'un quart-d'heure; ainsi il me semble que des paroles inspirées par vous garderaient quelque chose de votre grâce à ses yeux...

LA COMTESSE, à part.

Quelle singulière pensée lui vient là?...

LÉONIE, vivement.

J'y suis!... oui... oui... voilà mon sujet!... je suis certaine de lui plaire!... je parlerai...

LA COMTESSE.

De quoi?...

LÉONIE.

De vous!... Sur ce chapitre-là, je réponds de mon éloquence!

LA COMTESSE, avec effusion.

Ah! bonne et tendre nature... je veux...

LÉONIE.

J'entends la voix de monsieur Henri...

LA COMTESSE.

Henri!... (A part.) Quand il est là, je ne vois plus que lui!

LÉONIE.

Il m'attend... il me semble qu'il m'appelle... Adieu, ma tante... adieu!... (Elle sort par la droite.)

SCÈNE IV.

LA COMTESSE, seule, regardant dans la salle du bal.

Elle le rejoint... la contredanse commence... il est vis-à-vis d'elle... comme i la regarde!... Il oublie que c'est à lui de danser. — Ils traversent... il lui donne la main... Mais que vois-je?... elle pâlit... la consternation se peint sur son visage? Que dis-je? sur tous les visages! Henri s'élance dans la cour, et Léonie revient éperdue...

SCÈNE V.

LA COMTESSE, LÉONIE, rentrant.

LA COMTESSE.

Qu'as-tu? au nom du ciel, qu'as-tu?

LÉONIE, éperdue.

Des soldats... des dragons...

LA COMTESSE.

Des soldats!

LÉONIE.

Ils entourent le château, et des gendarmes viennent d'entrer dans la cour.

LA COMTESSE.

Ciel!

LÉONIE.

Ils viennent l'arrêter.

LA COMTESSE.

C'est impossible! venir l'arrêter chez moi, comtesse d'Autreval!... c'est impossible, te dis-je. Du calme! du calme!

LÉONIE.

Du calme!... vous pouvez en avoir vous, ma tante... vous ne l'aimez pas!

LA COMTESSE.

Tu crois? (A part.) Oh! s'il est en péril, il verra bien laquelle de nous deux l'aime le plus! (Apercevant Henri qui entre et courant à lui.)

SCÈNE VI.

LES PRÉCÉDENTS, HENRI, entrant par le fond.

LA COMTESSE, l'apercevant.

Eh bien!

HENRI, gaiement.

Eh bien!... ce sont effectivement des dragons qui me cherchent, de vrais dragons.

LA COMTESSE.

Qui vous l'a appris?

HENRI.

L'officier lui-même, que j'ai interrogé adroitement.

LÉONIE.

Comment avez-vous osé?...

ACTE II, SCÈNE VI.

HENRI, gaiement.

Il me semble que cela m'intéresse assez pour que je m'en informe...

LA COMTESSE.

Mais, enfin, que vous a-t-il dit?

HENRI.

Qu'il venait pour arrêter M. Henri de Flavigneul... C'est assez clair, ce me semble.

LÉONIE.

Perdu!

HENRI.

Est-ce que le malheur peut m'atteindre entre vous deux?...

LA COMTESSE.

Il dit vrai; à nous deux de le sauver!

HENRI.

Permettez! à nous trois... car je demande aussi à en être. Voyons... cherchons quelque bon déguisement, bien original...

LA COMTESSE.

Toujours du roman!...

HENRI.

En connaissez-vous un plus charmant?... (A la comtesse.) Ne me grondez pas : je me mets sous vos ordres.

LA COMTESSE.

Sachons d'abord quels sont nos ennemis...

HENRI.

Oui, mon général...

LA COMTESSE.

Comment se nomme l'officier des dragons?

HENRI.

Je l'ignore, mon général, mais il est accompagné du nouveau préfet, le terrible baron de Montrichard...

LÉONIE, éperdue.

Terrible!... oh! je meurs d'épouvante!

LA COMTESSE, passant près d'elle.

Mais ne pleure donc pas ainsi, malheureuse enfant!

LÉONIE.

Je ne peux pas m'en défendre!

LA COMTESSE.

Eh! crois-tu donc que la frayeur ne m'oppresse pas comme toi? mais je pense à lui, et ma douleur même me donne du courage...

HENRI, à la comtesse qui remonte vers le fond.

Qu'elle est belle !

LÉONIE, essuyant ses yeux, mais pleurant toujours.

Oui ma tante... oui!... je vais essayer...

HENRI, à Léonie.

Qu'elle est touchante!... Ah! mon danger, je te bénis!... (A la comtesse.) Fâchez-vous... accusez-moi... je dirai toujours .. ô mon danger je te bénis!... Sans lui, vous verrais-je toutes deux à mes côtés, me plaignant, me défendant... Ah! vienne la sentence elle-même... je ne la regretterai pas... puisque, grâce à elle, je puis vous inspirer... (A Léonie.) à vous tant de terreur... (A la comtesse.) à vous, tant de courage!

LA COMTESSE.

Vous êtes insupportable avec vos madrigaux... pensons au baron... S'il ose venir ici, c'est qu'il sait tout... c'est qu'on nous a trahis...

HENRI, avec insouciance.

Eh! qui donc? est-ce que ma tête est mise à prix? est-ce que ma capture vaut une trahison?

LA COMTESSE.

Il y a des gens qui trahissent pour rien.

HENRI, souriant.

Il y a donc encore du désintéressement!...

LA COMTESSE.

Taissez-vous! on vient.

SCÈNE VII.

Les Précédents, un Domestique.

LE DOMESTIQUE.

Monsieur le baron de Montrichard, qui s'est présenté chez madame la comtesse, fait demander si elle veut bien lui faire l'honneur de le recevoir?

LÉONIE.

Ciel!

LA COMTESSE.

Certainement, avec plaisir. (Le domestique sort.) Le baron! et rien de décidé encore!

LÉONIE, à Henri.

Fuyez, Monsieur, fuyez.

LA COMTESSE.

Au contraire!... qu'il reste !

HENRI.

Vous avez une idée?

LA COMTESSE.

Non, pas encore! mais il faut que vous restiez! que M. de Montrichard vous voie... vous voie comme domestique. On soupçonne plus difficilement ceux qu'on a vus d'abord sans les soupçonner...

HENRI.

Comme c'est vrai!

LÉONIE.

Que vous êtes heureuse, ma tante, d'avoir tant de présence d'esprit!... comment faites-vous donc?...

LA COMTESSE, avec force.

Je meurs d'angoisse, ma fille! Allons, éloigne-toi... il faut que je sois seule avec le baron...

HENRI.

Seule?... oh! non pas!... je veux savoir ce que vous lui direz...

LA COMTESSE.

Vous... bien entendu... (A Léonie.) Va...! (Léonie sort.)

LE DOMESTIQUE, annonçant.

Monsieur le baron de Montrichard!

HENRI, à part.

C'est original!

SCÈNE VIII.

LA COMTESSE, HENRI, se tenant au fond à l'écart, MONTRICHARD.

LA COMTESSE, allant vivement à Montrichard.

Ah!... monsieur le baron... que je suis heureuse de vous voir!...

MONTRICHARD.

Je venais d'abord, Madame, vous adresser mes remerciements...

LA COMTESSE.

Pour votre préfecture? eh bien! je les mérite; vous aviez un adversaire redoutable... mais j'ai tant cabalé... tant intrigué... car vous m'avez fait faire des choses dont je rougis... que j'ai fini par l'emporter...

MONTRICHARD.

Que de grâces à vous rendre, Madame!... Et qui donc a pu me valoir un si honorable patronage?

LA COMTESSE.

Votre mérite, d'abord! oh! je vous connais de plus longue

date que vous ne le croyez..., nous avons fait la guerre l'un contre l'autre, en Vendée...

MONTRICHARD.

Et vous m'avez protégé, quoique ennemi?

LA COMTESSE.

Mieux encore... à titre d'ennemi... Je vous conterai cela un de ces jours... car vous me restez... Charles... (Henri ne répond pas.) Charles... délivrez M. le baron de son chapeau... (Mouvement du baron.) Oh! je le veux!... (A Henri.) Charles... allez chercher des rafraîchissements pour monsieur le baron... (Henri sort en riant.)

MONTRICHARD.

Vous me comblez...

LA COMTESSE.

Oui... je veux vous rendre la reconnaissance très-difficile!

MONTRICHARD.

Vraiment, Madame!..., Eh bien! jugez de ma joie, je crois que je viens de trouver le moyen de m'acquitter vis-à-vis de vous!

LA COMTESSE.

Vous commencez déjà..., (Mouvement de surprise du baron.) en me donnant le plaisir de vous recevoir...

MONTRICHARD.

Je ferai mieux encore... je viens vous offrir à vous, Madame, qui êtes si dévouée à la bonne cause, l'occasion de rendre un signalé service à Sa Majesté!

LA COMTESSE.

Donnez-moi la main, baron; voilà le mot d'un vrai royaliste! et ce service, c'est...

MONTRICHARD.

De faire arrêter le chef de la grande conspiration bonapartiste...

LA COMTESSE.

Bravo!... Ce chef est donc un homme important... connu...

MONTRICHARD.

Connu?... oui! du moins de vous, à ce que je crois, Madame la comtesse.

LA COMTESSE, riant.

De moi!... je connais un conspirateur!... Ah! le nom de ce traître, qui m'a trompée?...

MONTRICHARD.

M. Henri de Flavigneul!...

ACTE II, SCÈNE VIII.

LA COMTESSE, avec bonhomie.

M. de Flavigneul!... ce tout jeune homme, qui a l'air si doux... oh! je n'aurais jamais cru cela de lui!... je l'ai vu en effet quelquefois chez sa mère... mais c'en est fait! (Riant.) je dis comme le farouche Horace : Il est bonapartiste, je ne le connais plus! Je crois que je fais le vers un peu long, mais Corneille me le pardonnera... Ah! ça, mais où est-il ce M. de Flavigneul?

MONTRICHARD.

Il se cache.

LA COMTESSE.

Il se cache!

MONTRICHARD.

Dans un château...

LA COMTESSE.

Voisin?

MONTRICHARD.

Très-voisin...

LA COMTESSE.

Où vous allez le surprendre...

MONTRICHARD.

Voilà le difficile!... et il me faudrait votre aide pour cela, Madame...

LA COMTESSE.

Mon aide!...

MONTRICHARD.

Oui! Imaginez-vous que ce château appartient à une femme du plus haut rang, du plus pur royalisme... une femme d'esprit, de cœur, et de plus, ma bienfaitrice...

LA COMTESSE, ironiquement.

Comme moi?...

MONTRICHARD.

Précisément... Vous concevez mon embarras... pour lui dire d'abord, que je la soupçonne, puis, que je viens faire chez elle une invasion domiciliaire... et, ma foi, Madame, je vous l'avouerai... j'ai compté sur vous pour la prévenir.

LA COMTESSE, éclatant de rire.

Ah! la bonne folie!... Ainsi vous croyez que moi!... je recèle un conspirateur...

MONTRICHARD.

Hélas!... je ne le crois pas; j'en suis sûr!

LA COMTESSE.

Et c'est pour cela que vous avez amené tout cet attirail de dragons ? que vous avez déployé ce luxe de gendarmerie?

MONTRICHARD.

Mon Dieu, oui! et je ne m'éloignerai qu'après avoir arrêté l'ennemi du roi... Il faut bien que je vous prouve ma reconnaissance, comtesse...

LA COMTESSE, changeant de ton.

Eh bien... moi, monsieur le baron, je vous prouverai comment une femme offensée se venge !

MONTRICHARD.

Vous venger...

LA COMTESSE.

D'un procédé inqualifiable... d'une sanglante injure pour une fervente royaliste comme moi... (Allant au canapé.) Veuillez vous asseoir, baron... asseyez-vous... et écoutez-moi !...

HENRI, se rapprochant pour écouter, et à part.

Qu'est-ce qu'elle va lui dire ?

LA COMTESSE, à Henri.

Qu'est-ce que vous faites là?... vous écoutez, je crois... achevez donc votre service! (A Montrichard.) Vous rappelez-vous, monsieur le baron, qu'il y a, hélas !... dix-huit ans, un jeune magistrat plein de talent et de zèle, fut envoyé au château de Kermadio, pour y arrêter trois chefs vendéens?...

MONTRICHARD.

Si je me le rappelle, Madame ? ce magistrat, c'était moi !

LA COMTESSE, avec moquerie.

Vous !... vous étiez alors procureur de la république, ce me semble...

MONTRICHARD.

Vous croyez?...

LA COMTESSE.

J'en suis sûre.

MONTRICHARD.

C'est possible.

LA COMTESSE.

Or donc, puisque c'était vous, monsieur le baron, vous souvenez-vous qu'une petite fille de treize ou quatorze ans?...

MONTRICHARD.

Fit évader les trois chefs vendéens à ma barbe, et avec une adresse...

LA COMTESSE.

Épargnez ma modestie, monsieur le baron; cette petite fille, c'était moi!

MONTRICHARD.

Vous?... Madame?...

LA COMTESSE.

Douze ans après, en Normandie... où vous étiez, je crois, fonctionnaire sous l'empire...

MONTRICHARD, avec embarras.

Madame!...

LA COMTESSE.

Eh! mon Dieu! qui n'a pas été fonctionnaire sous l'empire ... Vous rappelez-vous ces compagnons du général Moreau qui allèrent rejoindre une frégate anglaise?...

MONTRICHARD.

Sous prétexte d'un déjeuner, d'une promenade en rade!...

LA COMTESSE.

Où je vous avais invité... Ne vous fâchez pas... vous voyez, comme je vous le disais, que nous avons déjà combattu l'un contre l'autre sur terre et sur mer... Aujourd'hui, nous voici de nouveau en présence, vous, cherchant toujours, moi, cachant encore, du moins à ce que vous croyez... Rien de changé à la situation, sinon que vous êtes aujourd'hui préfet de la royauté. Mais ce n'est là qu'un détail. Eh bien! baron, suivez mon raisonnement... où M. de Flavigneul est ici, ou il n'y est pas!

MONTRICHARD.

Il y est, Madame!

LA COMTESSE.

A moins qu'il n'y soit pas.

MONTRICHARD.

Il y est.

LA COMTESSE.

Décidément?... Eh bien! vous savez comme je cache, cherchez?... (Elle se lève.)

MONTRICHARD. Il se lève.

Vous verrez comme je cherche... cachez!... Ah! madame la comtesse, vous me prenez pour le novice de 98, ou pour l'écolier de 1804. Mais j'étais jeune alors, je ne le suis plus!

LA COMTESSE.

Hélas!... je le suis moins!

MONTRICHARD.

L'ardent et crédule jeune homme est devenu homme!

LA COMTESSE.

Et la jeune fille est devenue femme ! Ah ! monsieur le baron, vous venez m'attaquer... chez moi ! dans mon château ! Pauvre préfet ! quelle vie vous allez mener ! je ris d'avance de toutes les fausses alertes que je vais vous donner. Vous serez en plein sommeil !... debout ! le proscrit vient d'être aperçu dans une mansarde. Vous serez assis devant une bonne table, car vous êtes fort gourmet, je me le rappelle... à cheval ! M. de Flavigneul est dans la forêt !... Allons, parcourez le château, fouillez, interrogez... et surtout de la défiance ! défiez-vous de mes larmes ! défiez-vous de mon sourire !... quand je parais joyeuse, pensez que je suis inquiète... à moins que je ne prévoie cette prévoyance, et que je ne veuille la déconcerter par un double calcul... ah ! ah ! ah !

HENRI, à part.

Par le ciel, cette femme est ravissante !

LA COMTESSE, à Henri.

Servez des rafraîchissements à monsieur le baron... Prenez prenez... des forces, baron... vous en aurez besoin... (Voyant qu'Henri rit encore et n'apporte rien.) Eh bien ! que faites-vous là avec vos bras pendants et votre mine bêtement réjouie... Servez donc ?... Adieu ! baron... ou plutôt au revoir !... (A Montrichard en s'en allant) car si vous devez rester ici jusqu'à capture faite... vous voilà chez moi en semestre... (Lui faisant la révérence.) ce dont je me félicite de tout mon cœur... Adieu ! baron, adieu ! (Elle sort par la porte du fond.)

SCÈNE IX.

HENRI, MONTRICHARD.

MONTRICHARD, se promenant pendant qu'Henri le suit en tenant un plateau de rafraîchissements.

Démon de femme ! voilà le doute qui commence à me prendre... on m'a trompé peut-être... M. de Flavigneul n'est pas ici.

HENRI, le suivant.

Monsieur le baron désire-t-il ?...

MONTRICHARD, se promenant toujours.

Tout à l'heure !... S'il y était... la comtesse aurait-elle ce ton insultant et railleur ?

HENRI, lui offrant toujours à boire.

Monsieur le baron...

MONTRICHARD.

Tout à l'heure, vous dis-je !... (A lui-même.) Mais s'il n'y est pas... mon expédition va me couvrir de ridicule... sans compter que le crédit de la comtesse est considérable et qu'elle peut me perdre... Si je repartais?... oui, mais s'il est ici! si une heure après mon départ la comtesse fait passer la frontière à M. de Flavigneul, me voilà perdu de réputation... Ah! j'en ai la tête tout en feu!

HENRI.

Si monsieur le baron voulait des rafraîchissements?

MONTRICHARD.

Va-t'en au diable!

HENRI.

Oui, monsieur le baron.

MONTRICHARD.

Attends... Quelle idée!... oui! (A Henri.) Venez ici et regardez-moi? (Il boit. Mais après l'avoir examiné.) Vous ne me semblez pas aussi niais que vous voulez le paraître...

HENRI.

Monsieur le baron est bien bon!

MONTRICHARD.

L'air vif, l'air fin...

HENRI, à part.

Où veut-il en venir?

MONTRICHARD, après un moment de silence.

Votre maîtresse vous a bien maltraité tout à l'heure...

HENRI.

Oui, monsieur le baron.

MONTRICHARD.

Est-ce qu'elle vous soumet souvent à ce régime-là?

HENRI.

Tous les jours, monsieur le baron.

MONTRICHARD.

Et combien vous donne-t-elle de surcroît de gages pour ce supplément de mauvaise humeur?

HENRI.

Rien du tout, monsieur le baron.

MONTRICHARD.

Ainsi mal mené et mal payé? (Changeant de ton.) Mon garçon, veux-tu gagner vingt-cinq louis?

HENRI.

Moi, monsieur le baron, comment?

MONTRICHARD.

Le voici!... (Mystérieusement.) M. Henri de Flavigneul doit être caché dans ce château.

HENRI.

Ah!

MONTRICHARD.

Si tu peux me le découvrir et me le montrer... je te donne vingt-cinq louis.

HENRI, riant.

Rien que pour vous le montrer? monsieur le baron...

MONTRICHARD.

Pourquoi ris-tu?

HENRI.

C'est que c'est de l'argent gagné!

MONTRICHARD.

Est-ce que tu sais quelque chose?

HENRI.

Un peu, pas encore beaucoup, mais c'est égal!... ou je me trompe fort, ou je vous le montrerai...

MONTRICHARD.

Bravo!... tiens, voilà un louis d'avance!

HENRI.

Merci, monsieur le baron.

MONTRICHARD.

Et maintenant va-t'en, de peur qu'on ne nous soupçonne de connivence... la comtesse est si fine!...

HENRI.

Oui, monsieur le baron... (Revenant.) Monsieur le baron... si je tâchais de me faire attacher par madame à votre service, nous pourrions plus facilement nous parler...

MONTRICHARD.

Très-bien!... je vois que je ne me suis pas trompé en te choisissant.

HENRI.

Merci, monsieur le baron. (Il sort.)

SCÈNE X.

MONTRICHARD, seul.

Et d'un albé dans la place! Ce n'est pas maladroit ce que j'ai fait là... cela vous apprendra à gronder vos gens devant moi, madame la comtesse... Mais, voyons ; il n'est pas de citadelle, si forte qu'elle soit, qui n'ait un côté faible, et vous n'êtes pas ici, Madame, la seule que l'on puisse attaquer... (Tirant un portefeuille.) Quels sont les habitants de ce château ?... (Lisant.) M. de Kermadio, frère de la comtesse, personnage muet ; M. de Grignon... ce doit être un parent de M. de Grignon, le président de la cour prévôtale, un homme de notre bord... il pourra m'être utile... (Continuant de lire.) Ah ! arrêtons-nous là... mademoiselle Léonie de Villegontier... nièce de la comtesse... et une nièce non mariée !... elle doit avoir seize ou dix-sept ans au plus... on se marie très-jeune dans notre classe... et... M. de Flavigneul... quel âge a-t-il ? vingt-cinq ans, à ce que l'on dit ; sa figure ?... je n'ai pas encore son signalement, mais j'attends ; d'ailleurs il doit être beau, un proscrit est toujours beau ! donc, si M. de Flavigneul est ici, mademoiselle Léonie le sait... si elle le sait, elle doit lui porter de l'intérêt... peut-être mieux, et mon arrivée doit la faire trembler... or, à seize ans, quand on tremble, on le montre... ce n'est pas comme la comtesse ! quelle femme ! en vérité je crois qu'on en deviendrait amoureux si l'on avait le temps... Une jeune fille s'avance vers ce salon ; la figure romanesque, le front rêveur, les yeux baissés... ce doit être elle..... Oh ! si je pouvais prendre ma revanche !..... essayons !

SCÈNE XI.

MONTRICHARD, LÉONIE.

LÉONIE, l'apercevant.

Pardonnez-moi, monsieur le baron... je croyais ma tante dans ce salon, je venais...

MONTRICHARD.

Elle sort à l'instant, Mademoiselle, mais je serais bien malheureux si son absence me faisait traiter par vous en ennemi !

LÉONIE.

Moi, vous traiter en ennemi ! comment, Monsieur ?...

MONTRICHARD.

En vous éloignant... Mon Dieu ! je conçois votre défiance...

LÉONIE.

Ma défiance ?

MONTRICHARD.

Sans doute, vous croyez que je viens ici pour vous ravir quelqu'un qui vous est cher !

LÉONIE, à part.

Il veut me sonder, mais je vais être fine... (Haut.) Je ne sais pas ce que vous voulez dire, Monsieur.

MONTRICHARD.

Ce que je veux dire est bien simple, Mademoiselle. Il y a une heure, quand vous m'avez vu arriver ici... suivi d'hommes armés... vous avez dû me prendre pour votre adversaire. Je l'étais en effet, puisque je croyais M. de Flavigneul dans ce château, et que je venais pour l'arrêter... mais maintenant tout est changé!

LÉONIE.

Comment?

MONTRICHARD.

Je sais... j'ai la certitude que M. de Flavigneul n'est pas ici.

LÉONIE.

Ah!

MONTRICHARD.

Et je pars!

LÉONIE, vivement.

Tout de suite?

MONTRICHARD, souriant.

Tout de suite!... tout de suite!... Savez-vous, Mademoiselle, que votre empressement pourrait me donner des soupçons...

LÉONIE, commençant à se troubler.

Comment, Monsieur?

MONTRICHARD.

Certainement! à vous voir si heureuse de mon départ... je pourrais croire que je me suis trompé... et que M. de Flavigneul est encore ici...

LÉONIE, avec agitation.

Moi, heureuse de votre départ! au contraire, monsieur le baron; et certainement si nous pouvions vous retenir longtemps, très-longtemps...

MONTRICHARD, souriant.

Permettez, Mademoiselle, voilà que vous tombez dans l'excès contraire! Tout à l'heure, vous me renvoyiez un peu trop vite, maintenant vous voulez me garder un peu trop longtemps... ce qui, pour un homme soupçonneux, pourrait bien indiquer la même chose...

LÉONIE, avec trouble.

Je ne comprends pas... monsieur le baron.

MONTRICHARD, souriant.

Calmez-vous, Mademoiselle, calmez-vous! ce sont là de pures suppositions... car je suis certain que M. de Flavigneul n'est pas ou n'est plus dans ce château.

LÉONIE.

Et vous avez bien raison!

MONTRICHARD.

Aussi, par pure formalité, et pour acquit de conscience.... (Souriant.) je ne veux pas avoir dérangé tout un escadron pour rien... (L'observant.) je vais faire fouiller les bois environnants par les dragons.

LÉONIE, tranquillement.

Faites, monsieur le baron.

MONTRICHARD, à part.

Il n'est pas dans les bois.. (A Léonie.) Visiter les combles, les placards, les cheminées du château...

LÉONIE, de même.

C'est votre devoir, monsieur le baron.

MONTRICHARD, à part.

Il n'est pas caché dans le château!... (A Léonie.) Enfin, interroger, examiner, car il y a aussi les déguisements... (Léonie fait un mouvement. A part.) Elle tressaille!... (Haut.) Interroger donc, toujours par pur scrupule de conscience... les garçons de ferme... (A part.) Elle est calme! (A Léonie, et l'observant.) Les hommes de peine, les domestiques... (A part.) Elle a tremblé. (Haut.) Et enfin... ces formalités remplies, je partirai avec regret, puisque je vous quitte, mesdames, mais heureux cependant de ne pas être forcé d'accomplir ici mon pénible devoir...

LÉONIE, avec agitation.

Comment, monsieur le baron, quel devoir?

MONTRICHARD.

Mais, vous ne l'ignorez pas, M. de Flavigneul est militaire, et je devrais l'envoyer devant un conseil de guerre.

LÉONIE, éperdue.

Un conseil de guerre!... mais c'est la mort!...

MONTRICHARD.

La mort... non; mais une peine rigoureuse!

LÉONIE.

C'est la mort, vous dis-je!... vous n'osez me l'avouer! mais j'en suis certaine!... La mort pour lui! oh! Monsieur, Monsieur, je tombe à vos genoux! grâce!... il a vingt-cinq ans! il a une mère qui mourra s'il meurt! il a des amis qui ne vivent que de sa vie! grâce !... il n'est pas coupable, il n'a pas conspiré... il me l'a dit lui-même... ne le condamnez pas, Monsieur, ne le condamnez pas!...

MONTRICHARD, à Léonie.

Pauvre enfant! (A part.) Après tout, c'est mon devoir. (Haut.) Prenez garde, Mademoiselle.. vous me parlez comme s'il était en mon pouvoir!... Il est donc ici?...

LÉONIE, au comble de l'angoisse.

Ici!... je n'ai pas dit...

MONTRICHARD.

Non, mais quand j'ai parlé d'interroger les domestiques du château, vous avez pâli...

LÉONIE.

Moi!...

MONTRICHARD.

Vous vous êtes écriée : Il me l'a dit lui-même!...

LÉONIE.

Moi!...

MONTRICHARD.

A l'instant, vous me disiez : Ne l'arrêtez pas!...

LÉONIE.

Moi!... (Apercevant Henri qui entre, elle pousse un cri terrible et reste éperdue, la tête dans ses deux mains.)

HENRI, à ce cri et apercevant Montrichard, va à lui et vivement à voix basse.

Je suis sur la trace!

MONTRICHARD, bas.

Et moi aussi.

HENRI.

Il est dans le château.

MONTRICHARD.

Je viens de l'apprendre.

HENRI.

Sous un déguisement.

MONTRICHARD, bas.

Bravo! (Voyant que Léonie a relevé la tête et le regarde.) Silence!... (S'approchant de Léonie.) Je vous vois si émue, si troublée, Mademoiselle, que je craindrais que ma présence ne devint importune... Je me retire... (A Henri, en s'éloignant.) Veille toujours, et qu'il ne sorte pas d'ici.

HENRI, bas

Il n'en sortira pas... tant que j'y serai...

MONTRICHARD.

Bien! (Montrichard sort.)

SCÈNE XII.

LÉONIE, HENRI.

HENRI, se jetant sur une chaise en riant.

Ah! ah! ah! quelle scène!

LÉONIE.

Ah! ne riez pas, Monsieur, ne riez pas!...

HENRI.

Ciel! quelle douleur sur vos traits! Qu'avez-vous donc?

LÉONIE.

Accablez-moi, monsieur Henri, maudissez-moi!..

HENRI.

Vous?...

LÉONIE.

Je suis une malheureuse sans foi et sans courage!

HENRI.

Au nom du ciel! que dites-vous?

LÉONIE.

Vous vous étiez confié à moi, vous m'avez révélé le secret d'où dépend votre vie... Eh bien, ce secret, je l'ai livré... je vous ai trahi!

HENRI.

Comment?

LÉONIE.

Devant votre juge, ici.. à l'instant même!... Oh! lâche que je suis!... j'ai eu peur... (Se reprenant vivement.) peur pour vous, Monsieur!...

HENRI, surpris.

Est-il possible?...

LÉONIE, sanglotant.

Moi!... vous perdre!... moi, qui donnerais ma vie pour vous sauver!...

HENRI.

Qu'entends-je?...

LÉONIE.

Mais je ne survivrai pas à votre arrêt, je vous le jure... Aussi,

je vous supplie de ne pas m'en vouloir et de me pardonner...
(Elle se jette à genoux.)

HENRI, voulant la relever.

Léonie! au nom du ciel!...

SCÈNE XIII.

Les précédents, LA COMTESSE entrant vivement.

LA COMTESSE.

Que vois-je?.... Et que fais-tu là?...

LÉONIE.

Je lui demande grâce et pardon, car c'est par moi que tout est découvert, par moi que tout est perdu!

LA COMTESSE, vivement.

Perdu!... Perdu!... non pas; je suis là, moi.

LÉONIE, avec joie.

Oh! ma tante!... sauvez-le!..

HENRI.

Ne craignez rien, M. de Montrichard m'a pris pour complice!...

LA COMTESSE, vivement.

Ne vous y fiez pas!... Un mot, un geste, une seconde suffisent pour l'éclairer; mais je suis là!...

SCÈNE XIV.

Les précédents, DE GRIGNON, puis un brigadier de gendarmerie.

DE GRIGNON.

Qu'est-ce que cela signifie, le savez-vous, comtesse? qu'est-ce que tous ces bruits de conspiration, de conspirateurs déguisés?...

LA COMTESSE.

Un rêve de M. de Montrichard!

DE GRIGNON.

Un rêve? soit; mais en attendant on arrête tout le château, toute la livrée!

LÉONIE, avec frayeur.

O ciel!

LA COMTESSE, à de Grignon.

Vous en êtes sûr?...

DE GRIGNON.

Parfaitement! je viens de voir saisir votre cocher et un de vos valets de pied... Mais, tenez, voici un brigadier de gendarmerie... non, de dragons... qui vient sans doute ici avec des intentions... de gendarme...

SCÈNE XV.

Les précédents, un BRIGADIER DE GENDARMERIE.

LE BRIGADIER, à Henri.

Ah! c'est vous que je cherche, Monsieur.

HENRI.

Moi?

LE BRIGADIER.

Veuillez me suivre...

HENRI, au brigadier.

Il y a erreur, Monsieur, je suis attaché au service particulier de M. le préfet.

LE BRIGADIER.

Il n'y a pas erreur; mes ordres sont précis, veuillez me suivre!...

LA COMTESSE, bas, à Henri.

N'avouez rien, je réponds de tout... (Haut.) Allez donc, Charles, allez, obéissez.

HENRI.

Oui, Madame. (Il va prendre son chapeau sur la cheminée.)

LA COMTESSE, bas, à de Grignon.

Ici, dans un quart d'heure, il faut que je vous parle, à vous seul.

DE GRIGNON.

Moi?

LA COMTESSE.

Silence! (Elle se dirige à gauche, vers Léonie.)

DE GRIGNON, à part.

Un rendez-vous? De mieux en mieux!

LÉONIE, à part.

Et c'est moi qui le perds!

HENRI, au brigadier.

Je vous suis.

LA COMTESSE, à part.

Perdu par elle! sauvé par moi! (Elle sort à gauche, avec Léonie ; Henri et le brigadier, par le fond; de Grignon, par la droite.)

ACTE III.

SCÈNE PREMIÈRE.

LA COMTESSE, LÉONIE, entrant chacune d'un côté opposé.

LA COMTESSE, à Léonie.

Eh bien! quelles nouvelles?

LÉONIE.

J'ai exécuté toutes vos instructions sans trop les comprendre.

LA COMTESSE.

Cela n'est pas nécessaire... La livrée de George, mon valet de pied...

LÉONIE.

Je l'ai fait porter, comme vous me l'aviez dit, (Montrant l'appartement à gauche.) là, dans cet appartement; mais M. de Montrichard...

LA COMTESSE.

Il a appelé tour à tour devant lui tous les domestiques de la maison, les renvoyant après les avoir interrogés.

LÉONIE.

Et M. Henri?

LA COMTESSE.

Il l'a toujours gardé auprès de lui.

LÉONIE, effrayée.

C'est mauvais signe.

LA COMTESSE.

Peut-être!

LÉONIE.

Signe de soupçon...

LA COMTESSE.

Ou de confiance! car Tony, notre petit groom, qui écoute toujours, a entendu, en plaçant sur la table des plumes et de l'encre qu'on lui avait demandées...

LÉONIE.

Il a entendu...

ACTE III, SCÈNE I.

LA COMTESSE.

Henri disant à voix basse au préfet : « Ne vous découragez « pas; je vous assure qu'il est ici, et qu'on veut le faire évader « sous le costume d'un des gens de la maison. »

LÉONIE.

Quelle audace!... Cela me fait trembler...

LA COMTESSE.

Et moi, cela me rassure!... On peut mettre cette idée à profit; mais il faut se hâter... Henri est si imprudent!... il finira par se trahir!...

LÉONIE.

Et vous voulez le faire évader?

LA COMTESSE.

Le faire évader?... Enfant!... où sont les troupes ennemies?

LÉONIE.

Une douzaine de gendarmes dans la cour du château.

LA COMTESSE.

Bien.

LÉONIE.

Une trentaine de dragons en dehors, autour des fossés et devant la grande porte.

LA COMTESSE.

Très-bien.

LÉONIE.

Par exemple, ils ont oublié de garder la porte des écuries et remises qui donnent sur la campagne.

LA COMTESSE, souriant.

Tu crois!... Je reconnais bien là M. de Montrichard...

LÉONIE.

Vous en doutez... ma tante? (La conduisant vers la porte à gauche qui est restée ouverte.) Par la croisée de cette chambre qui donne sur la grande route, regardez... pas un seul soldat!

LA COMTESSE.

Non! mais à vingt pas plus loin, ne vois-tu pas le bouquet de bois?... Il doit y avoir là une embuscade.

LÉONIE.

Comment supposer... (Poussant un cri.) Ah ! mon Dieu! j'ai vu au-dessus d'un buisson le chapeau galonné d'un gendarme...

LA COMTESSE.

Quand je te le disais...

LÉONIE.

Ah! je comprends!... on voulait l'engager à fuir de ce côté...

LA COMTESSE.

Pour mieux le saisir... précisément... Merci, monsieur le baron; le moyen est bon, et il pourra nous servir!

LÉONIE.

Comment?

LA COMTESSE.

Fie-toi à moi... J'entends M. de Grignon... va dire à Jean, le palefrenier, de mettre les chevaux à la calèche...

LÉONIE.

Mais, ma tante...

LA COMTESSE.

Va, ma fille, va! (Léonie sort par la porte de gauche.)

SCÈNE II.

LA COMTESSE, DE GRIGNON, entrant mystérieusement sur la pointe des pieds.

DE GRIGNON.

Me voici, Madame, fidèle au rendez-vous que vous m'avez donné!... (Il va prendre une chaise.)

LA COMTESSE, avec amabilité.

Je vous attendais...

DE GRIGNON, avec joie.

Vous m'attendiez!...

LA COMTESSE.

Et tout en vous attendant, je rêvais...

DE GRIGNON.

A qui?

LA COMTESSE.

A vous!...

DE GRIGNON.

Est-il possible!...

LA COMTESSE.

Oui, à ce caractère chevaleresque, à ce besoin de danger qui vous tourmente...

DE GRIGNON.

J'en conviens!

LA COMTESSE.

Et comme rien n'est plus contagieux que l'imagination, et que, grâce au baron de Montrichard, j'ai l'esprit tout plein de conspirateurs et d'arrestations, j'étais là à faire des châteaux en Espagne... de catastrophes... je me figurais un pauvre proscrit condamné à mort.

DE GRIGNON.

Et vous étiez le proscrit.

LA COMTESSE.

Non, au contraire, c'est à moi qu'il venait demander asile.

DE GRIGNON.

C'est bien aussi...

LA COMTESSE.

Il m'apprenait qu'il avait une mère, une sœur...

DE GRIGNON.

Comme c'est vrai !

LA COMTESSE.

Et soudain voilà des soldats qui entourent le château en m'ordonnant de leur livrer mon hôte...

DE GRIGNON, se levant.

Le livrer... jamais !

LA COMTESSE.

Comme nous nous entendons !... Ils me menaçaient presque de la mort !...

DE GRIGNON.

Qu'importe la mort ! surtout si celle que l'on aime est là pour vous encourager, pour vous bénir... Ah ! comtesse, quand je fais de tels rêves, avec vous pour témoin, mon cœur bat, ma tête s'exalte...

LA COMTESSE, souriant.

Peut-être parce que c'est un rêve !...

DE GRIGNON.

Quoi ! vous doutez qu'en réalité... Mais que faut-il donc pour vous convaincre ? Ce matin, j'ai failli, pour vous, me jeter au milieu des flammes... ce soir, je voudrais vous voir dans un péril mortel pour vous en arracher ou le partager avec vous...

LA COMTESSE.

Quelle chaleur !...

DE GRIGNON.

Ah ! vous ne le connaissez pas ce cœur qui vous adore, vous ne savez pas de quel sacrifice, de quel dévouement l'amour le rendrait capable... Oui... je n'adresse au ciel qu'une prière, c'est qu'il m'envoie une occasion de mourir pour vous !

LA COMTESSE.

Eh bien! le ciel vous a entendu.

DE GRIGNON.

Comment?

LA COMTESSE.

Cette occasion que vous imploriez, il vous l'envoie!

DE GRIGNON.

Hein?

LA COMTESSE.

Charles, mon valet de chambre, que vous avez vu arrêter, n'est pas Charles : c'est M. Henri de Flavigneul.

DE GRIGNON.

Quoi!...

LA COMTESSE.

M. Henri de Flavigneul, condamné à mort comme conspirateur.

DE GRIGNON.

Ciel!

LA COMTESSE.

Et vous pouvez le sauver!...

DE GRIGNON.

Comment?...

LA COMTESSE.

En vous mettant à sa place.

DE GRIGNON.

Pour être fusillé!...

LA COMTESSE.

Non!... cela n'ira pas jusque-là; mais, pendant quelques instants seulement, il faut consentir à passer pour lui, à vous faire arrêter pour lui...

DE GRIGNON.

Ah! permettez, Madame, permettez... j'ai dit tout pour vous!... Mais pour un inconnu... pour un étranger...

LA COMTESSE.

Pour un proscrit!...

DE GRIGNON.

J'entends bien!

LA COMTESSE.

Dont je suis la complice... dont je dois défendre les jours au péril des miens, et vous hésitez?...

DE GRIGNON.

Du tout! du tout! Vous comprenez bien que si je tremble... car je tremble... c'est pour vous... rien que pour vous... car pour moi... cela m'est bien indifférent...

LA COMTESSE.

Je le savais bien... aussi je compte sur votre héroïsme... et moi! je tâcherai qu'il soit sans péril!

DE GRIGNON.

Sans péril!

LA COMTESSE.

Je crois pouvoir en répondre.

DE GRIGNON.

Sans péril!... (Avec enthousiasme.) Mais je veux qu'il y en ait... moi!... je veux le braver pour vous!... Parlez, que faut-il faire?

LA COMTESSE.

Prendre un habit de livrée qui est là.

DE GRIGNON, avec intrépidité.

Je le ferai!... Après?

LA COMTESSE.

Monter sur le siége de ma calèche au lieu de mon cocher.

DE GRIGNON.

J'y monterai!... Après?

LA COMTESSE.

Prendre les guides et me conduire...

DE GRIGNON.

Je vous conduirai!.. Après?

LA COMTESSE.

Jusqu'à deux cents pas d'ici... où des gendarmes se jetteront sur nous...

DE GRIGNON, avec un commencement d'effroi.

Des gendarmes!

LA COMTESSE.

Et vous arrêteront.

DE GRIGNON, avec peur.

Moi, de Grignon!...

LA COMTESSE.

Non pas, vous, de Grignon... mais vous, Henri de Flavigneul... et quoi qu'on vous dise, quoi qu'on vous fasse...

DE GRIGNON.

Quoi qu'on me fasse...

LA COMTESSE.

Vous avouerez; vous soutiendrez que vous êtes Henri de Flavigneul... On vous emprisonnera...

DE GRIGNON.

Moi... de Grignon...

LA COMTESSE.

Vous, de Flavigneul... et pendant ce temps le véritable Flavigneul passera la frontière... et sauvé par vous, par votre héroïsme...

DE GRIGNON.

Et moi, pendant ce temps-là?

LA COMTESSE.

Vous! en prison... je vous l'ai dit.

DE GRIGNON.

En prison! (A part.) Des fers... des cachots... (Haut.) Permettez...

LA COMTESSE.

Je vous expliquerai... On vient... vite, vite, la livrée est là.

DE GRIGNON.

Oui, Madame... je vais...

LA COMTESSE.

Eh bien; où allez-vous?

DE GRIGNON.

Je vais prendre la livrée...

LA COMTESSE.

Ce n'est pas de ce côté!...

DE GRIGNON.

C'est juste... c'est le salon!...

LA COMTESSE.

C'est par ici!

DE GRIGNON.

C'est vrai!... Je n'y vois plus!...

LA COMTESSE.

Attendez...

DE GRIGNON.

Quoi donc!

LA COMTESSE.

Prenez cette lettre.

DE GRIGNON.

Pourquoi?

LA COMTESSE.

Pour la mettre dans votre habit.

DE GRIGNON.
L'habit de livrée!...
LA COMTESSE.
Précisément.
DE GRIGNON.
Dans quel but?...
LA COMTESSE.
Vous le saurez!... allez toujours!...
DE GRIGNON.
Oui, Madame!
LA COMTESSE.
Et au premier coup de sonnette...
DE GRIGNON.
Oui, Madame!
LA COMTESSE.
Soyez prêt à paraître.
DE GRIGNON.
En livrée?
LA COMTESSE.
Sans doute!... On vient... allez donc... allez vite!...
DE GRIGNON, sortant par la gauche.
Oui... Madame! Ah! mon père! ma mère! où m'avez-vous poussé!...

SCÈNE III.
LA COMTESSE, LÉONIE.
LÉONIE.
Ma tante, ma tante... M. de Montrichard monte pour vous parler!
LA COMTESSE.
Déjà?... Pourvu qu'Henri ne se soit pas trahi encore...
LÉONIE.
Voici le baron.
LA COMTESSE, lui montrant la table.
Là, comme moi, à ton ouvrage.

SCÈNE IV.
MONTRICHARD, LA COMTESSE ET LÉONIE, assises à droite et travaillant.
MONTRICHARD, parlant en dehors à un dragon.
Continuez vos recherches; mais suivez surtout le domestique qui était avec moi...

LÉONIE, bas à la comtesse.

Entendez-vous? il soupçonne M. Henri...

LA COMTESSE, avec trouble.

C'est vrai! (Se remettant.) Allons, du sang-froid!

LE BARON, s'approchant de la comtesse et de Léonie et les saluant.

Mesdames...

LA COMTESSE.

Ah! c'est vous, baron? vous venez vous reposer auprès de nous de vos fatigues; vous devez en avoir besoin... Léonie... un fauteuil à M. le baron...

MONTRICHARD, prenant lui-même un siége.

Ne prenez pas cette peine, Mademoiselle.

LA COMTESSE, gaiement.

Eh bien, où en êtes-vous de vos recherches? Avez-vous fait déjà enfoncer bien des armoires dans le château? Avez-vous bien fouillé... interrogé?... Mais à propos d'interrogatoire, comment appelez-vous cet examen de conscience que vous avez fait subir à ma nièce?...

MONTRICHARD.

Mademoiselle ne m'a appris que ce que je savais déjà, que M. de Flavigneul est caché ici sous un déguisement.

LA COMTESSE.

Voyez-vous cela... un déguisement de femme peut-être... C'est peut-être ma nièce ou moi?

MONTRICHARD.

Riez, riez... madame la comtesse, mais vous ne me donnerez pas le change...

LA COMTESSE.

Je m'en garderais bien!... Savez-vous que vous avez fait là une belle trouvaille? Ah çà! comment allez-vous faire maintenant pour découvrir le coupable parmi les vingt-cinq ou trente personnes du château...

MONTRICHARD.

Le cercle se resserre, madame la comtesse; et si mes soupçons ne me trompent pas, d'ici à peu de temps...

LÉONIE, bas à la comtesse.

Il sait tout, ma tante!... (La comtesse lui prend la main pour la faire taire.)

MONTRICHARD, continuant.

Dès que j'aurai un signalement que j'attends...

LÉONIE, bas.

Ciel!

MONTRICHARD.
Je pourrai, j'espère, ne plus vous importuner de ma présence.
LA COMTESSE.
Ne vous gênez pas, baron; et si vos soupçons se trompent... ce qui leur arrive quelquefois... veuillez vous installer ici sans façon, sans cérémonie, comme chez vous...
MONTRICHARD.
Moi!...
LA COMTESSE.
Certainement : et pour vous laisser toute liberté dans vos recherches, je vous demanderai la permission d'aller passer quelques jours à la ville, où des affaires m'appellent.
LÉONIE, étonnée.
Vous, ma tante!..!
LA COMTESSE.
Tais-toi donc!...
MONTRICHARD, à part.
Ah! elle veut s'éloigner... (Haut.) Vous partez?
LA COMTESSE.
Oui, vraiment; et à moins que je ne sois prisonnière dans mon propre château... et que M. le préfet ne me permette pas d'en sortir... (Tout le monde se lève.)
MONTRICHARD.
Quelle pensée, Madame!... C'est à moi d'obéir, à vous de commander!
LA COMTESSE.
Vous êtes trop bon. J'avais d'avance usé de la permission en demandant mes chevaux... Sont-ils attelés?
LÉONIE.
Oui, ma tante.
LA COMTESSE, sonnant.
Eh bien!... pourquoi ne vient-on pas m'avertir?... (Elle sonne toujours.)

SCÈNE V.

LES PRÉCÉDENTS, DE GRIGNON, en grande livrée, sortant de la porte à gauche.

DE GRIGNON.
La voiture de madame la comtesse est avancée.
LA COMTESSE.
C'est bien... Appelez ma femme de chambre, et partons!

MONTRICHARD.

Permettez... permettez, Madame... (A de Grignon.) Restez... Approchez... appprochez... J'ai interrogé tout à l'heure votre valet de pied...

LA COMTESSE.

En vérité!

MONTRICHARD.

Et il me semble que ce n'était pas celui-là.

LA COMTESSE.

J'en ai deux, monsieur le baron.

MONTRICHARD.

Deux! Ah! mais Monsieur est-il bien sûr d'avoir toujours porté la livrée?

LÉONIE, vivement, à Montrichard.

Oh! certainement.

DE GRIGNON, bas, à la comtesse

Il m'a déjà vu ce matin en bourgeois.

LA COMTESSE, bas.

Tant mieux!

MONTRICHARD.

Ce doit être un domestique nouveau... très-nouveau...

LA COMTESSE, avec embarras.

Qui peut vous le faire croire?

MONTRICHARD.

Un vague souvenir que j'ai, de l'avoir aperçu sous un autre costume.

LA COMTESSE.

En effet, il me sert quelquefois comme valet de chambre.

MONTRICHARD.

Ah!... expliquez-moi donc alors certains signes que je crois remarquer et qui m'étonnent... son trouble...

LÉONIE.

Du tout!...

DE GRIGNON, à part.

Dieu! que j'ai peur d'avoir peur!

MONTRICHARD.

Une certaine noblesse de traits... n'est-il pas vrai, Mademoiselle?...

DE GRIGNON, à part.

Je me trahis moi-même... Je dois avoir l'air si noble en domestique.

ACTE III, SCÈNE V.

LA COMTESSE.
Je vous assure, monsieur le baron...
LÉONIE.
Oh! oui, nous vous assurons...
MONTRICHARD.
Alors, c'est différent; et puisque vous m'assurez toutes deux que ce garçon est votre valet de pied... je ne l'interrogerai pas... non... je l'arrête... (Il remonte au fond.)
DE GRIGNON, bas.
Ah! comtesse...
LA COMTESSE, bas.
Tout va bien! nous sommes sauvés. La lettre... tirez la lettre de votre poche...
DE GRIGNON, bas.
Comment?
LA COMTESSE, bas.
Et, rendez-la-moi.
MONTRICHARD, à la comtesse.
Eh bien!... (Redescendant.) que dites-vous de mon idée?
LA COMTESSE, avec un embarras feint.
Je dis, je dis, monsieur le baron que c'est pousser assez loin la raillerie... et que vous ne me priverez pas d'un serviteur qui m'est utile...
MONTRICHARD.
C'est que j'ai dans la pensée qu'il peut m'être fort utile aussi...
LA COMTESSE, se rapprochant de de Grignon.
Vous ne le ferez pas!
MONTRICHARD.
Pourquoi donc?
LA COMTESSE, avec un embarras croissant et se rapprochant toujours de de Grignon.
Parce que... parce que... (Bas à de Grignon.) La lettre... (Haut.) Parce que... cet homme est chez moi... est à moi... que j'en réponds... (Bas, à de Grignon.) La lettre, ou vous êtes perdu! (De Grignon tire la lettre de son habit et va pour la lui remettre.)
MONTRICHARD, qui a tout suivi des yeux, s'approchant vivement.
Ce papier! je vous ordonne de me remettre ce papier, Monsieur...
LA COMTESSE, avec l'accent le plus troublé, à de Grignon.
Je vous le défends!

MONTRICHARD, vivement.

Toute résistance serait inutile... Monsieur... ce papier...

DE GRIGNON.

Le voici, Monsieur.

LA COMTESSE, se cachant la tête dans les deux mains.

Le malheureux, il est perdu !

DE GRIGNON, à part.

J'aimerais mieux être ailleurs !

MONTRICHARD, lisant l'adresse, puis le commencement de la lettre.

« A Monsieur Henri de Flavigneul ! Mon cher fils... » (Il s'arrête, cesse de lire, remet la lettre à de Grignon. Avec solennité.) « Monsieur Henri « de Flavigneul, au nom du roi et de la loi, je vous arrête. » (Il remonte au fond.)

LÉONIE, qui a tout suivi, poussant un cri de joie.

Ah !... quel bonheur !

LA COMTESSE, bas, à Léonie.

Pleure donc !...

MONTRICHARD, au dragon.

Emparez-vous de Monsieur.

LA COMTESSE.

Monsieur le baron, je vous en supplie...

MONTRICHARD.

Je ne connais que mon devoir, Madame. (Au dragon.) Conduisez Monsieur dans la pièce voisine... constatez son identité, sa déclaration suffira, et après, vous connaissez mes instructions... (Le dragon fait signe que oui.)

DE GRIGNON.

Que voulez-vous dire?

MONTRICHARD, à de Grignon.

Adieu, brave et malheureux jeune homme, croyez que vous emportez mon estime... et mes regrets...

DE GRIGNON.

Permettez... Monsieur... permettez !...

MONTRICHARD, au dragon.

Emmenez-le...

DE GRIGNON.

Où donc ? (La comtesse lui serre la main, et il sort sans rien dire.)

MONTRICHARD, à la comtesse, qui a son mouchoir sur les yeux.

Pardonnez, Madame, à mon importunité, mais mon premier devoir est d'avertir M. le maréchal d'un événement de cette importance. Où trouverai-je ce qui est nécessaire pour écrire?

LA COMTESSE.

Dans cette chambre. (Montrant la porte à gauche.) Ma nièce va vous le donner, Monsieur.

LÉONIE, voyant Henri entrer par cette porte.

Ciel! M. Henri!

MONTRICHARD, remonte le théâtre de quelques pas et se trouve à côté de lui. Bas.

Tu m'avais dit vrai, il était ici... déguisé; mais malgré son déguisement, je l'ai découvert. (Lui prenant la main.) Je le tiens!

HENRI, résolument.

Eh bien! Monsieur?

MONTRICHARD.

Silence! voilà tes vingt-cinq louis! (Il lui glisse dans la main une bourse et sort en passant devant Léonie, qui ne veut passer qu'après lui.)

HENRI, stupéfait, avec la bourse dans la main.

Qu'est-ce que cela signtfie?

LÉONIE, vivement.

Que je suis au comble du bonheur, car vous êtes sauvé!

HENRI.

Sauvé!...

LÉONIE.

Grâce à ma tante... adieu! (Elle s'élance dans l'appartement, sur les pas de Montrichard.)

SCÈNE VI.

HENRI, LA COMTESSE.

HENRI, jetant la bourse sur la table.

Sauvé!... sauvé par vous!

LA COMTESSE.

Pas encore!... J'ai détourné les soupçons du baron... il croit tenir le coupable... mais tant que vous serez dans le château, tant que vous n'aurez pas traversé la frontière... je craindrai toujours...

HENRI.

Et moi, je ne crains plus rien... grâce à celle dont l'esprit, dont l'adresse...

LA COMTESSE.

De l'esprit, de l'adresse! il n'y a là que du cœur, cher Henri; c'est parce que je souffrais... c'est parce que tout mon sang était glacé dans mes veines, que j'ai trouvé la force de veiller sur vous! Vous croyez donc, ingrat (car vous êtes un ingrat!...) de l'esprit! de l'adresse! grand Dieu!... vous croyez donc que la pitié, que l'affection pour un malheureux, consistent à perdre la tête au moment de son danger, à le trahir par son émotion même, comme font les enfants... Non, Henri, la vraie tendresse, la tendresse profonde, c'est de rire en face de ce péril, c'est de railler avec la mort dans le cœur; seulement, quand le danger s'éloigne, le courage s'épuise, la force vous abandonne... (Fondant en larmes.) Oh! si vous aviez été arrêté, j'en serais morte!

HENRI.

Chaque jour, chaque instant me révèlera donc en vous une qualité nouvelle... Je cherche en vain dans mon cœur quelques paroles qui vous disent tout ce que j'éprouve... Vous qui pouvez tout... vous qui savez tout... ange, fée, enchanteresse, enseignez-moi donc le moyen de vous payer de tout ce que je vous dois!

LA COMTESSE.

Vous ne me devez rien.

HENRI.

De tout ce que je vous ai fait souffrir!

LA COMTESSSE, avec un grand trouble.

Avant de répondre, Henri... je dois vous faire une demande... ces paroles si tendres, que vient de prononcer votre bouche... sortent-elles bien du fond de votre cœur?

HENRI.

Ah! vous m'outragez! Quelle preuve!

LA COMTESSE.

Eh bien! c'est...

HENRI.

Parlez... c'est...

LA COMTESSE.

Eh bien! mon ami... c'est de m'aimer... car je vous aime!.. Silence... on vient.

SCÈNE VII.

LES PRÉCÉDENTS, MONTRICHARD, une lettre à la main, sortant de la chambre où il vient d'entrer, LÉONIE.

MONTRICHARD.

Merci, Mademoiselle. Voici, grâce à vous, mon courrier terminé.

ACTE III, SCÈNE VII.

LA COMTESSE, à part.

Oh! si je pouvais le faire sortir maintenant!

MONTRICHARD, s'approchant de la comtesse.

Pardonnez-moi ma victoire, Madame...

LA COMTESSE.

Ni votre victoire, monsieur le baron, ni votre manière de vaincre!... Ah! est-ce là le prix que je devais attendre du service que je vous ai rendu?

MONTRICHARD.

Le devoir passe avant la reconnaissance, Madame.

LA COMTESSE.

Votre devoir vous commandait-il d'employer la ruse, la trahison?...

MONTRICHARD.

Madame!...

LA COMTESSE.

Je le répète... la trahison!... Vous aurez soudoyé quelque conscience, acheté quelqu'un de mes gens... osez-le nier!... Mais j'y pense!... oui... (Regardant Henri.) Vos regards d'intelligence avec ce garçon... les entretiens mystérieux que vous aviez ensemble!... c'est lui! (Se tournant vers Henri.) Ah! misérable serviteur... c'est donc vous qui m'avez trahi?...

HENRI.

Moi, Madame?...

LA COMTESSE.

Oui, vous!... je le vois à votre trouble... à l'embarras du baron... Je vous renvoie, je vous chasse, sortez! (D'un air sévère et étouffant un sourire.) Sortez!

MONTRICHARD.

Mais...

LA COMTESSE.

Il ne restera pas une minute de plus à mon service.

MONTRICHARD.

Et moi, je le prends au mien!

LA COMTESSE.

Vous ne le ferez pas, Monsieur!

MONTRICHARD.

Si vraiment, madame la comtesse... (A Henri.) Allons, mon garçon, à cheval, et au galop jusqu'à Saint-Andéol!

LÉONIE.

Ciel!

MONTRICHARD, lui remettant une lettre.
Cette lettre est pour M. le maréchal commandant la division.
HENRI.
Mais, monsieur le préfet, je n'ai pas de cheval.
MONTRICHARD.
Prends le mien.
HENRI.
Mais, monsieur le préfet, les soldats ne me laisseront pas passer.
MONTRICHARD.
Je vais en donner l'ordre.
HENRI, bas, à la comtesse, pendant que M. de Montrichard remonte vers la porte pour donner aux dragons l'ordre de laisser sortir Henri.
Je vous dois ma vie, disposez-en !
MONTRICHARD, à Henri.
Allons, allons, pars.
HENRI.
Dans une heure, monsieur le préfet, je serai à mon poste.
(Il sort. Montrichard remonte le théâtre avec Henri, en lui donnant ses dernières recommandations.)

SCÈNE VIII.

LES PRÉCÉDENTS, excepté HENRI.

MONTRICHARD, aux dragons du fond.
Et vous autres, amenez le prisonnier.
LA COMTESSE, à part.
C'est trop tôt. (Haut.) Monsieur le baron, de grâce...
MONTRICHARD.
Je ne suis, vous le savez, ni cruel, ni ami des condamnations, si l'on m'eût écouté, on eût accordé l'amnistie que je demandais.
LA COMTESSE.
Je le sais, eh bien ?
MONTRICHARD.
Eh bien ! ce jeune homme m'intéresse !... il est votre ami, et je veux tenter de le sauver.
LÉONIE.
De le sauver ?
LA COMTESSE.
Comment cela ?...
MONTRICHARD.
Cela dépendra de lui... je vais lui parler.

LA COMTESSE, avec embarras.

Si vous attendiez?... une heure?... une demi-heure... pour le laisser se remettre d'un premier moment de trouble?

MONTRICHARD.

Soyez tranquille... dans un instant nous serons d'accord, je l'espère, et avant dix minutes... je saurai sans doute de lui... tout ce que j'ai besoin de savoir...

LÉONIE, à part.

Dix minutes, c'est à peine s'il sera parti!

MONTRICHARD, voyant entrer de Grignon avec le dragon.

Il va venir; veuillez, Mesdames, vous éloigner.

LA COMTESSE.

Un moment encore.

MONTRICHARD, sévèrement.

C'est mon devoir, comtesse...

LA COMTESSE, s'éloignant avec Léonie.

Oh! mon Dieu, que faire?

LÉONIE.

Que craignez-vous donc, ma tante?

LA COMTESSE.

Si M. de Grignon faiblit...

LÉONIE.

N'a-t-il pas du courage?

LA COMTESSE.

Un courage qui n'a pas de patience et qui ne dure pas longtemps. (Elles sortent par la porte à droite. Le dragon s'éloigne après avoir remis un papier à Montrichard; la comtesse et Léonie sortent en faisant des gestes à de Grignon.)

SCÈNE IX.

MONTRICHARD, DE GRIGNON.

MONTRICHARD.

Pauvre jeune homme!... heureusement son salut dépend encore de lui.

DE GRIGNON, à part.

Je ne suis point à mon aise.

MONTRICHARD, à de Grignon.

Approchez, Monsieur.

DE GRIGNON.

Vous désirez me parler, monsieur le baron.

MONTRICHARD, de même.

Oui, Monsieur, encore une fois avant le moment fatal.

DE GRIGNON, à part.

Quel moment!

MONTRICHARD, lui montrant le papier que lui a remis le dragon.

Vous avez reconnu que vous étiez M. Henri de Flavigneul?

DE GRIGNON, avec un soupir.

Oui!

MONTRICHARD.

Ex-officier au service de l'empereur?

DE GRIGNON.

Oui!

MONTRICHARD.

Et c'est bien vous qui avez signé cette déclaration?

DE GRIGNON, que la peur reprend.

Oui!

MONTRICHARD.

Il suffit : je n'ai pas besoin de vous dire, Monsieur, que vous pouvez compter sur les égards, les prérogatives dus à un brave.

DE GRIGNON.

Des prérogatives?...

MONTRICHARD.

Oui... Si vous ne voulez pas qu'on vous bande les yeux, si même vous voulez commander le feu... Soyez sûr...

DE GRIGNON.

Commander le feu!... qu'est-ce que cela veut dire?

MONTRICHARD.

Que malheureusement mes ordres sont formels. Vous avez été déjà jugé et condamné, l'arrêt est prononcé! il ne me reste plus qu'à l'exécuter! (Gravement.) Une heure après leur arrestation, tous les chefs doivent être fusillés sans délai et sans bruit.

DE GRIGNON, hors de lui.

Sans bruit!... oh! non pas!... j'en ferai du bruit... moi!... on ne fusille pas ainsi les gens... sans bruit est charmant!

MONTRICHARD.

Écoutez-moi, Monsieur...

DE GRIGNON.

Sans bruit!...

MONTRICHARD.

Je dois ajouter, et c'est là l'objet de notre entrevue... qu'il est un moyen de salut.

DE GRIGNON.

Lequel?

MONTRICHARD.

Mais peut-être ne voudrez-vous pas l'adopter.

DE GRIGNON, vivement.

Et pourquoi donc... et pourquoi pas, Monsieur... (A part.) Sans bruit!...

MONTRICHARD.

Il a été décidé qu'on accorderait leur grâce à tous ceux qui feraient des déclarations... et si vous en avez quelqu'une à me confier...

DE GRIGNON, vivement.

Moi!... certainement... et une très-importante...

MONTRICHARD, avec joie.

Est-il possible!

DE GRIGNON.

Je vous en réponds, une qui est décisive et catégorique.

MONTRICHARD.

C'est...

DE GRIGNON.

C'est... que je ne suis pas... (S'arrêtant.) Ciel!... la comtesse!...

SCÈNE X.

Les précédents, LA COMTESSE.

LA COMTESSE, entrant vivement par la droite et s'adressant à Montrichard.

Eh bien, Monsieur.... je suis d'une inquiétude...

MONTRICHARD.

Rassurez-vous!... J'en étais sûr... M. Flavigneul, qui peut se sauver d'un mot... est prêt à nous révéler...

LA COMTESSE, avec effroi, se tournant vers de Grignon.

Quoi?... qu'est-ce donc?... qu'avez-vous à révéler?...

DE GRIGNON, vivement.

Moi!... rien!... absolument rien! (A part.) Quand elle est là, je n'ose plus avoir peur.

MONTRICHARD.

Mais vous vouliez tout à l'heure me déclarer...

DE GRIGNON, fièrement.

Que je n'avais rien à vous dire.

LA COMTESSE, lui serrant la main et à part.

Bravo...

MONTRICHARD, à la comtesse.

Mais. dites-lui donc, Madame, dites-lui vous-même, qu'il se perd de gaieté de cœur...

LA COMTESSE, bas, à Montrichard.

Vous avez raison... laissez-moi quelques instants avec lui... et je le déciderai... moi!...

DE GRIGNON, à part et la regardant.

Quand je la regarde, il me semble que l'âme de ma mère rentre en moi!...

LA COMTESSE, à Montrichard, regardant toujours de Grignon.

Oui... oui... j'ai de l'ascendant sur son esprit, il ne me résistera pas!

MONTRICHARD.

Soit... mais hâtez-vous! je ne puis vous donner que jusqu'à l'arrivée du président de la cour prévôtale... que nous attendons.

LA COMTESSE.

Et pourquoi?

MONTRICHARD, à demi-voix.

Dispensez-moi de vous le dire!

LA COMTESSE.

Pourquoi?

MONTRICHARD, à voix basse.

Sa présence est nécessaire pour constater que le jugement a été bien et dûment...

LA COMTESSE, lui serrant la main.

Silence!

MONTRICHARD.

Vous comprenez?...

LA COMTESSE.

Très-bien!

MONTRICHARD, à de Grignon.

Je vous laisse avec Madame; elle aura sur vous, je l'espère, plus de pouvoir que moi. Écoutez la voix d'une amie. (Montrichard sort par le fond, et l'on voit des dragons en sentinelle auxquels il donne des ordres.)

SCÈNE XI.

LA COMTESSE, DE GRIGNON.

LA COMTESSE, à part, regardant de Grignon avec intérêt.
Pauvre garçon !... cela m'a effrayée, comme si réellement...

DE GRIGNON.
Jamais ses yeux ne se sont portés sur moi avec autant d'amitié, et si ce n'étaient ces drag ns qui sont là au fond .. (La comtesse s'approche de de Grignon, et l'entretien s'engage à voix basse.)

LA COMTESSE.
Ah ! merci, mon ami, merci !

DE GRIGNON.
Vous êtes donc contente de moi?

LA COMTESSE.
Oui, et je ne vous demande plus que quelques instants de courage et de fermeté.

DE GRIGNON.
De la fermeté?... j'en ai, vous êtes là!... mais, ma foi, vous avez bien fait d'arriver.

LA COMTESSE.
Vous vous impatientiez un peu?

DE GRIGNON.
M'impatienter !... je mourais de... (Avec abandon.) Écoutez, il faut que mon cœur s'ouvre devant vous... le mensonge me pèse... je ne suis pas ce que j'ai voulu paraître à vos yeux.

LA COMTESSE.
Comment?

DE GRIGNON.
Je ne suis pas un héros... au contraire; quand je dis au contraire... ce n'est pas tout à fait juste, car il y a une moitié de moi, une moitié courageuse qui... je vous expliquerai cela plus tard... tant y a-t-il que quand M. de Montrichard m'a parlé d'être fusillé sans bruit... dans une heure... la peur m'a pris...

LA COMTESSE.
On aurait peur à moins.

DE GRIGNON.
Et j'ouvrais la bouche pour m'écrier : Je ne suis pas M. de Flavigneul. Mais vous êtes entrée et soudain, à votre vue, j'ai eu honte de mes terreurs, j'ai senti que je pouvais faire de grandes choses, pourvu que vous fussiez là! Ainsi, rassurez-vous, je ne trahirai pas M de Flavigneul; tout ce que je vous

demande, c'est de ne pas m'abandonner... soyez là quand le préfet reviendra... soyez là quand on me signifiera ma sentence, soyez là quand... Je suis capable de tout... même de recevoir pour un autre dix balles au travers du corps, pourvu qu'en les recevant je vous entende dire... je suis là!

LA COMTESSE, lui prenant la main.

Brave garçon, car vous êtes brave, je vous connais mieux que vous-même; c'est votre imagination qui s'effraie... ce n'est pas votre cœur.

DE GRIGNON.

Bien, bien, parlez-moi ainsi !...

LA COMTESSE.

Il ne vous manque qu'un bon danger qui vous saisisse à l'improviste.

DE GRIGNON.

Eh bien ! il me semble que j'ai ce qu'il me faut.

SCÈNE XII.
Les précédents, MONTRICHARD.

MONTRICHARD.

Je ne puis attendre plus longtemps... Madame !... M. le président de la cour prévôtale...

LA COMTESSE.

Vient d'arriver !...

MONTRICHARD.

Oui, Madame !... il faut que M. de Flavigneul se décide à parler... ou qu'il me suive !

DE GRIGNON, hardiment.

Eh bien ! je vous suis !

MONTRICHARD.

Que dites-vous ?

DE GRIGNON, avec exaltation.

Mon parti est pris ! le conseil de guerre, la cour prévôtale, le peloton... le feu de file...

LA COMTESSE, effrayée.

Y pensez-vous ?

DE GRIGNON, de même.

Dix balles en pleine poitrine !... ça m'est égal !... une fois que j'y suis, ça m'est égal ! (A la comtesse.) Je suis le fils de ma mère... (A Montrichard.) Partons, Monsieur !

MONTRICHARD.

Vous le voulez?... partons!

LA COMTESSE

Un instant... un instant.

DE GRIGNON.

Non, non, partons.

LA COMTESSE.

Calmez-vous... j'aurais d'abord une ou deux questions importantes à adresser à M. le baron.

MONTRICHARD.

Des questions importantes?

LA COMTESSE.

Oui, monsieur le baron. A quelle heure avez-vous arrêté votre prisonnier?...

MONTRICHARD.

Il y a une heure à peu près... mais je ne vois pas...

LA COMTESSE.

Dites-moi, baron, vous avez dû beaucoup voyager dans votre département?...

MONTRICHARD.

Sans doute, Madame; mais, encore une fois...

LA COMTESSE.

Alors, combien faut-il de temps pour aller d'ici à Mauléon sur un bon cheval?

MONTRICHARD.

Trois petits quarts d'heure!... Mais quel rapport?...

LA COMTESSE.

Et de Mauléon à la frontière? toujours sur un bon cheval?

MONTRICHARD.

Dix minutes, mais...

LA COMTESSE.

Trois quarts d'heure et dix minutes... total cinquante-cinq minutes.

MONTRICHARD.

Oh! c'est trop fort, partons!

LA COMTESSE.

Mais attendez donc!... Quel homme!... j'ai encore une dernière question à vous faire. M. le président de la cour prévôtale que vous attendiez, ne vous a-t-il pas été envoyé de Paris, et n'est-ce pas, si je ne me trompe, un ancien sénateur?...

MONTRICHARD.

M. le comte de Grignon !

DE GRIGNON, poussant un cri de joie.

Mon oncle !... mon bon oncle !

MONTRICHARD, stupéfait.

Votre oncle !

LA COMTESSE, froidement et lui faisant la révérence.

Ici finissent mes questions, Monsieur ! je ne vous retiens plus ; vous pouvez conduire au président... son neveu...

MONTRICHARD, interdit et regardant de Grignon avec effroi.

M. Henri de Flavigneul !

LA COMTESSE, riant.

Fi donc !... un drame ! une tragédie !... nous avons mieux que cela à vous offrir ! une scène de famille... (Montrant de Grignon.) M. Gustave de Grignon, maître des requêtes... que son oncle n'avait pas vu depuis longtemps; et c'est à vous, Monsieur, qu'il devra ce plaisir !

MONTRICHARD, tout troublé.

Quoi ?... Monsieur serait... ou plutôt ne serait pas... c'est impossible !... vous voulez encore me tromper, Madame !

LA COMTESSE, riant.

Vous pouvez vous en rapporter au président lui-même et à la voix du sang, qui ne trompe jamais !...

MONTRICHARD.

Et votre trouble ce matin quand j'ai fait arrêter Monsieur.

LA COMTESSE.

Mon trouble ? ruse de guerre !

MONTRICHARD.

Cette lettre que j'ai prise sur lui.

LA COMTESSE.

C'est moi qui venais de la lui remettre.

MONTRICHARD.

Vos larmes de douleur !

LA COMTESSE, riant.

Est-ce que j'ai pleuré ? Ah ! pauvre baron, il ne faut pas m'en vouloir... je vous avais promis de me moquer de vous... et je ne trompe jamais... vous le savez ?

DE GRIGNON.

C'est du génie

MONTRICHARD.
Mais alors quel est donc le coupable? car il était ici, j'en suis certain.
LA COMTESSE.
Ah! voilà! qui est-ce! cherchez!
MONTRICHARD.
Dieu! quel trait de lumière!... si c'était l'autre!
LA COMTESSE.
Qui? l'autre? celui à qui vous avez donné un sauf-conduit; celui que vous avez essayé de séduire; celui pour lequel vous avez imploré ma clémence, ah! je le voudrais bien!
MONTRICHARD.
C'est lui! ah! je ne suis pas encore vaincu... et je cours...
LA COMTESSE.
Sur ses traces?... inutile!... vous ne le rattraperez jamais!
MONTRICHARD.
Vous croyez?
LA COMTESSE.
Il a un trop bon cheval!
MONTRICHARD, avec colère.
Ah!
DE GRIGNON, riant.
Ah! ah! ah!
LA COMTESSE.
Le cheval du préfet lui-même!... car vraiment vous avez pensé à tout, généreux ami, même à l'équiper!... et à le solder... témoin ces vingt-cinq louis que je suis chargée de vous rendre... (Allant les prendre sur la table.) Car lui donner des honoraires pour vous tromper... c'est trop fort!
MONTRICHARD.
Ah! vous êtes un monstre infernal! Tant de duplicité, tant de sang-froid! Et moi qui ai écrit au maréchal... Je tiens le chef! Ah! je me vengerai!

SCÈNE XIII.

LES PRÉCÉDENTS, LÉONIE, entrant, très-agitée.

LÉONIE, à Montrichard.
Monsieur le baron, voici une dépêche très-pressée qui arrive de Lyon. (Montrichard prend les dépêches, et Léonie s'approche vivement de la comtesse.)
MONTRICHARD.
Du maréchal!

LÉONIE, bas.

Ah! ma tante, quel malheur!

LA COMTESSE.

Quoi donc?

LÉONIE.

Il est revenu!

LA COMTESSE, bas.

Qui?

LÉONIE, de même.

M. Henri!

LA COMTESSE, bas.

Comment?

LÉONIE, bas, et montrant un cabinet à droite.

Il est là!...

LA COMTESSE, bas.

Ciel!

MONTRICHARD, fait un geste de joie, puis après avoir lu la dépêche.

Ah! madame la comtesse!... à moi la revanche!

LA COMTESSE.

Que voulez-vous dire?

MONTRICHARD.

Vous triomphiez, tout à l'heure!... mais à la guerre la fortune est changeante, et malgré votre esprit et vos ruses, le sort de M. de Flavigneul est encore entre mes mains; oui, grâce à ces dépêches que m'envoie M. le maréchal, je puis forcer le fugitif, en quelque lieu qu'il soit, à se remettre lui-même en mon pouvoir.

LA COMTESSE, avec trouble.

Vous... comment?...

MONTRICHARD.

C'est mon secret! A chacun son tour, madame la comtesse... Je veux seulement, avant mon départ, vous montrer que je sais me venger... (A de Grignon.) Monsieur de Grignon, je vais prévenir votre oncle pour qu'il vienne lui-même vous rendre à la liberté. Au revoir, madame la comtesse! (Il sort.)

SCÈNE XIV.

DE GRIGNON, LA COMTESSE, LÉONIE, puis HENRI.

LA COMTESSE.

Que m'as-tu dit? Henri!

LÉONIE.

Il est là...

HENRI, paraissant par la porte à droite.

Me voici.

DE GRIGNON, qui est au fond.

Lui!

LA COMTESSE.

Malheureux! que venez-vous faire ici?

HENRI, vivement.

Mon devoir!... Avez-vous pu croire que je laisserais un innocent périr à ma place?

LA COMTESSE

Périr?

HENRI.

Le vieux garde qui accompagnait ma fuite m'a tout appris... M. de Grignon s'est offert pour moi... M. de Grignon a été arrêté pour moi!...

LA COMTESSE.

Et M. de Grignon est libre! Malheureux enfant! Tenez? qu'il vous le dise lui-même!...

HENRI, apercevant de Grignon et se jetant dans ses bras.

Ah! Monsieur, un tel dévouement...

DE GRIGNON.

Entre gens de cœur, ce n'est qu'un devoir! (A part) C'est étonnant... je le pense!

LÉONIE.

Et être revenu chercher le péril quand tout était dissipé... conjuré...

LA COMTESSE, avec énergie.

Tout l'est encore!...

LÉONIE.

Comment?

LA COMTESSE, à Henri.

Le dernier lieu où l'on vous cherchera maintenant, c'est ici. M. de Montrichard va partir. (A Grignon.) Vous, en sentinelle pour guetter son départ.

DE GRIGNON.

J'y cours.

LA COMTESSE, à Henri.

Vous... dans ce cabinet.

HENRI.

Mais...

LA COMTESSE.

Oh! je le veux!... et dans quelques instants plus de danger.
(Henri sort.)

SCÈNE XV.

LA COMTESSE, LÉONIE.

Oui, oui, tu peux partager maintenant ma sécurité et ma joie.
(Voyant qu'elle se détourne pour essuyer ses yeux.) Eh! mon Dieu, d'où viennent les larmes?

LÉONIE.

Je ne pleure pas, ma tante, je ne pleure plus... (Sanglotant.) Je suis heureuse... il est sauvé!... mais en même temps, je suis au désespoir... car tout à l'heure, quand il est revenu si imprudemment... quand je l'ai caché dans ce cabinet, où je tremblais pour lui.. (Pleurant toujours.) il m'a dit...

LA COMTESSE, vivement.

Quoi donc?

LÉONIE, de même.

Est-ce que je sais? est-ce que je puis me rappeler? Tout ce que j'ai compris... c'est que tout était fini pour moi!

LA COMTESSE, à part et avec tristesse.

J'entends!

LÉONIE.

Que nous ne pouvions jamais être l'un à l'autre!

LA COMTESSE, de même et à part.

C'est juste!... il fallait bien le lui dire! (Prenant la main de Léonie.) Pauvre enfant!... et tu lui en veux... tu le détestes?...

LÉONIE.

Oh! non!... mais j'en mourrai!

LA COMTESSE, cherchant à la consoler.

Léonie... Léonie... il faut de la raison!... car si, par exemple... il était lié à une autre personne...

LÉONIE, vivement.

Justement!... c'est ce qu'il m'a dit! lié à jamais!

LA COMTESSE, vivement.

Et il t'a nommé cette personne?

LÉONIE.

Non!... il ne l'a jamais voulu!... mais vous, ma tante, est-ce que vous la connaissez?

LA COMTESSE.

Je crois que oui!

LÉONIE.

En vérité?... savez-vous si elle l'aime!... beaucoup?...

LA COMTESSE, avec force.

Oui!...

LÉONIE, à la comtesse.

Et elle est aimable... elle est jolie?...

LA COMTESSE.

Moins que toi, sans doute...

LÉONIE.

Eh bien, alors?...

LA COMTESSE.

Que veux-tu, mon enfant, on ne raisonne pas avec son cœur... et, quelle qu'elle soit, s'il la préfère... si elle est aimée...

LÉONIE.

Mais pas du tout! c'est moi qu'il aime...

LA COMTESSE.

O ciel!...

LÉONIE.

C'est moi! il me l'a avoué... mais il est lié à elle par le respect, par l'amitié, que sais-je! par la reconnaissance...

LA COMTESSE, vivement.

La reconnaissance... ah!

LÉONIE.

Lié surtout par une promesse qu'il lui a faite... et qu'il tiendra même au prix de son sang! Voilà qui est absurde! dites-le-lui ma tante, vous seule pouvez le décider!...

HENRI, qui depuis quelques instants écoutait et a cherché en vain à se contenir, s'élance de la porte à droite.

Taisez-vous! taisez-vous!

LA COMTESSE.

Ciel!

LÉONIE, à Henri.

Rentrez, rentrez de grâce! Si M. de Montrichard arrivait...

HENRI.

Que m'importe!... j'aime mieux mourir!

LA COMTESSE.

Mourir, plutôt que de manquer à votre promesse?... c'est bien Henri !

LÉONIE.

Mais, ma tante...

LA COMTESSE.

Laisse-moi lui parler. (Bas à Henri.) Je vous dois ma vie, disposez-en, m'avez-vous dit. (Léonie s'éloigne de quelques pas.)

HENRI.

Qu'exigez-vous ?

LA COMTESSE.

La seule chose que j'aie désirée, rêvée, poursuivie... votre bonheur !

HENRI.

Ciel !

LA COMTESSE, elle fait signe à Léonie de s'approcher; elle lui prend la main, et la met dans celle de Henri.)

Henri... voici celle qu'il faut choisir.

HENRI.

Ah ! mon amie... mon amie !

LÉONIE.

Ah ! j'étais bien sûre que je vous le devrais ! (Elle se jette à ses genoux.)

DE GRIGNON, rentrant vivement par la porte à gauche.

Eh bien ! qu'est-ce que vous faites donc là ? voici M. de Montrichard !

TOUS.

M. de Montrichard !

LÉONIE, à Henri.

Oh ! rentrez ! rentrez !

DE GRIGNON.

Il monte par cet escalier... le voici !

LÉONIE, à part.

Il n'est plus temps ! (Henri, qui est près du canapé à droite, s'y asseoit vivement ; les deux femmes se tiennent debout devant lui, cherchant à le cacher par leurs jupes.)

SCÈNE XVI.

Les précédents, M. DE MONTRICHARD.

MONTRICHARD, entrant par la porte à gauche.

Je viens vous faire mes adieux, madame la comtesse...

ACTE III, SCÈNE XV.

LÉONIE, avec joie.

Ah!

MONTRICHARD.

Mais, avant de partir, je tiens à vous prouver que je ne me vantais pas en disant que cette dépêche pouvait ramener en mon pouvoir M. de Flavigneul.

LÉONIE, à part.

Je tremble!

LA COMTESSE, à part.

Que veut-il dire!

MONTRICHARD.

Cette dépêche est l'ordonnance que je sollicitais depuis si longtemps, l'ordonnance d'amnistie...

TOUS, poussant un cri de joie.

L'amnistie!

LA COMTESSE ET LÉONIE, s'écartant du canapé où est assis Henri.

Il peut donc se montrer...

HENRI, se levant.

Ah! Monsieur!

MONTRICHARD, avec un air de triomphe.

Ah! j'étais bien sûr que je le ferais reparaître.

LÉONIE.

Ciel!

DE GRIGNON.

C'était un piége; et nous y avons donné... (Tous restent immobiles de terreur. M. de Montrichard s'avance au bord du théâtre et sourit à lui-même avec un air de satisfaction. La comtesse s'approche doucement de lui, le regarde, saisit ce sourire et fait un geste de joie qu'elle réprime aussitôt.)

MONTRICHARD.

Monsieur Henri de Flavigneul... au nom du roi et de la loi, je vous déclare...

LA COMTESSE, s'avançant et riant.

Je vous déclare libre et et gracié...

TOUS.

Comment?

LA COMTESSE, gaiement.

Eh! sans doute! ne voyez-vous pas que M. de Montrichard veut prendre sa revanche, et qu'il joue là une scène de terreur à mon usage...

LÉONIE.

Il serait vrai!

LA COMTESSE, prenant le papier des mains de Montrichard.

Tenez!... lisez!... Ordonnance d'amnistie...

MONTRICHARD.

Maudite femme! On ne peut pas plus la tromper en bien qu'en mal!

LÉONIE, à la comtesse.

Et maintenant, tous trois réunis...

LA COMTESSE.

Oui, ma fille!... mais plus tard... car aujourd'hui je dois partir.

LÉONIE.

Partir!

DE GRIGNON.

Vous partez?... eh bien, je pars aussi! Oh! vous avez beau dire! je pars! c'est fini! je vous suis! Rien ne m'arrête! je vous suis jusqu'au bout du monde! et, chemin faisant, j'accomplirai devant vous de si belles choses, que vous finirez par vous dire : Voilà un pauvre garçon dont j'ai fait un héros... faisons-en un homme heureux!

LA COMTESSE

Ne parlons pas de cela!... (Passant près de M. de Montrichard.) Eh bien, baron?

MONTRICHARD.

J'ai perdu... madame la comtesse! Je suis vaincu!

LA COMTESSE, avec émotion.

Vous n'êtes pas le seul! (Affectant la gaieté.) Que voulez-vous, baron? pour gagner, il ne suffit pas de bien jouer!

MONTRICHARD.

Il faut avoir pour soi les as et les rois.

LA COMTESSE, à part, regardant Henri.

Le roi surtout!... dans les batailles de dames.

FIN DE BATAILLE DE DAMES.

Lightning Source UK Ltd.
Milton Keynes UK
UKHW020914160119
335664UK00011B/655/P